# COURS

## DE

## PHILOSOPHIE POSITIVE.

# COURS

DE

# PHILOSOPHIE POSITIVE,

### PAR M. AUGUSTE COMTE,

ANCIEN ÉLÈVE DE L'ÉCOLE POLYTECHNIQUE, RÉPÉTITEUR D'ANALYSE TRANSCENDANTE
ET DE MÉCANIQUE RATIONNELLE A LADITE ÉCOLE.

## TOME TROISIÈME,

CONTENANT

LA PHILOSOPHIE CHIMIQUE ET LA PHILOSOPHIE
BIOLOGIQUE.

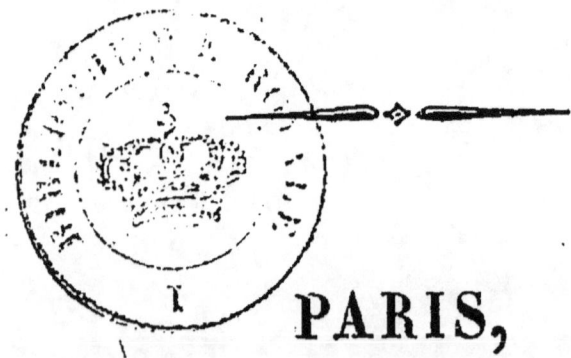

## PARIS,

BACHELIER, IMPRIMEUR-LIBRAIRE,

POUR LES SCIENCES,

QUAI DES AUGUSTINS, N° 55.

### 1838.

## AVIS DE L'AUTEUR.

Divers obstacles ont successivement retardé la composition et la publication de ce troisième volume, dont la première partie, consacrée à la philosophie chimique, a été écrite et imprimée dans les derniers mois de l'année 1835. En conséquence, le quatrième et dernier volume de cet ouvrage, contenant la philosophie sociale et les conclusions générales de l'ensemble du traité de philosophie positive, ne pourra être publié que vers le milieu de l'année 1839.

Paris, le 24 Février 1838.

# COURS

## DE

# PHILOSOPHIE POSITIVE.

## TRENTE-CINQUIÈME LEÇON.

Considérations philosophiques sur l'ensemble de la chimie.

Le dernier aspect fondamental sous lequel la philosophie naturelle doive étudier l'existence d'un corps quelconque, se rapporte aux modifications, plus ou moins profondes et plus ou moins variées, que toutes les substances peuvent éprouver dans leur composition, en vertu de leurs diverses réactions moléculaires. Ce nouvel ordre de phénomènes généraux, sans lequel les plus grandes et les plus importantes opérations de la nature terrestre nous seraient radicalement incompréhensibles, est le plus intime et le plus complexe de tous ceux que peut manifester le monde inorganique. Dans aucun acte de leur existence, les corps inertes ne sauraient paraître aussi rapprochés de l'état vital proprement dit, que lorsqu'ils exercent avec énergie les uns sur les autres cette rapide et profonde perturbation qui caractérise les effets chimiques. Le véritable esprit fondamental de toute philosophie théologique ou métaphysique consistant essentiellement, ainsi que je l'établirai dans le volume suivant, à concevoir tous les phénomènes quelconques comme analogues à celui de la vie, le seul connu par un sentiment immédiat, on s'explique aisément pourquoi cette manière primitive de philosopher a dû exercer, sur l'étude des phénomènes chimiques, une plus intense et plus opiniâtre domination qu'envers aucune autre classe de phénomènes inorganiques.

Outre cette cause principale, il convient de remarquer subsidiairement que, pour un tel ordre d'effets naturels, l'observation directe et spontanée ne peut d'abord s'appliquer qu'à des phénomènes extrêmement compliqués, comme les combustions végétales, les fermentations, etc., dont l'analyse exacte constitue presque le dernier terme de la science; car les phénomènes chimiques les plus importans, ou ceux du moins auxquels s'adapte le mieux l'ensemble de nos moyens d'exploration, ne se produisent que dans des circonstances éminemment artificielles, dont la pensée a dû être fort tardive et la première institution très difficile. Il est aisé de nos jours, même aux esprits les plus médiocres, de provoquer, en ce genre, de nouveaux phénomènes susceptibles de quelque intérêt scientifique, en établissant, pour ainsi dire au hasard, entre les nombreuses substances déjà connues, des relations auparavant négligées : mais, dans l'enfance de la chimie, la création de sujets d'observation vraiment convenables a dû, au contraire, long-temps présenter des difficultés capitales, que nos habitudes actuelles ne nous permettent guère de mesurer judicieusement. On ne saurait même comprendre (comme je l'ai rappelé, d'après l'illustre Berthollet, dans les prolégomènes de cet ouvrage) comment l'énergique et persévérante activité des anciens scrutateurs de la nature eût pu conduire à la découverte des principaux phénomènes chimiques, sans la stimulation toute-puissante qu'entretenaient habituellement en eux les espérances illimitées dues à leurs notions chimériques sur la composition de la matière.

Ainsi, la nature complexe et équivoque de ces phénomènes, et en second lieu les difficultés fondamentales qui caractérisent leur première exploration, doivent suffire pour expliquer la tardive et incomplète positivité des conceptions chimiques, comparativement à toutes les autres conceptions inorganiques. Après avoir si pleinement constaté, dans la seconde moitié du volume précédent, combien l'étude des simples phénomènes physiques est encore imparfaite, combien même son caractère scientifique doit, en général, nous sembler jusqu'ici, à plusieurs égards, radicalement défectueux, nous devons naturellement prévoir un état d'infériorité bien plus prononcé pour la science, beaucoup plus difficile, et en même temps plus récente, qui recherche les lois des phénomènes de composition et de décomposition. Sous quelque aspect qu'on l'envisage, en effet, soit spéculativement, quant à la nature de ses explications, soit activement, quant aux prévisions qu'elles comportent, cette science constitue évidemment aujourd'hui la branche fondamentale la moins avancée de la philosophie inorganique. Par la seconde considération surtout, que j'ai tant recommandée comme offrant le critérium à la fois le plus rationnel, le moins équivoque, et le plus exact du degré de perfection propre à chaque classe de connaissances spéculatives, il est clair que, dans la plupart de ses recherches, la chimie actuelle mérite à peine le nom d'une véritable science, puisqu'elle ne conduit presque jamais à une prévoyance réelle et certaine. En introduisant, dans des actes chimiques déjà bien explorés, quelques modifications déterminées, même légères et peu nombreuses, il est très rarement possible de prédire avec justesse les changemens qu'elles doivent produire : et néanmoins, sans cette indispensable condition, comme je l'ai si fréquemment établi dans ce traité, il n'existe point, à proprement parler, de *science;* il y a seulement *érudition*, quelles que puissent être l'importance et la multiplicité des faits recueillis. Penser autrement, c'est prendre une carrière pour un édifice.

Cette extrême imperfection de notre chimie tient sans doute essentiellement à la nature plus compliquée d'une telle science et à son plus récent développement; il serait même entièrement chimérique d'espérer qu'elle puisse jamais atteindre à un état de rationnalité aussi satisfaisant que celui des sciences relatives à des phénomènes plus simples, et spécialement de l'astronomie, vrai type éternel de la philosophie naturelle. Mais il me semble néanmoins incontestable que son infériorité actuelle doit, en outre, être subsidiairement attribuée au vicieux esprit philosophique suivant lequel les recherches habituelles y sont jusqu'ici conçues et dirigées, et à l'éducation si défectueuse de la plupart des savans qui s'y livrent. Sous ce rapport, il y a tout lieu de croire qu'une judicieuse analyse philosophique pourrait directement contribuer à un prochain perfectionnement général d'une science aussi capitale. Telle est la conviction que je désire provoquer en esquissant rapidement, dans la première partie de ce volume, l'examen sommaire de la philosophie chimique, envisagée sous tous ses divers aspects essentiels. Quoique la nature et les limites de cet ouvrage ne me permettent point de consacrer à cette importante opération tous les développemens convenables pour assurer son efficacité, peut-être parviendrai-je à faire sentir, à quelqu'un des esprits éminens qui cultivent aujourd'hui cette belle science, la nécessité de soumettre à une nouvelle et plus rationnelle élaboration l'ensemble des conceptions fondamentales qui la constituent.

Nous devons, avant tout, caractériser avec exactitude l'objet général propre à cette dernière partie de la philosophie inorganique.

Quelque vaste et compliqué que soit, en réalité, le sujet de la chimie, l'indication nette du but de cette science, et la circonscription rigoureuse du champ de ses recherches, en un mot, sa définition, présentent beaucoup moins de difficulté que nous n'en avons éprouvé dans le volume précédent relativement à la physique. Nous avons dû surtout définir celle-ci par contraste avec la chimie, en sorte que, par cela même, notre opération actuelle est déjà essentiellement préparée. Il est aisé d'ailleurs de caractériser directement, d'une manière très tranchée, ce qui constitue les phénomènes vraiment chimiques; car tous présentent constamment une altération plus ou moins complète, mais toujours appréciable, dans la constitution intime des corps considérés; c'est-à-dire une composition ou une décomposition, et le plus souvent l'une et l'autre, en ayant égard à l'ensemble des substances qui participent à l'action. Aussi, à toutes les époques du développement scientifique, du moins depuis que la chimie, se séparant de l'art des préparations, est devenue l'objet d'études réellement spéculatives, les recherches chimiques ont-elles manifesté sans cesse un degré remarquable d'originalité, qui n'a jamais permis de les confondre avec les autres parties de la philosophie naturelle: il n'en a pas été de même, à beaucoup près, pour la physique proprement dite, si généralement mêlée, par exemple, jusqu'à des temps très modernes, avec la physiologie, comme le témoigne encore si clairement le langage scientifique lui-même (1).

(1) En Angleterre surtout, la même expression s'applique encore vulgairement à ces deux ordres d'idées; et c'est essentiellement pour

Par ce caractère général de ses phénomènes, la chimie se distingue très nettement de la physique, qui la précède, et de la physiologie, qui la suit, dans la hiérarchie encyclopédique que j'ai établie : et cette comparaison tend à faire mieux ressortir la nature propre d'une telle science. L'ensemble de ces trois sciences peut être conçu comme ayant pour objet d'étudier l'activité moléculaire de la matière, dans tous les divers modes dont elle est susceptible. Or, sous ce point de vue, chacune d'elles correspond à l'un des trois principaux degrés successifs d'activité, qui se distinguent entre eux par les différences les plus profondes et les plus naturelles. L'action chimique présente évidemment, en elle-même, quelque chose de plus que la simple action physique, et quelque chose de moins que l'action vitale, malgré les vagues rapprochemens que des considérations purement hypothétiques peuvent conduire à établir entre ces trois ordres de phénomènes. Les seules perturbations moléculaires que puisse produire dans les corps l'activité physique proprement dite, se ré-

éviter une telle confusion que les Boyle, les Newton, etc., ont d'abord introduit l'usage du nom de *philosophie naturelle,* dont la signification s'est ensuite tant élargie. La chimie, au contraire, y est invariablement désignée, depuis le moyen âge, par une dénomination spéciale, qui n'a jamais eu d'autre destination.

duisent toujours à modifier l'arrangement des particules; et ces modifications, ordinairement peu étendues, sont même le plus souvent passagères : en aucun cas la substance ne saurait être altérée. Au contraire, l'activité chimique, outre ces altérations dans la structure et dans l'état d'agrégation, détermine toujours un changement profond et durable dans la composition même des particules; les corps qui ont concouru au phénomène sont habituellement devenus méconnaissables, tant l'ensemble de leurs propriétés a été troublé. Enfin, les phénomènes physiologiques nous montrent l'activité matérielle dans un degré d'énergie encore très supérieur : car, aussitôt que la combinaison chimique est effectuée, les corps redeviennent complétement inertes; tandis que l'état vital est caractérisé, outre les effets physiques et les opérations chimiques qu'il détermine constamment, par un double mouvement plus ou moins rapide, mais toujours nécessairement continu, de composition et de décomposition, propre à maintenir, entre certaines limites de variation, pendant un temps plus ou moins considérable, l'organisation du corps, tout en renouvelant sans cesse sa substance. On conçoit ainsi, d'une manière irrécusable, la gradation fondamentale de ces trois modes essentiels d'activité moléculaire, qu'aucune saine philosophie ne saurait jamais confondre (1).

Pour compléter cette notion fondamentale des phénomènes chimiques, il peut être utile d'y ajouter deux considérations secondaires, qui ont déjà été indirectement indiquées, dans le volume précédent, en définissant la physique : la plus importante est relative à la nature du phénomène, et l'autre à ses conditions générales.

Toute substance quelconque est sans doute susceptible d'une activité chimique plus ou moins variée et plus ou moins énergique; c'est pourquoi les phénomènes chimiques ont été justement classés parmi les phénomènes généraux, dont ils constituent, dans l'ordre de complication croissante, la dernière catégorie : ils se distinguent profondément ainsi des phénomènes physiologiques, qui, par leur nature, sont exclusivement propres à certaines substances, organisées sous certains modes. Néanmoins, il doit être incontestable que les phénomènes chimiques, surtout par constraste aux simples phénomènes physiques, présentent, en

(1) Il doit être bien entendu, sans doute, que, dans la comparaison des actes chimiques avec les actes vitaux, on envisage seulement les phénomènes physiologiques les plus généraux, ceux relatifs au plus simple degré de la *vie* proprement dite, et abstraction faite de tout ce qui constitue spécialement l'*animalité* : hors de ces limites naturelles, le parallèle deviendrait radicalement impossible, par le défaut complet d'analogie.

chaque cas, quelque chose de spécifique, ou, suivant l'énergique expression de Bergmann, d'*électif*. Non-seulement chacun des différens élémens matériels produit des effets chimiques qui lui sont entièrement particuliers; mais il en est encore ainsi de leurs innombrables combinaisons de divers ordres, dont les plus analogues manifestent toujours, sous le rapport chimique, certaines différences fondamentales, qui fournissent souvent le seul moyen de les caractériser nettement. Par conséquent, tandis que les propriétés physiques ne présentent essentiellement, d'un corps à un autre, que de simples distinctions de degré, les propriétés chimiques sont, au contraire, radicalement spécifiques (1). Les unes constituent le fondement commun de toute existence matérielle; c'est surtout par les autres que les individualités se prononcent.

En second lieu, parmi les conditions extrême-

(1) Cette spécialité fondamentale des diverses actions chimiques ne saurait nullement disparaître, quand même on parviendrait, par une extension exagérée de la théorie électro-chimique, à se représenter vaguement tous les phénomènes de composition et de décomposition comme de simples effets électriques. Dans cette supposition, la difficulté ne serait évidemment que reculée : il demeurerait encore incontestable que chaque substance, simple ou composée, manifeste une nature de polarité électrique qui lui est propre. Le langage seul serait donc changé, comme cela doit arriver pour toutes les notions scientifiques réellement fondées sur l'immuable considération des phénomènes.

ment variées propres au développement des divers phénomènes chimiques, on a pu remarquer, pour ainsi dire de tout temps, cette condition fondamentale et commune, qui est ordinairement bien loin de suffire, mais qui se présente toujours comme strictement indispensable : la nécessité du contact immédiat des particules antagonistes, et, par suite, celle de l'état fluide, soit gazeux, soit liquide, de l'une au moins des substances considérées. Quand cette disposition n'existe pas spontanément, il faut d'abord la remplir artificiellement en liquéfiant la substance, soit par la fusion ignée, soit à l'aide d'un dissolvant quelconque. Sans cette modification préalable, la combinaison ne saurait avoir lieu, conformément à un célèbre et judicieux aphorisme, qui remonte à l'enfance de la chimie. Il n'existe pas jusqu'ici un seul exemple bien constaté d'action chimique entre deux corps réellement solides, du moins en ne s'élevant pas à des températures qui rendent difficilement appréciable le véritable état d'agrégation des corps. C'est lorsque l'une et l'autre substances sont liquides, que l'action chimique se manifeste avec le plus d'énergie, si la légère différence des densités permet aisément un mélange intime. Rien n'est plus propre que de telles remarques à constater clairement combien les effets chimiques sont, par leur nature, éminemment moléculaires, surtout par opposition aux effets physiques. Ils présentent même, à cet égard, une distinction essentielle, quoique moins tranchée, avec les effets physiologiques ; puisque la production de ceux-ci suppose, de toute nécessité, un concours indispensable des solides avec les fluides, comme nous le reconnaîtrons dans la seconde partie de ce volume.

L'ensemble des considérations précédentes peut être exactement résumé, en définissant la chimie comme ayant pour but général d'*étudier les lois des phénomènes de composition et de décomposition, qui résultent de l'action moléculaire et spécifique des diverses substances, naturelles ou artificielles, les unes sur les autres.*

Il y a tout lieu de craindre que, vu son extrême imperfection, cette science ne doive pas, de long-temps, comporter une définition plus rigoureuse et plus précise, propre à caractériser, avec une pleine évidence, quelles sont, en général, les données indispensables et les inconnues finales de tout problème chimique. Néanmoins, afin de mieux signaler le véritable esprit de la chimie, il importe, sans doute, de considérer directement la définition la plus rationnelle, et, pour ainsi dire, la plus mathématique, dont une telle science soit susceptible, quoique, dans son état présent, elle ne puisse correspondre que très incomplétement à une semblable position générale de la question.

A cet effet, en rattachant toujours, pour cet ordre de phénomènes comme pour tous les autres, la considération de *science* à celle de *prévoyance,* il me semble évident que, dans toute recherche chimique, envisagée du point de vue le plus philosophique, on doit finalement se proposer ; étant données les propriétés caractéristiques des substances, simples ou composées, placées en relation chimique dans des circonstances bien définies, de déterminer exactement en quoi consistera leur action, et quelles seront les principales propriétés des nouveaux produits. Logiquement examiné, le problème, quelques difficultés qu'il présente, est certainement déterminé ; et, d'ailleurs, on n'y pourrait rien supprimer sans qu'il cessât aussitôt de l'être, en sorte que cette formule ne renferme aucune énonciation superflue. D'un autre côté, on conçoit aisément que, si de telles solutions étaient effectivement obtenues, les trois grandes applications fondamentales de la science chimique, soit à l'étude des phénomènes vitaux, soit à l'histoire naturelle du globe terrestre, soit enfin aux opérations industrielles, au lieu d'être, comme aujourd'hui, le résultat presque accidentel et irrégulier du développement spontané de la science, se trouveraient, par cela même, rationnellement organisées, puisque, dans l'un quelconque de ces trois cas généraux, la question rentre immédiatement dans notre formule abstraite, dont les circonstances propres à chaque application fournissent aussitôt les données. Cette manière de concevoir le problème chimique remplit donc toutes les conditions essentielles. Quelque supérieure qu'elle paraisse aujourd'hui à l'état réel de la science, ce qui prouve seulement qu'il est encore très imparfait, on n'en doit pas moins reconnaître que tel est le but effectif vers lequel tendent finalement tous les efforts des chimistes, puisque, de leur aveu unanime, les questions simples et peu nombreuses à l'égard desquelles ce résultat a pu être atteint jusqu'ici, d'une manière plus ou moins complète, sont regardées comme les parties les plus avancées de la chimie, d'où résulte la vérification formelle d'une semblable destination générale.

En examinant plus profondément cette définition rationnelle de la science chimique, on la jugera susceptible d'une importante transformation, puisque, par l'application redoublée d'une telle méthode convenablement dirigée, toutes les données fondamentales de la chimie devraient, en dernier lieu, pouvoir se réduire à la connaissance des propriétés essentielles des seuls corps simples, qui conduirait à celle des divers principes immédiats, et par suite, aux combinaisons les plus complexes et les plus éloignées. Quant à l'étude même des élémens, elle ne saurait, évidemment, par sa nature, être ramenée à aucune autre ; elle doit nécessairement constituer une élaboration expérimentale et directe, divisée en autant de parties, entièrement distinctes et radicalement indépendantes les unes des autres, qu'il existe, à chaque époque, de substances indécomposées. Tout ce qu'on pourrait, à cet égard, concevoir de vraiment rationnel, abstraction faite des inductions analogiques plus ou moins plausibles auxquelles peuvent conduire certains rapprochemens déjà constatés, consisterait à découvrir des relations générales entre les propriétés chimiques de chaque élément et l'ensemble de ses propriétés physiques. Mais, quoique quelques faits paraissent confirmer déjà le principe, d'ailleurs éminemment philosophique, d'une certaine harmonie générale et nécessaire entre ces deux ordres de propriétés, on peut, ce me semble, affirmer que, à aucune époque, cette harmonie ne saurait être assez explicitement dévoilée pour suppléer à l'exploration immédiate des caractères chimiques de chaque élément. Ainsi, sans prétendre à une perfection chimérique, on devra toujours regarder comme obtenues, par autant de suites d'observations directes, les études chimiques des divers corps simples. Mais, cette grande base générale une fois empruntée à l'expérience, tous les autres problèmes chimiques, malgré leur immense variété, devraient être susceptibles de solutions purement rationnelles, d'après un petit nombre de lois invariables, établies par le vrai génie chimique pour les diverses classes de combinaisons.

Sous ce rapport, les combinaisons présentent naturellement deux modes généraux de classification, qui doivent nécessairement être pris l'un et l'autre en considération fondamentale ; 1°. la simplicité ou le degré de composition plus ou moins grand des principes immédiats ; 2°. le nombre des élémens combinés. Or, d'après l'ensemble des observations, l'action chimique devient d'autant plus difficile, entre des substances quelconques, que leur ordre de composition s'élève davantage ; la plupart des atomes composés appartiennent aux deux premiers ordres, et, au-delà du troisième ordre, leur combinaison semble presque impossible : de même, sous le second point de vue, les combinaisons perdent très rapidement de leur stabilité à mesure que les élémens s'y multiplient ; le plus souvent il n'y a qu'un simple dualisme, et presque aucun corps qui soit plus que quaternaire. Ainsi, le nombre des classes chimiques générales auxquelles peut donner lieu cette double distinction nécessaire, ne saurait être bien étendu : à chacune d'elles, devrait correspondre une loi fondamentale de combinaison, dont l'application aux divers cas déterminés ferait rationnellement connaître, par les données élémentaires, le résultat de chaque conflit. Tel serait, sans doute, l'état vraiment scientifique de la chimie. C'est à la faiblesse radicale et, accessoirement, à la direction vicieuse de notre intelligence, que nous devons surtout attribuer, bien plus qu'à la nature propre du sujet, l'immense éloignement où nous sommes aujourd'hui d'une telle manière de philosopher. Quelque difficile qu'elle paraisse encore, il ne faut point oublier qu'elle commence maintenant à se réaliser en partie relativement à une catégorie fort importante, quoique secondaire, des recherches chimiques, l'étude des proportions, comme je le ferai soigneusement ressortir dans la trente-septième leçon. A cet égard, en effet, à l'aide d'un coefficient chimique, empiriquement évalué pour chaque corps simple, on parvient à déterminer rationnellement, en beaucoup de cas, avec une suffisante exactitude, d'après un petit nombre de lois générales, la proportion suivant laquelle s'unissent les principes, préalablement connus, de chaque nouveau produit. Pourquoi toutes les autres études chimiques ne comporteraient-elles point, dans la suite, une perfection analogue? Nous pouvons donc, en résumé, définir la chimie, le plus rationnellement possible, comme ayant pour objet final : *étant données les propriétés de tous les corps simples, trouver celles de tous les composés qu'ils peuvent former* (1).

Quoiqu'un tel but soit bien rarement atteint

(1) Le problème chimique est, sans doute, comme tout autre, logiquement susceptible de renversement; c'est-à-dire qu'on peut demander, réciproquement, de remonter des propriétés des composés à celles de leurs élémens : ce genre de recherches se présente même naturellement en plus d'une occasion importante, surtout quand on veut appliquer la chimie à l'étude des phénomènes vitaux. Mais, en thèse logique générale, plus les questions se compliquent, plus leur inversion devient difficile, au point d'être bientôt presque insurmontable lorsqu'on dépasse les premiers degrés de simplicité : on peut le vérifier éminemment pour les recherches mathématiques elles-mêmes, malgré leur facilité comparative. Une science aussi compliquée que la chimie ne saurait donc, très probablement, acquérir jamais une assez grande perfection pour donner lieu réellement, d'une manière un peu suivie, à ces problèmes inverses; c'est pourquoi j'ai dû m'abstenir d'en faire une mention formelle.

dans l'état présent de la science, sa considération familière n'en serait pas moins, ce me semble, très utile, dès aujourd'hui, pour donner aux recherches habituelles une direction plus progressive et une marche plus philosophique. Il n'y a pas de science qui ne soit, en réalité, plus ou moins inférieure à sa définition : mais l'usage d'une définition précise et systématique est, néanmoins, pour une doctrine quelconque, le premier symptôme d'une consistance vraiment scientifique, en même temps que le meilleur moyen de mesurer, à chaque époque, avec exactitude ses divers progrès généraux. Tels sont les motifs qui m'ont déterminé à insister ici sur cette importante opération, dont les chimistes philosophes me sauront peut-être quelque gré.

La loi fondamentale que j'ai établie, dès le commencement du volume précédent, sur l'harmonie nécessaire entre l'accroissement de complication des divers ordres de phénomènes et l'extension correspondante de nos moyens généraux d'exploration, se vérifie éminemment pour la science chimique, comparée à celles qui la précèdent, et spécialement à la physique, comme il est aisé de le constater sommairement.

C'est ici que le premier et le plus général des trois modes essentiels d'investigation que nous avons alors distingués dans la philosophie naturelle, *l'observation* proprement dite, commence à recevoir son développement intégral. Jusque là, en effet, l'observation est toujours plus ou moins partielle. En astronomie, elle est nécessairement bornée à l'emploi exclusif d'un seul de nos sens : en physique, le secours de l'ouïe, et surtout celui du toucher, viennent s'ajouter à l'usage de la vue; mais le goût et l'odorat restent encore essentiellement inactifs. La chimie, au contraire, fait concourir simultanément tous nos sens à l'analyse de ses phénomènes. On ne peut se former une juste idée de l'accroissement de moyens qui résulte d'une telle convergence, qu'en cherchant à se représenter, autant que possible, ce que deviendrait la chimie s'il fallait y renoncer, soit à l'olfaction, ou à la gustation, qui nous fournissent très souvent les seuls caractères par lesquels nous puissions reconnaître et distinguer les divers effets produits. Mais ce qu'un esprit philosophique doit surtout remarquer à ce sujet, c'est qu'une telle correspondance n'a rien d'accidentel, ni même d'empirique. Car, la saine théorie physiologique des sensations, ainsi que j'aurai soin de le constater dans la seconde partie de ce volume, montre clairement que les appareils du goût et de l'odorat, par opposition à ceux des autres organes sensitifs, agissent d'une manière éminemment chimique, et que, par conséquent, la nature de ces deux sens les adapte spécialement à la perception des phénomènes de composition et de décomposition.

Quant à l'*expérience* proprement dite, il serait, sans doute, superflu d'insister pour apprécier l'importance de la fonction prépondérante qu'elle remplit en chimie; puisque la plupart des phénomènes chimiques actuels, et surtout les plus instructifs, sont, évidemment, de création artificielle. Toutefois, malgré cette imposante considération, je persiste à croire, comme je l'ai indiqué dans le volume précédent, qu'on s'exagère communément la véritable part de l'expérimentation, dans les découvertes chimiques. En effet, que les phénomènes étudiés soient naturels ou factices, ce n'est point là, il importe de le rappeler, ce qui constitue essentiellement l'expérimentation, envisagée comme un mode d'observation plus parfait : son caractère fondamental consiste surtout dans l'institution, ou, ce qui revient au même, dans le choix, des circonstances du phénomène, pour une exploration plus évidente et plus décisive. Or, sous ce point de vue, on trouvera, ce me semble, malgré les apparences, que la méthode expérimentale est moins spécialement appropriée à la nature des recherches chimiques qu'à celle des questions physiques. Car, les effets chimiques dépendent ordinairement d'un trop grand concours d'influences diverses pour qu'il soit facile d'en éclairer la production par de véritables expériences, en instituant deux cas parallèles, qui soient exactement identiques dans toutes leurs circonstances caractéristiques, sauf celle qu'on veut apprécier; ce qui est pourtant la condition fondamentale de toute expérimentation irrécusable. Notre esprit commence réellement à rencontrer ici, par la complication des phénomènes, mais à un degré infiniment moindre, l'obstacle essentiel que la nature des recherches physiologiques oppose si complétement à la méthode purement expérimentale, dont l'usage est presque toujours illusoire. On ne saurait douter, néanmoins, que l'expérimentation n'ait puissamment contribué jusqu'ici au perfectionnement de la science chimique, abstraction faite des nouveaux sujets d'observation qu'elle a fait naître. Il me semble même incontestable que l'éminente supériorité, sous ce rapport, de la physique sur la chimie, ne tient pas seulement aujourd'hui à la nature respective des deux sciences (qui en est cependant la principale cause), mais aussi à ce que la première se trouve maintenant parvenue à une époque plus avancée de son développement que la seconde. Quand la chimie sera cultivée habituellement d'une manière plus rationnelle, l'art des expériences y sera, sans doute, mieux entendu et plus efficacement employé. Dès les premiers temps de cette science difficile, les immortelles séries de travaux de Priestley, et surtout du grand Lavoisier, ont offert, à cet égard, d'admirables modèles, presque comparables à ce que la physique nous présente de plus parfait, et qui suffiraient seuls pour constater que la nature des phénomènes chimiques n'oppose point d'insurmontables obstacles à un emploi lumineux et étendu de la méthode expérimentale.

Enfin, relativement au troisième mode fondamental de l'exploration rationnelle, la *comparaison* proprement dite, le moins général de tous, il importe de considérer ici que si, par sa nature, ce procédé est essentiellement destiné aux études physiologiques, son usage pourrait cependant commencer à acquérir, dans les recherches chimiques, une véritable efficacité. La condition essentielle de cette précieuse méthode, consiste dans l'existence d'une suite suffisamment étendue de cas analogues mais distincts, où un phénomène commun se modifie de plus en plus, soit par des simplifications, soit par des dégradations successives et presque continues. Or, d'après ce seul énoncé, il est évident qu'un tel artifice ne convient, dans toute sa plénitude, qu'à l'analyse des phénomènes vitaux. Aussi, est-ce uniquement là que ce mode d'observation a été jusqu'ici fécond en résultats importans : on ne saurait l'étudier ailleurs pour s'en former une idée nette. Néanmoins, après avoir abstraitement formulé, comme je viens de le faire, l'esprit général de ce procédé, il me semble évident que, si un tel art est radicalement inapplicable à l'astronomie, et ne peut même offrir à la physique aucune ressource vraiment importante, la chimie, par sa nature, est, à cet égard, dans de tout autres conditions, qui se rapprochent, à un certain degré, de celles que la physiologie seule peut manifester complétement. Je n'ai pas besoin d'en signaler ici d'autre indice général que l'existence des familles naturelles, unanimement admise aujourd'hui, en chimie, par toutes les têtes philosophiques, quoique la classification correspondante à ce principe soit encore loin, sans doute, d'être convenablement établie. La possibilité reconnue d'une semblable classification doit nécessairement conduire à celle de la méthode comparative, l'une et l'autre étant fondées sur la considération commune de l'uniformité, dans une longue série de corps différens, de certains phénomènes prépondérans. Il existe même entre ces deux ordres d'idées une telle liaison réciproque, que la construction d'un système naturel de classification chimique, si justement desiré aujourd'hui, est impossible sans une large application de l'art comparatif proprement dit, entendu à la manière des physiologistes; et, pareillement, en sens inverse, la chimie comparée ne saurait être régulièrement cultivée, tant que l'esprit ne pourra point s'y diriger d'après une ébauche de classification naturelle. Quoi qu'il en soit, ces considérations de haute philosophie chimique me paraissent rendre incontestable la convenance fondamentale, et même l'application peu éloignée, du procédé comparatif au perfectionnement général des connaissances chimiques. Peut-être en indiquant cette importante relation, mon esprit se tient-il trop au-delà de l'état présent de la science, qui ne semble, en effet, offrir jusqu'ici d'exemple réel d'une telle marche que dans un très petit nombre de recherches, où son influence est même difficilement appréciable. Mais il ne faut point oublier que la chimie est encore, pour ainsi dire, une science naissante; et en conséquence, on ne doit pas trouver étrange que l'ensemble des procédés généraux qui lui sont propres ait été jusqu'à présent incomplétement caractérisé par son développement spontané. C'est surtout en devançant, à un degré modéré, les phases naturelles de ce développement, que l'étude spéciale de la philosophie des sciences, telle que je me suis efforcé de la concevoir et de l'organiser, peut contribuer, avec une efficacité notable, à hâter et à étendre leurs progrès effectifs.

Quels que soient les moyens, directs ou indirects, employés pour l'exploration chimique, il convient de remarquer, en dernier lieu, que leur emploi est ordinairement susceptible d'une vérification générale, éminemment appropriée à la nature de cette science, bien qu'elle ne lui soit pas rigoureusement particulière. Cette ressource capitale résulte de la confrontation exacte du double procédé de l'*analyse* et de la *synthèse* (1).

---

(1) Les diverses sectes de philosophes métaphysiciens ont tellement abusé, depuis un siècle, de ces deux expressions, par une multitude d'acceptions logiques profondément différentes, que tout esprit judicieux doit répugner aujourd'hui à les introduire dans le discours, quand les circonstances de leur emploi n'en spécifient pas naturellement le sens positif. Mais, en chimie, elles ont dû heureusement conserver, d'une manière tout-à-fait pure, leur netteté originelle; en sorte qu'elles y sont usitées sans aucun danger; encore serait-il préférable, pour plus de sécurité, d'adopter habituellement les mots équivalens de *composition* et *décomposition*, qui n'ont pas été viciés, et qui ne sont guère plus longs, quoique d'ailleurs ils n'offrent pas autant de facilité pour la formation des mots secondaires.

Tout corps qui a été décomposé doit, évidemment, être conçu, par cela même, comme susceptible d'une recomposition, d'ailleurs plus ou moins difficile et quelquefois presque impossible à réaliser. Or, si cette opération inverse reproduit exactement la substance primitive, la démonstration chimique acquiert aussitôt la plus incontestable certitude. Malheureusement l'admirable extension de la puissance chimique dans le siècle actuel a beaucoup plus porté jusqu'ici sur les facultés analytiques que sur les moyens synthétiques; en sorte que ces deux voies sont encore très loin de conserver entre elles une exacte et constante harmonie.

Afin de caractériser plus profondément les cas où une telle harmonie est néanmoins indispensable à l'établissement d'une conviction vraiment inébranlable, il faut distinguer, en général, avec plus de soin qu'on ne l'a fait, deux genres très différens d'analyse chimique : une analyse préliminaire, consistant dans la simple séparation des principes immédiats, et une analyse finale, conduisant à la détermination des *élémens* proprement dits (1). Quoique celle-ci soit toujours

---

(1) Ces deux expressions, *préliminaire* et *finale*, sont ici seulement destinées à caractériser, aussi nettement que possible, le but propre à cha-

le complément nécessaire de toute étude chimique, l'usage de la première est, cependant, dans un très grand nombre de cas, et surtout relativement aux applications, plus important et plus étendu. Or, il est aisé de concevoir que l'analyse élémentaire peut être, par sa nature, rigoureusement dispensée d'une vérification synthétique. Car, en instituant l'opération avec exactitude et la poursuivant avec soin, on déduira toujours, sans incertitude, de la composition des réactifs employés, comparée à celle des produits obtenus, la composition inconnue de la substance proposée, dont les divers élémens auront ainsi été séparés d'une manière quelconque. L'impossibilité où l'on serait de les combiner de nouveau pour reproduire le corps primitif, ne saurait, évidemment, en un tel cas, jeter aucun doute légitime sur la réalité de la solution ; à moins toutefois, ce qui doit être infiniment rare, qu'on n'eût des motifs valides de contester la simplicité effective de quelqu'un des élémens considérés. La synthèse ne fait donc alors qu'ajouter, à la démonstration ana-

cune des deux analyses, sans aucune allusion à l'ordre qui s'établit entre elles. Du point de vue abstrait, il paraîtrait, sans doute, que la première doit toujours, rationnellement, précéder la seconde. Mais comme, en réalité, celle-ci est souvent beaucoup plus facile et plus sûre que l'autre, dont elle peut être rendue indépendante, on conçoit sans peine que cet ordre naturel doive se trouver fréquemment interverti.

lytique, une confirmation utile et lumineuse, mais nullement indispensable. Il en est tout autrement, au contraire, quand il s'agit de déterminer seulement les vrais principes immédiats. Comme les divers élémens dont ils sont formés seraient nécessairement toujours plus ou moins susceptibles de produire entre eux d'autres combinaisons de différens ordres, on ne peut jamais avoir absolument, dans un tel genre d'analyse, la certitude directe qu'un ou plusieurs des prétendus principes immédiats qu'elle a fournis ne doivent pas leur origine aux réactions provoquées par l'opération analytique elle-même. La synthèse, en général, peut seule alors, en reconstruisant, avec les matériaux trouvés, la substance proposée, décider finalement la question d'une manière irrécusable; à moins que la faible énergie des réactifs employés ou la puissance des inductions analogiques ne suffisent, ce qui a souvent lieu, pour que les résultats directs des opérations analytiques ne doivent comporter aucun doute raisonnable. Dans les analyses immédiates très compliquées, lors même que la concordance de plusieurs moyens analytiques distincts vient fortement corroborer la solidité des conclusions obtenues, on ne saurait presque jamais, sans la confirmation synthétique, compter sur de véritables démonstrations chimiques. L'analyse des eaux minérales, et surtout celles des matières organiques, abondent en exemples importans, propres à mettre dans tout son jour la justesse de cette maxime essentielle de philosophie chimique.

Pour compléter l'aperçu d'un tel principe, on doit remarquer enfin, à ce sujet, l'existence nécessaire d'une certaine harmonie générale entre la possibilité d'appliquer la méthode synthétique et l'obligation d'y recourir; sans prétendre d'ailleurs, bien entendu, que, sous ce rapport, la correspondance des moyens au but ne laisse jamais rien à désirer. Cela résulte de la loi, mentionnée ci-dessus à autre intention, que les combinaisons deviennent moins tenaces à mesure que l'ordre de composition des particules constituantes s'élève davantage. Or le degré de facilité de la recomposition doit, sans doute, correspondre à celui avec lequel la séparation s'est opérée. Ainsi, l'analyse élémentaire, la seule qui, d'après les considérations précédentes, puisse être rigoureusement dispensée de la contre-épreuve synthétique, est précisément celle qui obligerait aux recompositions les plus difficiles, souvent même impossibles pour peu que les élémens soient nombreux, à cause des réactions très énergiques qu'il a fallu d'ordinaire employer, comme l'expérience chimique le vérifie chaque jour : tandis que les cas d'analyse immédiate, au contraire, n'exigeant, en général, que de faibles antagonismes, n'opposent pas de grands obstacles aux opérations synthétiques, qui sont alors devenues presque indispensables.

Après avoir suffisamment considéré, du point de vue philosophique, le véritable but général de la science chimique, et les moyens fondamentaux d'exploration qui lui sont propres, l'ordre naturel des idées principales relatives à cette leçon nous conduit à examiner rapidement la position encyclopédique de la chimie, c'est-à-dire à justifier, d'une manière directe et spéciale, quoique sommaire, le rang que j'ai dû lui assigner dans la hiérarchie scientifique établie au début de ce traité.

Ce cas me paraît être l'un des plus propres à constater qu'une telle classification fondamentale ne repose point sur de vaines et arbitraires considérations, mais qu'elle est le fidèle résumé des harmonies nécessaires, naturellement manifestées, entre les différentes sciences, par leur développement commun. Aucune position encyclopédique ne me semble, en effet, se présenter avec plus de spontanéité que celle de la chimie, d'après ma formule, entre la physique et la physiologie. Qui pourrait méconnaître aujourd'hui que, par plusieurs parties essentielles, et surtout par l'importante série des phénomènes électro-chimiques, le système des connaissances chimiques touche immédiatement à l'ensemble de la physique, dont il constitue, en apparence, un simple prolongement; et que de même, à son autre extrémité, par l'étude, non moins fondamentale, des combinaisons organiques, il adhère, en quelque sorte, à la physiologie générale, dont il établit, pour ainsi dire, les premiers fondemens? Ces relations sont tellement intimes, que, dans plus d'un cas particulier, les chimistes qui n'ont point approfondi la vraie philosophie des sciences n'osent décider si tel sujet tombe effectivement sous leur compétence, ou s'ils doivent le renvoyer, soit à la physique, soit à la physiologie.

Considérons, en premier lieu, la chimie relativement aux sciences qui la précèdent dans notre échelle encyclopédique, et d'abord, à la physique, qui lui est immédiatement antérieure.

Les phénomènes de la première sont, évidemment, d'une nature plus compliquée, que ceux de la seconde; et l'étude en est nécessairement subordonnée à la leur. Quoique les uns et les autres soient rigoureusement généraux, cependant l'ordre de généralité des faits chimiques doit être classé comme réellement inférieur à celui des faits physiques. En comparant ceux-ci aux faits astronomiques, j'ai démontré, dans le volume précédent, que leur généralité est moindre, parce que, propres à tous les corps, ils ne s'y manifestent point cependant dans toutes les circonstances, leur développement étant toujours soumis à certaines conditions. Or, le même principe est applicable ici, et à bien plus forte raison, car les effets chimiques exigent un concours de conditions variées beaucoup plus étendu. Avec de simples modifications, les propriétés physiques appartiennent, non-seulement à toutes les substances, mais aussi à tous les états d'agrégation, et même de combinaison, de chacune d'elles : chaque corps ne manifeste, au contraire, ses propriétés chimiques que dans un état plus ou moins déterminé, et souvent tellement restreint qu'il a fallu de longues séries d'essais laborieux pour parvenir à le réaliser. En un mot, la nature nous offre très fréquemment des effets physiques qui ne sont accompagnés d'aucun effet chimique, tandis que nul phénomène chimique ne saurait avoir lieu sans la coexistence de certains phénomènes physiques. Ainsi, les uns formant les divers modes spécifiques de l'activité propre à chaque substance, et les autres, au contraire, constituant l'existence fondamentale de toute matière, le sujet de la chimie se complique nécessairement toujours de celui de la physique, et ne saurait être rationnellement étudié sans la connaissance préalable de celui-ci. D'ailleurs, les agens chimiques les plus puissans sont, désormais, empruntés à la physique, qui, en outre, fournit constamment, par ses différens ordres de phénomènes, les premiers caractères distinctifs des diverses substances. Il serait inutile d'insister davantage aujourd'hui pour faire sentir qu'on ne saurait concevoir de chimie vraiment scientifique sans lui donner, préalablement, l'ensemble de la physique pour base générale. Sous ce premier rapport, qui est décisif, la position encyclopédique de la chimie se trouve donc déterminée, à l'abri de toute incertitude.

De cette relation immédiate, résulte, évidemment, une subordination indirecte, mais nécessaire, de la chimie envers l'ensemble de l'astronomie, et même de la science mathématique, comme fondemens indispensables de toute physique sérieuse. Quant à des liaisons directes, il faut convenir que, sous le rapport de la doctrine, elles sont peu étendues et d'une médiocre importance.

Toute tentative de faire rentrer les questions chimiques dans le domaine des doctrines mathématiques, doit être réputée jusqu'ici, et sans doute à jamais, profondément irrationnelle, comme étant antipathique à la nature des phénomènes : elle ne pourrait découler que d'hypothèses vagues et radicalement arbitraires sur la constitution intime des corps, ainsi que j'ai eu occasion de l'indiquer dans les prolégomènes de cet ouvrage. J'ai fait ressortir, dans le volume précédent, le tort général fait jusqu'ici à la physique par l'abus de l'analyse mathématique. Mais là, il ne s'agissait que de l'usage irréfléchi d'un instrument, qui, judicieusement dirigé, est susceptible, pour un tel ordre de recherches, d'une admirable efficacité. Ici, au contraire, on ne doit pas craindre de garantir que si, par une aberration heureusement presque impossible, l'emploi de l'analyse mathématique acquérait jamais, en chimie, une semblable prépondérance, il déterminerait inévitablement, et sans aucune compensation, dans l'économie entière de cette science, une immense et rapide rétrogradation, en substituant l'empire des conceptions vagues à celui des notions positives, et un facile verbiage algébrique à une laborieuse exploration des faits.

La subordination directe de la chimie envers l'astronomie, est, pareillement, très faible, mais, néanmoins, plus prononcée. Elle est presque insensible pour la chimie *abstraite*, seule cultivée aujourd'hui. Mais, quand l'ensemble des progrès de la philosophie naturelle viendra permettre le développement de la chimie *concrète*, c'est-à-dire l'application méthodique du système des connaissances chimiques à l'histoire naturelle du globe, on éprouvera, sans doute, en plus d'une recherche, le besoin de combiner, pour la saine explication des phénomènes, les considérations chimiques et les considérations astronomiques, qui semblent maintenant ne comporter aucun point de contact réel. La géologie actuelle, si informe qu'elle soit, doit nous faire clairement pressentir la manifestation future, et peut-être prochaine, d'une semblable nécessité, qu'un vague instinct avait probablement révélée aux philosophes de l'âge théologique, au milieu de leurs chimériques et pourtant opiniâtres rapprochemens entre l'astrologie et l'alchimie. Il est, sans doute, impossible, en principe, de concevoir l'ensemble des grandes opérations intestines de la nature terrestre comme radicalement indépendant des mouvemens de notre globe, de l'équilibre général de sa masse, en un mot, du système de ses conditions planétaires.

Si les relations immédiates de la chimie avec la science mathématique, et même avec l'astronomie, sont nécessairement peu considérables sous le point de vue de la doctrine, il n'en saurait être ainsi, à beaucoup près, relativement à la méthode. En ce nouveau sens, il est aisé de reconnaître, au contraire, qu'une suffisante habitude préalable, chez les chimistes, de l'esprit mathématique et de la philosophie astronomique exercerait inévitablement la plus grande et la plus salutaire influence sur la manière de concevoir et de cultiver la chimie, et, par suite, accélererait beaucoup ses perfectionnemens ultérieurs.

Pour la mathématique (dont il serait, d'ailleurs, superflu d'expliquer ici que les premières notions élémentaires sont désormais directement indispensables aux travaux journaliers des chimistes), je n'ai pas besoin de reproduire les considérations générales, tant exposées dans les diverses parties antérieures de ce traité, qui établissent invinciblement l'ensemble d'une telle étude comme le premier fondement nécessaire du système entier de la méthode positive. Il n'y a, dans cette subordination commune à toute la hiérarchie scientifique, rien qui soit précisément particulier à la chimie, si ce n'est cette sage réflexion que, plus les phénomènes se compliquent, plus nous devons nous préparer soigneusement, par ce salutaire régime intellectuel, à les analyser avec une judicieuse sévérité. On ne doit pas craindre d'attribuer aujourd'hui, en partie, au défaut habituel d'accomplissement de cette indispensable condition, le peu de rationnalité, de rigueur, et de liaison que les bons esprits remarquent si péniblement dans la plupart des travaux chimiques. Il est évident, néanmoins, afin de prévenir ici toute exagération, que l'éducation mathématique des chimistes n'a pas besoin d'être aussi étendue, dans ses détails, que celle convenable aux physiciens, puisqu'elle n'est point destinée à leur fournir, comme à ceux-ci, un secours direct et d'un usage journalier, mais seulement à les pénétrer assez de l'esprit géométrique pour que leur intelligence soit convenablement préparée à l'étude rationnelle de la nature.

Quant à l'astronomie, la subordination directe de la chimie envers elle, sous le rapport de la méthode, est d'une importance tout aussi grande, et encore plus sensible, d'après la propriété fondamentale que nous avons reconnue à la science céleste de constituer nécessairement le type le plus parfait de l'étude de la nature. La salutaire influence d'un tel modèle doit devenir, en général, d'autant plus indispensable, que la complication croissante des phénomènes tend davantage à faire perdre de vue le véritable esprit de la philosophie naturelle. C'est seulement par une semblable étude préliminaire, que les chimistes, sentant vivement l'inanité radicale des explications métaphysiques dont leur doctrine est encore habituellement viciée, pourront acquérir enfin un sentiment profond et efficace du vrai caractère propre à la science chimique, et du genre de perfection que comporte la nature de ses phénomènes. Sous ce rapport philosophique, la physique elle-même, en vertu de sa moindre perfection nécessaire, ne saurait jamais avoir, pour les chimistes, autant d'utilité que l'astronomie, malgré ses relations bien plus intimes et plus étendues. Aujourd'hui surtout, où la méthode, en physique, est encore, à plusieurs égards, comme nous l'avons reconnu, radicalement défectueuse, l'imitation exclusive d'un modèle aussi incomplet tend à développer, sans doute, d'une manière beaucoup moins satisfaisante, la saine philosophie chimique.

Telles sont, en aperçu, soit pour la doctrine, soit pour la méthode, les relations générales de la chimie avec les sciences fondamentales qui la précèdent dans notre hiérarchie encyclopédique.

Il serait superflu de considérer formellement ici sa liaison nécessaire avec les sciences qui la suivent, et surtout avec la physiologie, qui vient immédiatement après elle. Cet examen aura naturellement sa place spéciale dans la seconde partie de ce volume. Nous devons nous borner, en ce moment, à concevoir, d'une manière nette mais générale, que toute saine physiologie s'appuie nécessairement sur la chimie, soit comme point de départ, soit comme principal moyen d'investigation. En séparant, autant que possible, les phénomènes de la vie proprement dite, de ceux de l'animalité, il est clair que les premiers, dans le double mouvement intestin qui les constitue, sont, par leur nature, essentiellement chimiques. Les combinaisons et les décompositions qu'on y observe présentent, sans doute, en vertu de l'organisation, des caractères qui leur sont exclusivement propres : mais, malgré ces importantes modifications, elles n'en doivent pas moins être nécessairement subordonnées aux lois générales des effets chimiques. Même en considérant l'étude des corps vivans sous le simple point de vue statique, la chimie y est aussi d'un usage évidemment indispensable, en ce qu'elle fournit les moyens les plus certains de distinguer exactement entre eux les divers élémens anatomiques d'un organisme quelconque.

Nous reconnaîtrons, en dernier lieu, dans le volume suivant, que la nouvelle science fondamentale, que je présente aux vrais philosophes, sous le nom de physique sociale, comme devant constituer l'indispensable complément du système rationnel de la philosophie naturelle, est, pareillement, subordonnée par son objet à la science chimique. Elle en dépend, d'abord, évidemment, d'une manière nécessaire, quoique indirecte, par sa relation immédiate et manifeste avec la physiologie. Mais, en outre, les phénomènes sociaux étant les plus compliqués et les plus particuliers de tous, leurs lois sont inévitablement subordonnées, par cela même, à celles de tous les ordres précédens, dont chacun y manifeste, plus ou moins explicitement, son influence propre. Quant aux lois chimiques surtout, il est évident que, dans l'ensemble des conditions d'existence de la société humaine, sont comprises plusieurs harmonies chimiques essentielles, entre l'homme et les circonstances extérieures fondamentales dont il subit l'empire absolu. La rupture de ces diverses harmonies, ou seulement leur perturbation un peu profonde, soit quant à la composition du milieu atmosphérique, ou des eaux, ou des terrains, etc., ne permettrait plus de concevoir rationnellement le développement social, même en supposant un désordre assez restreint pour que l'existence individuelle fût maintenue.

La position encyclopédique de la chimie, ainsi exactement vérifiée sous tous les rapports essentiels, conduit naturellement à fixer aussitôt le degré proportionnel de perfection générale que comporte cette science fondamentale, comparée aux autres, d'après le principe philosophique établi à ce sujet dans ma théorie préliminaire de la classification des sciences (*voyez* la deuxième leçon). Chacun peut, en effet, constater aisément, par un examen direct, que, conformément à ce principe, et sous le double aspect de la méthode ou de la doctrine, le degré de perfection de la chimie est inférieur à celui de la physique et supérieur à celui de la physiologie. Nous devons surtout, par le motif ci-dessus indiqué, nous attacher ici à la première comparaison.

Quant à la méthode, malgré les imperfections radicales que j'ai dû sévèrement signaler dans la manière de procéder de la physique actuelle, la philosophie physique est, néanmoins, sans aucun doute, beaucoup plus rapprochée aujourd'hui que la philosophie chimique de l'état pleinement positif. Si, relativement à la théorie des hypothèses, la première présente réellement encore un caractère quasi-métaphysique, il n'y a aucune exagération à dire que l'esprit de la seconde est jusqu'ici, à quelques égards, essentiellement métaphysique, par suite de son développement plus difficile et plus tardif. La doctrine des *affinités*, jusqu'à présent prépondérante et classique, quoique son empire s'affaiblisse rapidement, est, ce me semble, d'une nature encore plus ontologique que celle des fluides et des éthers imaginaires. Si le fluide électrique et l'éther lumineux, comme je l'ai établi, ne sont réellement autre chose que des entités matérialisées, les affinités vulgaires ne sont-elles pas, au fond, des entités complétement pures, aussi vagues et indéterminées que celles de la philosophie scolastique du moyen âge? Les prétendues solutions qu'on a coutume d'en déduire présentent évidemment le caractère essentiel des explications métaphysiques, la simple et naïve reproduction, en termes abstraits, de l'énoncé même du phénomène. Le développement accéléré des observations chimiques, depuis un demi-siècle, qui, sans doute, doit bientôt irrévocablement discréditer une aussi vaine philosophie, n'a fait jusqu'ici que la modifier, de manière à dévoiler, avec une plus éclatante évidence, sa nullité radicale. Quand les affinités étaient regardées comme absolues et invariables, leur emploi, pour l'explication des phénomènes, quoique toujours nécessairement illusoire, présentait, du moins, une apparence plus imposante. Mais, depuis que les faits ont forcé de concevoir, au contraire, les affinités comme éminemment variables d'après une foule de circonstances diverses, leur usage n'a pu se prolonger sans devenir aussitôt, par ce seul changement, d'une inanité plus manifeste et presque puérile. Ainsi, par exemple, pour fixer les idées, on sait, dès long-temps, que, à une certaine température, le fer décompose l'eau, ou protoxide d'hydrogène; et, néanmoins, on a reconnu ensuite que, sous la seule influence d'une plus haute température, l'hydrogène, à son tour, décompose l'oxide de fer : que peut signifier, dès lors, l'ordre quelconque d'affinité qu'on croira devoir établir entre le fer et l'hydrogène envers l'oxigène? Si, comme on y est conduit, on fait varier cet ordre avec la température, la nature purement verbale de cette explication prétendue pourrait-elle être désormais contestée? Or, la chimie actuelle offre un grand nombre de ces rapprochemens, contradictoires en apparence, indépendamment de la longue série de considérations aussi décisives qui ont fait rejeter les affinités absolues, les seules pourtant qui devaient sembler présenter quelque consistance scientifique.

L'empire de l'éducation, et, surtout, l'état correspondant du développement général de l'humanité, dominent tellement la marche individuelle des esprits même les plus éminens, que le génie le plus profondément philosophique dont la chimie puisse s'honorer jusqueici, le grand Berthollet, dans l'immortel ouvrage (1) où il a si victorieusement renversé l'ancienne doctrine des affinités invariables ou *électives*, ne peut lui-même achever de se soustraire complétement aux habitudes (alors il est vrai, si prépondérantes) d'ontologie chimique, et maintient, pour l'explication journalière des phénomènes, l'usage presque arbitraire des vaines conceptions d'affinité, rendues encore plus vagues par les modifications mêmes qu'il a dû leur faire subir. Pour constater, d'une manière irrécusable, combien, même aujourd'hui, ces habitudes sont encore, à certains égards, profondément enracinées, il suffit de signaler ici l'étrange et absurde doctrine de l'*affinité prédisposante*,

(1) Le point de départ de Berthollet se trouva, malheureusement, être pris dans la physiologie, c'est-à-dire dans une science dont la philosophie devait être naturellement, et surtout à cette époque, beaucoup plus arriérée encore que celle dont il a si noblement consacré sa vie à poursuivre le progrès général. Préparé, au contraire, par une éducation mathématique et astronomique, un esprit de cette trempe eût produit, sans doute, même alors, des résultats philosophiques bien plus complets et plus durables. Néanmoins, la *Statique chimique*, beaucoup trop négligée aujourd'hui, restera, par son admirable rationnalité, malgré ses imperfections capitales, un monument éternel, et jusqu'ici incomparable, de la puissance de l'esprit humain pour la systématisation des idées chimiques.

dont l'usage est, jusque ici, resté classique, comme l'indiquent les traités les plus récens et les plus plus justement estimés, entre autres le grand et important ouvrage du plus rationnel des chimistes actuels, l'illustre M. Berzélius. Lorsque, par exemple, l'action de l'acide sulfurique détermine, à la température ordinaire, la subite décomposition, alors impossible sans un tel secours, de l'eau par le fer, de façon à dégager l'hydrogène, on attribue communément ce remarquable phénomène à l'affinité de l'acide sulfurique pour l'oxide de fer qui *tend* à se former : et il en est de même dans une foule de cas analogues. Or, peut-on imaginer rien de plus métaphysique, et même de plus radicalement incompréhensible, que l'action sympathique d'une substance sur une autre qui n'existe pas encore, et la formation de celle-ci en vertu de cette mystérieuse affection? (1) Il faut convenir que, comparativement à de telles conceptions, les étranges fluides des physiciens sont quelque chose de rationnel et de satisfaisant.

(1) Dans l'exemple que je viens de citer, on pourrait, ce me semble, concevoir que le phénomène est dû à la solubilité du sulfate de fer, opposée à l'insolubilité de l'oxide correspondant. Le fer agit certainement sur l'eau à toute température; et l'on peut attribuer la faible action qu'il exerce alors à ce que l'oxide insoluble, à mesure qu'il se forme à la surface du métal, préserve les couches intérieures : dès lors, l'acide opérerait, presque mécaniquement, une plus vive décomposition, en supprimant continuellement cet obstacle. Les expérimentateurs décide-

Des considérations aussi décisives me semblent éminemment propres à faire sentir l'importance capitale et pratique du plan général que j'ai indiqué ci-dessus, d'après la position de la chimie dans ma hiérarchie scientifique, pour l'éducation rationnelle des chimistes, fondée sur une étude préliminaire, suffisamment approfondie, de la philosophie mathématique, ensuite de la philosophie astronomique, et enfin de la physique. On ne saurait méconnaître, en scrutant philosophiquement ce sujet, que toute cette doctrine des affinités n'est réellement, dans son esprit originaire, qu'une tentative, nécessairement vaine, pour concevoir la nature intime des phénomènes chimiques, aussi radicalement inaccessible que les essences analogues qu'on cherchait autrefois, par des procédés semblables, envers les phénomènes plus simples. Le développement plus rapide de l'esprit humain en astronomie et en physique, y a déjà fait exclure à jamais ces recherches chimériques, qui doivent donc aussi, à plus forte raison, être finalement rejetées des parties plus compli-

raient si une telle explication est réellement admissible, en faisant varier, dans une double suite de cas analogues, soit le métal, soit l'acide (pourvu que leur énergie relative restât à peu près la même), pour examiner ensuite si, en effet, la solubilité de certains sels permet la décomposition, tandis qu'elle serait, au contraire, empêchée par l'insolubilité des autres.

quées de la philosophie naturelle. Or, comment les chimistes réaliseraient-ils, dans leur science, cette épuration fondamentale, si, d'abord, ils n'ont étudié son accomplissement à l'égard des sciences antérieures et plus simples, qui peuvent seules leur en donner une juste idée ? L'intelligence pourrait-elle devenir complétement positive en chimie, tout en demeurant à demi métaphysique en astronomie ou en physique ? L'individu ne doit-il pas, à cet égard, suivre nécessairement la même marche générale qu'a suivie l'espèce dans son passage graduel à l'état positif ? La vraie science consiste, en tout genre, dans les relations exactes établies entre les faits observés, afin de déduire, du moindre nombre possible de phénomènes fondamentaux, la suite la plus étendue de phénomènes secondaires, en renonçant absolument à la vaine enquête des *causes* et des *essences*. Tel est l'esprit qu'il s'agit aujourd'hui de rendre enfin complétement prépondérant dans la chimie, et devant lequel se dissipera pour toujours la doctrine métaphysique des *affinités*. Or, les chimistes pourraient-ils se pénétrer convenablement d'un telle manière de philosopher, si ce n'est par l'étude des seules sciences où elle soit encore pleinement développée ? (1)

(1) Sous ce rapport essentiel, l'éducation ordinaire des chimistes

L'infériorité si bien constatée de la chimie envers la physique, sous le point de vue de la méthode et de l'esprit philosophique, explique immédiatement son imperfection relative, encore plus évidente, quant à la science effective, sans qu'il soit nécessaire d'entreprendre, à ce sujet, aucune comparaison spéciale. J'ai suffisamment établi, en commençant ce discours, quel doit être, en général, le véritable but scientifique de la chimie, précisé par une formule exacte : chacun peut lui confronter aisément l'état actuel de la science, et reconnaître aussitôt qu'il en est à une

anciens avait certainement, pour leur époque, un caractère plus rationnel que celle des chimistes actuels, en ce que, du moins, elle développait en eux, quoique sur des bases chimériques, le sentiment habituel des relations fondamentales de la chimie avec l'ensemble des autres sciences, et, spécialement, avec l'astronomie, d'une part, et, en sens inverse, avec l'étude des corps vivans. Le rapide et immense développement des différentes sciences, depuis leur passage à l'état positif, a rendu, sans doute, une telle condition préalable beaucoup plus difficile à remplir pour les diverses classes des savans; mais elle n'est nullement impraticable, pourvu que le degré précis de spécialité de chaque étude préliminaire soit toujours judicieusement proportionné à la destination d'une semblable éducation. Car, il est aisé de remarquer, d'après les principes de hiérarchie scientifique établis dans ce traité, que, plus ces préparations successives se multiplient, par la complication croissante des phénomènes, moins chacune d'elles a besoin d'être développée, vu la moindre étendue des relations à mesure que les catégories des phénomènes sont plus distantes. L'esprit et la marche de nos enseignemens scientifiques actuels ne peuvent donner aucune idée juste de ce système philosophique d'éducation rationnelle pour les savans.

immense distance, beaucoup plus prononcée que celle (déjà si grande néanmoins, à plusieurs égards) qui correspond à la physique. Les faits chimiques sont, aujourd'hui, essentiellement incohérens, ou, du moins, faiblement coordonnés par un petit nombre de relations, partielles et insuffisantes, au lieu de ces lois aussi certaines qu'étendues et uniformes dont la physique se glorifie si justement. Quant à la prévision, véritable mesure de la perfection de chaque science naturelle, il est trop évident que si déjà elle est bien plus bornée, plus incertaine, et moins précise en physique qu'en astronomie, les théories chimiques actuelles y atteignent beaucoup plus imparfaitement encore : le plus souvent même, l'issue de chaque événement chimique ne peut être connue qu'en consultant, d'une manière spéciale, l'expérience immédiate, et, pour ainsi dire quand l'événement est accompli.

Quelque imparfaite que soit la chimie, comme méthode et comme doctrine, il faut reconnaître, afin de conserver les proportions, que, sous l'un et l'autre point de vue, elle est, néanmoins, par sa nature, même aujourd'hui, très supérieure à la physiologie, et ( je n'ai pas besoin d'en avertir ) bien davantage à la science sociale. Outre que, par la simplicité relative de ses phénomènes, les faits y sont beaucoup mieux discutés et les investigations plus décisives, il y existe, quoiqu'en très petit nombre, quelques véritables théories, exactement circonscrites, et susceptibles de fournir, en certains cas, des prévisions réelles et complètes, qui sont jusque ici presque toujours impossibles, si ce n'est d'une manière générale, dans l'étude des corps vivans. Je ferai surtout ressortir, dans une des leçons suivantes, les lois qui concernent les proportions, et dont la physiologie générale ne saurait, sans doute, offrir, en aucune façon, l'équivalent.

Du reste, il ne faut jamais perdre de vue, en de telles comparaisons, que, si le degré de perfection des diverses sciences fondamentales est toujours nécessairement inégal par la complication graduelle de leurs phénomènes, son importance à notre égard diminue suivant la même règle par une autre conséquence du même principe, en sorte qu'il peut toujours exister une suffisante harmonie générale entre les besoins raisonnables et les moyens effectifs. J'espère, d'ailleurs, que de cette sévère et consciencieuse appréciation du véritable état de chaque science, il résultera, pour les bons esprits, une stimulation à la cultiver beaucoup plus qu'une répugnance à l'étudier : car, l'activité humaine doit être, sans doute, bien autrement satisfaite en concevant les sciences comme naissantes et par suite, susceptibles, d'une manière presque indéfinie, de progrès larges et variés (ainsi que toutes le sont réellement plus ou moins), au lieu de les supposer parfaites, et, en conséquence, essentiellement immobiles, si ce n'est dans leurs développemens secondaires.

En traitant ainsi de la position encyclopédique de la chimie, j'ai fait suffisamment ressortir l'importance capitale d'une telle science dans le système général de la philosophie naturelle, et son indispensable nécessité pour l'étude rationnelle des sciences plus compliquées. Il me reste maintenant à signaler, d'une manière sommaire, ses propriétés philosophiques les plus élevées, relatives à son action directe sur l'éducation fondamentale de la raison humaine.

A cet égard, et d'abord quant à la méthode, on pourrait dire, en premier lieu, que la chimie présente à l'esprit humain de grandes ressources pour étudier, en général, l'art universel de l'expérimentation. Toutefois, quelle que soit, sous ce rapport, la haute utilité philosophique de la chimie, il faut reconnaître que cette propriété ne lui est point strictement particulière, et même, comme nous l'avons vu, que la physique, par sa nature, est, en ce genre, nécessairement supérieure. C'est bien plus l'art d'observer proprement dit, que celui d'expérimenter, dont la chimie peut offrir à tous les philosophes des leçons éminemment précieuses. Mais il existe, dans le système de la méthode positive, une partie fort importante, quoique jusqu'ici trop peu appréciée, et que la chimie était, ce me semble, spécialement destinée à porter au plus haut degré de perfection. Il s'agit, non de la théorie des classifications, assez mal entendue par les chimistes, mais de l'art général des nomenclatures rationnelles, qui en est tout-à-fait indépendant, et dont la chimie, par la nature même de son objet, doit présenter de plus parfaits modèles qu'aucune autre science fondamentale.

On a souvent tenté, surtout depuis la réforme du langage chimique, et l'on entreprend encore chaque jour des essais plus ou moins judicieux de nomenclature systématique en anatomie, en pathologie même, et surtout en zoologie. Mais, quelle que soit l'utilité réelle de ces estimables efforts, ils n'ont pas eu encore et ne sauraient jamais avoir un succès comparable à celui des illustres nomenclateurs de la chimie; même quand ils seraient mieux conçus et plus rationnellement dirigés qu'ils n'ont pu l'être jusqu'à présent; car la nature des phénomènes s'y oppose invinciblement. Ce n'est point, sans doute, accidentellement que la nomenclature chimique est si parfaite entre toutes les autres.

A mesure que les phénomènes se compliquent davantage, les objets étant caractérisés par des comparaisons à la fois plus variées et moins circonscrites, il devient de plus en plus difficile de les assujettir, d'une manière suffisamment expressive, à un système uniforme de dénominations rationnelles, et pourtant abrégées, propre à faciliter réellement la combinaison habituelle des idées. Si les organes et les tissus des corps vivans, ne différaient entre eux que sous un seul point de vue principal, si les maladies étaient suffisamment définies par leur siége, si les genres ou au moins les familles zoologiques pouvaient être constamment établies d'après une considération exactement homogène, on conçoit que les sciences correspondantes comporteraient aussitôt des nomenclatures systématiques aussi rationnelles et aussi efficaces que celle de la chimie. Mais, en réalité, la profonde diversité des aspects multiples, presque jamais susceptibles d'être coordonnés sous un chef unique, rend évidemment un tel perfectionnement à la fois très difficile et peu avantageux.

Parmi les sciences où l'immense multitude des sujets considérés excite spontanément à la formation des nomenclatures spéciales, la chimie est la seule où, par sa nature, les phénomènes soient assez simples, assez uniformes, et en même temps, assez déterminés, pour que la nomenclature rationnelle puisse être à la fois claire, rapide et complète, de façon à contribuer profondément au progrès général de la science. Toutes les considérations chimiques sont nécessairement dominées, d'une manière directe et incontestable, par une seule notion prépondérante, celle de la composition : le but propre de la science, comme je l'ai établi, est précisément de tout rallier à ce caractère suprême. Ainsi, le nom systématique de chaque corps, en faisant directement connaître sa composition, peut aisément indiquer, d'abord, un juste aperçu général, et ensuite, un résumé fidèle quoique concis, de l'ensemble de son histoire chimique ; et, par la nature même de la science, plus elle fera de progrès vers sa destination fondamentale, plus cette double propriété de sa nomenclature devra inévitablement se développer. D'un autre côté, le dualisme étant en chimie la constitution la plus commune, et surtout la plus essentielle, celle à laquelle il est naturel que la science tende de plus en plus à ramener, autant que possible, tous les autres modes de composition, on conçoit que l'ensemble des conditions du problème ne saurait être plus favorable à la formation d'une nomenclature rapide et néanmoins suffisamment expressive. Aussi la chimie a-t-elle présenté, pour ainsi dire de tout temps, un système de nomenclature plus ou moins grossier, quoique d'ailleurs nullement comparable à celui si heureusement fondé par l'illustre Guyton-Morveau. Les propriétés fondamentales de la nomenclature chimique ne doivent, sans doute, comme je l'ai indiqué, se manifester dans toute leur plénitude que lorsque la science sera plus avancée, puisque la destination principale de cette nomenclature est de faciliter la combinaison générale des idées chimiques, jusqu'ici peu active et peu profonde. Mais cet heureux artifice est tellement en harmonie avec la nature de la science chimique, que, dans son extrême imperfection actuelle, il la soutient en quelque sorte, en suppléant provisoirement, pour ainsi dire, à son défaut presque absolu de rationnalité véritable.

Ainsi, sous cet important point de vue, la chimie doit être envisagée comme éminemment propre à développer, de la manière la plus spéciale, l'un de ces moyens fondamentaux, en si petit nombre, dont l'ensemble constitue le pouvoir général de l'esprit humain. Quoique j'aie dû m'attacher à faire hautement ressortir les causes principales de l'évidente supériorité qui résulte à cet égard de la nature même de la science chimique, il est incontestable que si, dans les sciences plus compliquées, les systèmes de nomenclature rationnelle doivent être nécessairement plus difficiles à établir et moins efficaces à employer, leur formation y présente cependant un véritable et puissant intérêt. J'ai seulement voulu mettre hors de doute, à ce sujet, l'indispensable nécessité, pour une classe quelconque de philosophes positifs, de venir puiser, exclusivement dans la chimie, les vrais principes et l'esprit général de l'art des nomenclatures scientifiques, conformément à cette règle fondamentale, déjà pratiquée, à tant d'autres égards, dans cet ouvrage, que chaque grand artifice logique doit être directement étudié dans la partie de la philosophie naturelle qui en offre le développement le plus spontané et le plus complet, afin de pouvoir être ensuite appliqué, avec les modifications convenables, au perfectionnement des sciences qui en sont moins susceptibles.

Les hautes propriétés philosophiques de la science chimique sont encore plus éclatantes et même plus essentielles, sous le point de vue de la doctrine, que relativement à la méthode.

Quelque imparfait que soit jusque ici le système des connaissances chimiques, son développement n'en a pas moins déjà puissamment contribué à l'émancipation générale et définitive de la raison humaine. Le caractère fondamental d'opposition à toute philosophie théologique quelconque, qui est nécessairement plus ou moins inhérent à toute science réelle, même dès sa première enfance, se manifeste, pour les intelligences populaires, par ces deux propriétés générales co-relatives de toute philosophie positive : 1° prévision des phénomènes ; 2° modification volontaire exercée sur eux. Ces deux facultés ne sauraient se développer, sans qu'elles tendent inévitablement, chacune d'une manière distincte, mais pareillement décisive, à détruire radicalement, dans l'esprit du vulgaire, toute idée de direction de l'ensemble des événemens naturels par aucune volonté surhumaine. J'ai déjà signalé, surtout dans la vingt-huitième leçon, cette double incompatibilité nécessaire. J'ai aussi indiqué, dès lors, à ce sujet, un nouveau théorème philosophique très important, qui est éminemment applicable à la science chimique. Il consiste, sommairement, en ce que, plus la faculté de prévoir diminue, par la complication croissante des phénomènes, plus la faculté de modifier augmente, par la variété des moyens d'action qui résulte de cette complication même ; de telle sorte que cette influence anti-théologique propre à chaque branche fondamentale de la philosophie naturelle est toujours à peu près également infaillible, soit par une voie, soit par l'autre.

J'ai déjà, ce me semble, presque surabondamment prouvé, dans tout le cours de cet ouvrage, que notre prévision devient plus bornée, moins précise, et même plus incertaine, à mesure que les phénomènes se compliquent davantage. Quant au second aspect de la proposition, il n'est pas moins incontestable. Car, en principe, la plus grande complication des phénomènes ne tient qu'à ce que leur acomplissement exige le concours d'un ensemble plus étendu de conditions hétérogènes, dont chacune étant, à son tour, ou suspendue, ou altérée, ou seulement même transposée, doit fournir d'autant plus de ressources, pour modifier, entre certaines limites, le résultat final du conflit, qu'il dépend d'un plus grand nombre d'élémens divers. La considération successive de nos cinq catégories essentielles des phénomènes naturels vérifie clairement cette loi inévitable. Ainsi, les événemens astronomiques, que nous prévoyons de si loin avec une si admirable exactitude, ne sauraient être, évidemment, le sujet d'aucune espèce de modification volontaire, précisément parce qu'ils ne dépendent que d'un seul principe fondamental : tout ce que nous pouvons à leur égard, c'est, au contraire, de nous modifier, jusqu'à un certain point, nous-mêmes relativement à eux, d'après cette prévoyance suffisamment anticipée; du reste, ils nous dominent absolument. Mais, à partir des événemens physiques, la suspension, l'altération du phénomène, sa suppression même en plus d'une circonstance, en un mot, les différentes sortes de modifications deviennent possibles, et de plus en plus étendues, en suivant notre hiérarchie fondamentale, jusqu'aux phénomènes physiologiques, et même jusqu'aux événemens sociaux, qui, de tous, sont, en effet, les plus éminemment modifiables, comme l'expérience universelle le confirme. En nous bornant ici aux événemens chimiques, on voit que le pouvoir de l'homme à leur égard est, par leur nature, beaucoup plus prononcé encore qu'envers les effets physiques. Cela est tellement évident, que, dans l'innombrable multitude des phénomènes chimiques considérés aujourd'hui, la plupart doivent certainement leur existence à l'intervention humaine, qui a pu seule constituer l'ensemble si complexe des circonstances indispensables à leur production. On doit même remarquer, à ce sujet, que, si les phénomènes des deux catégories suivantes sont encore plus modifiables, sans doute, que les phénomènes chimiques, ceux-ci occupent néanmoins, sous ce rapport, le premier rang, lorsque, au lieu d'envisager abstraitement toutes les modifications exécutables, on se borne à considérer celles qui sont susceptibles d'une haute utilité réelle pour l'amélioration de la condition humaine. C'est par ce motif que, dans le système général de l'action de l'homme sur la nature, la chimie doit être conçue comme la principale source du pouvoir, quoique toutes les sciences fondamentales y participent plus ou moins.

Ainsi, le libre et plein développement de la puissance humaine dans l'ordre des effets chimiques, doit compenser nécessairement l'infériorité relative de la chimie en prévoyance rationnelle, pour constater irrésistiblement, envers les esprits les plus vulgaires, que cette classe de phénomènes, comme toute autre, ne saurait être régie par aucune volonté providentielle quelconque. Mais, en outre, je crois convenable d'indiquer ici une autre voie, encore plus spéciale, et non moins efficace peut-être, par laquelle la chimie est destinée à contribuer à l'affranchissement irrévocable du génie humain de toute tutelle théologique ou métaphysique, en rectifiant, d'une manière irrécusable, sous plusieurs rapports fondamentaux, le système des notions primitives sur l'économie générale de la nature terrestre.

Quoique, depuis l'école d'Aristote, les philosophes aient dû toujours penser que les mêmes substances élémentaires se reproduisaient essentiellement dans l'ensemble de toutes les grandes opérations naturelles, malgré leur indépendance apparente, cependant l'entière impossibilité de réaliser ce vague aperçu métaphysique devait nécessairement maintenir l'empire universel du dogme théologique des destructions et créations absolues, jusqu'à la grande époque de cet admirable développement du génie chimique, qui forme le principal caractère scientifique du dernier quart du siècle précédent. En effet, tant qu'on ne pouvait avoir aucun égard ni aux matériaux ni aux produits gazeux, un grand nombre de phénomènes remarquables devaient inévitablement inspirer l'idée d'anéantissement ou de production réelle de matière dans le système général de la nature. Il a fallu, avant tout, la décomposition de l'air et de l'eau, et ensuite l'analyse élémentaire des substances végétales et animales, et, peut-être même, le complément, un peu plus tardif, d'un tel ensemble, par l'analyse des alcalis proprement dits et des terres, pour établir, d'une manière entièrement irrécusable, le principe fondamental de la perpétuité nécessairement indéfinie de toute matière, et pour tendre à remplacer irrévocablement, dans l'universalité des esprits, les idées théologiques de destruction et de création, par les notions positives de décomposition et recomposition. A l'égard des phénomènes vitaux surtout, non-seulement la connaissance des élémens dont la substance des corps vivans est formée, mais, en outre, l'ensemble de l'examen chimique de leurs principales fonctions, quelque grossier qu'il soit encore, ont dû jeter, à tous les yeux, le plus grand jour sur la conception générale de l'économie de la nature vivante, en démontrant qu'il ne peut exister de matière organique radicalement hétérogène à la matière inorganique, et que les transformations vitales sont subordonnées, comme toutes les autres, aux lois universelles des phénomènes chimiques. L'analyse chimique me paraît avoir rempli, sous ce rapport, sa fonction la plus essentielle; désormais, c'est par la voie, plus difficile, mais plus lumineuse, de la synthèse que la chimie doit surtout compléter, comme l'indiquent déjà quelques heureux essais (1), ce vaste et bel ensemble de démonstrations par lequel elle a si puissamment concouru à la grande révolution philosophique de l'humanité.

(1) On doit principalement remarquer à ce sujet la belle expérience de M. Whœler sur la recomposition de l'urée.

Après avoir suffisamment caractérisé, par les diverses parties de ce discours, toutes les considérations fondamentales relatives à l'ensemble de la philosophie chimique, il me reste, enfin, à l'envisager très sommairement sous son dernier aspect essentiel, quant au principe de division rationnelle propre à la science chimique.

Cette science est sans doute, jusque ici, trop rapprochée de son berceau, pour que sa division définitive et la vraie coordination de ses parties principales aient pu encore se manifester spontanément, d'une manière non équivoque. On s'y est, jusqu'à présent, beaucoup plus occupé (et, à certains égards, avec juste raison) de multiplier les observations exactes et complètes, plutôt que de les classer suivant leurs relations systématiques. Mais, outre ce développement trop récent, la nature de la science a dû aussi contribuer à retarder la marche de ce dernier élément propre à la constitution philosophique d'une science quelconque, en vertu de cette grande homogénéité générale qui caractérise les phénomènes chimiques, dont les vraies différences essentielles sont bien moins profondes, et, par suite, moins tranchées, que dans aucune autre science fondamentale. En astronomie, la division principale de ses phénomènes en géométriques et mécaniques, et la subordination nécessaire de ceux-ci aux premiers, sont trop naturelles et trop évidentes pour être jamais le sujet d'aucune controverse importante. Quant à la physique, qui constitue, pour ainsi dire, un ensemble de diverses sciences presque isolées, bien plus qu'une science vraiment unique, la division ne saurait évidemment être plus spontanément indiquée : il ne peut y avoir quelque hésitation réelle, et toutefois peu importante, que sur la classification. Dans la seconde partie de ce volume, nous constaterons clairement que la science vitale présente à peu près le même résultat, quoique par une cause très différente, en vertu de la diversité si marquée de ses principaux aspects généraux, malgré l'intime connexité naturelle de toutes ses branches. Mais, la chimie doit offrir, à cet égard, des conditions moins favorables, les distinctions n'y étant, par sa nature, guère plus prononcées qu'elles ne le sont dans l'étendue d'une même branche bien caractérisée de la physique, en thermologie, par exemple, et surtout en électrologie. L'imperfection et le peu d'importance de sa division actuelle sont donc aisément explicables. Toutefois, les symptômes précurseurs de l'établissement prochain d'une discussion capitale sur ce sujet fondamental commencent déjà, ce me semble, à se manifester sans équivoque. Car la plupart des chimistes distingués paraissent aujourd'hui plus ou moins mécontens de la division provisoire qui a dû servir jusqu'à présent de guide à leurs travaux.

Il est clair, en effet, que la division générale de la chimie, en *inorganique* et *organique*, ne peut nullement être conservée, à cause de son irrationnalité évidente. On ne saurait, sans doute, admettre, en principe, que, dans la chimie abstraite, les combinaisons puissent être classées d'après leur origine : cela serait, tout au plus, convenable en histoire naturelle. Le développement des recherches chimiques tend à montrer clairement la nullité radicale d'une telle division, puisque la première partie empiète continuellement sur la seconde, qui serait déjà presque tout-à-fait absorbée, si elle n'eût, en partie, réparé ses pertes, en s'alimentant, à son tour, aux dépens de la physiologie. En un mot, ce qu'on nomme aujourd'hui la chimie organique présente un caractère scientifique essentiellement bâtard, moitié chimique, moitié physiologique, et qui n'est franchement ni l'un ni l'autre, comme je l'établirai, d'une manière directe, dans la trente-neuvième leçon. Cette division ne peut pas même être maintenue en grande partie sous une autre forme, comme effectivement équivalente à la distinction générale entre les cas chimiques caractérisés par le dualisme et ceux où il n'existe pas. Car si les combinaisons inorganiques sont presque toujours binaires, on en connaît néanmoins de ternaires, et même de quaternaires; tandis que, en sens inverse, il est encore plus fréquent de rencontrer, dans les combinaisons dites organiques, un véritable dualisme, que le progrès naturel de la chimie me semble d'ailleurs devoir tendre de plus en plus à généraliser autant que possible.

D'après le but final propre à la science chimique, tel qu'il a été expressément formulé, de la manière la plus rigoureuse, au commencement de ce discours, le principe fondamental de la division rationnelle, qui peut seule être en harmonie réelle et durable avec la nature des études chimiques, ne saurait, évidemment, être cherché ailleurs que dans l'ordre des idées générales directement relatives à la composition et à la décomposition. Or, en appliquant ici la règle encyclopédique invariablement établie dans ce traité, de suivre toujours la complication graduelle des phénomènes, on voit que cet ordre d'idées ne peut logiquement donner lieu qu'à ces deux motifs essentiels de distinctions chimiques principales : 1° la pluralité croissante des principes constituans (d'ailleurs médiats ou immédiats), selon que les combinaisons sont ou binaires, ou ternaires, etc.; 2° le degré de composition plus ou moins élevé des principes immédiats, dont chacun, dans le cas, par exemple, d'un dualisme continuel, peut être décomposable, un plus ou moins grand nombre de fois consécutives, en deux autres. Quoique ces deux points de vue soient chacun d'une importance majeure, la division rationnelle de la chimie ne peut être organisée tant qu'on n'aura point irrévocablement décidé lequel doit être réellement choisi comme prépondérant, et lequel comme secondaire. Sans que ce soit ici le lieu de traiter, d'une manière convenable, cette nouvelle et importante question spéciale de haute philosophie chimique, que je dois, dans cette leçon, me contenter d'avoir nettement posée, peut-être sera-t-il utile d'indiquer, dès ce moment, que je la regarde comme résolue, et que, à mes yeux, la considération du degré de composition est évidemment supérieure à celle de la multiplicité des principes, en ce qu'elle affecte plus profondément le but et l'esprit de la science chimique, tels que je les ai soigneusement caractérisés dans ce discours. Au reste, de quelque manière que les chimistes prononcent définitivement sur cette opinion, il faut remarquer, en dernier lieu, que les deux classifications générales, déterminées par la prépondérance de l'un ou de l'autre motif, quoique devant être, sans doute, parfaitement distinctes, diffèrent cependant beaucoup moins qu'on ne serait d'abord tenté de le supposer : car, elles concourent nécessairement, soit dans le cas préliminaire, soit dans le cas final, et divergent seulement dans les parties intermédiaires.

Telles sont les principales considérations philosophiques que je devais indiquer dans ce discours sur la nature et l'esprit de la science chimique, sur les moyens fondamentaux d'investigation qui lui sont propres, sur sa vraie position encyclopédique, sur le genre et le degré de perfection dont elle est, en général, susceptible, sur les hautes propriétés philosophiques qui la caractérisent sous le double point de vue de la méthode et de la doctrine, et, enfin, sur le mode de division rationnelle qui lui convient. Pour compléter un tel examen, je dois maintenant passer, dans les quatre leçons suivantes, à l'appréciation plus spéciale et plus directe du petit nombre de doctrines essentielles qu'ait présentées jusqu'ici le développement spontané de la philosophie chimique.

Chacun sait que, par la nature de cet ouvrage, on ne peut, évidemment, chercher ici aucun traité de chimie, quelque sommaire qu'on voulût le concevoir : il faut, nécessairement, au contraire, que je suppose au lecteur une connaissance approfondie des principaux phénomènes chimiques, sans laquelle il ne pourrait, non-seulement juger mes idées, mais les comprendre.

On doit en outre considérer qu'il ne s'agit pas même d'un traité spécial de philosophie chimique, mais seulement d'un système de considérations fondamentales à ce sujet, formant une simple partie d'un traité général de philosophie positive, et dont l'extension doit, par conséquent, conserver une certaine harmonie avec celle des autres parties constituantes. Or, d'après cette obligation, le degré de développement accordé, dans cet ouvrage, à l'examen philosophique de chaque science fondamentale, ne saurait être exclusivement déterminé par son importance propre, ni par la multitude de faits intéressans qu'elle embrasse; il dépend nécessairement aussi, en grande partie, de sa perfection relative. Aucun lecteur judicieux ne peut espérer que la philosophie chimique, surtout dans son état actuel, soit ici l'objet d'un examen aussi développé, ni même aussi satisfaisant, qu'a pu l'être celui de la philosophie astronomique, par exemple, dont l'admirable perfection m'a permis une analyse méthodique, à la fois claire et complète, quoique sommaire, comme l'exigeait ce type immuable de la philosophie naturelle.

# TRENTE-SIXIÈME LEÇON.

*Considérations générales sur la chimie proprement dite ou* inorganique.

Quels que soient les principes de division et de classification que l'on croie devoir préférer dans le système général des études chimiques, on commencera toujours, inévitablement, par considérer d'abord l'histoire successive et continue de tous les différens corps simples. Cette nécessité est particulièrement évidente, d'après la conception exposée dans la leçon précédente sur le but et l'esprit de la science chimique. Au reste, presque tous les chimistes sont, aujourd'hui, essentiellement d'accord à ce sujet, et présentent une telle étude comme la partie préliminaire et fondamentale de leurs divers systèmes de chimie.

On doit, néanmoins, remarquer, à cet égard, une exception très intéressante, dans le plan adopté par M. Chevreul. Cet habile chimiste fait suivre immédiatement l'étude de chaque élément de celle de toutes les combinaisons, soit binaires, soit ternaires, etc., qu'il peut former avec ceux jusque alors examinés, en se bornant, toutefois, aux composés du premier ordre. Un tel plan doit procurer, sans doute, le grand avantage que les corps simples sont alors, en général, bien plus complétement connus, dès l'origine, qu'ils ne peuvent l'être d'après la marche ordinaire, qui disperse, pour ainsi dire, dans toutes les diverses parties de la science, les plus importantes propriétés chimiques de chacun d'eux. Mais, outre que, malgré ce changement, l'histoire d'un élément quelconque resterait encore nécessairement plus ou moins incomplète, excepté celle du dernier, on établirait ainsi une inégalité très prononcée, et surtout essentiellement factice, entre les études chimiques des différentes substances élémentaires (1).

Quelque plan qu'on puisse adopter, comme, en réalité, chaque corps, simple ou composé, agit ordinairement, à un degré quelconque, sur

(1) La tentative de M. Chevreul se distingue, d'ailleurs, dans son exécution rigoureuse, par une innovation très rationnelle, et qui indique un sentiment profond de la vraie philosophie chimique : c'est d'avoir écarté, pour la première fois, dans l'étude systématique des divers composés, toute considération de leur origine, organique ou inorganique. L'heureuse proposition de cette importante réforme se trouve ainsi être d'autant plus décisive qu'elle vient de celui de tous les chimistes actuels qui a le plus et le mieux cultivé ce qu'on nomme la chimie organique.

presque tous les autres, l'inconvénient didactique qu'a voulu surtout prévenir M. Chevreul me paraît rigoureusement inévitable, d'après la nature même de la science chimique. Il faut, ce me semble, reconnaître qu'aucune histoire chimique ne saurait être vraiment complète dans une première étude de l'ensemble de la chimie, dirigée suivant un plan quelconque : elle ne peut le devenir que quand, à cet enseignement provisoire, on fait régulièrement succéder une révision définitive, qui permet de prendre alors en pleine considération la série entière des phénomènes relatifs à chaque substance. Du reste, il n'y a pas de science pour l'étude rationnelle de laquelle, par des motifs essentiellement analogues, ce système d'un double enseignement ne fût, en général, très avantageux, s'il était judicieusement appliqué. Son adoption habituelle pour la chimie offre peut-être le seul moyen efficace de terminer, d'une manière irrévocable, toute controverse sur le sujet que nous considérons, en dissipant la seule objection essentielle que puisse inspirer la marche ordinaire, qui, sans doute, deviendrait aussitôt rigoureusement unanime. Il serait alors convenable, afin d'éviter les doubles emplois, de réduire strictement, dans le premier enseignement, l'étude de chaque corps simple à la seule exposition des propriétés caractéristiques qui le distinguent suffisamment de tout autre.

Une telle discussion n'a, d'ailleurs, d'intérêt, ni même de réalité, que sous le simple point de vue didactique, qui, malgré son importance, ne saurait affecter que d'une manière indirecte et secondaire l'esprit général de cet ouvrage. Car, dans aucune hypothèse, personne ne conteste que l'étude préalable des diverses substances élémentaires ne soit, par la nature même de la science, le fondement nécessaire du système rationnel des connaissances chimiques.

En vertu du nombre, déjà très considérable, et d'ailleurs toujours croissant, des corps que les chimistes regardent comme simples, plusieurs philosophes modernes, qui, malgré leur éminent mérite et leurs connaissances réelles, sont dominés par une doctrine et même par une méthode essentiellement métaphysiques, ont pensé *à priori* que la plupart de ces substances devaient être nécessairement les divers composés d'un beaucoup plus petit nombre d'autres. Telle est, aujourd'hui, en Allemagne, l'opinion de presque toute l'école des *naturistes*, et surtout de son illustre chef, M. Oken. Mais cette vaine hypothèse ne peut être appuyée que sur le prétendu principe de l'économie et de la simplicité nécessaire de la nature, qui, outre son caractère extrêmement vague, ne saurait résister à aucune véritable discussion directe, et dont l'origine, évidemment théologique, devrait même suffire aujourd'hui pour le rendre suspect à tous les bons esprits. Dans ces spéculations illusoires, notre entendement érige, spontanément, à son insu, ses désirs irréfléchis en lois nécessaires du monde extérieur, qui, en tous genres, se montre réellement beaucoup plus compliqué qu'il ne conviendrait à notre faible intelligence. Le seul point de vue raisonnable que puisse offrir un tel principe, c'est que, dans la construction de nos systèmes philosophiques, nous devons toujours tendre à concevoir la nature sous le plus simple aspect possible, mais à la condition fondamentale de subordonner toutes nos conceptions à la réalité des phénomènes, sous peine de consumer nos forces en de frivoles et fantastiques méditations. Or, ici, aucune considération vraiment rationnelle ne peut, sans doute, nous conduire à présumer d'avance que le nombre des substances élémentaires doive être effectivement ou très petit ou très grand; l'ensemble de nos explorations chimiques doit seul prononcer à ce sujet : tout ce qu'on peut dire, c'est que notre intelligence est naturellement disposée à préférer la première supposition, et et même, encore davantage, celle qui n'admettrait, s'il était possible, que deux élémens. Mais ceux qui se livrent à la recherche positive des lois réellement propres aux phénomènes de composition et de décomposition, n'en sont pas moins forcés de concevoir comme simples tous les corps qui n'ont pu jusque alors être décomposés par aucune voie, et dont nulle analogie effective ne tend à indiquer la composition, sans prononcer d'ailleurs, en aucune manière, que, par cela même, ces substances doivent être nécessairement réputées à jamais indécomposables. Telle est, à cet égard, la règle incontestable admise maintenant par tous les chimistes, comme le premier axiome de la saine philosophie chimique.

L'aperçu primitif de cette règle, constatée par une première application capitale, doit être attribuée ce me semble, au grand Aristote, quoiqu'il n'ait pu, sans doute, en concevoir distinctement les vrais motifs rationnels. Sa doctrine des quatre élémens, vulgairement décriée aujourd'hui avec si peu d'intelligence, doit être réellement jugée comme la première tentative du véritable esprit philosophique pour concevoir, d'une manière générale, la composition intime des corps naturels, autant que pouvait alors le permettre le défaut presque absolu de tous modes convenables d'exploration. On ne peut l'apprécier sainement qu'en la comparant aux conceptions antérieures. Or, jusqu'à cette mémorable époque, toutes les écoles, malgré leurs innombrables divergences, s'accordaient à ne reconnaître qu'une seule substance élémentaire, et ne disputaient entre elles, à cet égard, que sur le choix du principe. Aristote, le premier, inspiré, non par un vain éclectisme, incompatible avec son énergique supériorité, mais par un sentiment profond de l'étude rationnelle de la nature, termina, d'une manière irrévocable, toutes ces stériles controverses, en établissant la pluralité des élémens. Cet immense progrès doit être regardé comme la véritable origine de la science chimique, qui en effet serait radicalement impossible s'il n'existait qu'un seul élément, toute idée réelle de composition et de décomposition étant par là aussitôt annulée. Quelles que soient les apparences, il devait être, sans doute, beaucoup plus difficile à l'esprit humain de passer de l'idée absolue de l'unité de principe à la conception, nécessairement relative, de la pluralité, que de s'élever ensuite, par une exploration graduellement perfectionnée, des quatre élémens d'Aristote aux cinquante-six corps simples de la chimie actuelle.

C'est donc une étrange méprise, chez nos *na-*

*turistes* d'aujourd'hui, que de vouloir se fortifier de l'autorité d'Aristote; car ce premier père de la saine philosophie a fait, pour son temps, précisément l'inverse de ce qu'ils tentent pour le leur. L'esprit qui les anime est directement opposé à celui qui dirigeait ses sages spéculations; ils veulent simplifier immodérément leur conception de la nature, sans trop s'inquiéter de sa réalité; Aristote, au contraire, n'hésita point à compliquer l'idée abstraite qu'on se formait auparavant de la matière, uniquement pour la rendre plus réelle. Pourquoi M. Oken, dans sa tendance absolue à la simplification, a-t-il cru devoir s'arrêter aux quatre élémens? N'est-ce point là une sorte de moyen terme, qui maintient, tout en l'appliquant mal, notre notion fondamentale de la pluralité des principes? Au lieu de rétrograder seulement jusqu'au temps d'Aristote, que ne remontait-il encore un peu plus loin, jusqu'à Empédocle ou à Héraclite, etc., afin d'obtenir tout d'un coup la plus haute simplification possible en recommençant à n'admettre qu'un seul principe? Car, on ne saurait trop le remarquer, les motifs philosophiques qui ont conduit Aristote à la conception de quatre élémens sont essentiellement analogues à ceux qui en ont successivement fait reconnaître un nombre beaucoup plus étendu, du moins en négligeant les considérations purement métaphysiques, propres au génie de l'époque, et qui ont pu exercer, sur l'esprit d'Aristote, une influence spéciale, mais secondaire, en faveur du nombre qu'il a choisi (1).

D'autres philosophes contemporains dont la direction était beaucoup plus positive, et parmi lesquels il faut surtout distinguer l'illustre Cuvier, ont puisé, dans l'histoire naturelle, une objection fort spécieuse, et néanmoins très insuffisante, contre la simplicité réelle de la plupart des élémens.

(1) Une telle discussion serait, sans doute, peu nécessaire pour les esprits français, puissamment garantis, par les défauts comme par les qualités caractéristiques de notre génie national, contre toute invasion sérieuse du *naturisme* germanique. Mais je devais, sans doute, prendre en haute considération le grand nombre d'intelligences fortement organisées qui, en Allemagne, se laissent entraîner aujourd'hui à de semblables aberrations philosophiques. La double faculté de généraliser et de systématiser, élément si précieux du véritable esprit philosophique, appartient, sans doute, d'une manière plus spéciale, au génie allemand, dont nous sommes trop disposés, en France, à méconnaître, à cet égard, l'éminente valeur, sensible néanmoins jusque dans ses écarts. Pour moi, j'attacherai toujours une extrême importance à tout ce qui peut tendre à provoquer l'intime combinaison de cette qualité fondamentale avec cette aptitude, non moins essentielle, à la clarté et à la positivité, qui caractérise, tout aussi hautement, notre génie français; convaincu, comme je le suis profondément, que, de cette harmonie capitale, dont la possibilité m'est démontrée, peut seule résulter le libre et plein développement du génie philosophique moderne, destiné à terminer, par son universelle prépondérance, l'immense crise sociale, commune, depuis trois siècles, à toutes les nations qui, dans leur ensemble, forment la tête de l'espèce humaine.

admis aujourd'hui par les chimistes. Elle consiste à opposer l'extrême abondance de quelques-uns d'entre eux dans la nature, à la dissémination, rare et presque parcellaire, du plus grand nombre des autres. Dès lors, en partant du principe que les différens élémens réels doivent être à peu près également répandus dans la constitution intime de notre planète, on arrive à présumer que le perfectionnement de l'analyse chimique conduira plus tard à ranger les derniers parmi les substances composées, dont la formation aurait exigé un concours spécial et rarement réalisé de circonstances favorables.

Quelque opinion qu'on adopte sur l'origine de notre constitution terrestre, on peut, ce me semble, admettre, en effet, comme assez plausible, quoique nullement susceptible de démonstration véritable, sinon la répartition nécessairement presque uniforme des divers élémens, du moins que leur abondance doit être beaucoup moins inégale, dans l'ensemble du globe, que ne paraît l'indiquer jusque ici l'exploration de sa surface. Mais, il ne résulte point inévitablement de cette considération la conséquence irréfléchie qu'on a tenté d'en déduire. Car, notre examen minéralogique ne porte encore, et ne saurait, évidemment, jamais porter, même en le supposant complet, que sur les couches superficielles du globe, sans que nous puissions rien préjuger sur la vraie composition de la presque totalité de sa masse. Or, si au principe de l'uniforme dissémination des élémens, on voulait ajouter que cette égalité doit exister, non-seulement dans l'ensemble de la terre, mais spécialement aussi à la surface, il deviendrait aussitôt très précaire, et même fort invraisemblable; car on peut aisément, ce me semble, entrevoir beaucoup de motifs rationnels pour la prépondérance nécessaire de certaines substances élémentaires à la surface de notre planète, tandis que d'autres, domineraient, au contraire, dans son intérieur. Considérons, d'une part, que les élémens les plus rares à la surface du globe sont aussi, en général, les plus pesans; et, d'une autre part, que les plus communs sont, surtout, ceux qui concourent à la composition des corps vivans. Cette double relation incontestable, inaperçue jusque ici, tend évidemment, au contraire, à faire concevoir comme éminemment naturelle une très inégale distribution des diverses substances élémentaires entre l'intérieur de la terre et sa surface; les unes ayant dû prédominer intérieurement afin de rendre la moyenne densité du globe aussi supérieure qu'elle l'est certainement à celle des couches superficielles; et l'indispensable prépondérance des autres n'étant pas moins évidente pour l'extrême superficie, solide, liquide et gazeuse, où la vie devait exclusivement se développer. Ainsi, cette considération d'histoire naturelle, quand elle est suffisamment approfondie, au lieu de jeter aucun doute sur les résultats élémentaires de l'analyse chimique actuelle, se présente bien plutôt comme propre à les confirmer, du moins dans leur ensemble.

Ces résultats doivent donc, quant à présent, passer pour incontestables, sauf les perfectionnemens ultérieurs. Depuis l'époque, très récente il est vrai, de la décomposition effective des élémens d'Aristote, l'histoire de la chimie ne présente pas un seul exemple d'une substance qui aurait vraiment passé du rang des corps simples à celui des composés, tandis que le cas inverse a été fréquent. Néanmoins, aucun chimiste ne conteste la possibilité que, par une analyse plus approfondie, le nombre des vrais élémens ne devienne, dans la suite, susceptible d'une plus ou moins forte réduction : car la simplicité chimique, telle qu'on la conçoit aujourd'hui, n'est, en réalité, qu'une qualité purement négative, qui ne saurait comporter ces démonstrations irrévocables, propres aux décompositions ou aux recompositions positives que les chimistes sont parvenus à opérer.

Le grand exemple général des substances dites

organiques, dont la théorie chimique est si compliquée malgré le petit nombre de leurs élémens, peut, sans doute, conduire à penser qu'une telle réduction n'offrirait point, pour le perfectionnement de l'ensemble des connaissances chimiques, d'aussi grands avantages qu'on le suppose communément. Mais, dans ce cas, la difficulté me paraît tenir principalement jusqu'ici au défaut de dualisme. Nonobstant cet exemple, il y a lieu de penser, sans doute, que la chimie deviendrait plus rationnelle et plus systématique, si les élémens étaient moins nombreux, par la liaison plus intime et plus générale qui devrait naturellement en résulter entre les diverses classes de phénomènes. Mais un tel perfectionnement ne saurait être qu'illusoire et stérile, si, tranchant la difficulté au lieu de la résoudre, on tentait d'y atteindre en anticipant, par des hypothèses hasardées, sur les vrais progrès ultérieurs de l'analyse chimique.

Cette grande multiplicité des élémens actuels a dû naturellement conduire à s'occuper davantage de leur classification. Toutefois, ce qui surtout a fait comprendre la haute importance d'une telle question, c'est le sentiment, devenu plus profond et plus commun par le développement spontané de la philosophie chimique, de l'influence prépondérante que la classification rationnelle des corps simples doit exercer, de toute nécessité, sur celle des corps composés, et, par suite, sur l'ensemble du système chimique. On peut, à ce sujet, poser en principe que la *hiérarchie* (1) des substances élémentaires ne doit pas être uniquement déterminée par la seule considération de leurs propres caractères essentiels, mais aussi par celle, non moins indispensable, quoique indirecte, des principaux phénomènes relatifs aux composés qu'elles forment. Ainsi conçue, cette question est une des plus capitales que puisse présenter la philosophie chimique : bornée, au contraire, à l'examen direct des corps simples, elle offrirait aussi peu d'intérêt que de rationnalité ; car, en soi-même, il importe assez peu, sans doute, suivant quel ordre conventionnel on procéderait à l'étude successive de ces cinquante-six corps, dont les

---

(1) J'emploie à dessein cette expression pour mieux marquer que je ne saurais concevoir de classification vraiment philosophique là où l'on ne serait point parvenu à saisir préalablement une considération prépondérante, commune à tous les cas, et graduellement décroissante de l'un à l'autre. Telle est, ce me semble, la condition fondamentale imposée par la théorie générale des classifications, et que ne contesteront point ceux qui auront directement puisé cette théorie à sa véritable source, c'est-à-dire dans l'application la plus prononcée et la plus parfaite, relative aux corps vivans. L'origine, évidemment politique, de tous nos termes relatifs aux idées de classement, devrait suffire pour rappeler sans cesse, dans une question quelconque d'ordre réel, la loi indispensable de la subordination, mal appréciée jusqu'ici par la plupart des philosophes inorganiques.

histoires propres sont nécessairement indépendantes.

La division, encore classique, des divers élémens en comburens et combustibles, et surtout la subdivision de ceux-ci en métalliques et non métalliques, sont, évidemment, trop artificielles pour que les chimistes puissent les maintenir, si ce n'est provisoirement, jusqu'à la formation d'un véritable système naturel. Cette classification repose sur des caractères mal définis, d'une généralité insuffisante, et dont on exagère arbitrairement l'importance réelle. Aussi, depuis vingt ans, s'est-on beaucoup occupé de la remplacer, sans que, jusqu'ici, on ait encore obtenu une classification vraiment rationnelle et irrévocable.

M. Ampère paraît être le premier qui ait dignement signalé l'importance d'une semblable recherche : et tel est le principal mérite du travail remarquable qu'il publia sur ce sujet en 1816. Cet essai indique, d'ailleurs, une connaissance insuffisante et peu approfondie de la théorie générale des classifications, qui alors, il est vrai, était bien moins nettement caractérisée qu'aujourd'hui. On ne peut pas même regarder cette tentative comme ayant suffi pour mettre en pleine évidence l'ensemble des vraies conditions principales du problème. Dans la conception générale de ce projet de classification, la considération exclusive des seuls corps simples exerce une beaucoup trop grande prépondérance. Quant à son exécution, elle pèche, de la manière la plus sensible, contre les premières injonctions du goût et de la convenance dans l'art de classer, qui prescrivent, évidemment, de maintenir une certaine harmonie entre le nombre des coupes à établir et celui des objets à ranger. Les cinquante corps que M. Ampère voulait classer présentent un plus grand nombre de divisions principales que n'en offre quelquefois la hiérarchie animale tout entière. Aussi cette ébauche n'a-t-elle pas même déterminé les chimistes à renoncer à l'usage de leur ancienne classification, dont la structure binaire rend, du moins, l'application très facile, à défaut de propriétés plus essentielles.

Très peu d'années après ce travail de M. Ampère, un chimiste du premier ordre, M. Berzelius, a proposé, sous les formes les plus simples, et d'une manière, pour ainsi dire, incidente, un système de classification infiniment supérieur, qui indique le sentiment le plus profond de l'ensemble des conditions fondamentales propres à une telle recherche. Il a compris, le premier, à ce sujet, la nécessité de parvenir finalement à une série unique, constituant, d'après un caractère uniforme et prépondérant, une véritable hiérarchie; tandis que M. Ampère avait seulement apprécié l'importance des groupes naturels, dont la coordination restait essentiellement arbitraire. Quoique les deux conditions soient également imposées par la théorie générale des classifications, celle que M. Berzelius a eu surtout en vue est certainement, en principe, supérieure à l'autre, et spécialement dans le cas actuel, où le très petit nombre des objets à classer ne laisse qu'une importance très secondaire à la formation des groupes, pourvu que la série totale soit pleinement naturelle.

La belle conception de M. Berzelius sur la hiérarchie fondamentale des corps simples, résulte de la considération approfondie des phénomènes électro-chimiques. Son principe, éminemment simple et lucide, consiste à disposer les élémens dans un ordre tel que chacun soit électro-négatif relativement à tous ceux qui le précèdent et électro-positif envers tous ceux qui le suivent. La série qui en dérive paraît jusqu'ici devoir être essentiellement conforme à l'ensemble des propriétés connues, soit des élémens eux-mêmes, soit de leurs principaux composés. Toutefois, une telle vérification générale est encore trop peu avancée pour que les chimistes aient pu réellement porter à ce sujet un jugement complet et définitif. D'un autre côté, la prépondérance chimique des caractères électriques ne paraît pas être encore, à beaucoup près, assez rationnellement établie, pour qu'on doive imposer, en principe, la nécessité de chercher, dans un tel ordre de phénomènes, les bases de toute classification naturelle. Enfin, il faudrait, ce me semble, constater directement, avant tout, la réalité du point de départ, c'est-à-dire examiner s'il existe, en effet, entre les divers élémens, un ordre constant d'électrisation, qui se maintienne invariablement dans toutes les circonstances extérieures, et dans tous les états d'agrégation, et surtout dans tous les modes de décomposition : or, cet indispensable examen n'a pas encore été convenablement entrepris, et peut-être même a-t-on lieu de craindre que son résultat général ne fût contraire au principe proposé.

Il reste donc, sous ces divers rapports essentiels, beaucoup à faire encore relativement à cette importante question de philosophie chimique. Mais, quels que puissent être, à cet égard, les résultats définitifs des travaux ultérieurs, M. Berzélius s'est assuré, dès à présent, l'honneur éternel d'avoir, le premier, dévoilé la vraie nature du problème, et mis en pleine évidence l'ensemble de ses conditions principales, si ce n'est même d'avoir indiqué dans quel ordre d'idées il faut chercher sa solution. Quand cette solution aura été enfin obtenue d'une manière vraiment conforme à une telle position de la question, on peut assurer que la chimie aura fait un pas immense vers l'état pleinement rationnel qui convient à sa nature scientifique. Car, d'après une hiérarchie fondamentale des élémens, la nomenclature systématique des diverses substances composées suffira presque pour donner, en quelque sorte spontanément, une première indication réelle de l'issue générale propre à chaque événement chimique, ou, du moins, pour restreindre l'incertitude à cet égard entre d'étroites limites.

Toutefois, à raison même de cette intime connexité d'une semblable recherche avec l'ensemble des études chimiques, je ne pense pas qu'elle puisse être très efficacement poursuivie tant qu'on l'isolera, comme on l'a fait jusqu'ici, de la question générale relative à l'établissement d'un système complet de classification chimique, pour tous les corps, simples ou composés. Or, cette grande question me paraît aujourd'hui prématurée. Car, d'après les considérations sommairement indiquées dans la leçon précédente, les conditions préliminaires, soit de méthode, soit de doctrine, indispensables à son élaboration rationnelle, sont encore loin, ce me semble, d'être suffisamment remplies. Un tel système général de classification naturelle, devant, par lui-même, constituer directement, sous un double aspect, le résumé essentiel et l'aperçu fondamental de toute la philosophie chimique, je crois convenable de développer davantage en ce moment ma pensée principale à ce sujet.

Quant à la méthode, elle a besoin d'un double perfectionnement capital, que les chimistes philosophes doivent emprunter à la science des corps vivans, seule source où il puisse être judicieusement cherché. Il faut, d'abord, en effet, une connaissance approfondie de la théorie fondamentale des classifications naturelles, qui ne peut être réellement obtenue d'aucune autre manière : car, ainsi que je l'ai établi dès le début de cet ouvrage, la méthode ne saurait être, sous aucun rapport essentiel, étudiée avec une véritable et féconde efficacité, ailleurs que dans ses applications les plus étendues et les plus parfaites. Il faut, ensuite, par le même motif, étudier aussi, à la même école, l'esprit général de la méthode comparative proprement dite, dont les chimistes ne se forment ordinairement, jusqu'ici, aucune idée juste, et sans laquelle, néanmoins, on ne peut procéder convenablement à la recherche d'une classification chimique vraiment rationnelle, comme je l'ai expliqué dans la leçon précédente. Telles sont les deux améliorations fondamentales que la philosophie chimique doit aller puiser aujourd'hui dans la philosophie biologique. L'une est indispensable pour bien poser, dans son ensemble, le grand problème de la classification chimique, l'autre pour en entreprendre avec succès la solution générale.

A l'aspect de ces importantes harmonies spontanées, et par le sentiment de ces larges applications mutuelles, entre des sciences vulgairement traitées comme isolées et indépendantes, les diverses classes de savans finiront, sans doute, par comprendre la réalité et l'utilité de la conception fondamentale de cet ouvrage : la culture rationnelle, et néanmoins spéciale, des différentes branches de la philosophie naturelle, sous l'impulsion préalable et la direction prépondérante d'un système général de philosophie positive, base commune et lien uniforme de tous les travaux vraiment scientifiques. On ne peut guère se former aujourd'hui une juste idée des perfectionnemens, aussi directs qu'essentiels, dont nos diverses sciences se trouvent être jusqu'ici radicalement privées par l'esprit étroit et irrationnel suivant lequel elles sont encore habituellement cultivées, surtout relativement à la méthode. Quand la constitution intégrale et définitive du système philosophique des modernes aura, plus tard, régulièrement organisé les grandes relations scientifiques, on pourra s'expliquer à peine, si ce n'est sous le point de vue historique, que l'étude de la nature ait jamais été autrement conçue et dirigée.

En second lieu, relativement à la doctrine, il est d'abord évident, comme je l'ai indiqué à la fin de la leçon précédente, que la formation de la vraie classification chimique ne saurait être directement entreprise dans son ensemble, tant que l'on n'aura point, avant tout, irrévocablement décidé la question préliminaire de la prépondérance entre les deux considérations générales, de l'ordre de composition des principes immédiats, et de leur degré de pluralité : or, un tel problème n'a pas même été encore rationnellement posé. Nous pouvons, néanmoins, le supposer ici résolu, en concevant établie la règle que j'ai proposée, de traiter le premier point de vue comme nécessairement supérieur au second, ce qui me semble en effet, presque impossible à contester dans une discussion formelle. Mais, après cet indispensable préliminaire général, deux conditions plus spéciales me paraissent encore nécessaires pour permettre de procéder immédiatement à la construction rationnelle du système définitif des substances chimiques, par la méthode ci-dessus caractérisée.

La première, dont l'accomplissement peut, aujourd'hui, être jugé prochain, consiste à concevoir l'ensemble de la chimie comme un tout unique et homogène, en faisant radicalement disparaître la distinction irrationnelle des diverses substances en organiques et inorganiques. Par l'examen direct des caractères généraux de la chimie organique, j'espère prouver, dans la trente-neuvième leçon, que cette spécialité mal constituée doit peu à peu se décomposer entièrement, une partie des études qu'elle embrasse appartenant à la chimie proprement dite, et l'autre à la physiologie. Quand une combinaison quelconque est assez stable pour comporter une véritable étude chimique, il faut, sans doute, l'assujettir à un ordre fixe de considérations homogènes, quels que puissent être son origine et son mode effectif d'existence concrète, dont la vraie chimie abstraite et générale ne doit nullement s'enquérir, si ce n'est, du moins, comme d'un simple renseignement accessoire. Tant que la classification systématique devra d'abord se conformer à cette étrange conception d'une sorte de double chimie, établie sur cette fausse division des substances, elle ne saurait être qu'essentiellement précaire et artificielle dans ses détails, étant, dès lors, profondément viciée dans son principe. Une telle séparation empêche, de toute nécessité, de fonder définitivement, en chimie, aucune doctrine rationnelle et complète, toutes les analogies essentielles se trouvant, par là, ou rompues ou déguisées. Cette première condition est donc évidemment indispensable. On commence déjà certainement à la bien sentir, car tous les travaux actuels de quelque importance sur la chimie organique manifestent une tendance très prononcée à ramener les combinaisons organiques aux lois générales des combinaisons inorganiques. Il ne suffirait pas, néanmoins, comme on pourrait d'abord le penser, qu'un chimiste distingué prît enfin, à cet égard, une initiative large et directe, pour déterminer aussitôt l'entier et unanime accomplissement de cette importante réforme. Car, une telle opération philosophique, quelque préparée qu'elle soit en effet, surtout depuis les belles recherches de M. Chevreul, ne peut être exécutée, d'une manière vraiment irrévocable, sans un travail spécial et difficile, qui exige une combinaison très délicate du point de vue chimique et du point de vue physiologique, afin d'établir, dans la décomposition générale de la chimie organique, une judicieuse répartition entre ce qui doit rester à la chimie et ce qui revient à la physiologie.

La seconde condition, intimement liée à la précédente, se rapporte à un autre perfectionnement général fort important que doit subir la doctrine chimique, afin de pouvoir conduire à l'établissement d'un système complet de classification rationnelle, susceptible d'offrir, par sa seule composition, une expression abrégée de la vraie philosophie de la science, comme le prescrit la théorie fondamentale des classifications naturelles. Ce nouveau perfectionnement consisterait à soumettre, s'il est possible, toutes les combinaisons quelconques à la loi du dualisme, érigée en un principe constant et nécessaire de philosophie chimique. Toutefois, quelque éminente que dût être, en elle-même, une semblable amélioration, qui tendrait directement à simplifier, à un haut degré, l'ensemble des conceptions chimiques, il faut reconnaître, pour ne rien exagérer, qu'elle n'est point aussi strictement indispensable que la précédente au grand travail de la classification, quoique, par sa nature, elle soit propre à le faciliter beaucoup. Sans la première condition, en effet, la classification rationnelle serait rigoureusement impossible : sans la seconde, au contraire, on pourrait encore la concevoir, mais seulement moins parfaite et plus pénible. Au reste, la tendance générale des études chimiques, même dans leur état actuel, est, sans doute, tout aussi réelle et non moins prononcée sous le dernier point de vue que sous le précédent, comme chacun peut l'observer aisément.

Il importe d'autant plus de faire prédominer dans le système chimique, ainsi que je le propose, la considération de l'ordre de composition des principes immédiats sur celle de leur degré de pluralité, que la première est, par sa nature, claire et incontestable, tandis que l'autre est toujours, de toute nécessité, plus ou moins obscure et douteuse. L'une se réduit constamment à la simple appréciation d'un fait analytique ou synthétique ; la seconde présente sans cesse un certain caractère hypothétique, puisqu'on prononce alors sur le mode d'agglomération des particules élémentaires, qui nous est radicalement inaccessible. Ainsi, par exemple, un chimiste peut établir, avec une pleine certitude, que tel sel est un composé du second ordre, et que tels acides, ou tels alcalis, sont, au contraire, du premier ordre (1) ; car, l'analyse et la synthèse

(1) Un seul cas paraît présenter quelque difficulté pour cette appréciation exacte de l'ordre de composition propre à chaque substance : c'est celui, devenu maintenant assez fréquent, où les principes immédiats ne sont pas tous deux du même ordre, comme, par exem-

peuvent démontrer, sans équivoque, que chacun de ces derniers corps est composé de deux substances élémentaires, et que, au contraire, les principes immédiats du premier sont, à leur tour, décomposables en deux élémens. Mais, sous l'autre point de vue, quand l'analyse définitive d'une substance quelconque y a constaté l'existence de trois ou de quatre élémens, comme, par exemple, à l'égard des matières végétales ou animales, on ne peut, évidemment, sans se permettre une hypothèse plus ou moins hasardée, prononcer que cette combinaison est réellement ternaire ou quaternaire, au lieu d'être simplement binaire. Car il doit sembler toujours impossible de garantir que, par une analyse préliminaire, moins violente que cette analyse finale, on ne pourrait point, en effet, résoudre la substance proposée en deux principes immédiats du premier ordre, dont chacun serait ultérieurement susceptible d'une nouvelle décomposition binaire.

ple, à l'égard des chlorures ou des sulfures alcalins, qui nous offrent la combinaison d'un corps simple avec un composé de deux élémens. Mais, alors, toute la difficulté réside évidemment dans l'imperfection des dénominations usitées ; car, une telle combinaison est, par sa nature, clairement intermédiaire entre celle de deux corps simples et celle de deux principes immédiats composés chacun de deux élémens. Quand la notion de l'ordre de composition sera généralement reconnue comme prépondérante dans la philosophie chimique, le langage qui s'y rapporte deviendra spontanément plus complet et plus précis.

Si, pour fixer les idées, un chimiste grossier s'avisait aujourd'hui d'appliquer, à l'analyse du salpêtre, des moyens trop énergiques, les résultats de cette opération destructive pourraient, sans doute, l'autoriser, d'après nos erremens actuels, à concevoir légitimement cette substance comme une combinaison ternaire d'oxigène, d'azote, et de potassium : et, cependant, on sait qu'une telle conclusion serait ici certainement fausse, puisque la substance peut être aisément reconstruite par une combinaison directe entre l'acide nitrique et la potasse, dont une analyse moins perturbatrice eût, d'ailleurs, opéré la séparation, sans entraîner leur décomposition. Abstraction faite de tout préjugé, pourquoi ne penserions-nous pas qu'il peut en être ainsi à l'égard de chaque combinaison habituellement classée comme ternaire ou quaternaire ? L'analyse immédiate étant jusqu'à présent si imparfaite, comparativement à l'analyse élémentaire, surtout quant à ces substances, serait-il rationnel de proclamer, dès aujourd'hui, son impuissance éternelle et nécessaire envers elles ? De tels jugemens ne sont-ils pas même fréquemment fondés sur une confusion vicieuse entre ces deux sortes d'analyse, si réellement différentes, néanmoins, en elles-mêmes, et si bien caractérisées, d'ailleurs, dans leurs opérations, l'une par la délicatesse des procédés, l'autre par leur énergie ?

Une considération très importante, relative au point de vue synthétique, peut conduire, en effet, à montrer que, dans l'étude des combinaisons envisagées aujourd'hui comme plus que binaires, on ne distingue point assez l'analyse immédiate de l'analyse élémentaire : c'est l'extrême difficulté, et même, jusqu'ici, l'entière impossibilité pour la plupart des cas, de vérifier, par la synthèse, les résultats analytiques propres à ces substances. J'ai établi en principe, dans la leçon précédente, que la synthèse immédiate est, en général, caractérisée par sa facilité, tandis que la synthèse élémentaire l'est, au contraire, par les grands obstacles qu'elle doit présenter presque toujours. Ainsi, réciproquement, l'impossibilité d'opérer la recomposition constitue, ce me semble, un motif très rationnel de présumer que l'analyse n'a pas été immédiate, lorsque cette conclusion ne saurait d'ailleurs être attaquée par aucune autre considération, ce qui a certainement lieu ici. Ainsi, par exemple, on fait, d'ordinaire, hautement ressortir l'impossibilité de reproduire, par la synthèse, les substances végétales ou animales : on l'a même érigée en une sorte de principe empirique. Mais, cette prétendue impossibilité ne tiendrait-elle point uniquement à ce qu'on s'obstine à opérer une synthèse élémentaire, là où il faudrait procéder par une synthèse immédiate, dont les matériaux devraient être, en beaucoup de cas, préalablement découverts ? Cette remarque se vérifie pour une foule de combinaisons, dont le dualisme n'est, toutefois, nullement douteux, et avec la seule différence que les principes immédiats sont mieux connus. Si, pour suivre l'exemple du nitre précédemment choisi, on entreprenait de le recomposer par la combinaison directe de l'oxigène, de l'azote, et du potassium, il est incontestable qu'on n'y parviendrait pas davantage que lorsqu'il s'agit de reproduire les substances organiques en unissant tout d'un coup leurs trois ou quatre élémens : les obstacles qu'on fait justement valoir dans ce dernier cas, seraient, en effet, essentiellement analogues et tout aussi puissans à l'égard du premier. Afin de prendre un exemple encore plus frappant, j'indiquerai, à ce sujet, l'expérience vraiment capitale où M. Wœhler est parvenu à reproduire l'urée. Eût-il pu, en effet, obtenir un tel succès, si, d'après le préjugé ordinaire, il avait tenté de combiner directement l'oxigène, l'hydrogène, le carbone, et l'azote, qui concourent à former la constitution élémentaire de cette substance, au lieu d'unir seulement ses deux principes immédiats, jusque alors inconnus en cette qualité? Avons-nous réellement aucun motif rationnel de penser qu'il n'en est point ainsi dans tous les autres cas?

Les chimistes peuvent donc, désormais, ce me semble, sans contredire réellement aucune observation positive, et en se conformant, au contraire, aux plus puissantes analogies, attribuer une entière généralité au principe fondamental du dualisme de toute combinaison, sous cette seule condition, facile à remplir sans doute, de regarder comme étant encore très imparfaite l'analyse actuelle des substances plus que binaires, et surtout des substances dites organiques, dont les vrais principes immédiats resteraient ainsi à découvrir. A la vérité, ces principes inconnus ne sauraient être conçus qu'en imaginant entre l'oxigène, l'hydrogène, le carbone, et l'azote, un nombre assez considérable de nouvelles combinaisons binaires, du premier et du second ordre, dont la réalisation doit sembler aujourd'hui presque impossible. Mais, cette indispensable supposition, quoique peu compatible avec les habitudes actuelles, n'entraîne réellement aucune grande difficulté scientifique; car, il suffit d'admettre cette réflexion très naturelle, que nos procédés analytiques sont, à cet égard, jusqu'ici trop violens et trop grossiers pour séparer les principes immédiats sans les décomposer. Quant à l'objection du nombre, elle ne saurait être prépondérante. Nous connaissons maintenant, en effet, au moins cinq combinaisons bien distinctes entre l'azote et l'oxigène; la notion d'un seul oxide d'hydrogène, qui, pendant quarante ans, avait semblé si inébranlable, a fait place à celle de deux composés très caractérisés; le carbone et l'azote, qui ne paraissaient point susceptibles d'être combinés, forment aujourd'hui le cyanogène; et, de même, dans presque tous les autres cas analogues. Rien n'empêche donc de concevoir, par extension, qu'il puisse exister, entre les élémens des substances ternaires ou quaternaires, plus de combinaisons directes et toujours binaires que la chimie n'en a encore constatées, indépendamment des composés des ordres suivans, dont la variété doit naturellement être bien supérieure. Il est extrêmement vraisemblable que, sans aller même au-delà du second ordre, on pourrait former, avec ces élémens, assez de principes immédiats parfaitement distincts pour correspondre exactement, par un dualisme perpétuel, à la composition réelle de toutes les substances organiques vraiment différentes, qui, d'un autre côté, suivant la critique, très rationnelle, au fond, quoique fort exagérée de M. Raspail, doivent être réputées beaucoup moins nombreuses que ne le fait supposer ordinairement un examen superficiel et peu judicieux, comme je l'indiquerai spécialement dans la trente-neuvième leçon.

On doit, toutefois, remarquer, à ce sujet, que si les chimistes ne devaient point se décider enfin à circonscrire, d'une manière véritablement scientifique, le sens propre et général du mot *substance*, ce qui se réduirait à subordonner toujours son acception à l'idée d'une *combinaison* réelle, le dualisme universel et indéfini ne pourrait être soutenu : car on citerait aisément, surtout dans la chimie physiologique, plusieurs cas très prononcés, où le défaut de dualisme est irrécusable. Mais, à moins de confondre entièrement la notion de *dissolution,* et même celle de *mélange,* avec celle de *combinaison,* on ne saurait envisager comme une véritable substance chimique *sui generis,* un assemblage fortuit de substances hétérogènes, dont l'agglomération est, presque toujours, évidemment mécanique, tels que la sève, le sang, l'urine, un calcul biliaire ou urinaire, etc., où le nombre des prétendus principes immédiats peut, en quelque sorte, être tout-à-fait illimité. En étendant, d'une manière aussi vague et indéfinie, la signification, dès lors presque arbitraire, du mot *substance*, si précieux, néanmoins, pour la science chimique, il ne serait pas, sans doute, plus irrationnel de traiter comme autant de nouvelles substances chimiques, les eaux des différentes mers, les diverses eaux minérales, les terrains naturels les plus hétérogènes, etc., et même, mieux encore, les mélanges purement artificiels d'un nombre quelconque de sels jetés au hasard dans une même dissolution aqueuse ou alcoolique. Du reste, les considérations réservées pour la trente-neuvième leçon indiqueront, j'espère, les moyens de faire disparaître, à l'égard des matières animales et végétales, les seules difficultés sérieuses qu'un tel sujet puisse présenter, en montrant que l'incertitude et la confusion à cet égard proviennent essentiellement de ce que, jusqu'ici, on n'a point assez séparé, par une opposition nette, rigoureuse, et convenablement approfondie, le point de vue chimique du point de vue physiologique. Sous ce rapport, comme sous tant d'autres précédemment signalés, on doit assurer que les notions les plus élémentaires de la philosophie chimique ne sauraient être établies d'une manière pleinement rationnelle, et de façon à réunir les trois propriétés essentielles de la clarté, de la généralité, et de la stabilité, sans être préalablement fondées sur une comparaison d'ensemble suffisamment élaborée, entre la chimie et la biologie, comparaison qu'un système complet de philosophie positive peut seul régulièrement organiser.

En considérant, sous le point de vue fondamental qui nous occupe ici, le mouvement actuel des idées chimiques, la tendance universelle à un dualisme complet commence à s'y manifester aujourd'hui d'une manière non équivoque. Je ne fais pas seulement allusion à l'assimilation de plus en plus prononcée qu'on tente d'établir entre les combinaisons organiques et les combinaisons inorganiques, quoiqu'il en résulte nécessairement un progrès indirect, mais évident, vers le dualisme systématique. J'ai surtout en vue les expériences analogues à celle de M. Whœler, malheureusement encore trop rares, où l'on ramène directement au dualisme, soit par l'analyse, ou par la synthèse, les composés qui semblaient le plus s'y refuser. On doit même remarquer, enfin, sous ce rapport, la disposition, devenue très commune, à représenter, en quelque sorte spontanément, par une formule binaire, la proportion des élémens propres aux substances les plus compliquées. Sans doute, il n'y a point un véritable dualisme, lorsque, par exemple, on exprime le résultat numérique de l'analyse élémentaire de l'alcool, en énonçant, pour plus de facilité, la composition de ce corps comme identique à celle d'un volume de gaz hydrogène percarboné et d'un volume de vapeur d'eau, condensés en un seul : car, on ne voit là qu'un simple artifice didactique destiné à caractériser le résultat analytique par une formule abrégée, à laquelle on pourrait substituer, plus ou moins commodément, beaucoup d'autres fictions synthétiques assujetties au dualisme, et qui seraient toutes finalement équivalentes entre elles, quoique pas une seule peut-être ne fît réellement connaître les vrais principes immédiats de cette substance, envisagée comme binaire. Ce n'est, évidemment, que par un véritable travail chimique, et non par un tel jeu numérique, que l'alcool et tous les corps analogues pourront être effectivement dualisés : car, cette grande transformation exigera nécessairement, sinon une analyse ou une synthèse formelles, qu'on devra souvent ajourner, du moins la construction d'une hypothèse propre à représenter, autrement que sous le seul rapport des proportions, l'ensemble des caractères chimiques de la substance proposée. Quoique les habitudes auxquelles je fais allusion offrent peut-être quelque danger, en paraissant indiquer comme accompli ce qui n'est pas même commencé, il serait, néanmoins, impossible de méconnaître combien elles tendent à préparer les esprits à l'établissement réel d'un dualisme général.

Afin de résumer, du point de vue le plus philosophique, l'ensemble de cette importante discussion sur le dualisme chimique, je remarquerai qu'on peut la réduire à établir que la chimie actuelle devrait profiter, avec plus d'habileté, pour la simplification de ses notions fondamentales, du degré d'indétermination que la nature de ses recherches laisse nécessairement quant à la constitution intime des corps. Le mode réel d'agglomération de leurs particules élémentaires nous étant radicalement inaccessible, et ne pouvant constituer nullement le vrai sujet de nos études chimiques, nous avons toujours, par suite, la faculté rationnelle, dans la sphère bien circonscrite de nos recherches positives, de concevoir la composition *immédiate* d'une substance quelconque comme seulement binaire, de manière à représenter, néanmoins, avec une pleine exactitude, tous les phénomènes appréciables que la chimie peut nous offrir, à quelque état de perfectionnement qu'on la suppose jamais parvenue. Le maintien indéfini des hypothèses mal construites qui se rapportent à une composition plus que binaire, compliquerait inutilement, à un haut degré, le système général de nos travaux chimiques, sans nous rapprocher davantage de la véritable disposition moléculaire propre à chaque combinaison. Ainsi, je ne propose point le dualisme universel et invariable comme une loi réelle de la nature, que nous ne pourrions jamais avoir aucun moyen de constater; mais je le proclame un artifice fondamental de la vraie philosophie chimique, destiné à simplifier toutes nos conceptions élémentaires, en usant judicieusement du genre spécial de liberté resté facultatif pour notre intelligence, d'après le véritable but et l'objet général de la chimie positive. Ma pensée à ce sujet me paraît maintenant assez clairement formulée, pour devenir exactement jugeable pour tous les chimistes philosophes, à la haute méditation desquels je dois désormais l'abandonner.

Telles sont les diverses conditions capitales, tant de méthode que de doctrine, dont la science chimique me semble avoir rigoureusement besoin d'obtenir, sinon l'entier accomplissement général, du moins une approximation pleinement caractérisée, avant qu'on puisse y procéder rationnellement à la construction directe et définitive d'un système complet de classification naturelle, susceptible de remplir, envers la chimie, mais à un degré beaucoup plus parfait, l'office fondamental auquel serait destinée, en biologie (1), la vraie

(1) Je ne pense pas qu'aucun philosophe puisse aujourd'hui suivre

hiérarchie universelle des corps vivans, si l'extrême complication des phénomènes pouvait y permettre le libre développement de ses propriétés essentielles. Peut-être trouvera-t-on que, jusqu'à présent, personne ne s'était formé une assez grande idée de la nature et de l'esprit d'une telle opération philosophique. A mes yeux, la classification chimique, ainsi conçue, c'est la science elle-même, condensée dans son résumé le plus substantiel. Je ne puis, à cet égard, m'attribuer d'autre mérite essentiel que d'avoir, le premier, convenablement transporté, dans la science chimique, le genre spécial d'esprit philosophique que développe spontanément, par sa nature, la science biologique, telle que l'ont conçue, depuis Aristote, tous ses grands maîtres, et en dernier lieu, le philosophe qui me paraît, dans le siècle actuel, en avoir le mieux saisi le vaste ensemble, mon illustre ami M. de Blainville. Si cette combinaison est jugée efficace, elle contribuera, j'espère, à mettre en pleine évidence la haute nécessité générale de régulariser ces grands rapports

un peu loin une série quelconque d'idées générales sur l'ensemble rationnel des considérations positives propres aux corps vivans, sans être, en quelque sorte, naturellement obligé d'employer cette heureuse expression de *biologie*, si judicieusement construite par M. de Blainville, et dont le nom de *physiologie*, même purifié, n'offrirait qu'un faible et équivoque équivalent.

scientifiques, par l'usage habituel du système complet de philosophie positive, dont je m'efforce, dans cet ouvrage, d'organiser la construction.

L'extrême importance que j'ai attachée à la discussion précédente, tient surtout à la haute idée que je me forme du beau caractère que doit prendre, un jour, la science chimique, maintenant si faible et si incohérente, malgré sa riche collection de faits. Quoique le sujet de la chimie soit nécessairement fort étendu et très compliqué, il n'y a pas de science fondamentale, sauf l'astronomie, dont les phénomènes présentent, par leur nature, une aussi parfaite homogénéité réelle, et qui, par conséquent, eu égard aux difficultés qui lui sont propres, comporte, à un aussi haut degré, une véritable systématisation, en harmonie avec l'esprit général de ses recherches positives. Or, cette constitution unitaire de la science chimique me semble devoir essentiellement consister dans la formation rationnelle d'un système complet de classification naturelle, qui ne saurait être obtenue, au degré suffisant, tant que toutes les combinaisons ne seront point, d'une part, assujetties, sans distinction d'origine, à un ordre fixe de considérations homogènes, et, d'une autre part, constamment ramenées à un dualisme fondamental.

L'état présent de la chimie ne permet guère de se former directement une idée nette et juste, ni du genre, ni du degré de consistance scientifique que cette partie capitale de la philosophie naturelle est ainsi destinée à acquérir plus tard. Toutefois, j'examinerai soigneusement, sous ce rapport, dans les deux leçons suivantes, les deux doctrines chimiques qui se rapprochent le plus aujourd'hui de cette rationnalité positive, la doctrine des proportions définies, et la théorie électro-chimique, quoique l'une et l'autre ne soient véritablement relatives qu'à un ordre partiel, et même secondaire, de considérations chimiques. Mais je dois, en outre, terminer cette leçon en signalant très sommairement, dans la chimie actuelle, les deux points généraux de doctrine qui me paraissent les plus propres, par leur nature, à indiquer avec précision le vrai dogmatisme vers lequel doit tendre l'ensemble de la science, d'après la marche précédemment caractérisée.

Je citerai d'abord, et au premier rang, la loi capitale des doubles décompositions salines, découverte par Berthollet, et complétée ensuite par le grand et beau travail de M. Dulong sur l'action réciproque des sels solubles et des sels insolubles. En la bornant ici, pour plus de simplicité, au cas de la double solubilité, seul considéré par Berthollet, elle consiste dans ce fait général : deux sels solubles, d'ailleurs quelconques, se décomposent mutuellement toutes les fois que leur réaction peut produire un sel insoluble, ou, seulement même, moins soluble que chacun des premiers. Parmi les propositions chimiques d'une importance réelle et d'une certaine généralité, tout esprit philosophique doit éminemment distinguer aujourd'hui ce grand théorème, qui peut seul donner jusqu'ici une idée exacte de ce qui constitue, en chimie, une véritable *loi;* car, il en a seul tous les caractères essentiels. Il est directement relatif au sujet propre de la science chimique, c'est-à-dire à l'étude des phénomènes de composition et de décomposition : il établit une relation positive et fondamentale entre deux classes de phénomènes, jusque alors entièrement indépendantes : enfin, comme critérium décisif, il permet, envers une certaine catégorie d'effets chimiques, malheureusement trop restreinte, d'atteindre à la destination finale de toute science réelle, la prévision des phénomènes d'après leurs liaisons positives. Car, les divers degrés de solubilité des différens sels, dont la connaissance est déjà, en elle-même, indispensable aux chimistes, conduisent ainsi à prévoir avec certitude les résultats de plusieurs conflits. On peut faire à peu près les mêmes remarques sur une proposition analogue, relative aux réactions des sels par la voie sèche, où la considération de volatilité remplace celle de solubilité.

En établissant cette loi importante, Berthollet a fait judicieusement ressortir la nullité de l'explication, essentiellement métaphysique, admise jusque alors, d'après l'illustre Bergmann, pour les phénomènes de décomposition réciproque, par l'antagonisme imaginaire des doubles affinités. Mais il a évidemment méconnu, lui-même, l'esprit fondamental de toute philosophie positive, quand, à son tour, il a tenté d'expliquer la loi qu'il venait de découvrir, abstraction faite même du rôle prépondérant qu'il attribue, dans cette explication, à une certaine prédisposition à la cohésion, qui est radicalement inintelligible. Aucune loi ne saurait être vraiment expliquée qu'en parvenant à la faire rentrer dans une autre plus générale : or, celle que nous considérons ici est, jusqu'à présent, seule en son genre : elle ne comporte donc aucune explication réelle. Si, plus tard, on pouvait la rattacher à une théorie fondamentale sur l'action réciproque de tous les composés du second ordre, une telle relation lui constituerait, sans doute, une véritable explication positive : mais, jusque là, on n'y peut voir qu'un simple fait général, nullement explicable, et qui, au contraire, sert à expliquer chacun des faits particuliers qu'il embrasse. L'importance de cette loi, et l'occasion qu'elle m'offrait de rendre plus sensible le véritable esprit, aujourd'hui si imparfaitement caractérisé, de la chimie positive, ont pu seules me déterminer à indiquer expressément une semblable remarque, dont la reproduction eût été presque puérile à l'égard d'une science plus avancée.

Je crois devoir, enfin, mentionner ici, comme une des doctrines générales les plus parfaites de la chimie actuelle, l'ensemble très satisfaisant des notions maintenant acquises sur l'influence fondamentale de l'air et de l'eau dans la production des principaux phénomènes chimiques, naturels ou artificiels.

Quand on envisage, d'un point de vue suffisamment élevé, l'action immense et capitale exercée par l'air et par l'eau dans l'économie générale de la nature terrestre, soit morte, soit vivante, on comprend l'enthousiasme scientifique qui a inspiré à plusieurs philosophes allemands, la conception, d'ailleurs évidemment irrationnelle, d'ériger le système de ces deux fluides en une sorte de troisième règne, intermédiaire entre le règne inorganique et le règne organique. Mais, ce n'est pas sous cet aspect que la chimie abstraite, qui doit rester essentiellement étrangère au point de vue concret de l'histoire naturelle proprement dite, considère principalement l'étude de l'air et de l'eau, qu'elle conçoit justement, néanmoins, comme l'un de ses fondemens les plus indispensables.

Tous nos phénomènes chimiques, même artificiels, s'accomplissent habituellement dans l'air : tous exigent, presque toujours, l'intervention plus ou moins directe de l'eau, dont la plupart des liquides ne sauraient jamais être entièrement privés. Il est, dès lors, évident qu'aucune réaction chimique ne peut être rationnellement étudiée, si l'on n'est préalablement en état d'analyser avec exactitude la participation générale de ces deux fluides. Ainsi, la théorie chimique fondamentale de l'air et de l'eau, doit être conçue comme une sorte d'introduction nécessaire au système de la chimie proprement dite, comme appartenant bien davantage, par sa nature, à la méthode qu'à la doctrine, et enfin, comme devant être placée immédiatement à la suite de l'étude des corps simples. Quoique le mode habituel d'exposition des connaissances chimiques soit rarement conforme à cette conception, de tels caractères n'en sont pas moins irrécusables, même quand une distribution peu judicieuse tend à les faire méconnaître. Cela est surtout sensible à l'égard de l'air : car, autrement, à quels titres la chimie abstraite, qui ne considère point les mélanges, s'occuperait-elle, avec tant de soin, de l'air, qui n'est qu'un mélange, si ce n'était pour le motif général que je viens d'indiquer? Aussi, sous le point de vue historique, la double analyse de l'air et de l'eau a-t-elle caractérisé, de la manière la plus prononcée, le premier pas capital de la chimie moderne.

L'influence de l'air dans l'ensemble des phénomènes chimiques, était, par sa nature, non pas moins importante, mais moins difficile à caractériser que celle de l'eau. Car, l'air, comme simple mélange, n'exerce point une action chimique qui lui soit propre, mais seulement celle qui résulte de ses deux gaz élémentaires, dont chacun agit essentiellement comme s'il était isolé, sauf la diminution d'intensité due à la diffusion, et en exceptant, toutefois, les cas peu fréquens où l'accomplissement du phénomène proposé détermine accessoirement leur combinaison. Il s'ensuit que l'étude vraiment chimique de l'air doit se réduire à reconnaître la nature et la proportion de ses principes constituans, en un mot, à son analyse : toute autre considération sortirait du domaine rationnel de la chimie abstraite, et appartiendrait à l'histoire naturelle. Or, cette analyse fondamentale a été convenablement exécutée, dès l'origine de la chimie moderne, sauf l'incertitude qui reste encore sur la proportion presque insensible de gaz acide carbonique, et peut-être de quelques autres principes encore plus disséminés, tels que l'hydrogène entre autres, dont on commence aujourd'hui à y soupçonner généralement l'existence.

Quoique, pendant le cours d'un demi-siècle, l'analyse chimique n'ait constaté aucun changement appréciable dans la composition essentielle de l'air atmosphérique, il est, néanmoins, évidemment impossible de concevoir que cette composition ne doive pas s'altérer, à la longue, en un sens quelconque, par l'influence si prononcée des nombreuses forces perturbatrices qui agissent incessamment sur ce mélange. Leur antagonisme, il est vrai, et surtout celui des actions végétales et animales, les neutralise nécessairement en partie; mais un tel équilibre ne saurait être ni rigoureux ni constant. Déjà les considérations géologiques, et surtout celles de botanique fossile, ont conduit à présumer, avec beaucoup de vraisemblance, que, à des époques très reculées, la composition de l'air devait être sensiblement différente : les chimistes eux-mêmes, et principalement M. Th. de Saussure, ont positivement constaté quelques légères variations périodiques, quant à la proportion d'acide carbonique aux diverses saisons. Nous avons, d'ailleurs, de justes motifs de penser que nos moyens analytiques sont encore fort imparfaits, relativement aux divers principes accessoires de l'air : car, les chimistes ne savent encore saisir aucune distinction positive entre les airs propres aux localités les mieux caractérisées, dont l'influence si différente et si prononcée sur les êtres vivans prouve, néanmoins, d'une manière irrécusable quoique indirecte, le défaut certain d'identité réelle. L'étude générale, jusqu'ici extrêmement imparfaite, de l'ensemble des variations relatives à la composition du milieu atmosphérique, constitue l'un des problèmes à la fois les plus importans et les plus difficiles que l'histoire naturelle puisse se proposer, à cause de l'étendue et de l'utilité de ses applications principales : elle peut même conduire aux indications les plus intéressantes quant aux limites de durée des espèces vivantes, et surtout de la race humaine, dans un avenir indéfini, en assignant les lois des modifications propres aux conditions atmosphériques de leur existence. Mais, cet ordre de recherches, à peine ébauché et mal conçu encore, est, par sa nature, essentiellement étranger à la chimie proprement dite, car ces faibles variations ne sauraient exercer aucune influence notable sur les phénomènes chimiques habituellement explorés : et voilà pourquoi, sans doute, les chimistes s'en inquiètent si peu. Le véritable objet de leur science est exactement défini, sa sphère est nettement circonscrite, son importance fondamentale est évidente. Ils ne doivent donc point en sortir, pour faire intempestivement l'office des naturalistes proprement dits; leur intervention, à cet égard, serait radicalement contraire à la vraie distribution rationnelle de l'ensemble du travail scientifique, telle que je l'ai caractérisée dans la deuxième leçon : le blâme du public ne devrait tomber ici que sur les naturalistes eux-mêmes, qui manquent à leur destination. N'oublions pas, toutefois, que, d'après les principes établis au commencement de cet ouvrage, aucune étude concrète ne saurait être suivie d'une manière vraiment scientifique, sans avoir été préalablement organisée d'après une combinaison spéciale de toutes les sciences fondamentales ou abstraites. Cette règle est éminemment sensible envers la question actuelle, dont l'étude rationnelle exige, avec une pleine évidence, un ensemble très complexe de considérations, non-seulement chimiques et physiques, mais aussi physiologiques, et même, à un certain degré, astronomiques. Telle est, en réalité, la cause inévitable de la profonde imperfection de cette doctrine jusqu'à présent, imperfection commune, d'ailleurs, à toutes les autres parties importantes de la véritable histoire naturelle, qui n'a pu encore amasser, sous aucun rapport, que de simples matériaux, plus ou moins informes.

L'étude chimique de l'eau exige, nécessairement, un ensemble de recherches beaucoup plus étendu et plus compliqué que celle de l'air; et pourtant elle n'est pas moins indispensable au système général de la science chimique. Car, l'eau constituant une véritable combinaison, et peut-être même la plus parfaite de toutes celles que nous connaissons, elle peut exercer des effets chimiques qui lui soient propres, indépendamment de ceux qui appartiennent à ses élémens, et outre son importance comme dissolvant, en écartant même toute idée de simple mélange. De là résultent trois aspects bien distincts, et presque également essentiels à divers titres, sous lesquels l'eau doit être soigneusement considérée par les chimistes, et dont l'exacte appréciation a été, inévitablement, lente et difficile, si tant est même que cet examen fondamental puisse aujourd'hui être regardé comme rigoureusement terminé.

L'analyse de l'eau, représentée par une quantité d'hydrogène double en volume de celle de l'oxigène, et confirmée à l'aide d'une synthèse irrécusable, constitue la plus admirable de ces belles découvertes qui ont caractérisé les premiers pas de la chimie moderne, non-seulement en vertu de l'éclatante lumière que cette analyse a répandue sur l'ensemble des phénomènes chimiques et sur l'économie générale de la nature, mais aussi à raison des hautes difficultés qu'elle devait nécessairement présenter. Sous ce premier point de vue, la science chimique ne laisse aujourd'hui rien d'essentiel à désirer. Toutefois, la notion, acquise dans ces derniers temps, de l'existence d'une nouvelle combinaison plus oxigénée entre les deux élémens de l'eau, tend à soulever des questions intéressantes et encore indécises, non sur l'irrévocable composition de ce fluide, mais sur le genre d'influence chimique qu'on suppose ordinairement à sa décomposition et à sa recomposition dans une foule de phénomènes; et plus spécialement, sur le véritable mode d'union de l'oxigène et de l'hydrogène dans toutes les substances, surtout liquides, qui ne peuvent être obtenues sans eau, et à l'égard desquelles un habile chimiste vient, tout récemment, d'élever des doutes ingénieux, qui mériteraient, ce me semble, d'être mûrement examinés.

TOME III. 9

L'action dissolvante de l'eau a été le sujet d'une longue suite de laborieuses recherches, d'une difficulté très inférieure, et qui, naturellement, ne sauraient présenter aujourd'hui d'importantes lacunes. Néanmoins, il faut remarquer, à ce sujet, avec plus de soin qu'on n'a coutume de le faire, la belle expérience de Vauquelin, dans laquelle cet illustre et scrupuleux chimiste a montré que l'eau, saturée d'un sel, restait susceptible de se charger d'un autre, et acquerrait même ainsi la singulière propriété de dissoudre une nouvelle quantité du premier. Cette expérience, qui a été, pour ainsi dire, dédaignée, me semble capitale en ce genre, et me paraît devoir devenir la base d'une suite de recherches fort intéressantes sur les lois, si capricieuses en apparence, de la solubilité, dont l'étude est encore essentiellement empirique.

Les chimistes ont été long-temps à concevoir, en principe, que l'eau, outre son influence dissolvante, pût agir, d'une manière vraiment chimique, autrement que par ses élémens. Cette combinaison, si éminemment neutre, semblait devoir être, en elle-même, pleinement inoffensive, et ne paraissait pouvoir altérer les autres substances que par sa décomposition. Le judicieux Proust a pensé que cette parfaite neutralité devait, par sa nature, faire présumer, au contraire, l'existence, pour l'eau, de certaines affections chimiques, indépendantes de sa composition. Telle est la considération très rationnelle qui a conduit ce chimiste à créer l'étude, désormais si importante, des *hydrates* proprement dits, envisagés comme une sorte de sels nouveaux, où l'eau joue, pour ainsi dire, à l'égard des alcalis, le rôle d'une espèce d'acide hydrique. L'examen de ces combinaisons, souvent très énergiques, et de toutes les autres, plus ou moins prononcées, que l'eau peut former, avec des substances quelconques, sans se décomposer, constitue la troisième et dernière partie essentielle de l'étude fondamentale de l'eau, envisagée rationnellement ici comme un préliminaire indispensable au système général des études chimiques.

Après m'être efforcé, dans cette leçon, de caractériser suffisamment, quoique par une discussion sommaire, le but et l'esprit des conceptions fondamentales qui me paraissent indispensables pour investir enfin irrévocablement la science chimique de la rationalité positive qui convient à sa nature, je dois maintenant passer à l'examen philosophique plus spécial des deux doctrines générales qui, dans la chimie actuelle, présentent l'aspect le plus systématique, et, en premier lieu, apprécier philosophiquement, dans la leçon suivante, l'importante doctrine des proportions définies.

# TRENTE-SEPTIÈME LEÇON.

Examen philosophique de la doctrine chimique des proportions définies.

Malgré la grande importance réelle de cette doctrine, on ne doit pas méconnaître que, par sa nature, et même en la supposant complète, elle ne saurait exercer qu'une influence secondaire sur la solution générale du vrai problème fondamental de la science chimique, tel que je l'ai caractérisé dans la trente-cinquième leçon, c'est-à-dire sur l'étude des lois directement relatives aux phénomènes de composition et de décomposition. Lorsque des substances quelconques sont placées en relation chimique dans des circonstances déterminées, la théorie des proportions définies ne tend nullement, en elle-même, à nous faire mieux prévoir, parmi tous les cas que comporterait la composition des corps proposés, à quelles séparations et à quelles combinaisons nouvelles la réaction générale donnera effectivement lieu, ce qui constitue, néanmoins, la question essentielle. Cette doctrine suppose, au contraire, qu'une telle question est préalablement résolue; et, d'après un tel point de départ, elle a pour objet d'évaluer immédiatement, dans les cas où elle est applicable, la quantité précise de chacun des nouveaux produits, et l'exacte proportion de leurs élémens, ce qui constitue simplement un perfectionnement accessoire, quoique très utile, de la recherche principale. Ainsi, la théorie des proportions chimiques présente nécessairement aujourd'hui ce singulier caractère scientifique, de rendre rationnelle, dans ses détails numériques, une solution qui, sous son aspect le plus important, reste presque toujours essentiellement empirique.

On conçoit aisément par là pourquoi les illustres fondateurs de la chimie moderne se sont, en général, si peu occupés d'une telle étude, qu'ils devaient naturellement regarder comme subalterne. Leur principale attention était justement fixée sur la recherche directe des lois essentielles de la composition et de la décomposition. Mais, le rapide développement de la science chimique ayant mis graduellement en évidence les hautes difficultés de ce grand problème, les chimistes, sans renoncer à la découverte ultérieure de ces lois, durent se rejeter spontanément de plus en plus sur l'étude secondaire des proportions, jusque alors négligée, qui, par sa nature, leur promettait un succès plus facile et plus prochain. A la vérité, tant que cette théorie subordonnée est conçue isolément de la théorie principale, elle ne saurait, par cela même, remplir que très imparfaitement sa plus importante destination, celle de suppléer, autant que possible, à l'expérience immédiate, dont elle ne dispense dès lors que sous le point de vue fort accessoire de la mesure des poids ou des volumes. Aussi, la doctrine des proportions définies n'acquerra-t-elle toute sa valeur scientifique que lorsqu'elle pourra être enfin rattachée à un ensemble satisfaisant de lois vraiment chimiques, dont elle constituera naturellement l'indispensable complément numérique.

Jusque là, néanmoins, l'usage habituel de cette doctrine peut évidemment offrir aux chimistes un secours réel, quoique secondaire, en rendant leurs analyses plus faciles et plus précises. Il est même incontestable que le principe fondamental de cette théorie, en restreignant à un très petit nombre de proportions distinctes les diverses combinaisons des mêmes substances, tend indirectement à diminuer, en général, l'incertitude primitive sur le résultat effectif de chaque conflit chimique, puisqu'elle rend beaucoup moindre le nombre des cas logiquement possibles, qui, sans cela, serait presque illimité. Sous cet aspect, la doctrine des proportions définies doit être regardée comme un préliminaire naturel à l'établissement des lois chimiques, dont elle serait, à d'autres égards, un appendice essentiel.

Si les corps pouvaient se combiner, entre certaines limites, suivant toutes les proportions imaginables, il deviendrait, en effet, beaucoup plus difficile de concevoir l'existence de lois invariables et rigoureuses relatives à la composition ou à la décomposition, vu l'infinie variété des produits auxquels une réaction quelconque pourrait alors donner lieu. Ainsi, les illustres chimistes contemporains qui ont principalement consacré leurs travaux à fonder la théorie générale des proportions chimiques, tout en paraissant s'écarter du véritable but caractéristique de la science qu'ils cultivent, auront fait néanmoins, en réalité, un pas essentiel dans la voie directe du perfectionnement rationnel, en simplifiant d'avance, à un haut degré, l'ensemble du problème chimique, dont la solution effective est réservée à leurs successeurs. Outre cette importante considération, j'ai déjà remarqué, dans l'avant-dernière leçon, que la doctrine actuelle des proportions définies nous offre aujourd'hui, par sa nature, le type le plus parfait du genre précis de rationalité que doit acquérir un jour la science chimique, directement envisagée sous ses aspects les plus essentiels. Tels sont les deux motifs prépondérans, l'un relatif à la doctrine, l'autre à la méthode, qui m'ont déterminé à consacrer, dans cet ouvrage, une leçon spéciale à l'examen philosophique de cette intéressante théorie, sans exagérer néanmoins sa vraie valeur scientifique.

Après avoir ainsi caractérisé sommairement le véritable objet de la doctrine des proportions définies, et sa relation générale avec le système total de la science chimique, il est indispensable, pour faciliter son appréciation philosophique, de jeter d'abord un coup d'œil rapide mais rationnel sur l'ensemble de son développement effectif, accompli tout entier dans le premier quart du siècle actuel.

Dans cette belle série de recherches, l'impulsion primitive est essentiellement résultée de la double influence nécessaire, d'un phénomène fondamental découvert par Richter, et d'une indispensable discussion spéculative établie par Berthollet. Arrêtons un moment notre attention sur ce double point de départ.

Pendant la seconde moitié du siècle dernier, plusieurs chimistes avaient remarqué que, dans la décomposition mutuelle de deux sels neutres, les deux nouveaux sels formés sont toujours également neutres. L'illustre Bergmann, entre autres, avait spécialement insisté sur cette importante observation. Toutefois, ce phénomène dut rester négligé, ou mal apprécié, jusqu'à ce que, dans les dernières années de ce siècle, le génie éminemment systématique de Richter, après l'avoir entièrement généralisé, l'envisageant enfin sous son aspect le plus essentiel, en eut rationnellement tiré la loi fondamentale qui porte si justement le nom de ce grand chimiste. Cette loi consiste proprement en ce que, les quantités pondérales des divers alcalis susceptibles de neutraliser un poids donné d'un acide quelconque, sont constamment proportionnelles à celles qu'exige la neutralisation du même poids de tout autre acide. Telle est, évidemment, en effet, la conséquence immédiate du maintien de la neutralité après la double décomposition. Dans l'ordre des idées chimiques, la grande complication du sujet, et le peu de rationnalité de nos habitudes intellectuelles jusqu'à présent, rendent très difficiles les déductions les moins prolongées, quand elles ont un certain degré de généralité et, par suite, un certain caractère d'abstraction ; c'est pourquoi une semblable transformation, qui paraîtrait presque spontanée, si elle concernait une science plus simple et mieux cultivée, est réellement ici, outre sa haute utilité, d'un mérite capital. Cette loi de Richter, avec les divers complémens qu'elle a reçus depuis, constitue la première base essentielle de la doctrine générale des proportions chimiques. Elle a conduit, dès l'origne, à réaliser, pour un grand nombre de composés, la destination principale de cette doctrine, c'est-à-dire l'affectation à chaque substance d'un certain coefficient chimique, invariable et spécifique, indiquant suivant quelles proportions elle peut se combiner avec chacune de celles qui ont été pareillement caractérisées. Il suffit, en effet, de déterminer, par une double série d'essais préalables, la composition numérique de tous les sels que peut former un seul acide quelconque avec les divers alcalis et un seul alcali avec les différens acides, pour que la loi de Richter permette d'en déduire aussitôt les proportions relatives à tous les composés qui peuvent résulter de la combinaison binaire de ces deux ordres de substances. Richter conduisit lui-même sa découverte jusqu'à cette conséquence caractéristique, et dressa, pour les acides et les alcalis, mais d'après une expérimentation trop restreinte et trop imparfaite, une première table de ce qu'on a nommé plus tard les *équivalens* chimiques.

Quoique Berthollet ait énergiquement combattu

le principe exclusif des proportions définies; on oublie trop aujourd'hui, ce me semble, que, le premier entre tous les chimistes, il fixa directement l'attention sur la considération générale et rationnelle des proportions dans l'ensemble des phénomènes chimiques. Quelques années après la découverte de Richter, Berthollet établit en principe fondamental, dans la *Statique chimique*, l'existence nécessaire des proportions définies pour certains composés de tous les ordres, et il assigna les conditions essentielles de cette propriété caractéristique, qu'il attribuait ou à une notable condensation des élémens combinés, ou à la précipitation graduelle d'un composé insoluble, etc.; en un mot, à toutes les causes susceptibles de soustraire le produit de la réaction chimique, à mesure qu'il se forme, à l'influence ultérieure des agens primitifs. Il importe de reconnaître cette belle théorie de Berthollet comme ayant été indispensable pour fonder l'étude générale des proportions chimiques. On n'a point, en effet, assez remarqué que la découverte de Richter, malgré son extrême importance, ne pouvait suffire pour imprimer, par elle-même, une telle impulsion scientifique; car, Richter ayant exclusivement considéré les sels neutres, un tel cas, quoique très étendu, était, par sa nature, si évidemment particulier sous le point de vue numérique, qu'il n'aurait pu entraîner les esprits vers une théorie générale des proportions déterminées. En tout temps, l'idée de neutralisation parfaite a dû, sans doute, rappeler inévitablement aux chimistes celle d'une proportion unique, en-deçà et au-delà de laquelle la neutralité était rompue. Ainsi, autant il est naturel que la doctrine des proportions chimiques ait commencé par l'étude des sels neutres, autant leur considération isolée eût été nécessairement insuffisante pour provoquer à la formation de cette doctrine générale. Il y a donc tout lieu de penser que la grande découverte de Richter n'aurait pu amener les conséquences étendues qu'on lui attribue communément d'une manière trop exclusive, si, à l'examen d'un cas qui, par sa nature, ne pouvait faire loi pour tous les autres, Berthollet n'avait point immédiatement ajouté la notion rationnelle d'une grande variété de cas assujettis au même principe, et dès lors susceptibles de conduire bientôt à son entière généralisation. On voit ainsi que ce serait apprécier très imparfaitement la participation capitale de Berthollet à la fondation de l'étude des proportions chimiques, que de la réduire, comme on le fait d'ordinaire, à la seule influence de la célèbre discussion que son ouvrage fit naître sur ce sujet entre lui et Proust, malgré la haute importance des heureux efforts de ce dernier chimiste, dans cette lutte mémorable, pour établir directement le principe général des proportions déterminées et invariables.

Telle est donc la double influence fondamentale, expérimentale et spéculative, d'où devait graduellement résulter le développement naturel de la chimie numérique. A partir de cette origine, la principale phase de ce développement doit être attribuée à une autre double action capitale, produite par l'harmonie remarquable de la conception systématique de M. Dalton avec l'ensemble des belles séries de recherches expérimentales de MM. Berzélius, Gay-Lussac, et Wollaston. Il me reste maintenant à caractériser sommairement ces diverses parties essentielles de la grande opération scientifique qui a déterminé l'entière formation de la doctrine des proportions définies, telle qu'on la conçoit aujourd'hui.

Aussitôt que l'illustre M. Dalton eut dirigé ses méditations vers cette face de la science chimique, son génie éminemment philosophique le poussa à embrasser, dans une seule conception générale, l'ensemble de cet important sujet, quoique l'étude en fût, pour ainsi dire, naissante. Ses heureux efforts produisirent la célèbre théorie atomistique, qui a présidé jusqu'ici à tous les développemens ultérieurs de la doctrine des proportions chimiques, et qui sert encore de base essentielle à son application journalière. Le principe général de cette théorie consiste à concevoir tous les corps élémentaires formés d'atomes absolument indivisibles, dont les différentes espèces en se réunissant, le plus souvent une à une, par groupes peu nombreux, constituent les atomes composés du premier ordre, toujours mécaniquement insécables, mais alors chimiquement divisibles, et qui, à leur tour, par une suite d'assemblages analogues, font naître tous les autres ordres de composition. Ce principe est tellement en harmonie avec l'ensemble des notions scientifiques de tous genres, qu'il se réduit presque à une heureuse généralisation directe des idées spontanément familières à tous les esprits qui cultivent les diverses parties de la philosophie naturelle : aussi son admission universelle a-t-elle eu lieu sans obstacles. Quoiqu'un tel principe conduise évidemment, d'une manière immédiate, à l'existence nécessaire des proportions déterminées, il importe néanmoins de considérer, d'après la remarque très judicieuse de M. Berzélius, que cette déduction serait essentiellement illusoire si les combinaisons n'étaient point nécessairement restreintes à un très petit nombre d'atomes; car, en supposant que ce nombre, même limité, pût être fort grand, les divers assemblages binaires deviendraient tellement multipliés, que l'on aurait presque alors l'équivalent réel des combinaisons en proportions quelconques : en sorte que, sans cette restriction capitale, la conception atomistique représenterait à peu près également bien, par sa nature, les deux doctrines chimiques opposées des proportions indéfinies ou définies. Mais, dès l'origine, M. Dalton avait formellement établi que, dans toute combinaison, l'un des principes immédiats entre constamment pour un seul atome, et l'autre pour un seul aussi le plus souvent, et toujours pour un nombre fort médiocre, qui excède rarement six. M. Dalton avait tellement senti l'importance de cette restriction, que les limites ainsi posées par lui ont semblé trop étroites à ses successeurs, qui n'ont pu, sans les reculer, y faire rentrer toutes les combinaisons effectives (1). Avec cet indispen-

(1) Un chimiste distingué vient, en sens inverse, de proposer récemment de restreindre toujours à trois les diverses combinaisons binaires de tous les atomes, en admettant un composé principal formé d'un atome de chaque espèce, et deux composés plus complexes, obtenus en doublant la quantité de l'un ou de l'autre principe immédiat. Il serait, sans doute, très désirable que cette vue systématique pût un jour se réaliser, puisqu'elle simplifierait évidemment, à un haut degré, la doctrine générale des proportions chimiques; mais il semble peu probable qu'un tel résultat puisse jamais être obtenu, malgré les efforts

sable complément, la conception atomistique représente évidemment l'ensemble de la doctrine des proportions définies. Toutefois, la nouvelle partie essentielle de cette doctrine qui en dérive le plus naturellement, c'est surtout la théorie des multiples successifs, dont la découverte caractérise plus spécialement l'influence capitale de M. Dalton sur l'étude de la chimie numérique. De son point de vue atomistique, il aperçut aisément, en effet, que si deux substances peuvent se combiner en plusieurs proportions distinctes, les quantités pondérales de l'une d'elles qui correspondront, dans les divers composés, à un même poids de l'autre, devront suivre naturellement la série des nombres entiers, puisque ces composés résulteront ainsi de l'union d'un atome de la seconde substance avec un, deux, ou trois, etc., atomes de la première : ce qui constitue un élément principal, jusque alors entièrement ignoré, de la théorie des proportions chimiques.

Inspiré d'abord par les travaux de Richter et de Berthollet, mais surtout guidé et soutenu en-

remarquables de l'auteur de cette proposition pour y ramener les principales combinaisons connues, surtout par une ingénieuse intervention de l'eau et du deutoxide d'hydrogène. Toutefois ce projet mériterait, de la part des chimistes, un examen sérieux : car les tentatives de ce genre, même directement infructueuses, peuvent hâter beaucoup le perfectionnement de la chimie numérique actuelle.

suite, comme il l'a toujours si noblement proclamé, par la conception générale de M. Dalton, M. Berzelius entreprit, le premier, avec le plus heureux succès, une vaste étude expérimentale de l'ensemble des points importans relatifs à la chimie numérique, dont il a, plus qu'aucun autre chimiste, contribué à développer et à coordonner les diverses parties. Il perfectionna préalablement la loi de Richter, de façon à la lier intimement à la théorie atomistique, en montrant que, dans les différens sels neutres formés par un acide quelconque avec les divers alcalis, la quantité d'oxigène de l'acide est non-seulement toujours proportionnelle à la quantité d'oxigène de l'alcali, mais que le rapport de Richter, conçu sous cette forme, est constamment exprimé par un nombre entier très simple, que M. Berzélius reconnut plus tard être égal à celui des atomes d'oxigène propres à la composition de l'acide. Ainsi présentée, cette loi a été finalement étendue, par M. Berzélius lui-même, à tous les composés du second ordre. Mais, c'est surtout dans l'étude numérique des composés du premier ordre, seulement ébauchée par les travaux de Proust, que les belles recherches de M. Berzélius ont introduit de nouvelles et importantes lumières. En instituant une exacte comparaison générale entre la composition des sulfures métalliques et celle des oxides correspondans, il découvrit une loi essentielle, analogue à celle de Richter pour les sels, et consistant en ce que la quantité de soufre des premiers est constamment proportionnelle à la quantité d'oxigène combinée, dans les seconds, avec un même poids du radical. Cette loi est maintenant regardée, par induction, comme applicable à tous les composés du premier ordre auxquels l'ensemble de leurs phénomènes permet d'attribuer le même degré de neutralité chimique. Enfin, sous un dernier aspect essentiel, les lumineuses séries analytiques de M. Berzélius ont exactement vérifié, pour les divers degrés soit d'oxidation, soit de sulfuration, etc., d'un radical quelconque, la loi des multiples successifs, découverte par M. Dalton d'après sa théorie atomistique.

Peu de temps après la fondation de cette même théorie, un autre chimiste du premier ordre, M. Gay-Lussac, l'avait aussi confirmée dans son ensemble, en suivant une marche très remarquable et entièrement neuve. En analysant de préférence, comme le faisait principalement M. Berzélius, des composés solides ou liquides, on avait l'avantage essentiel d'obtenir plus aisément des résultats dont l'exactitude fût incontestable: mais, d'un autre côté, la simplicité des rapports numériques indiqués par la théorie corpusculaire y était nécessairement plus difficile à constater avec une pleine évidence. Guidé par une inspiration aussi heureuse que rationnelle, l'illustre élève du grand Berthollet pensa très judicieusement que, si cette simplicité était réelle, elle devait surtout se manifester hautement dans les combinaisons gazeuses, considérées, non quant au poids, mais quant au volume. De là, l'importante série des analyses numériques de M. Gay-Lussac pour les composés gazeux, qui, en vérifiant, d'une manière spéciale et irrécusable, le principe général de la doctrine des proportions définies, l'a présenté en même temps sous ce nouvel aspect fondamental, étendu, par une sage induction graduelle, à tous les cas possibles : tous les corps, à l'état gazeux, se combinent dans des rapports numériques de volume invariables et extrêmement simples. On doit même, à ce sujet, remarquer accessoirement que M. Gay-Lussac, et d'après lui plusieurs autres chimistes ou physiciens, ont appliqué très heureusement cette belle découverte à la détermination rationnelle de la pesanteur spécifique des gaz, avec une exactitude souvent comparable à celle de l'évaluation expérimentale. Toutefois, on ne saurait méconnaître que l'extension hypothétique de cette théorie des volumes à un grand nombre de substances qu'on n'a pu jusqu'ici vaporiser, est susceptible d'égarer les esprits qui n'ont pas d'abord saisi directement l'équivalence générale et nécessaire du point de vue propre à M. Gay-Lussac au point de vue originel de M. Dalton, strictement adopté par M. Berzélius. Quoique ce dernier point de vue ait aujourd'hui universellement prévalu, comme plus immédiatement conforme à la réalité dans la plupart des cas, la considération des volumes n'en reste pas moins très utile pour exprimer souvent avec plus de facilité, surtout à l'égard des substances organiques, les résultats numériques de l'analyse chimique.

Il faut ranger enfin, parmi les recherches fondamentales qui ont constitué la doctrine des proportions chimiques, les travaux remarquables de l'illustre Wollaston, philosophe aussi recommandable par la finesse et la pénétration de son esprit que par la rectitude et la lucidité de son jugement. Nous ne devons pas ici considérer principalement sa transformation, d'ailleurs très heureuse, de la théorie atomistique proprement dite en celle des *équivalens* chimiques, qui offre un énoncé bien plus positif, et tend à préserver des enquêtes radicalement inaccessibles auxquelles la première peut donner lieu, quand elle n'est point judicieusement dirigée : cette substitution constituerait, sans doute, une amélioration capitale, si elle ne se réduisait point à un simple artifice du langage, la pensée réelle étant restée essentiellement identique. Il convient encore moins de s'arrêter aux expédiens ingénieux par lesquels Wollaston a si utilement popularisé la chimie numérique en rendant son usage plus clair et plus commode. Ce que nous devons surtout remarquer ici, ce sont les belles recherches de ce chimiste sur la composition numérique des sels acides, dont la conclusion générale a pu être étendue, par analogie, aux sels alcalins, et former ainsi le complément indispensable de la grande découverte de Richter sur les sels neutres. J'ai déjà indiqué précédemment que, quant à ceux-ci, la fixité de leur composition numérique n'avait jamais pu, par leur nature, être mise sérieusement en question. Mais, il en était tout autrement à l'égard des sels avec excès d'acide; car aucune considération ne semblait d'avance pouvoir, en général, limiter réellement cet excès. Ce cas était peut-être, en lui-même, le plus défavorable de tous au principe des proportions invariables. Il importait donc éminemment de l'y assujettir aussi. C'est ce que Wollaston exécuta de la manière la plus satisfaisante, en montrant, sur quelques exemples bien choisis, qu'un sel neutre ne devient point indéfiniment acide à mesure qu'on augmente sans cesse la quantité d'acide contenue dans sa dissolution, mais contracte seulement un petit nombre de degrés successifs d'acidité, caractérisés par certaines proportions fixes, où la quantité totale d'oxigène propre à l'acide est tour à tour double, triple, quadruple, etc., de celle qui lui correspond pour le sel neutre. Le principe des proportions définies exigeait nécessairement cette spéciale confirmation, qui est peut-être, par sa nature, la plus décisive de toutes.

Tels sont, à la fois, l'enchaînement rationnel et la filiation historique des diverses séries de recherches principales dont l'influence combinée a finalement produit la constitution actuelle de la chimie numérique, en permettant de représenter, par un nombre invariable affecté à chacun des différens corps élémentaires, leurs rapports fondamentaux d'équivalence chimique, d'où, par des formules très simples, expressions immédiates des lois ci-dessus indiquées, on passe aisément à la composition numérique propre à chaque combinaison. Envers une doctrine aussi récente, cette étude générale de son développement effectif était, sans doute, la marche la plus convenable pour permettre d'en porter, avec sécurité et avec clarté, un vrai jugement philosophique. Aucun témoignage ne saurait, en effet, avoir, aux yeux de tout philosophe, une puissance plus irrésistible en faveur de la réalité nécessaire d'une telle doctrine, que cet admirable concours de tant d'esprits éminens, qui, malgré la haute indépendance de leurs vues originales, viennent tous exactement converger, par les diverses voies générales qu'ils se sont ouvertes, vers le même principe fondamental de la combinaison en proportions définies, et s'accordent ensuite complétement sur son application positive à tous les cas de quelque importance, sauf les variétés essentiellement relatives au mode d'expression des résultats, tenant à ce que la théorie atomistique doit laisser indéterminé, et, par suite, facultatif. Une coïncidence aussi décisive dispense évidemment ici de toute démonstration directe, qui serait déplacée dans cet ouvrage; mais, il importe beaucoup, au contraire, pour bien apprécier la nature du perfectionnement capital dont cette doctrine a encore indispensablement besoin, de jeter un coup d'œil sommaire sur les principales difficultés que peut lui opposer une considération impartiale de l'ensemble des phénomènes chimiques.

Commençons par indiquer brièvement, à ce sujet, les différens points fondamentaux qui sont définitivement en dehors de toute contestation, afin de mieux caractériser le véritable état de la question générale.

Il est d'abord évident, et jamais aucun chimiste n'en a douté, que les substances diffèrent aussi bien par la proportion que par la nature de leurs principes constituans. Ceux mêmes qui admettent les combinaisons en toute proportion, s'accordent tous à reconnaître, comme un axiome essentiel de la philosophie chimique, qu'un changement quelconque dans la seule composition numérique fait varier nécessairement l'ensemble des propriétés spécifiques, à un degré d'autant plus prononcé que cette altération est elle-même plus grande. Les phénomènes chimiques propres aux corps vivans, quoique produisant les proportions à la fois les plus variées et les plus graduelles, fournissent eux-mêmes, pour cette maxime universelle, une éclatante confirmation. Aussi, dans l'état même le plus grossier de l'analyse chimique, les chimistes se sont-ils toujours efforcés d'assigner, autant qu'il leur était possible, comme une propriété caractéristique, l'exacte proportion des élémens de chaque substance. Quand on s'en dispensait, c'était précisément par la conviction tacite que la combinaison proposée ne pouvait exister qu'en une seule proportion, entre autres dans le cas des sels neutres.

En second lieu, on a, depuis long-temps, universellement reconnu que, entre deux substances quelconques, il existe toujours nécessairement un certain minimum et un certain maximum de saturation réciproque, en-deçà et au-delà desquels toute combinaison devient impossible. Personne n'a jamais pensé, par exemple, qu'aucun radical pût réellement s'oxider ou se sulfurer autant et aussi peu qu'on veuille l'imaginer. Les limites effectives de la combinaison ont pu être seulement, dans les différens cas, plus ou moins distantes, et, tout au plus, conçues comme susceptibles, par divers procédés, de certaines variations, qui ne pouvaient elles-mêmes être indéfinies. Berthollet, plus que tout autre chimiste, a surtout rationnellement établi l'existence générale et nécessaire de ces limites de la combinaison, l'un des principaux caractères qui la distinguent du simple mélange. Ainsi, même en ayant égard aux variations possibles des limites connues, il est évident que les deux degrés extrêmes de toute combinaison sont inévitablement assujettis à des proportions spéciales et invariables. D'après ce point de départ unanime, toute la discussion, entre les deux doctrines opposées des proportions indéfinies et définies, se réduit réellement à décider si le passage du minimum au maximum de saturation peut s'effectuer graduellement, et par nuances presque insensibles, ou si, au contraire, il s'opère toujours brusquement, par un petit nombre de degrés bien déterminés.

Enfin, la possibilité et l'existence effective des proportions définies intermédiaires sont encore nécessairement admises par tous les chimistes, dont les divergences à cet égard ne peuvent porter que sur la généralité plus ou moins grande d'une semblable propriété. J'ai déjà signalé ci-dessus l'idée de la neutralité comme ayant dû, à une époque quelconque de la chimie, entraîner naturellement celle d'une proportion déterminée et immuable. Le développement graduel des connaissances chimiques a successivement fait attribuer le même caractère à des cas toujours plus variés et plus étendus. Berthollet, qui a si profondément traité ce sujet, a dévoilé plusieurs autres causes essentielles de proportions définies, entièrement méconnues avant lui, et qui peuvent se rencontrer dans presque toutes les combinaisons, en modifiant certaines circonstances du phénomène. La question précise consiste donc finalement à savoir si, outre ces composés déterminés, assujettis à des proportions fixes, entre les deux limites de toute combinaison, il existe ou non, en général, une série continue d'autres composés intermédiaires, à caractères moins prononcés; en un mot, si, comme on le pense aujourd'hui, la proportion définie constitue la règle, ou seulement, comme Berthollet avait tenté de l'établir, l'exception, d'ailleurs très importante à considérer : tel est, à ce sujet, le seul dissentiment qui puisse aujourd'hui être examiné.

Par les considérations indiquées au début de cette leçon, il est évident, ce me semble, que la décision définitive d'une telle question, dans un sens ou dans l'autre, ne saurait avoir, à beaucoup près, pour le système général de la science chimique, toute l'importance qu'on y attache communément. Sans doute, en restreignant à un très petit nombre les diverses combinaisons possibles des mêmes substances, la doctrine des proportions définies a très heureusement tendu, comme je l'ai établi, à simplifier le problème général de la chimie, tel que je l'ai posé dans cet ouvrage. Mais il ne faudrait pas croire que, sans cette préalable simplification, sa solution fût radicalement impossible : car elle serait seulement plus difficile, et surtout moins précise. Si, au premier abord, l'existence d'un nombre indéterminé de combinaisons distinctes entre des élémens identiques, paraîtrait devoir interdire l'établissement d'aucune loi constante sur les compositions et les décompositions, il faut reconnaître, par une considération plus approfondie, que, dans une semblable hypothèse, ces divers composés successifs auraient nécessairement des propriétés très peu différentes, en sorte qu'il n'importerait guère de pouvoir les distinguer avec une scrupuleuse précision. Les termes d'une telle série qui seraient vraiment caractérisés par des propriétés très tranchées, se trouveraient, par cela même, comme l'établit la théorie de Berthollet, assujettis, en général, à des proportions définies, et, par conséquent, la difficulté scientifique n'en recevrait aucun accroissement nouveau. Ainsi, la précision chimique resterait encore également possible, là où elle acquiert une véritable importance, et ne cesserait d'être permise qu'à l'égard des cas où elle n'aurait aucune valeur essentielle. Ces réflexions philosophiques ne sont nullement destinées à diminuer le haut intérêt si justement attaché à la belle doctrine des proportions définies, mais seulement à empêcher, autant que possible, que son exclusive considération ne fasse perdre de vue le vrai but scientifique de la chimie. On conçoit que les importantes séries de travaux nécessaires à la formation de cette doctrine aient dû absorber essentiellement les éminens chimistes qui y ont si bien concouru. Mais leurs successeurs, pour lesquels, depuis dix ans au moins, la chimie numérique est tout aussi pleinement constituée qu'aujourd'hui, ne devraient point se borner, sans doute, à contempler ce vestibule, presque superflu, de la science chimique, pendant qu'ils négligent la construction directe, à peine ébauchée, de l'édifice lui-même, vers laquelle il est temps que l'attention se reporte enfin.

Il est, néanmoins, indispensable de considérer exactement ici jusqu'à quel point le principe général des proportions définies peut être regardé désormais comme irrévocablement établi. A la manière dont une telle question a été posée ci-dessus, on reconnaît évidemment qu'elle ne saurait comporter de solution catégorique que par un examen effectif de tous les composés connus. Or, cet examen a été précisément effectué, de la manière la plus étendue et la plus décisive, pour tous les cas importans, par les illustres fondateurs de la chimie numérique, comme je l'ai précédemment expliqué. Il reste donc seulement à discuter si cette doctrine est suffisamment compatible avec certains phénomènes chimiques, négligés pendant sa formation, et qu'on s'est efforcé d'y rattacher ensuite.

La première objection générale a été tirée du phénomène si important de la dissolution, évidemment possible en une infinité de proportions différentes. Il faut franchement reconnaître qu'on n'a répondu jusqu'ici à cette grande difficulté que par des distinctions peu satisfaisantes, et quelquefois même plus subtiles que réelles, entre l'état de dissolution et celui de combinaison. Sans doute, on peut signaler, entre ces deux états, cette différence essentielle que le premier maintient intactes toutes les propriétés chimiques de chaque substance, tandis que le second les altère toujours plus ou moins. Mais, sous tout autre rapport, il doit paraître impossible de ne point regarder, ainsi qu'on le propose, le phénomène de la dissolution comme un phénomène vraiment chimique. La dissolution présente évidemment, d'une manière tout aussi prononcée au moins que la combinaison elle-même, ce caractère spécifique et électif propre aux affections chimiques. Elle est toujours susceptible, ainsi que la combinaison, d'une limite supérieure de saturation, quoiqu'elle ne comporte point, à la vérité, de limite inférieure. Par ces deux propriétés essentielles, l'état de dissolution diffère radicalement de celui de simple mélange, qui ne peut naturellement exclure aucune proportion. Quant au seul caractère du maintien ou de l'altération des propriétés chimiques de la substance dissoute ou combinée, il est peut-être moins décisif, en général, qu'on ne le pense communément. Ceux qui regardent la dissolution comme le plus faible degré de la combinaison peuvent répondre que, dans toute combinaison peu énergique et où la saturation est très imparfaite, les propriétés du principal agent doivent être naturellement à peine dissimulées. Quand, par exemple, un alcali très puissant forme un sous-sel avec un acide très faible, les propriétés essentielles du premier ne sont pas beaucoup plus altérées par une telle combinaison que par une simple dissolution, comme on le voit surtout dans les sous-carbonates alcalins proprement dits. D'un autre côté, comment juger positivement si la dissolution a rigoureusement maintenu, sans aucune altération, les propriétés d'une substance, dans les cas nombreux où cette substance ne peut manifester son activité chimique qu'après avoir été préalablement dissoute? On manque évidemment alors du second terme de la comparaison. Ainsi, malgré les distinctions proposées, je considère l'extension effective du principe des proportions définies aux phénomènes de la dissolution, comme la seule réponse pleinement irrécusable qui puisse être faite à l'importante objection fondée sur la considération de ces phénomènes. Or, cette extension, quoique très difficile, ne me semble point nécessairement impossible à réaliser. Car, en l'admettant, il suffirait, pour la concilier avec les phénomènes ordinaires, d'envisager tous les degrés successifs de concentration du liquide comme de simples mélanges du petit nombre de dissolutions définies qu'on aurait établies, soit entre elles, soit avec le dissolvant, à la manière des mélanges habituels de l'eau avec l'alcool, ou l'acide sulfurique, etc. Cette hypothèse a déjà été proposée pour d'autres cas, où elle devait sembler moins admissible. Sa vérification positive doit, d'ailleurs, être extrêmement délicate, en quelque cas que ce soit. Du reste, en reprenant, sous ce point de vue, l'étude générale des dissolutions, il deviendrait indispensable, pour la rendre pleinement rationnelle, de la combiner avec celle des autres phénomènes chimiques analogues, relatifs à l'absorption des gaz par les liquides ou par les solides poreux. Tous ces divers modes d'union moléculaire sont souvent assez énergiques pour résister à des influences susceptibles de détruire certaines combinaisons proprement dites: pourquoi ne seraient-ils point, comme elles, soumis à la règle des proportions définies, si cette règle constitue vraiment une loi fondamentale de la nature?

Les considérations précédentes peuvent être appliquées, d'une manière bien plus frappante, à un autre cas très étendu, quoique plus particulier, celui des divers alliages métalliques. Ici, on ne peut certainement contester, en aucune façon, l'existence d'un véritable état de combinaison, comparable à celui d'un grand nombre des composés assujettis aux lois de la chimie numérique : et, néanmoins, presque toutes les proportions s'y trouvent évidemment réalisées entre certaines limites. La supposition d'un mélange, qu'on n'a pas même tenté d'appliquer en ce cas, serait cependant le seul moyen de maintenir, envers de tels composés, la généralité du principe de la chimie numérique. Mais il paraît bien difficile de concevoir, entre des solides, un véritable mélange, qui puisse subir, sans aucune altération évidente, de grands changemens de température, l'influence de la cristallisation, et plusieurs autres causes perturbatrices qui sembleraient devoir le détruire nécessairement. Cette question délicate ne peut être réellement décidée que par une suite spéciale, rationnellement instituée, d'expériences directes sur les limites générales de la permanence des mélanges dont la nature n'est nullement équivoque. Ce nouvel ordre de recherches serait également indispensable pour juger positivement de la validité des explications proposées, avec une confiance trop hasardée, dans plusieurs autres questions de chimie numérique, par exemple à l'égard de certains oxides. En général, l'hypothèse habituelle d'un mélange a dû nécessairement prévaloir comme le seul moyen de ramener à la loi des proportions définies les diverses combinaisons qui semblent d'abord susceptibles d'une proportion indéterminée. Un tel dénouement est, sans doute, très rationnel, mais à la stricte condition de ne point rester indéfiniment hypothétique. Or, quoique l'état de mélange ait été, en quelques rares occasions, réellement constaté, on se contente ordinairement aujourd'hui, à ce sujet, d'éluder ainsi la difficulté par cet expédient facile, sans s'occuper aucunement d'établir, sur une expérimentation convenable, une véritable théorie chimique du mélange, qui puisse, en réalisant de semblables projets d'explication, détruire enfin une importante objection contre le principe fondamental de notre chimie numérique. Il y a lieu d'espérer, toutefois, que le travail essentiel, dont je viens d'indiquer l'esprit général, permettra plus tard aux chimistes de mettre ce principe à l'abri de toute difficulté sérieuse sous ce rapport.

Mais, indépendamment de tous ces divers motifs secondaires, l'obstacle le plus profond et le plus capital à la généralisation rationnelle de la loi des proportions définies, celui qu'il est indispensable de surmonter sous peine de réduire cette loi importante à une simple règle empirique, uniquement destinée à faciliter un certain ordre d'analyses chimiques, consiste dans l'étrange anomalie générale que présente jusqu'ici, à cet égard, l'ensemble des substances dites organiques.

Il a été précédemment remarqué, d'après M. Berzélius, que les proportions ne seraient point réellement *définies*, dans l'acception actuelle des chimistes, si, pour représenter la composition numérique de certaines substances, on était forcé d'y supposer un nombre très élevé d'atomes élémentaires, qui n'exclurait point, en d'autres cas, l'existence de tous les nombres inférieurs envers les mêmes élémens. Or, c'est ce qui a éminemment lieu, de la manière la plus étendue, dans ce qu'on nomme la chimie organique, où l'on voit souvent un élément entrer, tantôt pour cent cinquante à deux cents atomes, tantôt pour deux ou trois, et offrir ensuite la plupart des degrés intermédiaires, de telle sorte que, les divers composés de ce genre présentant d'ailleurs les mêmes élémens essentiels, l'ensemble de leur composition numérique réalise, à l'égard de ces élémens, presque toutes les proportions imaginables. Aussi les chimistes n'hésitent-ils point aujourd'hui à proclamer, plus ou moins franchement, que les substances organiques échappent au principe des proportions définies. Mais un tel aveu, s'il devait être définitif, équivaudrait réellement, ce me semble, à reconnaître que ce principe ne constitue point une véritable loi de la nature, ou, ce qui serait presque identique, que cette loi convient à tous les élémens, excepté à l'oxigène, à l'hydrogène, au carbone, et à l'azote. Car autrement, la séparation, évidemment arbitraire, que l'on établit entre la chimie inorganique et la chimie organique, pourrait-elle avoir une aussi profonde influence? Une loi réelle doit, sans doute, être radicalement indépendante de cette vicieuse division scolastique. Au fond, toute chimie n'est-elle point, par sa nature, nécessairement inorganique, c'est-à-dire homogène? Ainsi, l'immense exception que paraît offrir la composition numérique des substances dites organiques, doit, si elle est irrévocable, ruiner scientifiquement la doctrine des proportions définies, envisagée comme une théorie vraiment rationnelle, et la rabaisser à l'assemblage purement empirique de certaines remarques analytiques plus ou moins particulières et d'un usage plus ou moins commode. Cette doctrine aurait alors, en réalité, une consistance scientifique beaucoup moins satisfaisante que dans la théorie de Berthollet : car celle-ci, en restreignant à certains cas les proportions définies, leur assignait au moins des causes rigoureuses et intelligibles, tandis que, dans l'état provisoire de l'ensemble actuel de la chimie numérique, les cas de proportions définies resteraient encore limités, quoique à un moindre degré, sans que la restriction fût susceptible d'aucune justification véritable. Comme le principe des proportions définies ne peut, évidemment, par sa nature, être directement fondé sur aucune .considération *à priori*, il ne saurait devenir vraiment rationnel que par une entière et stricte généralité, qui peut seule le dispenser d'une explication positive.

Les considérations présentées dans les deux leçons précédentes, et qui se trouveront encore spécialement fortifiées par la trente-neuvième leçon, sur l'impérieuse nécessité de concevoir désormais la science chimique comme un tout homogène, sans aucune vaine distinction d'origine organique ou inorganique, montrent cette difficulté capitale sous son jour le plus éclatant. Je crois avoir, à ce sujet, radicalement détruit d'avance la principale ressource actuelle, qui consiste, en regardant les composés organiques comme ternaires ou quaternaires, à limiter aux seuls composés binaires la loi des proportions définies. Outre ce qu'une telle restriction aurait évidemment d'arbitraire et d'irrationnel, j'ai établi la nécessité et la possibilité, pour le perfectionnement essentiel de la science chimique, de ramener désormais toute combinaison quelconque à la conception universelle du dualisme.

Si l'on ne pouvait réaliser cette double amélioration fondamentale qu'en renonçant à la doctrine des proportions définies, envisagée comme théorie générale, on ne devrait point, ce me semble, hésiter à faire un tel sacrifice; car les progrès que la chimie doit nécessairement éprouver par l'homogénéité des conceptions et par le dualisme systématique ont, sans doute, une bien plus haute importance que le perfectionnement général des études chimiques sous le simple point de vue numérique. Mais, malgré les apparences, il n'y a point, au fond, la moindre incompatibilité réelle entre ces deux sortes de progrès. J'espère prouver, au contraire, par les considérations suivantes, que la dissolution de la chimie organique comme corps de doctrine séparé, et surtout l'extension rationnelle du dualisme à tous les composés organiques, offrent les seuls moyens réels de faire naturellement acquérir enfin à la loi des proportions définies la généralité complète qui lui est indispensable. Quoique la nature de cet ouvrage m'interdise de donner ici à cette conception nouvelle les développemens essentiels qui pourraient la faire goûter, une simple indication générale suffira peut-être néanmoins pour la caractériser auprès des lecteurs qui auront convenablement saisi l'esprit des deux leçons précédentes.

En incorporant désormais au système uniforme de la chimie proprement dite, tous les composés organiques susceptibles de la stabilité nécessaire, on sera simultanément conduit, par la même opération philosophique, comme je l'ai déjà indiqué dans la dernière leçon, à réunir au domaine de la physiologie, soit végétale, soit animale, l'étude des nombreuses substances secondaires qui ne doivent leur existence passagère et variable qu'au développement des phénomènes vitaux, et qui surtout ne présentent un véritable intérêt scientifique que sous le point de vue biologique. Cette importante séparation deviendra plus nette par un examen direct, réservé pour la trente-neuvième leçon; je dois me borner en ce moment à l'énoncer comme dérivant essentiellement, en principe, de la distinction fondamentale entre l'état de mort et l'état de vie. La seconde classe des matières organiques, qui est de beaucoup la plus étendue, se compose, en majeure partie, de véritables mélanges, qui, en tant que tels, comportent naturellement toutes les proportions imaginables, seulement limitées alors par les conditions vitales. Quant à celles de ces substances où l'on doit admettre des combinaisons réelles, il faudra, sans doute, les concevoir, en principe, assujetties à la loi des proportions définies, qui, sans cette rigoureuse extension, ne saurait avoir entièrement son vrai caractère scientifique. Mais la complication de tels composés, et surtout leur instabilité, ne permettront peut-être jamais de les étudier avec succès sous le point de vue numérique, qui, d'ailleurs, n'offre, en biologie, qu'un intérêt très subalterne. Cette épuration essentielle de la science chimique, outre sa haute importance directe, fournit donc accessoirement une puissante ressource préliminaire pour diminuer beaucoup la difficulté fondamentale qu'on éprouve aujourd'hui à étendre aux composés organiques la loi des proportions définies. Néanmoins, après une semblable préparation, le domaine rationnel de la chimie comprendrait encore un tel nombre de ces composés, que cette extension indispensable ne saurait être enfin réalisée, sans que le point de vue chimique ordinaire, à l'égard de ces substances ternaires ou quaternaires, n'ait été d'abord radicalement changé. Or, l'établissement général du dualisme rigoureux, dont j'ai déjà établi, sous des rapports d'une plus haute importance, la nécessité fondamentale, remplit, ce me semble, de la manière la plus naturelle, ce dernier office essentiel envers la doctrine générale des proportions chimiques. C'est ce qui me reste maintenant à expliquer sommairement.

L'irrationnelle obstination des chimistes à considérer les combinaisons dites organiques comme ternaires ou quaternaires, en confondant leur analyse élémentaire avec une analyse immédiate, est si loin d'être propre, comme ils le croient, à justifier la doctrine numérique de ne point s'étendre à ces combinaisons, qu'elle constitue, au contraire, par la nature même du sujet, le principal obstacle à cette extension générale. En effet, tant que l'oxigène, l'hydrogène, le carbone et l'azote y seront envisagés comme directement unis, en combinaison ternaire ou quaternaire, les nombreux composés qui devront être reconnus distincts, même après une judicieuse et sévère épuration, continueront à former dès lors une invincible objection contre le principe fondamental de la chimie numérique. Mais si, au contraire, ces substances organiques devenaient de simples composés binaires du second ordre, ou, tout au plus, du troisième, dont les principes immédiats seraient seuls formés par la combinaison directe et toujours binaire de ces trois ou quatre élémens, on parviendrait à représenter exactement toutes les variétés numériques effectives que constate l'analyse élémentaire, en se bornant à concevoir, pour chaque degré de combinaison, un très petit nombre de proportions distinctes et bien définies.

Considérons d'abord le cas ternaire, essentiellement propre aux composés d'origine végétale.

Les trois élémens dont ils sont formés peuvent être unis en trois sortes de combinaisons binaires. En combinant de nouveau deux à deux ces premiers composés, ce qui conduit à employer toujours simultanément les trois élémens, oxigène, hydrogène et carbone, on obtient trois classes principales de composés du second ordre, qui, pour plus de clarté, dans l'écriture chimique actuelle, peuvent être représentés, en supprimant toute indication numérique, par les trois formules générales :

$$oh + oc, \; oc + ch, \; oh + ch.$$

Or, dans l'état présent de la chimie, chacun des termes de ces diverses formules correspond réellement à deux corps bien distincts, tels que l'eau et le deutoxide d'hydrogène, le gaz oxide de carbone et le gaz acide carbonique, l'hydrogène carboné et le gaz oléfiant. Ainsi, en n'admettant qu'une seule proportion pour la combinaison binaire de ces corps, on pourvoirait déjà à la composition numérique de douze substances aujourd'hui ternaires. Mais, d'un autre côté, il doit paraître impossible de ne pas concevoir, en général, au moins trois proportions différentes pour toute combinaison binaire; l'une constituant la neutralisation parfaite, et les autres les deux limites extrêmes de la saturation réciproque : l'ensemble des analogies chimiques indique même évidemment, dans la plupart des cas bien explorés, un plus grand nombre de composés divers. Néanmoins, en se bornant au principe rationnel des trois rapports, il est clair que, même avec les seules combinaisons aujourd'hui connues de ces trois élémens, on peut parvenir, par un dualisme invariable, à représenter trente-six compositions distinctes, sans dépasser le second ordre. Enfin, il n'y aurait, sans doute, rien d'étrange maintenant à concevoir aussi une troisième combinaison possible entre l'oxigène et le carbone, ou entre celui-ci et l'hydrogène, etc., qui, de nos jours, en fournissent deux, après avoir été longtemps regardés comme n'en admettant qu'une seule. Dès lors, par l'ensemble de ces considérations, chacun peut aisément s'assurer que le dualisme permettrait d'assujettir, de la manière la plus naturelle et la plus complète, à la loi générale des proportions définies, quatre-vingt-un composés du second ordre formés d'oxigène, d'hydrogène et de carbone ; ce qui serait, sans doute, plus que suffisant pour représenter l'analyse élémentaire de toutes les substances vraiment distinctes propres à la chimie végétale.

Passons maintenant au cas quaternaire, qui caractérise surtout ce qu'on nomme la chimie animale.

Les classes principales de composés du second ordre semblent d'abord devoir être ici plus nombreuses; mais, la condition indispensable de faire concourir les quatre élémens à la fois permet encore seulement trois classes, représentées, comme ci-dessus, par les formules générales

$$oh + ac, oc + ah, oa + hc.$$

Si l'on se borne strictement aux combinaisons connues aujourd'hui, les termes $oh$, $oc$, $hc$, déjà précédemment considérés, correspondent chacun à deux corps distincts; le terme $ah$ ne représente encore qu'un seul corps, ainsi que le terme $ac$; mais le terme $oa$ indique cinq composés différens. Dès lors, ces trois formules fourniraient seulement quatorze compositions diverses, avec une seule proportion, et quarante-deux, en admettant les trois rapports. Mais, en appliquant à tous les degrés la règle très rationnelle de la triple combinaison binaire, sans s'arrêter aux inévitables lacunes de la chimie actuelle, les formules précédentes comprendraient quatre-vingt-dix-neuf composés du second ordre, maintenant envisagés comme quaternaires. L'analyse rationnelle des substances animales est probablement fort loin d'en exiger réellement un aussi grand nombre. Du reste, les matières animales ayant subi, en général, un degré d'élaboration vitale de plus que les matières simplement végétales, il serait, ce me semble, très philosophique de reconnaître, à leur égard, la possibilité d'un ordre de composition supérieur, que les combinaisons physiologiques doivent surtout tendre à réaliser.

Dans une semblable hypothèse, sans dépasser le troisième ordre, comme toutes les combinaisons binaires seraient alors logiquement admissibles, il est facile de constater, par la même méthode, que cette conception suffirait à représenter, entre l'oxigène, l'hydrogène, le carbone et l'azote, plus de dix mille composés prétendus quaternaires, tous formés d'après un dualisme invariable, et tous évidemment assujettis, sous la forme à la fois la plus simple et la plus stricte, à la loi des proportions définies, quoique étant, néanmoins, parfaitement distincts les uns des autres. Sans doute, la nature ne saurait permettre la réalisation effective d'une grande partie de ces combinaisons spéculatives. Mais j'ai cru devoir poursuivre les conséquences de ma conception jusqu'à cette extrême limite idéale, qui n'offre rien d'irrationnel, afin de caractériser, avec une plus énergique évidence, toute la fécondité des ressources simples et directes que fournirait cette théorie nouvelle pour satisfaire enfin aux justes exigences des philosophes impartiaux quant à la généralisation si indispensable, et aujourd'hui si incomplète, des lois fondamentales de la chimie numérique. Je serais, à cet égard, pleinement satisfait si quelques-uns des esprits distingués qui cultivent aujourd'hui la science chimique croyaient, d'après cette indication sommaire, pouvoir contribuer à son perfectionnement général, en suivant la voie que je viens de leur ouvrir, et dans laquelle ma destination spécialement philosophique doit m'interdire l'espoir de jamais marcher moi-même.

Si l'on n'adoptait point cette conception, ou si, par toute autre méthode équivalente, dont je ne saurais comprendre quel pourrait être le principe, on ne parvenait point à étendre réellement aux composés organiques la doctrine des proportions définies, il faudrait nécessairement renoncer à ériger cette doctrine en une loi essentielle de la philosophie naturelle, et rentrer enfin dans la grande théorie de Berthollet, en se bornant à élargir beaucoup les cas généraux de proportions fixes qu'il avait admis. Dans l'état présent de l'ensemble de la question, il ne saurait exister aucune autre alternative. Mais, la théorie que je propose n'ayant pas été directement instituée pour une telle destination, et dérivant, au contraire, de la manière la plus naturelle, de principes établis, par un tout autre ordre de considérations supérieures, pour les besoins fondamentaux de la philosophie chimique, cette remarquable coïncidence constitue, ce me semble, une puissante présomption en faveur de sa réalisation future et peut-être prochaine.

Tels sont les importans résultats généraux de l'examen philosophique auquel j'ai dû soumettre, dans cette leçon, la doctrine actuelle des proportions chimiques, envisagée sous ses divers aspects essentiels. Chacun peut désormais juger avec exactitude du véritable progrès fondamental de cette intéressante partie des études chimiques depuis son origine jusqu'à ce jour; des conditions essentielles qui doivent encore y être remplies avant de convertir le principe de cette doctrine en une grande loi de la nature, et enfin de la marche rationnelle qui peut seule conduire à cette constitution finale de la chimie numérique.

Je dois maintenant considérer, sous un dernier point de vue général, l'ensemble actuel de la chimie inorganique, en consacrant la leçon suivante à l'examen philosophique de la théorie électro-chimique.

# TRENTE-HUITIÈME LEÇON.

**Examen philosophique de la théorie électro-chimique.**

Dès l'origine de la chimie moderne, l'influence chimique de l'électricité a commencé à se manifester, d'une manière non équivoque, dans plusieurs phénomènes importans, et surtout dans l'expérience capitale de la recomposition de l'eau par la combinaison directe de l'oxigène avec l'hydrogène, déterminée à l'aide de l'étincelle électrique. Mais, la puissance d'un tel agent, quoique de plus en plus employée, ne pouvait attirer fortement l'attention spéciale des chimistes, jusqu'à ce que l'immortelle découverte de Volta vînt permettre de dévoiler sa principale énergie, en rendant l'action électrique à la fois plus complète, plus profonde, et plus continue. Depuis cette mémorable époque, de nombreuses séries de phénomènes généraux ont graduellement constaté que l'électricité constitue un agent chimique encore plus universel et plus irrésistible que la chaleur elle-même, soit pour la décomposition, soit même pour la combinaison. Toutefois, quelle que soit désormais l'importance fondamentale de l'électro-chimie actuelle, il y a lieu de craindre qu'on ne s'exagère beaucoup aujourd'hui la véritable influence rationnelle d'un tel ordre de considérations sur le système général de la science chimique. Quoique la chimie soit ainsi liée plus intimement à la physique que par aucune autre classe de phénomènes, il n'en serait pas moins radicalement contraire à la saine philosophie de cesser, d'après ces relations, de l'envisager comme une science parfaitement distincte, en confondant, ainsi qu'on le propose, les propriétés chimiques parmi les propriétés électriques. L'objet essentiel de cette leçon, sous le point de vue philosophique, est de faire sentir combien il est indispensable de maintenir avec fermeté l'originalité fondamentale de la science chimique, sans atténuer, néanmoins, l'étendue et l'importance de ses vrais rapports généraux avec l'électrologie. Il faut, à cet effet, considérer d'abord sommairement la filiation réelle des principales notions qui ont graduellement conduit à former la théorie électro-chimique actuelle, telle que M. Berzélius l'a surtout systématisée.

Le premier effet chimique important obtenu par l'influence voltaïque, consiste dans la décomposition de l'eau, que Nicholson parvint à constater en 1801. Cette découverte devait nécessairement résulter d'un examen attentif de l'action naturelle de la pile, sans aucune intention chimique. Quoiqu'elle n'ait immédiatement abouti, pour la chimie, qu'à confirmer d'une nouvelle manière une vérité mise depuis long-temps hors de doute, elle n'en constitue pas moins le vrai point de départ de l'ensemble des études électro-chimiques, comme ayant spontanément révélé, par un exemple irrécusable, la haute énergie chimique de l'admirable instrument que Volta venait de créer. On doit même rattacher à cette origine les premières tentatives pour fonder une théorie générale des phénomènes électro-chimiques : car la conception proposée alors par Grothuss afin d'expliquer l'observation de Nicholson, d'après la polarité électrique des molécules, contient réellement le germe primitif de toutes les idées essentielles qui, graduellement étendues et développées, à mesure que les phénomènes l'ont exigé, constituent maintenant la théorie électro-chimique.

Une fois avertis, par cette observation fondamentale, de la puissance analytique propre à la pile de Volta, il était naturel que les chimistes s'efforçassent d'appliquer ce nouvel agent à la décomposition des substances qui avaient résisté jusque alors à l'ensemble des moyens connus. Cette première suite d'essais produisit, au bout de quelques années, la brillante découverte de l'illustre Davy sur l'importante analyse des alcalis proprement dits et des terres, que n'avaient pu encore opérer les influences purement chimiques. La grande et belle théorie de l'immortel Lavoisier avait conduit, dès sa naissance, à prévoir un tel résultat général, en établissant que toute base salifiable devait nécessairement provenir de la combinaison de l'oxigène avec un métal quelconque. A la vérité, la découverte essentielle de Berthollet sur la vraie composition de l'ammoniaque avait dû naturellement altérer déjà la confiance, jusque alors complète, qu'inspirait à tous les chimistes cette prévision rationnelle. Mais cette exception encore isolée, quoique capitale, ne pouvait alors prévaloir à cet égard sur l'ensemble des principales analogies chimiques. Il était donc vraiment inévitable que les chimistes, mis en possession d'un nouveau moyen analytique, dont l'énergie ne pouvait être contestée, entreprissent de constater la présence de l'oxigène dans les alcalis et dans les terres. L'importance majeure du beau résultat obtenu par Davy ne doit pas, sans doute, faire illusion sur la difficulté réelle d'une découverte aussi complétement préparée. L'institution du procédé purement chimique, d'après lequel M. Gay-Lussac parvint, un peu plus tard, à confirmer l'analyse électrique de la potasse, constituait peut-être un problème plus difficile, quoique le succès dût en être beaucoup moins éclatant.

L'importante observation de Nicholson avait commencé l'électro-chimie; la belle découverte de Davy, outre sa haute valeur directe, détermina, dans cette nouvelle direction, une impulsion générale et décisive, qui fut la véritable source de tous les progrès ultérieurs. Néanmoins, il restait encore à étudier en elle-même l'influence chimique de l'électricité, envisagée sous un point de vue purement scientifique, et non plus seulement comme un moyen prépondérant d'opérer des décompositions nouvelles. Or le grand travail de Davy ne pouvait manquer encore de déterminer bientôt, d'une manière indirecte, mais nécessaire, cette indispensable conséquence philosophique. Car la chimie se trouvait ainsi avoir, évidemment, réalisé tout d'un coup les plus importantes et les plus difficiles des analyses inaccessibles jusque alors aux voies ordinaires; et, en effet, la science n'a fait depuis, sous ce rapport, aucune autre acquisition essentielle. Le sentiment de plus en plus profond de cette vérité frappante devait inévitablement rendre de plus en plus scientifique l'attention déjà irrévocablement fixée sur les actions électro-chimiques, bientôt assujetties à une étude directe et régulière. Cette dernière conséquence, qui a achevé de constituer l'électro-chimie, comme une partie fondamentale de la science chimique, a été surtout réalisée par l'importante série de recherches de M. Berzélius sur la décomposition voltaïque de tous les sels, et ensuite des principaux oxides et acides. De telles analyses, dont les résultats étaient faciles à prévoir d'après les expériences de Davy, ne pouvaient proprement avoir pour objet de dévoiler directement aucune nouvelle vérité chimique; mais elles étaient essentiellement destinées à présenter sous un aspect entièrement général l'influence chimique de l'électricité, jusque alors bornée à certains phénomènes isolés, quoique très importans. A cet égard, ce bel ensemble de recherches constituait une phase indispensable du développement naturel de l'électro-chimie, dès lors irrévocablement liée au système entier de la science chimique. C'est par l'influence graduelle de ces grands travaux de M. Berzélius, que la considération habituelle des propriétés électriques a pris une importance croissante dans l'étude chimique de toutes les substances, dont la division universelle en électro-négatives et électropositives est bientôt devenue foudamentale pour leurs définitions scientifiques, comme on le voit surtout quant à la distinction générale entre les acides et les alcalis, qu'il serait difficile d'établir solidement aujourd'hui sur aucune autre base, Aussi est-ce à M. Berzélius qu'il devait naturellement appartenir de concevoir l'ensemble de la théorie électro-chimique sous une forme entièrement systématique, résultat presque spontané de l'esprit général de ses recherches.

Quelle que fût la haute importance philosophique des travaux de M. Berzélius sur l'électrochimie, une dernière condition était néanmoins encore indispensable à remplir pour donner à cette nouvelle branche essentielle de la chimie tout son vrai caractère scientifique. Jusque alors, en effet, l'action voltaïque avait été essentiellement envisagée sous le point de vue analytique; il restait à la considérer aussi, afin d'en avoir une notion complète, sous le point de vue synthétique. Cette grande lacune a été enfin comblée, de la manière la plus satisfaisante, par le bel ensemble des travaux de M. Becquerel. Sans doute, les décompositions opérées par la pile étant fréquemment accompagnées de certaines combinaisons, on ne pouvait depuis long-temps méconnaître, sous ce rapport, l'influence chimique de l'électricité galvanique.

Mais ces observations accessoires ne dispensaient aucunement, pour un sujet aussi important, de l'étude directe et féconde organisée par M. Becquerel, qui a rendu pleinement irrécusable l'action synthétique de l'électricité convenablement administrée, et qui surtout l'a employée à réaliser de nouvelles et précieuses combinaisons, jusque ici impossibles d'après les voies ordinaires.

Cette seconde face générale de l'électro-chimie a même nécessairement exigé d'abord une profonde et indispensable modification dans le mode primitif d'expérimentation. La première disposition de la pile, telle que Volta l'avait imaginée, devait être essentiellement maintenue pour opérer des décompositions, sauf les perfectionnemens successifs que l'expérience a dû naturellement provoquer, et qui étaient surtout destinés à augmenter l'énergie de l'appareil. Mais, à l'égard des combinaisons, cette extrême énergie voltaïque eût constitué, au contraire, un obstacle radical, en déterminant le plus souvent la décomposition des principes immédiats que l'on voulait unir. Il a donc fallu recourir inévitablement ici à l'action très prolongée de puissances électriques extrêmement faibles, dont l'efficacité fût augmentée par la disposition avantageuse suivant laquelle les diverses substances seraient habituellement soumises à leur influence. M. Becquerel a très heureusement satisfait à l'ensemble de ces conditions indispensables, en opérant presque toujours à l'aide d'un seul élément voltaïque, et en saisissant chaque corps dans l'état que les chimistes ont toujours reconnu comme le plus favorable à la combinaison, c'est-à-dire l'état *naissant*. Ce changement essentiel dans l'institution ordinaire des expériences, constitue le principal caractère scientifique de la marche propre à cet illustre savant, et qui ne pouvait être, sans doute, mieux adaptée à la nature des phénomènes qu'il voulait étudier. Non-seulement il a déterminé ainsi la combinaison directe de plusieurs corps, qu'on ne peut unir encore par aucun procédé purement chimique ; mais, à l'égard même des composés susceptibles d'être autrement obtenus, ce nouveau mode présente la propriété remarquable de faire toujours éminemment ressortir leur structure géométrique, par une suite nécessaire de la lenteur et de la régularité de leur formation graduelle ; ce caractère est surtout frappant envers certains sulfures métalliques, quelques oxides, et plusieurs sels.

Il ne convient nullement d'insister ici sur l'importance évidente que doivent avoir un jour les principaux résultats de M. Becquerel relativement à l'histoire naturelle du globe, pour expliquer, d'une manière satisfaisante, un grand nombre d'origines minérales, quand le temps sera vraiment venu d'aborder avec succès un tel ordre de questions concrètes. Du point de vue abstrait, seul conforme à la nature de cet ouvrage, nous devons surtout remarquer cette importante série de travaux comme ayant directement perfectionné le système général de la méthode chimique, en créant de nouveaux et puissans moyens de recomposition, dont la valeur essentielle est d'autant plus grande que les progrès fondamentaux de la synthèse chimique sont loin jusque ici d'être suffisamment en harmonie avec ceux de l'analyse; la faculté de détruire étant naturellement susceptible d'un développement beaucoup plus rapide que celui de la puissance régénératrice. Enfin, quant à la suite de considérations qui nous occupe spécialement ici, les recherches de M. Becquerel ont évidemment complété la constitution générale de l'électro-chimie, qui, étant désormais à la fois synthétique et analytique, ne peut plus, quels que puissent être ses perfectionnemens futurs, que s'étendre et se développer, à des degrés quelconques, suivant quelqu'une des diverses directions principales, déjà pleinement caractérisées par l'ensemble des travaux exécutés depuis le commencement de notre siècle.

Telle est la filiation générale des découvertes essentielles faites jusque ici dans l'étude des phénomènes électro-chimiques. Afin de mieux saisir comment cette étude a graduellement conduit à une nouvelle conception fondamentale pour l'ensemble des effets chimiques, il est indispensable de considérer maintenant le grand phénomène qui a été le sujet primitif de la théorie électro-chimique, après quoi l'appréciation philosophique de cette théorie s'effectuera en quelque sorte spontanément.

On a souvent remarqué, et avec beaucoup de raison, que par sa nature, l'étude de la combustion constitue, pour ainsi dire, le point central du système des considérations chimiques. Cette remarque n'est pas seulement applicable aux époques les plus reculées de la chimie, envisagée dans un état encore théologique : elle convient surtout à la constitution la plus récente et la plus parfaite de son état métaphysique, principalement caractérisée par la transformation de la combustibilité, sous le nom de phlogistique, en une entité matérialisée, quoique insaisissable. Quand, après une longue préparation, la science chimique a commencé enfin à passer à l'état vraiment positif, sous l'influence prépondérante de l'admirable génie du grand Lavoisier, cette glorieuse révolution a essentiellement consisté dans l'établissement d'une nouvelle théorie fondamentale de la combustion. Aujourd'hui, enfin, c'est la nécessité reconnue de modifier profondément cette théorie, qui a surtout conduit à la conception électrique des phénomènes chimiques. Une telle conception ne saurait donc être nettement jugée, sans avoir préalablement apprécié cette destination principale.

La théorie pneumatique de Lavoisier sur la combustion avait en vue deux objets essentiels, fort hétérogènes, qui n'ont pas été jusque ici nettement distingués : 1° l'analyse fondamentale du phénomène général de la combustion; 2° l'explication des effets de chaleur et de lumière qui en constituent, pour le vulgaire, le plus important caractère. L'une et l'autre condition furent remplies de la manière la plus admirable, d'après l'état des connaissances acquises : jamais, depuis cette grande époque, aucune théorie chimique n'a été aussi nettement et aussi profondément empreinte de ce double esprit de rationalité et de positivité, dont l'irrésistible influence devait entraîner irrévocablement les intelligences vers un mode radicalement nouveau de philosopher sur les faits chimiques. Toute combustion, brusque ou graduelle, fut regardée comme consistant nécessairement dans la combinaison du corps combustible avec l'oxigène, d'où, quand le corps était simple, résulterait un oxide, le plus souvent susceptible de devenir la base d'un sel, et, si l'oxigène était prépondérant, un véritable acide, principe d'un certain genre de sels. Quant au dégagement de chaleur et de lumière, il fut attribué, en général, à la condensation de l'oxigène, et accessoirement à celle du combustible, dans cette combinaison. Il importe de juger séparément ces deux parties essentielles de la théorie antiphlogistique.

Sous le premier point de vue, en effet, cette théorie présente naturellement un caractère beaucoup plus philosophique que sous le second. Il était éminemment rationnel d'analyser avec exactitude, d'une manière générale, le phénomène de la combustion, afin de saisir ce qu'un tel phénomène, dont la nature chimique ne pouvait être contestée, offrait réellement de commun à tous les cas divers. Comme cet examen ne pouvait être d'abord rigoureusement complet, les conclusions fournies par une telle étude pouvaient pécher, sans doute, par une trop grande généralité, ainsi qu'on la constaté depuis : mais, restreintes dans leurs limites naturelles, elles constituaient nécessairement un précieux ensemble de vérités ineffaçables, qui, en effet, formera toujours une partie essentielle de la science chimique, quelles que puissent jamais être ses révolutions futures.

Il en était tout autrement pour l'explication de la chaleur et de la lumière dégagées. D'abord, cette seconde question générale n'appartient point réellement, par sa nature, à la chimie, mais à la physique; en sorte que, quelle que doive être sa solution finale, on ne saurait comprendre comment elle entraînerait rationnellement un changement radical dans la manière de concevoir les phénomènes vraiment chimiques. Toutefois, ce qu'il faut surtout remarquer, à cet égard, c'est qu'une semblable explication, pour ne pas dégénérer en une tentative de pénétrer la nature intime du feu et son mode essentiel de production, devait nécessairement consister en une simple assimilation d'une telle source de chaleur avec une autre plus étendue, déjà reconnue. Car, chaque cas de manifestation du feu ne saurait être expliqué, d'une manière vraiment positive, qu'en établissant son analogie réelle avec un autre plus général, sans que nous puissions d'ailleurs, en aucun cas, découvrir jamais quelle est la véritable cause du phénomène. Or, en considérant la recherche proposée sous ce point de vue, le seul strictement scientifique, on ne pouvait nullement garantir d'avance que la similitude sur laquelle devait reposer l'explication désirée, ne serait point nécessairement gratuite et précaire, et, par suite, susceptible d'être renversée, comme en effet il arriva bientôt, par une étude ultérieure de la question. Aucun philosophe n'aurait voulu, à cette époque, et nul ne voudrait, sans doute, même aujourd'hui, ne reconnaître, en principe, qu'une seule source fondamentale de chaleur, à laquelle il faudrait inévitablement ramener toutes les autres : une telle obligation ne pourrait être remplie que par des rapprochemens très vagues et purement hypothétiques, qui ne sauraient avoir un vrai caractère scientifique. Dès lors, si l'on s'accorde à reconnaître, en général, plusieurs sources principales, parfaitement distinctes et indépendantes les unes des autres, pourquoi la combustion, ou, sous un point de vue plus étendu, toute action chimique très prononcée, ne constituerait-elle pas un de ces cas primordiaux, nécessairement irréductibles à aucun autre? Pourquoi une source de chaleur aussi puissante et aussi universelle serait-elle regardée comme secondaire, tandis que le frottement, par exemple, continuerait à être unanimement envisagé comme une source principale? Sans doute, on ne saurait se refuser à admettre, sous ce rapport, les analogies que l'observation aurait réellement constatées : mais il faut, néanmoins, reconnaître qu'il n'existait vraiment, à cet égard, aucun grand besoin scientifique d'anticiper hypothétiquement sur les résultats de l'étude expérimentale, ni même aucun espoir rationnel de le tenter avec succès. Nous aurons lieu, dans la seconde partie de ce volume, d'appliquer de nouveau les mêmes remarques philosophiques à une autre question capitale, d'un genre analogue, celle de la chaleur vitale, et spécialement animale, dont l'étude positive est jusqu'ici radicalement entravée par de vains efforts hypothétiques pour réduire cette grande source de chaleur aux sources purement physiques et surtout chimiques, sans qu'on veuille s'accorder à reconnaître enfin que l'action nerveuse peut constituer, en effet, une source distincte et primordiale, indépendante de toutes les autres, et susceptible d'altérer, plus ou moins profondément, les résultats naturels de leur influence directe. La philosophie métaphysique, pour laquelle les rapprochemens étaient nécessairement très faciles, parce qu'ils n'avaient aucune réalité, nous a laissé encore, à beaucoup d'égards, une tendance exagérée à la généralisation ; et, quoique le principe de cette tendance soit aujourd'hui éminemment respectable, en vertu de son indispensable participation aux plus grandes découvertes scientifiques, sa prépondérance immodérée n'en est pas moins très préjudiciable au progrès naturel de nos connaissances positives.

Cette suite de considérations nous amène à conclure que, tout en prononçant, comme il a dû le faire, sur l'analyse fondamentale du grand phénomène de la combustion, Lavoisier eût plus sagement procédé s'il se fût abstenu de tenter aucune explication générale pour les effets de chaleur et de lumière qui l'accompagnent ordinairement, ce qui l'eût dispensé de supposer, en principe, une condensation inévitable, qui n'est point la conséquence nécessaire d'un tel phénomène, et qui, en effet, a été, plus tard, trouvée fréquemment en défaut. Sans doute, la science serait plus parfaite si ce remarquable effet thermologique pouvait être constamment rattaché à la loi plus étendue, découverte antérieurement par Black, sur le dégagement de chaleur propre à tout passage d'un corps quelconque d'un état à un autre plus dense; et c'est certainement une telle espérance qui a surtout excité Lavoisier. Mais, cette perfection, qui n'est nullement indispensable, deviendrait totalement illusoire, si elle ne pouvait être obtenue qu'en altérant la réalité des phénomènes, ou même si la condensation supposée, sans être expressément contraire à l'observation, n'était pas effectivement indiquée par elle, dans la plupart des cas. Toutefois, il serait évidemment très déraisonnable d'exiger une réserve scientifique aussi difficile chez ceux qui, les premiers, tentent de ramener à des théories positives une science jusque alors essentiellement dominée par les conceptions métaphysiques; ces restrictions sévères, ces distinctions délicates, eussent probablement, imposées dès l'origine, arrêté le premier essor du génie positif. Mais, une semblable justification ne saurait être appliquée, dans le développement ultérieur de la science, à ceux qui, après avoir reconnu formellement l'insuffisance réelle des explications primitives, s'efforcent d'en construire d'analogues sur le même sujet, sans avoir préalablement examiné avec attention, d'après les règles essentielles de la saine philosophie, si ce sujet est effectivement susceptible d'une explication quelconque. Or, telle me paraît être aujourd'hui la grande erreur philosophique des chimistes qui ont voulu substituer la théorie électro-chimique à la théorie anti-phlogistique proprement dite. Afin de motiver convenablement ce jugement général, il faut maintenant poursuivre l'examen direct des principales considérations chimiques qui ont mis graduellement en évidence l'imperfection essentielle de la théorie de Lavoisier, que nous devons continuer à envisager sous les deux aspects ci-dessus distingués.

Le plus illustre émule de Lavoisier reconnut bientôt la nécessité de modifier, sous un rapport très important, quoique indirect, la manière générale dont ce grand philosophe avait analysé le phénomène fondamental de la combustion. Une des principales conséquences de cette analyse consistait en ce que tout acide et toute base salifiable devaient inévitablement résulter d'une véritable combustion, c'est-à-dire de la combinaison d'un élément quelconque avec l'oxigène. Or Berthollet découvrit d'abord que l'un des alcalis les mieux caractérisés, l'ammoniaque, est uniquement formé d'hydrogène et d'azote, sans aucune participation de l'oxigène; et, peu de temps après, il établit aussi que le gaz hydrogène sulfuré, où l'oxigène n'existe pas davantage, présente néanmoins toutes les propriétés essentielles d'un acide réel. Ces deux points remarquables de doctrine ont été confirmés depuis par toutes les voies dont la science chimique peut jusqu'ici disposer, et spécialement par la méthode électrique. Une fois que les chimistes ont été ainsi avertis, par un double exemple aussi décisif, que la théorie de Lavoisier exagérait beaucoup la prépondérance chimique de l'oxigène, ils ont successivement multiplié et diversifié, à un haut degré, soit à l'égard des alcalis, soit surtout envers les acides, ces exceptions capitales, dont la comparaison approfondie a graduellement investi les notions fondamentales de l'acidité et de l'alcalinité de cette haute généralité qui les distingue aujourd'hui. En outre, la théorie primitive de la combustion a été peu à peu modifiée, sous un point de vue plus direct, quoique moins important, en ce qu'on a positivement constaté qu'un rapide dégagement de chaleur et de lumière n'est pas toujours l'indice certain d'une combinaison quelconque avec l'oxigène. Le chlore, le soufre, et plusieurs autres corps, même non-élémentaires, ont été successivement reconnus susceptibles d'opérer de vraies combustions, si, comme il convient, on donne à l'usage scientifique de cette expression le sens général indiqué par son acception vulgaire. Enfin, le phénomène du feu n'est plus désormais exclusivement attribué à aucune combinaison spéciale, mais, en général, à toute action chimique à la fois très intense et très vive.

Il importe, néanmoins, de remarquer ici, comme je l'ai précédemment indiqué, que, sous chacun de ces divers rapports essentiels, les éminentes vérités chimiques découvertes par le génie de Lavoisier ont nécessairement conservé toute leur valeur directe, et que ces études ultérieures ont seulement altéré leur généralité rigoureuse. Cette inévitable altération a même bien moins porté sur les phénomènes vraiment naturels que sur les cas principalement artificiels, à la considération desquels, il est vrai, la chimie générale, du point de vue abstrait qui la caractérise, doit rationnellement attacher une aussi grande importance. Ainsi, quoiqu'il existe des acides et des alcalis sans oxigène, il n'en reste pas moins incontestable que la plupart d'entre eux, et surtout les plus puissans, sont ordinairement oxigénés : de même, quoique l'oxigène ne soit pas réellement indispensable à la combustion, il en demeure néanmoins le principal agent, surtout à l'égard des combustions naturelles. Aussi, pour l'histoire naturelle proprement dite, la théorie de Lavoisier pourrait-elle, sans aucun inconvénient majeur, être encore appliquée dans son intégrité primitive, quoique le progrès fondamental de la science chimique exige impérieusement que son imperfection générale soit prise en haute considération abstraite. En un mot, si la souveraineté universelle de l'oxigène a été désormais irrévocablement abolie, il sera toujours cependant le principal élément de tout le système chimique.

Sous le second aspect général, c'est-à-dire quant

à l'explication du feu, la théorie primitive de la combustion a éprouvé, au contraire, un sort très différent; car, elle a été tout d'un coup radicalement détruite, pour ainsi dire aussitôt qu'on a tenté de la soumettre à un examen direct. Quoique des préoccupations plus importantes n'aient permis que très tard aux chimistes d'entreprendre cet examen, la théorie anti-phlogistique, était à cet égard, si peu positive et si peu rationnelle au fond, surtout comparativement à l'analyse de la combustion, que son renversement n'a pas exigé, comme sous ce premier rapport, la considération ultérieure de phénomènes nouveaux et difficiles à découvrir, mais seulement une appréciation plus scientifique des phénomènes universellement envisagés. Loin de pouvoir, ainsi que sous l'autre point de vue, être encore essentiellement maintenue par les naturalistes, comme suffisant à peu près aux besoins principaux des études concrètes, on peut dire qu'elle n'a jamais réellement expliqué les effets même les plus vulgaires, incessamment reproduits par la plupart des combustions naturelles.

L'explication proposée obligeait nécessairement à constater, dans toute combustion, simple ou composée, une condensation quelconque, assez intense pour correspondre, d'une manière approchée, au dégagement effectif de chaleur, et qui ne fut point simultanément compensée par une dilatation presque équivalente. Or, dès l'origine, cette indispensable condition générale n'a été remplie qu'envers un petit nombre de cas, qui, sous ce rapport, n'étaient pas, à beaucoup près, les plus importans; et, surtout, elle a été manifestement en défaut à l'égard de plusieurs autres phénomènes, dont la considération était, au contraire, prépondérante. Aussi, sans la confusion vicieuse, mais radicale, d'une telle explication avec l'analyse de la combustion, qui devait être si justement admirée, on ne saurait comprendre comment elle a pu se maintenir jusqu'à une époque très récente, malgré que l'attention des chimistes dût être alors principalement absorbée par d'autres spéculations théoriques.

Dans la combustion du phosphore, du fer, et de la plupart des métaux, en général quand la combinaison produit un composé solide, la condition précédente peut être regardée comme suffisamment remplie; quoique d'ailleurs on n'ait jamais examiné si le dégagement effectif de chaleur est réellement en harmonie avec celui qui correspondrait à une semblable condensation directe de l'oxigène, ce qui doit néanmoins sembler nécessaire pour justifier complétement l'explication :

cette vérification supplémentaire serait, même aujourd'hui, presque impossible à instituer positivement. Mais, à l'égard des combustions nombreuses dont les produits sont, au contraire, essentiellement gazeux, et qui, cependant, présentent d'ordinaire, au degré le plus prononcé, le phénomène du feu, toute explication de ce genre est évidemment chimérique. Car, non-seulement on n'y remarque point le plus souvent une condensation suffisante; mais, en sens inverse, on observe clairement, dans les cas les plus énergiques, une dilatation totale très considérable, qui, suivant une telle théorie, devrait donner lieu à un immense refroidissement. Quelques exemples, choisis parmi les plus essentiels, feront aisément sentir l'irrésistible puissance de cette critique générale, qui est désormais à l'abri de toute réclamation, et dont il importe néanmoins à notre sujet actuel de préciser exactement la nature, afin de mieux apprécier le caractère fondamental de la théorie électro-chimique, sur la formation primitive de laquelle un tel ordre de considérations a exercé une influence principale et directe.

La chaleur dégagée dans la combustion du carbone, a pu être d'abord attribuée, avec une certaine vraisemblance, malgré la grande dilatation de cet élément, à la condensation de l'oxigène, d'après la pesanteur spécifique très supérieure du gaz acide carbonique formé, quoique un tel accroissement de densité fût loin d'ailleurs de correspondre à l'intensité de l'effet thermologique. Mais, lorsqu'il a été reconnu, par des mesures exactes, qu'un volume quelconque d'oxigène fournit un volume parfaitement égal d'acide carbonique, ce qui constitue un fait essentiel pour la doctrine des proportions définies, il est aussitôt devenu évident que ce phénomène ne donnait lieu à aucune condensation, et que l'excès de pesanteur spécifique était seulement produit par l'interposition moléculaire du carbone, dont la vaporisation non-compensée eût dû alors déterminer, au contraire, un refroidissement très notable. A la vérité, tant qu'on n'a pas su évaluer avec quelque précision la chaleur spécifique des gaz, l'annulation d'une telle explication a pu être provisoirement retardée, en regardant *à priori* la chaleur spécifique de l'acide carbonique comme très inférieure à celle de l'oxigène, quoique cette inégalité supposée n'eût pû réellement satisfaire à l'ensemble des conditions du phénomène, sans excéder beaucoup toutes les limites probables. Toutefois, cette dernière et insuffisante ressource a été radicalement détruite, lorsqu'on est parvenu à constater d'une manière irrécusable, que si, à poids égal, la chaleur spécifique de l'oxigène est légèrement supérieure à celle de l'acide carbonique, celle-ci, au contraire, à volume égal, surpasse, de plus d'un tiers, la première : or, ici, il n'était nullement douteux, surtout d'après la composition numérique du gaz acide carbonique, que la comparaison devait porter sur les volumes et non sur les poids; en sorte que l'analyse exacte et complète du phénomène ne laissait plus aucune issue à la théorie primitive. La combustion du soufre donne lieu à des remarques essentiellement analogues. Quant à celle de l'hydrogène, la condensation des deux élémens paraissait d'abord devoir expliquer, d'une manière vraiment satisfaisante, l'énorme dégagement de chaleur dont elle est si évidemment accompagnée, parce que la densité de ces élémens était seulement mise en opposition avec celle de l'eau à l'état liquide. Mais, en réfléchissant que le produit immédiat d'une telle combinaison est, en réalité, de la vapeur d'eau, même très raréfiée, on a facilement reconnu que, au lieu d'une véritable condensation, ce phénomène détermine une dilatation très sensible, dont les expériences eudiométriques constatent d'ailleurs directement l'existence. La comparaison des chaleurs spécifiques est encore ici en sens inverse de l'explication primitive, qui, par l'ensemble judicieusement apprécié des circonstances caractéristiques de ce phénomène, devrait faire présumer, au contraire, un refroidissement très prononcé. J'indiquerai enfin, comme un dernier exemple frappant, pris dans les combustions indirectes et composées, le phénomène si vulgaire de l'inflammation de la poudre ordinaire. Tous les matériaux de cette réaction chimique sont solides, à l'exception de l'oxigène atmosphérique, dont la participation n'y est point numériquement considérable ; tous les produits essentiels sont, au contraire, des gaz extrêmement dilatés, sauf un résidu solide, presque négligeable : et, néanmoins, malgré une réunion de conditions aussi défavorables d'après la théorie anti-phlogistique, le phénomène s'accomplit avec un intense échauffement. Les composés fulminans donnent lieu à une contradiction encore plus prononcée, quoique moins universellement connue, surtout dans le cas où une substance liquide, et même solide, se décompose presque spontanément, à la température ordinaire, en deux principes gazeux, en produisant néanmoins un échauffement très notable, et quelquefois une véritable inflammation.

L'ensemble des considérations précédentes peut être suffisamment résumé, d'une manière aussi frappante que philosophique, par cette réflexion naturelle que, si le feu ordinaire de nos foyers n'était point pour nous le sujet d'une expérience intime et continue, son existence serait rendue très douteuse, et même formellement rejetée, par les prétendues explications scientifiques qu'on a jusqu'ici tenté si vainement d'établir pour ce grand phénomène. Rien n'est plus propre, ce me semble, qu'une telle pensée à faire sentir que la production chimique du feu ne saurait comporter, en général, aucune explication rationnelle. Car, s'il en était autrement, il devrait paraître incompréhensible, que, à une époque aussi rapprochée de nous, des homme de génie, dont l'instruction essentielle, à cet égard, était presque équivalente à la nôtre, se fussent, sous ce rapport, aussi grossièrement trompés. Le feu électrique, tant recommandé maintenant pour une telle explication, était, sans doute, assez connu de Lavoisier, de Cavendish, de Berthollet, etc., pour que ces illustres philosophes eussent pu en faire la base principale de leur théorie, si une semblable hypothèse avait réellement, sur celle qu'ils ont adoptée, une prépondérance aussi parfaite qu'on le pense communément aujourd'hui. Mais, cette considération préjudicielle, quelle que soit son importance effective, ne saurait nullement nous dispenser d'un examen direct de la conception électro-chimique, qui se trouve ainsi convenablement préparé, et qui, par suite, peut être entrepris ici d'une manière satisfaisante, quoique très rapide, sous le point de vue philosophique.

Suivant cette nouvelle théorie, le feu produit dans la plupart des fortes réactions chimiques devrait être attribué à une véritable décharge électrique qui s'opérerait au moment de la combinaison, par la neutralisation mutuelle, plus ou moins complète, des deux états électriques opposés propres aux deux substances considérées, dont l'une serait toujours électro-positive et l'autre électro-négative. Mais, il y a tout lieu de craindre que, lorsque cette nouvelle explication aura pu être soumise à une discussion aussi approfondie que l'ancienne, elle ne soit pas trouvée, au fond, plus rationnelle. Quoique la plupart des chimistes et des physiciens paraissent s'accorder aujourd'hui à reconnaître des effets électriques dans tous les phénomènes chimiques, cette électricité n'est pourtant jusqu'ici admise le plus souvent que d'après une simple induction analogique, en sorte que, si réellement elle existe toujours, elle doit être ordinairement assez peu intense pour avoir directement échappé à l'exploration très délicate de l'électrologie actuelle. Il est particulièrement digne de remarque que les phénomènes chimiques sur lesquels on a le plus justement insisté pour renverser l'ancienne explication, et dont je viens d'indiquer les principaux, fassent précisément partie de ceux où l'on n'a pu parvenir encore, par aucune voie, à constater réellement aucun symptôme électrique. Dans les cas où l'électrisation n'est point douteuse, son influence chimique est jusqu'ici tellement équivoque que les uns la regardent comme la cause, et les autres, au contraire, comme l'effet de la combinaison : cette dernière opinion est même devenue très vraisemblable, depuis que l'explication chimique des effets généraux de la pile de Volta a été définitivement établie par Wollaston. Quand M. Berzélius, pour mieux caractériser sa théorie électrique du feu chimique, a rapproché ce phénomène de la production de l'éclair et du tonnerre, il a involontairement donné lieu à une comparaison très défavorable pour sa conception, par le contraste si prononcé de l'admirable enchaînement de preuves positives d'après lequel l'immortel Franklin a si complétement démontré la nature électrique de ce grand phénomène atmosphérique, avec l'ensemble des considérations hasardées et insuffisantes sur lesquelles on veut fonder une opinion analogue à l'égard d'une multitude de phénomènes beaucoup plus variés et plus complexes. L'explication anti-phlogistique proprement dite, quoique radicalement vicieuse, avait néanmoins le mérite d'être, sinon rigoureusement démontrée, du moins extrêmement plausible, dans quelques cas particuliers, par exemple quant à la combustion du fer ou du zinc dans l'oxigène pur, où elle ne laisse rien à désirer qu'une exacte confrontation numérique des effets thermologiques. Au contraire, l'explication électrique n'est réellement établie jusqu'ici, d'une manière positive, pour aucun phénomène convenablement analysé. Toutefois, on peut craindre que sa nature vague ne permette point de la détruire aussi radicalement, et surtout aussi promptement, que l'ancienne. Car, celle-ci, en se rattachant à une condensation nettement spécifiée et exactement appréciable, comportait aisément une critique directe et irrécusable, qui a pu ne laisser aucune issue : tandis que la nouvelle conception réserve presque toujours la ressource spécieuse de regarder l'état électrique comme trop peu prononcé ou trop fugitif pour être perceptible à nos moyens actuels d'exploration positive. Mais une semblable propriété devrait être loin, sans doute, de constituer aucun motif de recommandation, en faveur d'une théorie quelconque, auprès d'aucun esprit philosophique, surtout en considérant qu'il s'agit alors d'attribuer mystérieusement à des causes aussi faibles ou aussi équivoques des effets très intenses et fortement caractérisés. Ce n'est pas, néanmoins, que je veuille regarder le dégagement de chaleur et de lumière dans les grandes réactions chimiques comme ne pouvant jamais avoir une origine vraiment électrique, pas plus que je ne voudrais universellement exclure l'explication fondée sur la condensation. Mais, en considérant l'ensemble des phénomènes sans aucune préoccupation spéculative, je pense que, dans la plupart des combustions, artificielles ou naturelles, il n'y a ni condensation, ni électrisation. Enfin, du point de vue philosophique, ces vaines tentatives pour expliquer, de diverses manières, la production chimique du feu, me paraissent principalement résulter encore d'un reste de disposition métaphysique à pénétrer la nature intime des phénomènes et leur mode essentiel de génération. En un mot, l'action chimique constitue, à mes yeux, une des diverses sources primordiales de la chaleur et de la lumière, et ne saurait, par conséquent, comporter, le plus souvent, en cette qualité, aucune explication positive, c'est-à-dire être effectivement rattachée, sous ce rapport, à aucune autre influence fondamentale.

Si la philosophie chimique n'était point aujourd'hui aussi imparfaitement constituée, même dans ses notions les plus simples et les plus élémentaires, il serait, sans doute, inutile de prouver expressément que la considération du feu, qui, malgré son importance réelle, constitue seulement un simple accessoire physique des vrais phénomènes chimiques, ne saurait être rationnellement susceptible de motiver un changement radical dans la conception fondamentale de toute action chimique, lors même qu'on croirait pouvoir adopter, à cet égard, l'explication vague et hasardée que je viens de caractériser. Quand nos prédécesseurs devaient regarder la chaleur comme le principal agent physique des phénomènes de composition et de décomposition, ils savaient s'abstenir de dénaturer une telle considération au point d'assimiler les effets chimiques à de simples effets thermologiques. On n'est pas, en général, aussi réservé de nos jours, depuis que le développement et l'extension des études expérimentales ont fait reconnaître la grande influence chimique de l'électricité, quoique cette influence soit d'ailleurs essentiellement analogue à celle de la chaleur, et seulement plus complète et plus prononcée dans l'ensemble des cas explorés. L'idée vague d'*attraction*, qui s'attache naturellement à toute considération électrique, a suffi ici pour entraîner à confondre l'auxiliaire du phénomène, ou, si l'on veut, son agent physique général, avec le phénomène lui-même, et pour faire tendre à dénaturer profondément la chimie en la confondant avec l'électrologie, par l'irrationnelle assimilation des propriétés chimiques à de simples propriétés électriques, comme on le voit surtout dans la théorie de M. Berzélius.

Mais y a-t-il réellement aucune comparaison scientifique à établir entre la tendance de deux corps à rester mécaniquement adhérens l'un à l'autre après un certain mode d'électrisation, et la disposition à unir intimement toutes leurs molécules, intérieures ou extérieures, par suite d'une véritable action chimique? M. Berzélius a franchement déclaré que la cohésion proprement dite, c'est-à-dire la force qui réunit si énergiquement entre elles les particules d'un même corps, ne comporte réellement aucune explication électrique. Il serait difficile, en effet, que la faible adhérence de deux corps électrisés, même par le mode magnétique, si aisément surmontée, envers des masses considérables, par de médiocres efforts mécaniques, pût véritablement faire comprendre cette puissante liaison moléculaire, qui, sur le moindre fragment, résiste à toutes les forces mécaniques. On a beau envisager les particules d'un corps quelconque comme autant d'élémens voltaïques, ayant chacun son pôle positif et son pôle négatif, et attachés les uns aux autres par l'antagonisme électrique des pôles opposés; cette fiction inintelligible, et qui ne saurait admettre aucune vérification, ne peut pas donner la moindre idée de la véritable cohésion moléculaire. Mais l'affinité elle-même, c'est-à-dire la tendance à la combinaison, n'est pas, au fond, mieux expliquée par la théorie électro-chimique. Les phénomènes électriques, en tant que physiques, sont, de leur nature, éminemment généraux; ils ne présentent, d'un corps à un autre, que de simples différences d'intensité : tandis que les phénomènes chimiques sont, au contraire, essentiellement spéciaux ou électifs. On doit donc regarder comme anti-scientifique toute tentative de faire rentrer, dans une branche quelconque de la physique, l'ensemble de la chimie, qui constitue nécessairement une science fondamentale, d'un caractère propre et indépendant. Je sais que M. Berzélius croit avoir suffisamment égard aux différences spécifiques des diverses substances chimiques, en concevant, pour les corps élémentaires, un certain ordre électrique, primordial et invariable, que j'ai déjà eu occasion d'indiquer dans l'avant-dernière leçon, et suivant lequel ces élémens seraient toujours, les uns envers les autres, ou électro-positifs ou électro-négatifs. Mais l'existence d'un tel ordre, et surtout sa permanence rigoureuse, semblent d'abord radicalement contraires aux notions les plus certaines de l'électrologie, où l'on voit le plus léger changement, soit dans le mode, soit dans les circonstances de l'électrisation, déterminer souvent, entre les mêmes corps, le renversement de l'antagonisme électrique. Quoi qu'il en soit, en admettant même cette disposition fondamentale, on est loin de pouvoir aucunement en déduire les nouvelles propriétés électriques que la théorie électro-chimique oblige à supposer ensuite dans les composés des différens ordres. En se bornant à ceux du premier ordre, suivant quelles lois leurs caractères négatifs ou positifs dérivent-t-il de l'état électrique de chacun des deux élémens? Faut-il seulement avoir égard, dans une telle appréciation, à la simple composition numérique, ou bien doit-on considérer aussi l'énergie électrique propre à chaque élément, et qui ne semble guère susceptible d'estimation exacte? C'est ce que la théorie électro-chimique laisse jusqu'ici profondément indéterminé. Dès lors, même en la supposant réelle, comment pourrait-elle efficacement contribuer à nous rapprocher du véritable but général de la science chimique, tel que je l'ai caractérisé au commencement de ce volume, c'est-à-dire nous aider à prévoir les affections des composés par celles des composans ? Mais il y a plus, quelque solution qu'on imagine à la question fondamentale qui vient d'être posée, l'ensemble des phénomènes chimiques lui opposera des difficultés inextricables. Ainsi, par exemple, dans la théorie électro-chimique, on doit regarder, avec M. Berzélius, l'oxigène comme l'élément le plus négatif, puisqu'il paraît l'être envers tous les autres : et, néanmoins, certains oxides, où la quantité pondérale d'oxigène est très considérable, doivent être ensuite envisagés comme positifs envers certains acides, où il est beaucoup moins abondant, quoique les radicaux des premiers soient souvent tout aussi négatifs que ceux des derniers. En un mot, loin de tendre à perfectionner le système de la science chimique, une telle théorie y introduit mal à propos de nouvelles difficultés fondamentales, en faisant naître une longue suite de questions vagues, obscures, insolubles même, et qui, en aucun cas, ne sauraient faciliter la découverte rationnelle des lois chimiques.

Les composés organiques, suivant la franche déclaration de M. Berzélius lui-même, opposent, en général, à cette théorie des obstacles insurmontables, par la profonde et irrégulière perturbation que ces nombreuses substances, toujours formées de trois ou quatre élémens identiques, doivent naturellement jeter dans l'ordre primordial des relations électriques, qui se trouve alors continuellement interverti. A la vérité, M. Berzélius croit pouvoir suffisamment expliquer cette immense anomalie, en alléguant le défaut de permanence d'une telle classe de combinaisons. Mais, en principe, tout composé réel me semble devoir être regardé comme nécessairement stable par lui-même, c'est-à-dire comme n'étant susceptible d'aucune altération spontanée, s'il est exactement soustrait à toute cause extérieure de décomposition; et, en sens inverse, aucun composé ne saurait persister, d'une manière absolue, contre des influences convenables. Les substances dites organiques ne constituent point, par leur nature, la moindre exception réelle à cette règle fondamentale, sans laquelle la science chimique me paraîtrait radicalement impossible : soigneusement préservées du contact de l'air et de l'eau, ainsi que de toute autre action perturbatrice, elles persévèrent indéfiniment, tout aussi bien que les substances spécialement qualifiées d'inorganiques. Si leur conservation est habituellement plus difficile, c'est uniquement parce que, essentiellement formées des élémens les plus répandus autour de nous, elles sont naturellement plus accessibles aux causes d'altération les plus fréquentes. Une semblable justification serait donc entièrement illusoire. On ne saurait non plus recourir ici au dualisme, dont la considération a été si importante, dans la leçon précédente, pour faire concevoir le moyen d'expliquer un jour, d'une manière pleinement satisfaisante, les principales anomalies actuelles de la doctrine des proportions définies. Quant à la théorie qui nous occupe maintenant, le dualisme en diminuerait, sans doute, la difficulté essentielle; il y serait même strictement indispensable, comme je l'indiquerai ci-dessous. Mais il ne pourrait, évidemment, suffire à lever les objections principales; car l'ordre invariable des relations électriques n'est pas, en réalité, beaucoup mieux observé jusqu'ici envers les composés notoirement assujettis au dualisme, qu'à l'égard de ceux qui ne sont pas encore ainsi considérés. D'ailleurs l'obstacle fondamental consistant ici dans l'identité des élémens opposée à la variété électrique, le dualisme ne saurait, évidemment, permettre de le surmonter.

En faisant même abstraction de ces difficultés capitales, et en concédant l'existence d'un système fixe et uniforme de propriétés électro-chimiques, applicable à tous les degrés de composition, on n'aurait encore nullement éclairci la notion élémentaire des phénomènes chimiques, par leur vaine assimilation aux actions électriques proprement dites; car on n'aurait établi ainsi aucune harmonie intelligible entre les prétendues causes et les effets réels. En considérant surtout la belle série des expériences électro-chimiques de M. Becquerel, qui, par cela même qu'elles sont synthétiques et non analytiques, doivent être, à ce sujet, plus spécialement envisagées, il serait, sans doute, impossible de comprendre comment les faibles puissances électriques qu'on y emploie le plus souvent, pourraient être les véritables causes des combinaisons énergiques qui s'effectuent alors, si l'on croyait devoir faire abstraction de tout effet spécifique et spontané, inhérent aux substances combinées. De tels phénomènes sont, ce me semble, éminemment propres à faire ressortir l'influence purement auxiliaire, quoique très importante, de l'électricité dans les effets chimiques, où elle agit essentiellement à la manière de la chaleur, sauf l'énergie comparative. Cette conclusion est d'autant plus rationnelle, qu'il n'y a presque point de combinaisons électro-chimiques qui ne puissent aussi être opérées par les procédés chimiques ordinaires sans aucun symptôme électrique : du moins l'ensemble des analogies doit faire présumer, dès aujourd'hui, à cet égard, la régularisation future de tous les cas encore exceptionnels. Si, par une vaine obstination, trop ordinaire à l'esprit humain, on voulait sauver la théorie électro-chimique en investissant arbitrairement l'influence électrique de tous les attributs spécifiques et moléculaires qui caractérisent essentiellement l'action chimique, une opération philosophique aussi vicieuse n'aboutirait, en réalité, qu'à restaurer, sous une forme nouvelle, l'entité primitive de l'*affinité*, décorée seulement alors de quelques qualités matérielles purement hypothétiques, qui ne sauraient la rendre plus positive. Ce rapprochement fictif et irrationnel ne nuirait pas seulement à la chimie, mais aussi à la physique, par le vague presque indéfini qu'il répandrait nécessairement désormais sur les notions électriques, qui sont déjà fort loin d'être trop circonscrites. Au fond, une telle direction scientifique me paraît essentiellement due à la prépondérance prolongée de l'ancien esprit philosophique, qui, dans l'étude totale de la nature, prétendait établir une vaine unité systématique, non-seulement de méthode, mais de doctrine, radicalement incompatible, soit avec les différences profondes des diverses catégories générales de phénomènes, soit avec la faiblesse effective de notre intelligence. Il est aisé d'apercevoir, en effet, que M. Berzélius ne serait nullement éloigné, en thèse philosophique, de fondre systématiquement, dans l'électrologie, non-seulement la chimie tout entière, mais aussi la théorie de la chaleur, celle de la pesanteur, et probablement, par suite, la mécanique céleste. En ajoutant à cet assemblage hétérogène la confusion, très facile à établir d'une manière spécieuse, du prétendu fluide nerveux avec le prétendu fluide électrique, on arriverait aisément à une apparence de système universel, qui ne saurait avoir aucune efficacité scientifique, et qui, aussitôt qu'on essaierait de l'employer à des études réelles, se décomposerait spontanément en plusieurs catégories de doctrines indépendantes, à peu près analogues à nos sciences actuelles, sans que cet illusoire échafaudage eût pu exercer d'autre influence essentielle que d'embarrasser la philosophie naturelle de questions vagues, mystérieuses, et insolubles, qu'il faudrait préalablement écarter de nouveau.

Ainsi, en résumé, la grande influence chimique de l'électricité, comme celle de la pesanteur, et surtout comme celle de la chaleur, ne saurait aujourd'hui être méconnue : et je me suis efforcé, dans cette leçon, de faire d'abord convenablement ressortir la haute importance de l'électro-chimie pour le perfectionnement général de la science chimique, dont elle constitue désormais un des élémens essentiels. Mais, je crois devoir, néanmoins, rejetter sans retour, comme profondément irrationnelle et radicalement nuisible, la conception générale par laquelle on a tenté de transformer tous les phénomènes chimiques en de simples phénomènes électriques. Du point de vue philosophique, la théorie de Lavoisier, surtout en la réduisant à l'analyse fondamentale du phénomène de la combustion, me paraît, malgré ses imperfections capitales, très supérieure, comme composition scientifique, à celle qu'on s'est efforcé de lui substituer, et qui est loin d'avoir été aussi fortement ni aussi heureusement conçue. La première se rapportait directement au but essentiel de la science chimique, l'établissement des lois générales de la composition et de la décomposition, dont la nouvelle théorie tend, au contraire, à écarter la considération immédiate, pour détourner l'attention sur une vaine enquête de la nature intime des phénomènes chimiques. Aussi, la conception anti-phlogistique a-t-elle réellement suggéré de nombreuses et importantes découvertes chimiques, tandis qu'il est fort douteux que cette propriété décisive puisse jamais appartenir à la conception électrique, qui, depuis quinze ans, n'en a présenté aucun exemple effectif (1).

(1) Conformément à l'esprit de cet ouvrage, j'ai dû me borner, à

Cette conception pourra, néanmoins, sous un point de vue indirect, exercer aujourd'hui une heureuse influence accessoire, en ce que, par sa nature, elle tend à pousser les esprits à l'établissement général du dualisme chimique, dont j'ai fait ressortir, dans les leçons précédentes, la haute nécessité pour le progrès philosophique de la science. On voit aisément, en effet, que, l'antagonisme électrique étant nécessairement toujours binaire, les efforts pour étendre la théorie électro-chimique doivent conduire à dualiser tous les composés qui sont encore supposés plus que binaires. M. Berzélius paraît avoir senti cette liaison générale, et l'on pourrait s'étonner que sa prédilection pour la théorie électro-chimique ne l'ait point amené à ériger le dualisme en un principe fondamental, si une telle inconséquence apparente ne s'expliquait chez lui par sa répugnance naturelle à s'affranchir

---

l'égard d'une conception qui, par sa nature, est, à mes yeux, radicalement vicieuse, à considérer seulement sa systématisation primitive, telle que M. Berzélius l'a effectuée. Il eût été inutile, et même intempestif, de discuter ici les diverses modifications qu'elle a reçues postérieurement, sans que son caractère essentiel ait été changé, d'après les hypothèses de M. Faraday, de M. Becquerel, etc., et surtout de M. Ampère, qui, en remplaçant la polarité électrique des molécules par les notions des atmosphères électriques et de l'électrisation permanente des atomes, a peut-être rendu cette théorie encore plus vague et plus irrationnelle qu'elle ne l'était d'abord, en s'écartant davantage de la vraie considération fondamentale des phénomènes chimiques.

de la division primitive de la chimie en organique et inorganique. Mais, un tel obstacle ne saurait arrêter les chimistes déjà disposés d'ailleurs à détruire cette vicieuse distribution ; et la théorie électro-chimique contribuera, sans doute, à les préparer au dualisme général, quoique, en principe, on ne doive pas compter sur la puissance des mauvais moyens pour amener indirectement de bons résultats.

Sous un dernier point de vue collatéral, la théorie électro-chimique, et surtout l'ensemble des phénomènes qui y ont donné lieu, tend à fixer l'attention des chimistes sur un nouvel aspect très important de leur science, jusqu'ici beaucoup trop négligé. Il s'agit de l'influence propre exercée par le temps dans la production générale des effets chimiques, influence que plusieurs phénomènes ont déjà hautement manifestée, et qui, néanmoins, n'a pas encore été directement analysée. Non-seulement, en effet, le temps augmente naturellement la masse des produits de la réaction chimique, par la combinaison successive des diverses parties des deux principes, qui, le plus souvent, ne peuvent toutes agir à la fois. Mais, en outre, il est incontestable que la durée suffisamment prolongée des mêmes influences chimiques détermine des formations qui n'auraient pas eu lieu sans cela. C'est sous ce rapport que la théorie chimique du temps constitue encore, dans la science, une lacune essentielle. Or, les phénomènes électro-chimiques, et surtout ceux que M. Becquerel a si bien examinés, me paraissent éminemment propres à éclaircir nos idées à cet égard, comme rendant une telle influence plus spécialement sensible. Je n'ai pas besoin d'insister davantage ici sur cette importante indication, dont le sujet se rattache directement aux plus hautes questions de la géologie chimique, tout en constituant un élément indispensable des conceptions générales de la chimie abstraite.

Telles sont les principales considérations philosophiques que je devais présenter, dans cette leçon, sur l'électro-chimie actuelle; et tel est, enfin, le jugement, suffisamment motivé, auquel j'ai dû soumettre la théorie électro-chimique, qui en a été abusivement déduite. En créant un nouvel ordre essentiel d'études chimiques, cette grande série de travaux doit, néanmoins, maintenir inaltérable le caractère original et indépendant, si évidemment propre à la science chimique, et qui est strictement indispensable à ses progrès généraux. Si l'on voulait s'abandonner à suivre de vaines fictions scientifiques sur la forme des molécules élémentaires, et sur la petitesse de leurs dimensions comparativement à leurs intervalles, ainsi que Laplace l'avait proposé comme un simple jeu philosophique, on aboutirait à faire vaguement rentrer les effets de l'action chimique dans ceux de la gravitation générale, sans aucune utilité réelle pour le système des connaissances chimiques. Il en est essentiellement ainsi quant à la fusion, non moins hypothétique, et peut-être encore plus irrationnelle, de la chimie dans l'électrologie, malgré l'indication spécieuse de phénomènes mal-interprétés. La science chimique doit rester aujourd'hui, par son immense développement, aussi distinctement caractérisée, sans doute, qu'à l'époque où l'illustre Boërhaave avait si vainement entrepris, par une autre voie, de la confondre avec la physique, sous l'influence prépondérante de l'hypothèse des tourbillons.

Je dois, en dernier lieu, consacrer maintenant la leçon suivante à l'examen direct des considérations philosophiques, déjà accessoirement signalées par les leçons précédentes, qui appartiennent spécialement à ce qu'on appelle la chimie organique, afin d'avoir envisagé le système actuel de la science chimique sous ses divers aspects fondamentaux, conformément à l'esprit général de cet ouvrage.

# TRENTE-NEUVIÈME LEÇON.

Considérations générales sur la chimie dite *organique*.

J'ai déjà suffisamment établi, dans les leçons précédentes, et surtout dans la trente-sixième, la haute nécessité, pour le perfectionnement général de la science chimique, de la concevoir désormais comme un tout homogène, en faisant disparaître la division scolastique, radicalement vicieuse, de la chimie en inorganique et organique. L'objet propre et essentiel de la leçon actuelle doit donc être de faire maintenant apprécier l'importance directe d'une telle réforme dans l'intérêt spécial des différentes études dont l'irrationnel assemblage constitue le système hétérogène désigné sous le nom de chimie organique; et de caractériser nettement le principe philosophique d'après lequel il faudrait procéder à la décomposition totale de cet ensemble factice, afin de répartir convenablement ses divers élémens scientifiques entre la chimie proprement dite et la science physiologique.

Aucun esprit judicieux ne saurait méconnaître

aujourd'hui que la chimie organique actuelle ne comprenne à la fois deux sortes de recherches, d'une nature parfaitement distincte, les unes évidemment chimiques, les autres, au contraire, évidemment physiologiques. Ainsi, par exemple, l'étude des acides organiques, et surtout végétaux, celle de l'alcool, des éthers, etc., ont aussi bien le caractère purement chimique qu'aucune des études inorganiques proprement dites. D'un autre côté, le caractère biologique n'est nullement douteux dans l'examen de la composition de la sève ou du sang, dans l'analyse des divers produits de la respiration, végétale ou animale, et dans une foule d'autres sujets qu'embrasse maintenant la chimie organique. Or, une telle confusion générale est extrêmement préjudiciable aux deux ordres de questions, et surtout à celles de l'ordre physiologique.

Quant aux études vraiment chimiques, il est évident que, si la vaine séparation établie entre les composés organiques et les composés inorganiques tend à rompre et même à déguiser envers ceux-ci la plupart des analogies essentielles, elle ne doit pas moins produire, à l'égard des premiers, un effet identique. Rien ne ressemble plus, sans doute, en général, aux acides, aux alcalis, et aux sels végétaux ou animaux, que les acides, les alcalis, et les sels inorganiques; et cependant, d'après la marche habituelle, les lois des uns semblent différer radicalement de celles des autres. Le dualisme, qui est aujourd'hui presque universellement établi pour les composés inorganiques, paraît, au contraire, extrêmement rare dans les composés organiques. Or, j'ai démontré, par les considérations précédemment exposées, que cette différence fondamentale n'est nullement réelle, et qu'on ne doit y voir qu'un simple résultat de la méthode vicieuse qui dérive naturellement de cette division irrationnelle, le vrai dualisme chimique étant nécessairement, en lui-même, toujours facultatif. Cette division constitue aussi le principal obstacle à l'entière et irrévocable généralisation de la doctrine des proportions définies, comme je l'ai établi dans l'avant-dernière leçon. Nous avons reconnu, en effet, que la dualisation de tous les composés organiques offre aujourd'hui le seul moyen général de les assujettir enfin au principe de cette doctrine. Il en serait de même, ainsi que je l'ai indiqué, pour la théorie électro-chimique, si celle-ci, d'après la leçon précédente, n'était point nécessairement privée de toute véritable consistance scientifique. Mais, il est, néanmoins, très vraisemblable que les composés organiques sont aussi susceptibles d'analyse et même de synthèse électriques, dont une telle division, et le défaut de dualisme qui lui correspond, ont seuls empêché, sans doute, de s'occuper jusqu'à présent. Quoi qu'il en soit, on peut, ce me semble, affirmer que, lorsque une véritable théorie chimique viendra enfin remplacer convenablement la théorie anti-phlogistique proprement dite, elle devra comprendre, de toute nécessité, les composés organiques aussi bien que les composés inorganiques, sous peine d'être illusoire et éphémère. Il serait superflu d'insister davantage ici sur le tort général qu'éprouve l'étude chimique des composés organiques par suite de cette fausse division, dont les inconvéniens commencent à être, sous ce rapport, suffisamment sentis, puisque ceux de nos chimistes qui cultivent aujourd'hui cette étude de la manière la plus philosophique tendent de plus en plus à l'identifier avec celle des composés inorganiques. On ne saurait douter maintenant que l'établissement définitif d'une telle identité ne doive être le premier résultat nécessaire de toute tentative scientifique destinée à constituer, en un système général et rationnel, l'ensemble des connaissances chimiques, par une classification vraiment naturelle.

Sous le second point de vue, c'est-à-dire quant aux études biologiques indûment comprises dans la chimie organique actuelle, les inconvéniens de cette confusion fondamentale sont à la fois beaucoup plus graves et jusqu'ici beaucoup moins sentis, surtout par les chimistes. C'est pourquoi il importe davantage de les signaler avec soin, quoique sommairement.

L'origine historique d'une telle confusion tient, en général, à ce que un grand nombre de questions physiologiques exigent, par leur nature, de véritables recherches chimiques, dont l'influence y est souvent prépondérante, et qui, d'une autre part, sont, d'ordinaire, très étendues et très difficiles. Dès lors, les physiologistes, auxquels ces recherches devaient naturellement appartenir, étant habituellement trop étrangers encore à la science chimique pour les suivre avec succès, les chimistes ont été ainsi conduits à s'en emparer, et les ont ensuite réunies mal-à-propos à leur vrai domaine scientifique. Les uns et les autres concourent donc presque également, quoique d'une manière différente, à cette mauvaise organisation du travail scientifique, ceux-ci en méconnaissant les limites rationnelles de leurs études, ceux-là en négligeant de satisfaire aux vraies conditions préliminaires de leur ordre de recherches. Par conséquent, chacune de ces deux classes de savans doit réformer, à un certain degré, ses habitudes actuelles, afin que la répartition générale des travaux effectifs devienne enfin conforme aux analogies naturelles. Mais, sous ce rapport, la tâche des physiologistes est plus difficile et plus importante que celle des chimistes; car, ces derniers, à cet égard, ont seulement à s'abstenir, tandis que les premiers doivent désormais se rendre aptes à ressaisir convenablement une attribution qu'ils ont laissé échapper jusqu'ici.

La partie physiologique de la chimie organique, ayant été ainsi formée par des empiétemens successifs, n'est guère susceptible d'être nettement caractérisée, et surtout exactement circonscrite. Non-seulement elle embrasse aujourd'hui l'analyse chimique de tous les élémens anatomiques, solides ou fluides, et celle de tous les *produits* de l'organisme; mais on peut aisément reconnaître aussi que, si ses usurpations continuaient à suivre librement leur progression naturelle, elle tendrait à comprendre bientôt l'étude des plus importans phénomènes relatifs à ce que Bichat a nommé la *vie organique,* c'est-à-dire, aux fonctions de nutrition et de sécrétion, seules communes à l'ensemble des corps vivans, et dans lesquelles le point de vue chimique doit sembler en effet naturellement prépondérant. La physiologie proprement dite se trouverait dès lors réduite à l'étude des fonctions de la vie animale, et à celle des lois du développement de l'être vivant. Or, il est facile de concevoir combien un dépècement aussi irrationnel de la science biologique deviendrait funeste à ses progrès; quand même il ne serait point poussé jusqu'à ces extrêmes conséquences logiques.

Tout bon esprit peut aisément sentir, en effet, que les chimistes, par la nature de leurs études, sont essentiellement impropres à l'examen rationnel des importantes questions, soit d'anatomie, soit de physiologie, végétale ou animale, dont leur science est maintenant surchargée. Car, quelque haute importance que puissent avoir les recherches chimiques pour les études biologiques, leur considération exclusive et isolée doit nécessairement conduire à des vues fort incomplètes et même erronées, sur un sujet qui n'est susceptible d'être utilement divisé qu'après avoir été d'abord judicieusement conçu dans son ensemble total. Sous le rapport anatomique même, on ne saurait s'étonner que les chimistes méconnaissent continuellement la division fondamentale, si bien établie par M. de Blainville, entre les vrais *élémens* de l'organisme et ses simples *produits;* à plus forte raison, n'ont-ils, d'ordinaire, aucun égard aux distinctions essentielles entre les tissus, les parenchymes, et les organes, qu'ils prennent presque indifféremment les uns pour les autres. Dans l'exécution de chacune de leurs opérations analytiques, ils ne peuvent ni choisir convenablement le vrai sujet de leurs recherches, ni diriger son analyse de la manière la plus propre à la solution des questions biologiques, dont l'esprit leur est inconnu. Ces inconvéniens généraux, déjà si considérables pour les études simplement anatomiques, doivent être nécessairement bien plus prononcés envers les problèmes physiologiques proprement dits, dont les chimistes, en tant que tels, ne sauraient apprécier les conditions essentielles, ce qui est la principale cause du peu d'efficacité réelle de leurs nombreux travaux à cet égard. Quoique les analyses physiologiques présentent, par leur nature, des difficultés supérieures, leur imperfection actuelle est certainement fort au-dessous de ce que permettrait aujourd'hui le développement de la chimie, si l'application de cette science y était mieux dirigée. Or, cette direction rationnelle ne peut vraiment résulter ici que de la subordination générale et nécessaire du point de vue chimique au point de vue physiologique, et, par conséquent, de l'emploi de la chimie par les physiologistes eux-mêmes, pour lesquels l'analyse chimique, quoique indispensable, ne saurait être qu'un simple moyen d'exploration. Nous avons déjà reconnu, dans le volume précédent, des inconvéniens essentiellement analogues, mais beaucoup moins prononcés, pour un autre cas d'organisation vicieuse du travail scientifique, quand il s'est agi de l'application générale de l'analyse mathématique aux questions de physique. Les remarques philosophiques présentées alors sur l'indispensable nécessité de subordonner la considération de l'instrument à celle de l'usage, et de confier désormais la direction du premier à ceux qui connaissent seuls suffisamment l'ensemble des conditions du second, peuvent être maintenant reproduites, avec un immense surcroît de force et d'importance, attendu la diversité bien plus profonde des deux points de vue dans le cas actuel. On ne saurait se former aujourd'hui aucune idée juste de la vraie nature des secours généraux que la biologie doit emprunter à la chimie, d'après les études irrationnelles et incohérentes que contient notre chimie organique, et qui ont si faiblement contribué jusqu'ici aux progrès de la science physiologique, dont elles ont même concouru plus d'une fois à égarer les recherches en les dénaturant.

Quoique les considérations précédentes suffisent, sans doute, pour établir, en principe, le vice fondamental inhérent à la confusion générale instituée par la chimie organique entre les études chimiques et un certain ordre d'études biologiques, il est indispensable d'indiquer encore à ce sujet quelques exemples effectifs, soit anatomiques, soit physiologiques, afin de faire ressortir, d'une manière plus explicite et plus incontestable, la haute importance directe d'une meilleure organisation des travaux.

Dans l'ordre anatomique, il est aisé de juger que la plupart des nombreuses recherches entreprises jusqu'ici à ce sujet par les chimistes, ont besoin d'être soumises, par les physiologistes, à une entière révision générale, avant qu'on puisse les appliquer définitivement à l'étude rationnelle des divers élémens ou produits de l'organisme, soit solides, soit même fluides. On doit en excepter toutefois la belle série des travaux de M. Chevreul sur les corps gras, où cet illustre chimiste, appréciant mieux qu'aucun de ses prédécesseurs la vraie relation générale entre le point de vue chimique et le point de vue biologique, a laissé si peu à faire aux physiologistes pour parvenir à une connaissance vraiment satisfaisante de la graisse, envisagée comme l'un des principaux élémens de l'organisation animale. Mais, en écartant cette mémorable exception, on citerait difficilement aujourd'hui une seule étude importante de chimie organique, susceptible d'être immédiatement appliquée à la biologie, soit animale, soit même végétale (1). Dans l'analyse chimique du sang ou de la sève, et de presque tous les autres élémens anatomiques, solides ou fluides, un seul cas, pris au hasard, est ordinairement présenté par les chimistes comme un type suffisant, sans qu'ils aient compris l'importance de soumettre leur opération à un indispensable examen comparatif, non-seulement suivant chaque espèce d'organisme envisagée à l'état normal, mais aussi selon le degré de développement de l'être vivant, son sexe, son tempérament, son mode d'alimentation, le système de ses conditions extérieures d'existences, etc., et beaucoup d'autres modifications que les physiologistes peuvent seuls judicieusement apprécier (2). Aussi de semblables analyses ne cor-

---

(1) On doit, toutefois, signaler encore à ce sujet, dans les études plus spéciales, la belle observation du même M. Chevreul sur la transformation du tissu fibreux proprement dit en tissu jaune élastique, par sa combinaison avec l'eau en certaines proportions déterminées, en-deçà et au-delà desquelles l'élasticité cesse également, pour reparaître aussitôt que cette condition est de nouveau remplie. Cette expérience capitale comporte, évidemment, un usage direct et très important dans la science physiologique, ou plutôt elle appartient réellement à la biologie et non à la chimie.

(2) Cette considération est encore plus frappante pour les cas pathologiques, où la comparaison doit, en outre, être directement faite

respondent-elles réellement à rien en anatomie, si ce n'est au seul cas précis qui a été considéré, et que le chimiste a d'ailleurs négligé presque toujours de caractériser suffisamment. En même temps, une telle manière de procéder détermine naturellement, entre les différens chimistes, des divergences inévitables, par la diversité des types qu'ils ont choisis, sans que les discussions qui en résultent soient, le plus souvent, d'aucune utilité scientifique, vu la tendance trop ordinaire des chimistes à attribuer ces discordances apparentes aux divers moyens analytiques employés, au lieu d'y voir l'irrécusable confirmation des variations générales que la physiologie eût annoncées d'avance. Il en est essentiellement de même à l'égard des produits, d'abord sécrétés, ensuite excrétés, tels que l'urine, la bile, etc., où les parties de l'organisme dans lesquelles le produit a été recueilli, et les modifications qu'il a pu y éprouver

entre l'état normal et les divers états anormaux. On a pu voir, par exemple, il y a une quinzaine d'années, dans les recueils chimiques, un mémoire, d'ailleurs chimiquement assez remarquable, vaguement intitulé: *Analyse du sang d'un malade*, où l'on se proposait d'étudier l'altération survenue dans la composition du sang, sans avoir aucunement défini la nature de la maladie, et, à plus forte raison, l'organisation du malade. Ni l'auteur du mémoire, ni le rapporteur, n'avait seulement remarqué une aussi étrange omission. Je ne cite un tel exemple que comme offrant, d'une manière plus prononcée, un caractère commun à presque tous les travaux ordinaires de chimie vitale.

par un séjour plus ou moins prolongé après sa production, viennent encore compliquer toutes les considérations précédentes, sans que les chimistes s'enquièrent ordinairement davantage des uns que des autres. Aussi toutes ces analyses, quoique fréquemment renouvelées, sont-elles, jusqu'ici, incohérentes entre elles, et radicalement insuffisantes.

En considérant spécialement les cas d'anatomie végétale, M. Raspail, dans ces derniers temps, s'est élevé, à ce sujet, avec une juste énergie, contre la facilité, en quelque sorte scandaleuse, de la plupart de ceux qui cultivent aujourd'hui la chimie organique, à multiplier presque indéfiniment les principes organiques, et surtout les alcalis végétaux, depuis la découverte remarquable de M. Sertuerner, d'après les caractères les plus frivoles, fondés sur les études les moins rationnelles. M. Raspail a judicieusement démontré que cette prétention d'envisager comme radicalement distinctes un grand nombre de ces substances, tenait, le plus souvent, à ce que les chimistes n'avaient point eu convenablement égard aux divers degrés successifs d'élaboration d'un même principe immédiat dans le développement général de la végétation, ou, plus grossièrement encore, à la confusion des matières proposées avec leurs enveloppes anatomiques. Il ne m'appartient pas d'examiner maintenant jusqu'à quel point cet habile naturaliste a pu exagérer sa manière de voir dans les différens cas particuliers, surtout en ce qui concerne l'importance des analyses microscopiques, dont l'introduction constitue, d'ailleurs, une utile innovation générale. Mais, la trop faible attention ordinairement accordée jusqu'ici à ses vues systématiques, me fait un devoir de signaler l'heureuse influence qu'elles doivent exercer sur le perfectionnement fondamental de la chimie organique. Personne n'a encore aussi profondément senti que M. Raspail la nécessité d'y subordonner le point de vue chimique au point de vue physiologique, et personne n'a aussi bien satisfait, ce me semble, aux conditions générales qu'exige la stricte observance habituelle d'une telle relation. Toutefois, en considérant son ouvrage sous l'aspect le plus philosophique, je suis convaincu que lui-même a trop cédé, à son insu, à l'influence ordinaire de notre éducation chimique, en concevant l'entreprise, radicalement vaine à mes yeux, de systématiser la chimie organique, qui doit, au contraire, irrévocablement disparaître comme corps de doctrine distinct; tandis que M. Raspail eût été si apte à fondre convenablement, dans l'ensemble de la biologie, sa portion vraiment physiologique de la chimie organique, dont il a continué à maintenir essentiellement l'irrationnelle constitution.

Les recherches entreprises jusqu'ici pour analyser, sous le rapport chimique, les principaux phénomènes de la vie organique, sont encore plus propres que les questions d'un ordre purement anatomique à manifester clairement le vice fondamental d'une telle institution des travaux scientifiques, en faisant mieux ressortir l'inaptitude nécessaire des chimistes à des études naturellement réservées aux seuls physiologistes. Aucune des nombreuses tentatives déjà essayées à ce sujet n'a pu finalement aboutir à fixer solidement, en biologie, aucun point de doctrine général, et n'a réellement fourni que de simples matériaux, dont les physiologistes ne sauraient tirer une véritable utilité sans les avoir préalablement soumis à une nouvelle élaboration, sous l'influence prépondérante des considérations vitales. Je dois me borner ici à en indiquer les exemples les plus remarquables.

Les belles expériences de Priestley, de Sennebier, de Saussure, etc., relativement à l'action chimique mutuelle des végétaux et de l'air atmosphérique, ont eu, sans doute, une importance capitale, par la lumière positive qu'elles ont commencé à répandre sur l'ensemble de l'économie végétale, jusqu'alors presque inintelligible. Mais les études postérieures n'en ont pas moins constaté clairement que cette grande recherche ne saurait être réductible à l'état de simplicité naturellement supposé par les chimistes, qui avaient isolément analysé une seule partie du phénomène général de la végétation. L'absorption de l'acide carbonique et l'exhalation de l'oxigène, quoique très importantes à considérer dans l'action des feuilles, ne constituent qu'un seul aspect du double mouvement vital, et ne peuvent être convenablement appréciées qu'après avoir d'abord conçu l'ensemble de ce mouvement, du point de vue physiologique proprement dit. Cette action générale étant partiellement compensée, à d'autres égards, par l'action exactement inverse que produisent la germination des semences, la maturation des fruits, etc.; et même le simple passage de la lumière à l'obscurité quant aux feuilles, elle ne peut nullement suffire, soit à expliquer la composition élémentaire des substances végétales, soit surtout à déterminer le genre d'altération que l'air atmosphérique éprouve réellement par l'influence de la végétation. De tels travaux ne sauraient être envisagés que comme ayant mis en évidence la véritable nature du problème, en offrant quelques matériaux indispensables à sa solution future, dans la recherche de laquelle les physiologistes peuvent seuls employer convenablement les notions et les moyens chimiques. Mais, quoi qu'il en soit, c'est surtout dans l'analyse des phénomènes plus compliqués de la physiologie animale, que l'insuffisance radicale des études instituées par les chimistes doit incontestablement ressortir.

On peut citer éminemment, à cet égard, l'examen général des phénomènes chimiques de la respiration, envisagés surtout dans les animaux supérieurs, où, malgré de nombreuses observations, aucun point fixe n'est encore réellement établi. Dès l'origine de la chimie moderne, il semblait que l'absorption pulmonaire de l'oxigène atmosphérique et sa transformation en acide carbonique devaient suffire à l'explication générale du grand phénomène de la conversion du sang veineux en sang artériel. Mais, si une telle action constitue certainement une partie indispensable du phénomène, on a fini par reconnaître que la fonction est beaucoup plus compliquée que les chimistes ne pouvaient le présumer d'abord. L'ensemble de leurs travaux à ce sujet présente jusqu'ici les conclusions les plus contradictoires sur presque toutes les questions qui s'y rapportent. On ignore, par exemple, si la quantité d'acide carbonique formée correspond réellement à la quantité d'oxigène absorbée, ou si elle est, au contraire, supérieure ou inférieure. La simple différence générale entre l'air inspiré et l'air expiré, qui constitue évidemment le premier point à éclaircir, n'est point encore, à beaucoup près, positivement établie. C'est ainsi, entre autres lacunes, que les diverses analyses laissent une incertitude totale sur la participation de l'azote atmosphérique, dont la quantité paraît à ceux-ci augmentée, à ceux-là diminuée, et à d'autres identique, après l'accomplissement du phénomène. On conçoit que les divergences doivent être encore plus prononcées relativement à l'appréciation beaucoup plus difficile des changemens qu'éprouve la composition du sang, et qui ne sauraient se réduire à une simple décarbonisation. Cette question fondamentale est extrêmement propre à caractériser la confiance naïve avec laquelle les chimistes sont naturellement disposés à aborder les sujets physiologiques, sans avoir aucunement mesuré ni même soupçonné les difficultés variées qui leur sont inhérentes. Il est ici pleinement évident que les analyses chimiques les plus soignées doivent être essentiellement infructueuses, tant qu'elles ne sont point dirigées d'abord d'après un juste aperçu physiologique de l'ensemble du phénomène, et modifiées ensuite par une exacte connaissance des limites générales de variations normales dont il est nécessairement susceptible, à divers titres déterminés, et sous chacun de ses aspects principaux. Or, les physiologistes sont évidemment seuls compétens, en général, pour procéder ainsi.

L'étude de la chaleur animale donne lieu à des remarques aussi clairement décisives, si même l'inaptitude des chimistes et des physiciens n'y est encore mieux manifestée. D'après les premières découvertes de la chimie moderne, ce grand phénomène a d'abord paru devoir être suffisamment expliqué par le dégagement de chaleur correspondant à la décarbonisation du sang dans l'appareil pulmonaire, que les chimistes envisageaient comme le foyer d'une véritable combustion. Mais une considération plus complète et plus approfondie du sujet a bientôt prouvé aux physiologistes l'extrême insuffisance d'un tel aperçu partiel, pour satisfaire aux conditions essentielles du problème, même en se bornant au cas normal, et, à plus forte raison, dans les divers cas pathologiques. Quoiqu'il existe encore, à cet égard, une grande incertitude sur la vraie coopération de l'influence pulmonaire, il est du moins bien constaté désormais que cette action ne doit pas seule être envisagée dans l'analyse fondamentale d'un phénomène auquel, par sa nature, toutes les fonctions vitales doivent nécessairement concourir plus ou moins. Il y a même lieu de penser aujourd'hui, en opposition directe à l'opinion des chimistes, que la respiration, loin de participer à la production normale de la chaleur animale, constitue, en général, au contraire, une source constante et nécessaire de ce refroidissement. Sans doute les phénomènes chimiques incessamment déterminés par le mouvement vital doivent être pris en considération dans l'étude de la chaleur animale. Mais leur influence, qui se combine avec beaucoup d'autres, surtout dans les organismes supérieurs, ne peut être bien appréciée que par les physiologistes, seuls aptes à saisir l'ensemble d'un tel sujet.

On peut faire des remarques essentiellement analogues sur la digestion, les sécrétions, et toutes les autres fonctions chimiques relatives à la vie organique. Il sera toujours facile de vérifier que les études entreprises jusqu'ici par les chimistes sur ces divers sujets ont été constamment mal conçues et mal dirigées, et que cette vicieuse institution provient principalement de n'avoir pas subordonné le point de vue chimique au point de vue physiologique. Quand cette relation, que les physiologistes peuvent seuls bien comprendre, aura été enfin convenablement établie, il deviendra indispensable de soumettre tous les travaux antérieurs à une entière révision préalable, sans laquelle ils ne pourraient être définitivement employés dans la formation d'aucune doctrine positive. A l'égard des sujets de ce genre qui n'ont pas été abordés jusqu'à présent, la combinaison rationnelle du point de vue chimique avec le point de vue physiologique pourra y être instituée sans obstacles préliminaires, quoique elle n'y soit pas moins nécessaire. Il me suffit d'indiquer ici, comme dernier exemple, un seul de ces nouveaux cas, relatif à l'importante question, encore essentiellement intacte, de l'harmonie générale entre la composition chimique des corps vivans et celle de l'ensemble de leurs alimens, ce qui constitue un des principaux aspects de l'état vital.

Il est évident, en principe, que tout corps vivant, quelle qu'ait pu être son origine, doit se trouver, à la longue, nécessairement composé des divers élémens chimiques propres aux différentes substances, solides, liquides, ou gazeuses, dont il se nourrit habituellement, puisque, d'une part, le mouvement vital assujettit ses parties à une rénovation continue, et que, d'une autre, on ne pourrait, sans absurdité, le supposer, comme l'ont pensé certains physiologistes métaphysiciens, capable de produire spontanément aucun véritable élément. Quand on se borne à établir cette comparaison d'une manière très générale, elle ne présente aucune difficulté essentielle. On doit même remarquer, avec quelque intérêt, que cette considération aurait pu conduire à deviner, pour ainsi dire, la nature générale des élémens principaux des corps vivans. Car, les animaux se nourrissent, en premier lieu, de végétaux, ou d'autres animaux, soumis eux-mêmes à une alimentation végétale; et, en second lieu, d'air et d'eau, qui constituent d'ailleurs la base essentielle de la nutrition des plantes: le monde organique ne pourrait donc évidemment comporter, en général, d'autres élémens chimiques que ceux fournis par la décomposition de l'air et par celle de l'eau. Ainsi, aussitôt que ces deux fluides ont été exactement analysés, les physiologistes auraient pu prévoir, en quelque sorte, que les substances animales et végétales doivent être essentiellement composées d'oxigène, d'hydrogène, d'azote et de carbone, comme la chimie l'enseigna bientôt. Une telle prévision eût été, il est vrai, extrêmement imparfaite, puisque cette vue générale ne pouvait nullement indiquer la différence fondamentale entre la composition des matières animales et celle des matières végétales, ni surtout pourquoi ces dernières contiennent, le plus souvent, tant de carbone et si peu d'azote. Mais ce premier aperçu, quoiqu'il commence à manifester la difficulté du problème, constate néanmoins la possibilité d'établir, avec plus ou moins de précision, cette harmonie générale.

Il n'en est plus ainsi dès qu'on veut poursuivre, d'une manière un peu détaillée, une telle comparaison, qui engendre aussitôt une multitude d'objections importantes, jusqu'à présent insolubles. La plus capitale consiste en ce que l'azote paraît être tout aussi abondant dans les tissus des animaux herbivores que dans ceux des carnassiers, quoique les alimens solides des premiers en soient presque entièrement privés. M. Berzélius a indiqué, comme propre à résoudre cette grande difficulté, son opinion particulière sur la nature de l'azote, qui, à ses yeux, ne constitue point un véritable élément, mais une sorte d'oxide métallique. Cette hypothèse ne saurait évidemment suffire à l'explication du phénomène, à moins d'admettre, ce qui répugnerait justement à tous les chimistes et à M. Berzélius lui-même, que le prétendu radical de cet oxide se retrouve aussi dans l'hydrogène ou dans le carbone. L'opinion proposée par M. Raspail, suivant laquelle l'azote serait, en quelque sorte, adventice dans toutes les matières animales, qui ne contiendraient jamais cet élément qu'à l'état ammoniacal, ne remplirait pas mieux cette condition essentielle, puisqu'elle n'éclaircirait pas davantage l'origine de l'azote.

Cette opinion semble d'ailleurs jusqu'ici tout-à-fait hasardée, et reposer uniquement sur une vague hypothèse générale, relative à la prétendue unité de composition chimique du monde organique. La difficulté subsiste donc encore, dans toute sa force primitive. Quoique l'ensemble du mouvement vital ait été jusqu'à présent très peu considéré sous cet aspect, il offre néanmoins une foule de cas analogues, plus ou moins prononcés, où l'on ne sait nullement expliquer la composition chimique des élémens anatomiques par celle des substances extérieures qui en constituent cependant l'origine incontestable. Telle est, par exemple, la question essentielle relative à la présence constante du carbonate et surtout du phosphate de chaux dans le tissu osseux, quoique la nature de l'ensemble des alimens ne paraisse presque jamais pouvoir donner lieu à la formation de ces deux sels.

Ce système de recherches, envisagé dans toute son immensité, constitue certainement une des questions générales les plus importantes que puisse faire naître l'étude chimique de la vie. Or, ici, l'incompétence nécessaire des chimistes devient tellement évidente, que l'impossibilité de réunir un tel sujet à ce qu'on nomme la chimie organique ne saurait être, un seul instant, contestée, et aussi personne ne l'a-t-il jamais mise en doute. Quel succès réel pourrait-on espérer, à cet égard, de tout travail qui ne serait pas fondé sur une intime combinaison rationnelle du point de vue chimique avec le point de vue physiologique? Non-seulement les questions chimiques sont alors toujours posées nécessairement, et sans cesse modifiées, d'après des considérations biologiques; mais l'usage prépondérant de celles-ci est, en outre, évidemment indispensable pour diriger à chaque instant l'emploi judicieux des moyens chimiques et la saine interprétation des résultats qu'ils fournissent. Aussi doit-on penser que, si cette vaste étude est jusqu'ici à peine ébauchée, cela ne tient point uniquement à sa haute difficulté fondamentale, mais encore à cette vicieuse organisation des travaux scientifiques, relativement à toutes les questions de physiologie chimique, qui abandonne aux chimistes un ordre de recherches expressément destiné, par sa nature, aux seuls biologistes, et que ceux-ci ne sauraient trop promptement s'approprier désormais, après avoir convenablement rempli les conditions nécessaires. Du reste, cette conclusion générale doit se reproduire spontanément, sous un nouvel aspect, dans la seconde partie de ce volume.

L'ensemble de la discussion précédente suffit pour démontrer, d'une manière irrécusable, soit d'après des motifs généraux, soit par des vérifications spéciales, combien l'irrationnelle constitution de la chimie organique actuelle est profondément nuisible aux diverses études qui s'y trouvent rassemblées, d'abord sous le point de vue chimique, et surtout sous le point de vue physiologique. On doit donc tendre désormais à détruire irrévocablement cet assemblage hétérogène et purement factice, pour en réunir les différentes parties, suivant leur nature respective, les unes à la chimie proprement dite, les autres à la biologie.

Ceux qui ne verraient, dans une telle opération philosophique, qu'une simple transposition de sujets, en quelque sorte indifférente, témoigneraient ainsi un sentiment très imparfait de l'importance des méthodes rationnelles, et de l'harmonie nécessaire entre la nature des questions scientifiques et l'ensemble des conditions indispensables à leur étude. C'est surtout pour prévenir une semblable erreur, trop commune aujourd'hui, que j'ai cru devoir insister sur ce point essentiel, de manière à caractériser les graves inconvéniens qui résultent si clairement de l'organisation scientifique actuelle. Quand les sciences sont vaguement classées, comme il arrive le plus souvent, d'après des principes arbitraires, les transpositions de l'une à l'autre peuvent être conçues sans entraîner aucun dérangement important dans l'économie réelle de la philosophie naturelle. Mais, il n'en saurait être ainsi lorsque la hiérarchie des sciences a été directement fondée sur la comparaison rationnelle des différens ordres de phénomènes, de façon à correspondre à l'ensemble du développement positif de notre intelligence, comme je me suis toujours efforcé de le faire dans cet ouvrage. Alors, les questions d'attribution scientifique deviennent, au contraire, pour chaque étude, les plus capitales qu'on puisse concevoir, puisque leur solution détermine aussitôt l'esprit général des recherches et la nature des moyens employés, et exerce par là, sur tous les progrès effectifs, une influence principale et nécessaire.

Il nous reste maintenant à examiner directement le principe général qui devra présider à la démolition rationnelle de la chimie organique, c'est-à-dire, à la répartition judicieuse de ses différentes portions entre la chimie et la physiologie. Les diverses considérations déjà indiqués dans cette leçon permettent d'établir aisément cette distinction fondamentale.

Tout se réduit, en effet, pour cela, comme je l'ai annoncé dans l'avant-dernière leçon, à la séparation essentielle entre l'état de mort et l'état de vie, ou, ce qui revient à peu près au même sous le point de vue actuel, entre la stabilité et l'instabilité des combinaisons proposées, soumises à l'influence des agens ordinaires. Parmi les divers composés indistinctement réunis aujourd'hui sous la vague dénomination d'organiques, les uns ne doivent leur existence qu'au mouvement vital, ils sont assujettis à des variations continuelles, et constituent presque toujours de simples mélanges : ceux-là ne sauraient appartenir à la chimie, et ils rentrent dans le domaine de la biologie, soit statique, soit dynamique, suivant qu'on étudie ou leur état fixe, ou la succession vitale de leurs changemens réguliers ; tels sont, par exemple, le sang, la lymphe, la graisse, etc. Les autres, au contraire, qui forment les principes les plus immédiats des premiers, sont des substances essentiellement mortes, susceptibles d'une permanence remarquable, et présentant tous les caractères de véritables combinaisons, indépendantes de la vie : ceux-ci ont évidemment leur place naturelle dans le système général de la science chimique, entre les substances d'origine inorganique, dont ils ne diffèrent réellement sous aucun rapport important ; les acides organiques, l'alcool, l'albumine, l'urée, etc., en offrent des exemples incontestables.

Ce second ordre de substances devrait seul composer le vrai domaine de la chimie organique, s'il pouvait exister aucun motif rationnel de séparer leur étude de celle de leurs divers analogues inorganiques, et si une semblable disposition n'avait point, en réalité, pour les uns et pour les autres, les plus graves inconvéniens scientifiques, comme je l'ai précédemment établi. Que la connaissance approfondie de telles combinaisons doive constituer un préliminaire spécialement indispensable à l'examen chimique des phénomènes vitaux, cela ne saurait être douteux; mais une telle propriété ne peut donner à cette partie de la chimie aucun droit particulier à la qualification exclusive d'*organique :* autrement, on serait conduit à reconnaître le même caractère dans la théorie de l'oxigène, de l'hydrogène, du carbone et de l'azote (qui sont, au moins, tout aussi directement nécessaires à cet égard), et même dans l'étude de beaucoup d'autres substances acides, alcalines ou salines, sans lesquelles l'anatomie et la physiologie chimiques seraient essentiellement inintelligibles. Quant aux phénomènes chimiques vraiment communs à tous les divers composés de cette classe, par suite de l'identité nécessaire de leurs élémens principaux, il importe certainement de les faire ressortir avec soin. Les plus généraux et les plus essentiels d'entre ces phénomènes constituent aujourd'hui la théorie, si intéressante et si imparfaite encore, des différentes espèces de fermentation. Mais la considération de ces propriétés communes n'est point, en elle-même, d'un autre ordre que celle qui résulte du même motif fondamental envers beaucoup d'autres composés, purement inorganiques. On ne saurait en déduire, sans exagération, la nécessité rationnelle de réunir, par cela seul, l'ensemble de ces substances en une même catégorie générale, isolée de tout le reste du système chimique. Cette analogie devra seulement être judicieusement pesée plus tard, en concurrence avec toute autre analogie réelle, qui pourra se trouver, ou supérieure, ou inférieure, lorsqu'il s'agira d'établir directement la classification naturelle des études chimiques, sans qu'on puisse aujourd'hui nullement prescrire d'avance, à cet égard, le résultat final d'une telle discussion. La propriété de fermenter, quelque grande que soit son importance effective, n'a pas, sans doute, une plus haute valeur scientifique que la propriété de brûler, et ne saurait constituer davantage un attribut caractéristique, ni un titre prépondérant et exclusif de classification. Néanmoins, il est bien reconnu aujourd'hui qu'on avait d'abord accordé une influence exagérée à la considération du phénomène de la combustion, dans l'ensemble des substances inorganiques. Pourquoi n'en serait-il point de même aujourd'hui, envers les substances dites organiques, pour le phénomène de la fermentation, ou pour toute autre propriété commune? Il y aurait donc une vaine présomption à vouloir assigner, dès à présent, la vraie position définitive de ces derniers composés dans le système rationnel de la science chimique : une telle question serait évidemment prématurée. Mais, nous pouvons affirmer, avec une pleine sécurité, que, dans ce système, ces diverses combinaisons seront nécessairement plus ou moins séparées les unes des autres, et intercalées parmi les combinaisons dites inorganiques. Or, il n'en faut pas davantage pour décider irrévocablement la question qui constitue le principal objet de la leçon actuelle, quant au maintien ou à la suppression de la chimie organique comme un corps de doctrine distinct.

Le principe que je viens de poser ne peut laisser aucune difficulté essentielle pour distinguer exactement ce qui, dans cet ensemble artificiel, doit être incorporé à la chimie proprement dite, en réservant l'examen ultérieur du mode d'incorporation; et ce qui, au contraire, doit être enfin ressaisi par les physiologistes comme vraiment relatif à l'étude de la vie. Au reste, ce principe n'étant nullement arbitraire, les conséquences naturelles de son application à chaque cas particulier dissiperaient nécessairement toute incertitude, s'il pouvait en exister encore. Car, il suffirait de se demander si l'examen scientifique de la question proposée peut être effectué, d'une manière satisfaisante, par le seul emploi des connaissances chimiques, ou bien s'il exige aussi le concours indispensable des considérations biologiques. D'après une telle alternative, aucun bon esprit ne pourrait plus hésiter sur le vrai classement de chaque sujet de recherches. On a droit de s'étonner, par exemple, que la nécessité, bien reconnue aujourd'hui par tous les chimistes, d'introduire, dans leurs traités de chimie organique, diverses notions de physiologie végétale et animale (ordinairement, il est vrai, très vagues ou très superficielles), ne les ait point éclairés sur la confusion fondamentale de deux ordres d'idées hétérogènes, qui caractérise cette partie du système actuel de leurs études.

Il serait contraire à la nature de cet ouvrage d'examiner ici aucun usage spécial de ce principe d'attribution scientifique, que j'ai dû me borner à formuler nettement après l'avoir sommairement motivé. Toutefois, en considérant l'ensemble de ses applications, il convient de remarquer que, dans ce dépècement total de la chimie organique actuelle au profit de la chimie proprement dite et de la biologie, ses deux parties essentielles, relatives, l'une à l'étude des substances végétales, l'autre à celle des substances animales, devront, par leur nature, se répartir très inégalement entre ces deux sciences fondamentales. La première, en effet, fournira nécessairement davantage à la chimie, et la seconde à la biologie.

Un premier aperçu pourrait faire penser que la différence doit plutôt exister en sens inverse, car l'importance proportionnelle des considérations chimiques est réellement plus grande à l'égard des végétaux vivans qu'envers les animaux, pour lesquels, après qu'on a dépassé les rangs très inférieurs de la hiérarchie zoologique, les fonctions chimiques, quoique constituant toujours la base indispensable de leur vie, deviennent subordonnées à un ordre supérieur de nouvelles actions vitales. Mais, néanmoins, en vertu du degré plus élevé d'élaboration vitale que reçoit la matière dans l'organisme animal, comparé à l'organisme végétal, il demeure incontestable que la partie chimique de la physiologie animale présente beaucoup plus d'étendue et de complication que celle qui correspond à la physiologie végétale, où manque, par exemple, toute l'importante série des phénomènes de la digestion, où aussi l'assimilation et les sécrétions sont, comparativement, très simplifiées. La seule inspection générale d'un traité quelconque de chimie organique, permet de vérifier aisément que les questions de nature évidemment physiologique, se trouvent, en effet, bien plus multipliées dans la chimie animale que dans la chimie végétale. C'est l'inverse, au contraire, quant aux questions dont la nature est vraiment chimique. A raison même de cette élaboration vitale plus profonde, et du nombre supérieur de leurs élémens, les substances animales proprement dites doivent être, en général, beaucoup moins stables que la plupart des substances végétales; rarement peuvent-elles persister en dehors de l'organisme; et, en même temps, les nouveaux principes immédiats qui leur appartiennent exclusivement sont si peu nombreux que leur existence a pu être mise directement en question. La végétation constitue évidemment la principale source des vrais composés organiques, que l'organisme animal ne fait le plus souvent qu'emprunter à l'organisme végétal, en les modifiant, plus ou moins, soit par leurs combinaisons mutuelles, soit par de nouvelles influences extérieures. Ainsi, le domaine rationnel de la science chimique doit être nécessairement bien plus augmenté par l'étude des substances végétales que par celle des substances animales. Telles sont les principales remarques philosophiques auxquelles puisse donner lieu ici l'application générale de la règle fondamentale de répartition que j'ai proposée, et dont une semblable comparaison m'a paru propre à rendre plus sensible le caractère essentiel.

La nécessité d'assujettir à la loi du dualisme les composés organiques dont l'étude doit être définitivement incorporée au système général de la science chimique, a été assez hautement constatée, sous les rapports les plus importans, dans la suite des leçons précédentes, pour que je sois entièrement dispensé de revenir ici, d'une manière spéciale, sur cette grande question de philosophie chimique. Je crois, néanmoins, convenable d'indiquer, en dernier lieu, un nouvel aspect, plus particulier, sous lequel une telle conception peut contribuer au perfectionnement des théories chimiques, en établissant une harmonie plus satisfaisante entre la composition des diverses substances organiques et l'ensemble de leurs propriétés caractéristiques.

En considérant ces substances comme ternaires ou quaternaires, l'identité de leurs trois ou quatre élémens essentiels ne permet d'expliquer leur multiplicité très variée que par la seule diversité des proportions de leurs principes constituans. J'ai examiné ailleurs la difficulté fondamentale qui en résulte pour l'entière généralisation de la doctrine des proportions définies, et j'ai fait connaître le moyen principal d'y remédier. Mais, ici, en poursuivant, sous un autre point de vue, les conséquences d'une telle conception, je dois faire remarquer que, dans un grand nombre de cas, elle conduit à expliquer des différences très prononcées entre deux substances organiques par une très faible inégalité de leurs compositions numériques, de manière à choquer souvent l'ensemble des analogies chimiques. Il y a plus même. Outre cette insuffisante harmonie, la chimie organique offre déjà quelques exemples irrécusables, qui paraissent tendre aujourd'hui à se multiplier beaucoup, où l'on ne peut saisir aucune différence réelle de composition entre deux substances, qu'une exacte comparaison de leurs principales propriétés ne permet d'ailleurs nullement de regarder comme identiques : tels sont, entre autres, le sucre et la gomme. La manière actuelle de philosopher entraîne nécessairement les chimistes à supposer une très légère inégalité de composition numérique, dont leurs moyens analytiques ne sauraient être assez précis pour constater l'exis tence réelle. Un tel expédient, quoique très naturel, ne fait, tout au plus, que reculer la difficulté sans la résoudre; et il est, en lui-même, directement contraire à l'esprit général de la vraie philosophie chimique, qui prescrit évidemment de proportionner toujours la différence de composition au degré de diversité des principaux phénomènes. Or, on peut aisément concevoir que la dualisation des composés organiques tend à dissiper entièrement cet ordre important d'anomalies. Car, en distinguant convenablement l'analyse immédiate de l'analyse élémentaire, le dualisme chimique permet de résoudre directement, de la manière la plus naturelle, le paradoxe général de la diversité réelle de deux substances composées des mêmes élémens, unis suivant les mêmes proportions. En effet, ces substances isomères différeraient alors par leurs analyses immédiates, quoique, dans l'analyse élémentaire, elles eussent fourni des résultats parfaitement identiques, ce qu'il est très facile de concilier, en procédant à peu près comme je l'ai fait dans l'avant-dernière leçon pour la loi des proportions définies. Les chimistes ont déjà remarqué, par exemple, dans une tout autre intention, la possibilité de représenter exactement la composition numérique de l'alcool, ou de l'éther, etc., d'après plusieurs formules binaires, radicalement distinctes les unes des autres, et néanmoins finalement équivalentes quant à l'analyse élémentaire, en combinant, tantôt le gaz oléfiant avec l'eau, tantôt l'hydrogène carboné avec l'acide carbonique ou avec le deutoxide d'hydrogène, etc. Or, si ces combinaisons fictives devenaient jamais susceptibles de réalisation, elles donneraient évidemment lieu à des substances très distinctes, qui pourraient même différer beaucoup par l'ensemble de leurs propriétés chimiques, et qui cependant coïncideraient par leur composition élémentaire. Parmi les composés purement inorganiques, et bien dualisés aujourd'hui, on conçoit, par exemple, que le sulfite formé par un métal au plus haut degré d'oxidation, pourrait produire, à l'analyse finale, des résultats absolument identiques à ceux que fournirait le sulfate du même métal moins oxidé, sans que personne eût néanmoins la pensée de confondre ces deux composés. Il suffirait donc de transporter le même esprit dans l'étude des combinaisons organiques, par l'établissement d'un dualisme universel, pour dissiper aussitôt toutes ces anomalies paradoxales. Les considérations indiquées dans la trente-septième leçon sont très propres à faire ressortir toute la fécondité nécessaire de cette nouvelle ressource générale, qui se trouve ainsi pouvoir être heureusement préparée avant que les cas d'isomérie soient encore devenus très fréquens.

Tel est l'ensemble des considérations générales que je devais signaler, dans cette leçon, pour compléter l'appréciation philosophique du corps de doctrine radicalement hétérogène que forme aujourd'hui la chimie organique. On ne peut plus tarder à reconnaître ainsi que le maintien irréfléchi de cette conception vicieuse constitue directement un obstacle insurmontable à toute systématisation vraiment rationnelle de la science chimique. Les physiologistes surtout seront, sans doute, bientôt disposés à sentir convenablement combien l'abandon inexcusable d'une partie fondamentale de leurs attributions entre les mains des chimistes, nécessairement plus ou moins incompétens, est profondément nuisible au progrès général de la science biologique. D'après le principe que j'ai établi, la répartition judicieuse de la chimie organique entre la chimie et la biologie ne peut donner lieu à aucune grande difficulté scientifique. Enfin, le dualisme systématique permet d'établir une uniformité fondamentale dans l'étude chimique de tous les composés, sans acception d'origine organique ou inorganique, en même temps qu'il fournit le moyen général de les ramener tous aux mêmes lois essentielles de composition numérique, et qu'il conduit aussi à instituer partout une exacte harmonie naturelle entre la composition des substances et l'ensemble de leurs caractères.

Par la suite des leçons déjà contenues dans ce volume, je me suis efforcé de caractériser avec exactitude le véritable esprit général de la science chimique, successivement envisagée sous tous les points de vue philosophiques que comporte son état actuel, en dirigeant cet examen de manière à faire bien ressortir les principales conditions indispensables à son perfectionnement essentiel, qui doit bien moins consister désormais en une vaine surabondance de nouveaux matériaux que dans la systématisation rationnelle des connaissances déjà acquises, la chimie étant aujourd'hui aussi riche en détails qu'elle est imparfaitement constituée comme science fondamentale. Deux pensées prépondérantes, distinctes, mais intimement liées, ont dominé l'ensemble de ce travail sur la philosophie chimique : la fusion de toutes les études chimiques, préalablement bien circonscrites d'après la nature de la science, en un seul corps de doctrine homogène ; la réduction universelle de toutes les combinaisons quelconques à la conception indispensable d'un dualisme toujours facultatif. Je me suis surtout attaché à présenter ces deux conditions corrélatives comme strictement nécessaires pour la constitution définitive de la science chimique, avec le caractère qui lui est propre et le genre de consistance que comporte sa nature. L'application directe d'une telle conception philosophique à la seule partie des études chimiques qui manifeste réellement aujourd'hui une rationnalité positive, a dû mettre hors de doute son opportunité générale, en montrant son aptitude spontanée à résoudre complétement les anomalies fondamentales de la chimie numérique. Ainsi, cet examen de la philosophie chimique, outre qu'il constitue un élément indispensable de mon système général de philosophie positive, pourra contribuer immédiatement au progrès futur de la science chimique, s'il parvient à fixer convenablement l'attention des esprits spéciaux.

Cette nouvelle partie fondamentale de la grande opération philosophique que j'ai osé entreprendre complète l'appréciation de l'ensemble de la philosophie naturelle, en ce qui concerne les phénomènes universels, ou inorganiques. Je dois maintenant procéder à l'examen d'un ordre de phénomènes beaucoup plus compliqué, dont l'étude rationnelle, nécessairement encore plus imparfaite, est jusqu'ici à peine organisée, et qui, néanmoins, malgré leur spécialité, donnent lieu à la partie la plus indispensable de la philosophie naturelle, celle dont l'homme, et ensuite la société, constituent directement l'objet principal, et sans laquelle, par cela même, aucune conception positive, d'une nature quelconque, ne saurait être rigoureusement complète; ce qui la lie intimement au développement fondamental de notre intelligence dans toutes les directions possibles.

# QUARANTIÈME LEÇON.

―――

Considérations philosophiques sur l'ensemble de la science biologique (1).

L'étude de l'homme et celle du monde extérieur constituent nécessairement le double et éternel sujet de toutes nos conceptions philosophiques. Chacun de ces deux ordres généraux de spéculations peut être appliqué à l'autre, et lui

---

(1) Afin de préciser davantage mes considérations philosophiques sur l'état présent de la science des corps vivans, j'ai dû, en général, les rapporter intuitivement à une exposition complète et bien déterminée de l'ensemble de cette science. Or, je dois ici spécifier directement que j'ai, à cet effet, principalement choisi le cours de physiologie générale et comparée, commencé en 1829 et terminé en 1832, à la faculté des sciences de Paris, par mon illustre ami M. de Blainville. Quoique fort éloigné de m'y restreindre d'une manière exclusive, j'ai considéré ce cours mémorable, que je me féliciterai toujours d'avoir intégralement suivi, comme le type le plus parfait de l'état le plus avancé de la biologie actuelle.

Tous ceux qui s'intéressent au progrès de la saine philosophie physiologique doivent regretter profondément qu'un travail aussi capital, où, pour la première fois, du moins en France, le système entier de la science vitale a été rationnellement exposé par un esprit à la hauteur d'une telle entreprise, n'ait pu encore être livré à la méditation habituelle des intelligences capables de l'apprécier dignement. La première année, comprenant les prolégomènes et l'anatomie générale, a seule été publiée en 1830.

servir même de point de départ. De là résultent deux manières de philosopher entièrement différentes, et même radicalement opposées, selon qu'on procède de la considération de l'homme à celle du monde, ou, au contraire, de la connaissance du monde à celle de l'homme. Quoique, parvenue à sa pleine maturité, la vraie philosophie doive inévitablement tendre à concilier, dans leur ensemble, ces deux méthodes antagonistes, leur contraste fondamental constitue néanmoins le germe réel de la différence élémentaire entre les deux grandes voies philosophiques, l'une théologique, l'autre positive, que notre intelligence a dû suivre successivement, comme je l'établirai, d'une manière spéciale et directe, dans le volume suivant. Je ferai voir alors que le véritable esprit général de toute philosophie théologique ou métaphysique consiste à prendre pour principe, dans l'explication des phénomènes du monde extérieur, notre sentiment immédiat des phénomènes humains; tandis que, au contraire, la philosophie positive est toujours caractérisée, non moins profondément, par la subordination nécessaire et rationnelle de la conception de l'homme à celle du monde. Quelle que soit l'incompatibilité fondamentale manifestée, à tant de titres, entre ces deux philosophies, par l'ensemble de leur développement successif, elle n'a point, en effet, d'autre origine essentielle, ni d'autre base permanente, que cette simple différence d'ordre entre ces deux notions également indispensables. En faisant prédominer, comme l'esprit humain a dû, de toute nécessité, le faire primitivement, la considération de l'homme sur celle du monde, on est inévitablement conduit à attribuer tous les phénomènes à des *volontés* correspondantes, d'abord naturelles, et ensuite extra-naturelles, ce qui constitue le système théologique. L'étude directe du monde extérieur a pu seule, au contraire, produire et développer la grande notion des *lois* de la nature, fondement indispensable de toute philosophie positive, et qui, par suite de son extension graduelle et continue à des phénomènes de moins en moins réguliers, a dû être enfin appliquée à l'étude même de l'homme et de la société, dernier terme de son entière généralisation. Aussi peut-on remarquer avec intérêt que les diverses écoles théologiques et métaphysiques, malgré les profondes et innombrables divergences qui les annulent réciproquement aujourd'hui, s'accordent néanmoins toujours en ce seul point fondamental de concevoir comme primordiale la considération de l'homme, en reléguant, comme secondaire, celle du monde extérieur, le plus souvent presque entièrement négligée. De même, l'école positive n'a pas de caractère plus tranché que sa tendance spontanée et invariable à baser l'étude réelle de l'homme sur la connaissance préalable du monde extérieur.

Bien que ce ne soit point ici le lieu de traiter convenablement cette haute question philosophique, j'ai dû néanmoins, dès ce moment, indiquer, par anticipation, cette vue générale, comme éminemment propre à faire directement ressortir, d'un seul aspect, le véritable esprit fondamental de la philosophie positive, et à signaler en même temps l'imperfection principale de sa constitution scientifique actuelle. A l'égard de toute autre science, une telle considération concernerait seulement sa vraie position encyclopédique, sans affecter directement son caractère essentiel. Mais, pour la physiologie, cette subordination générale à la science du monde extérieur constitue réellement, au contraire, le premier fondement nécessaire de sa positivité rationnelle. Vainement a-t-on accumulé, depuis long-temps, dans l'étude de l'homme, une multitude de faits plus ou moins bien analysés : la manière primitive de philosopher a dû s'y trouver essentiellement maintenue, par cela seul qu'une telle étude était toujours conçue comme directe et isolée de celle de la nature inerte. La physiologie n'a commencé à prendre un vrai caractère scientifique, en tendant à se dégager irrévocablement de toute suprématie théologique ou métaphysique, que depuis l'époque, presque contemporaine, où les phénomènes vitaux ont enfin été regardés comme assujettis aux lois générales, dont ils ne présentent que de simples modifications. Cette révolution décisive est maintenant irrécusable, quoique jusqu'ici très incomplète, quelque récentes et quelque imparfaites que soient encore les tentatives philosophiques pour rendre positive l'étude des phénomènes physiologiques les plus compliqués et les plus particuliers, surtout celle des fonctions nerveuses et cérébrales. La prétendue indépendance des corps vivans envers les lois générales, si hautement proclamée encore, au commencement de ce siècle, par le grand Bichat lui-même, n'est plus désormais directement soutenue, en principe, que par les seuls métaphysiciens. Néanmoins, le sentiment naissant du vrai point de vue spéculatif sous lequel la vie doit être étudiée est jusqu'ici assez peu énergique pour n'avoir pu déterminer réellement aucun changement radical dans l'ancien système de culture de la science biologique, surtout en ce qui concerne sa préparation rationnelle, qui continue à être habituellement indépendante de la philosophie mathématique et de la philosophie inorganique, véritables sources de l'esprit scientifique, et seuls fondemens solides de l'entière positivité des études vitales.

Il n'y a donc pas de science fondamentale à l'égard de laquelle l'opération philosophique qui constitue le principal objet de ce traité puisse avoir autant d'importance qu'envers la biologie, pour fixer définitivement son vrai caractère général, jusqu'ici essentiellement indécis, et qui n'a jamais été, d'une manière directe et complète, rationnellement discuté.

Une telle opération n'est pas seulement destinée à soustraire enfin sans retour l'étude des corps vivans aux diverses influences métaphysiques qui y altèrent encore, à un si haut degré, la plupart des conceptions essentielles. Elle doit remplir en outre un autre office non moins capital, en préservant désormais de toute atteinte sérieuse l'originalité scientifique de cette étude, continuellement exposée jusqu'ici aux empiétemens exagérés de la philosophie inorganique, qui tend à la transformer en un simple appendice de son domaine scientifique. Depuis environ un siècle que la biologie fait effort pour se constituer dans la hiérarchie rationnelle des sciences fondamentales, elle a été en quelque sorte incessamment ballotée entre la métaphysique qui s'efforçait de la retenir et la physique qui tendait à l'absorber, entre l'esprit de Stahl et l'esprit de Boërhaave. Ce déplorable tiraillement, qui est encore très sensible, quoique heureusement fort atténué, ne saurait être entièrement dissipé que par un examen direct du vrai caractère propre à la science biologique, considérée du point de vue le plus élevé de la philosophie positive, dont la prépondérance peut seule permettre à l'étude des corps vivans de marcher sans hésitation dans la voie systématique qui convient à sa véritable nature.

L'extrême complication des phénomènes physiologiques, comparés à tous ceux du monde inorganique, explique aisément, de la manière la plus satisfaisante, la grande imperfection relative de leur étude, en y ajoutant d'ailleurs, comme suite naturelle de cette complication, la culture beaucoup plus récente d'une telle classe de recherches. Cette différence fondamentale nous interdit même, conformément à la règle encyclopédique établie dans les prolégomènes de ce traité, d'espérer que la science biologique puisse comporter, à aucune époque, des progrès équivalens à ceux qui peuvent être plus ou moins complètement réalisés à l'égard des parties plus simples et plus générales de la philosophie naturelle. Toutefois, une judicieuse appréciation philosophique doit mettre en évidence que, malgré sa profonde imperfection actuelle, l'étude des corps vivans est, en réalité, bien plus avancée déjà que ne peut le faire présumer l'irrationnelle disposition d'esprit d'après laquelle on a coutume de la juger aujourd'hui. L'influence plus prononcée que la philosophie métaphysique, ou même théologique, continue à exercer vulgairement jusqu'ici sur cet ordre de conceptions, conduit trop souvent à y rechercher encore ces notions absolues et radicalement inaccessibles auxquelles, depuis long-temps, l'esprit humain a eu la sagesse de renoncer envers les phénomènes moins compliqués. Par une inconséquence singulière, et néanmoins spontanée, les mêmes intelligences qui, relativement aux plus simples effets naturels, reconnaissent l'inanité nécessaire de toute spéculation sur les causes premières et sur le mode essentiel de production des phénomènes, n'hésitent pas cependant à aborder directement ces vaines questions dans l'étude si complexe des corps vivans. Depuis près d'un siècle, tous les bons esprits s'accordent à dispenser désormais la physique de pénétrer le mystère de la pesanteur, dont elle doit seulement dévoiler les lois effectives; mais cela n'empêche point qu'on ne reproche journellement à la saine physiologie de ne rien nous apprendre sur l'essence intime de la vie, du sentiment, et de la pensée. Il est aisé de juger combien cette tendance métaphysique doit inspirer une opinion exagérée de l'imperfection réelle de la biologie actuelle. En apportant, dans l'examen de cette grande science, la même disposition philosophique qu'à l'égard des parties antérieures de l'étude de la nature, on reconnaîtra, je pense, que si, par une impérieuse et évidente nécessité, la biologie est plus arriérée qu'aucune autre science fondamentale, elle possède néanmoins déjà, sur les vrais sujets de ses recherches positives, des notions rationnelles infiniment précieuses, et que, en un mot, son caractère scientifique est beaucoup moins inférieur qu'on n'a coutume de le supposer à celui des sciences précédentes. Du reste, l'appréciation philosophique de ces diverses sciences, préalablement effectuée avec soin dans les sections correspondantes de cet ouvrage, nous permettra de fixer avec exactitude le vrai degré de perfection relative de la science biologique, lorsque la suite naturelle de ce discours nous aura conduits à l'examen direct d'une telle comparaison.

Après ce préambule général, nous devons considérer ici l'ensemble de la biologie sous les mêmes aspects philosophiques que toutes les sciences fondamentales envisagées jusqu'à présent. Il faut donc nous attacher d'abord à caractériser, d'une manière précise, son objet essentiel, et à circonscrire, le plus rigoureusement possible, le véritable champ de ses recherches propres.

Le développement spontané de notre intelligence tend, sans doute, à déterminer graduellement par lui-même, sans aucun autre mobile, le passage de chaque branche de nos connaissances de l'état théologique et ensuite métaphysique à l'état positif, comme je l'établirai directement dans le volume suivant. Mais nos facultés spéculatives ont naturellement, même chez les esprits les plus éminens, trop peu d'activité propre pour qu'une telle progression ne fût pas nécessairement d'une extrême lenteur, si elle n'eût point été heureusement accélérée par une stimulation étrangère et permanente, d'ailleurs inévitable. L'histoire entière de l'esprit humain ne présente jusqu'ici aucun exemple de quelque importance où cette révolution décisive se soit réellement accomplie par la seule voie rationnelle du simple enchaînement logique de nos conceptions abstraites. Parmi ces influences auxiliaires, si indispensables pour hâter le progrès naturel de la raison humaine, il faut distinguer avec soin, comme la plus générale, la plus directe, et la plus efficace, l'impulsion énergique qui résulte des besoins de l'application. C'est ce qui a fait dire à la plupart des philosophes que toute science naissait d'un art correspondant, maxime fort exagérée sans doute, mais qui renferme néanmoins un grand fonds de vérité, si, comme il convient, on la restreint à la séparation effective de chaque science d'avec le système universel et primitif de la philosophie théologique ou métaphysique, produit immédiat du premier essor spontané de notre intelligence. En ce sens, il est très vrai que, dans tous les genres, la formation des véritables sciences a été, sinon déterminée, du moins extrêmement hâtée par la double réaction nécessaire exercée sur elles par les arts, soit à raison des données positives qu'ils leur fournissent involontairement, soit surtout en vertu de leur inévitable et heureuse tendance à entraîner les recherches spéculatives vers le domaine des questions réelles et accessibles, et à faire plus hautement ressortir l'inanité radicale des conceptions théologiques ou métaphysiques.

Mais, quoique la liaison des sciences aux arts ait été long-temps d'une importance capitale pour le développement des premières, et qu'elle continue à réagir encore très utilement sur leur progrès journalier, il est néanmoins incontestable que, d'après le mode irrationnel suivant lequel cette relation est presque toujours organisée jusqu'ici, elle tend, d'un autre côté, à ralentir la marche des connaissances spéculatives, une fois parvenues à un certain degré d'extension, en assujettissant la théorie à une trop intime connexion avec la pratique. Quelque limitée que soit, en réalité, notre force de spéculation, elle a cependant, par sa nature, beaucoup plus de portée que notre capacité d'action, en sorte qu'il serait radicalement absurde de vouloir astreindre la première, d'une manière continue, à régler son essor sur celui de la seconde, qui doit au contraire, s'efforcer de la suivre autant que possible. Les domaines rationnels de la science et de l'art sont, en général, parfaitement distincts, quoique philosophiquement liés : à l'une il appartient de connaître, et par suite de prévoir; à l'autre, de pouvoir, et par suite d'agir. Si, dans sa positivité naissante, chaque science dérive d'un art, il est tout aussi certain qu'elle ne peut prendre la constitution spéculative qui convient à sa nature, et qu'elle ne saurait comporter un développement ferme et rapide, que lorsqu'elle est enfin directement conçue et librement cultivée, abstraction faite de toute idée d'art. Cette irrécusable nécessité se vérifie aisément à l'égard de chacune des sciences fondamentales dont le caractère propre est déjà nettement prononcé. Le grand Archimède en avait, sans doute, un bien profond sentiment, lorsque, dans sa naïve sublimité, il s'excusait envers la postérité d'avoir momentanément appliqué son génie à des inventions pratiques. Toutefois, à l'égard des sciences mathématiques, et même de l'astronomie, cette vérification, quoique très réelle, est peu sensible aujourd'hui, vu l'époque trop reculée de leur formation. Mais, quant à la physique, et surtout à la chimie, à la naissance scientifique desquelles nous avons, pour ainsi dire, assisté, chacun sent à la fois et combien leur relation aux arts a été essentielle à leurs premiers pas, et combien ensuite leur entière séparation d'avec eux a contribué à la rapidité de leurs progrès. C'est aux travaux d'art que sont dus évidemment, par exemple, les séries primitives de faits chimiques : mais l'immense développement de la chimie depuis un demi-siècle doit être certainement attribué, en grande partie, au caractère purement spéculatif qu'a pris enfin cette étude, devenue dès lors pleinement indépendante de la culture d'un art quelconque.

Ces réflexions générales sont éminemment applicables à la science physiologique, dont elles tendent à épurer la constitution philosophique actuelle. Il n'y a pas de science dont la marche ait dû être aussi étroitement liée au développement de l'art correspondant que l'histoire ne le montre pour la biologie, comparée à l'art médical; la complication supérieure d'une telle science et l'importance prépondérante d'un tel art, expliquent aisément cette connexion plus intime. C'est, à la fois, en vertu des besoins croissants de la médecine pratique, et des indications qu'elle a nécessairement procurées sur les principaux phénomènes vitaux, que la physiologie a commencé à se détacher du tronc commun de la philosophie primitive, pour se composer de plus en plus de notions vraiment positives. Sans cette heureuse et puissante influence, la physiologie en serait encore restée très probablement à ces dissertations académiques, moitié littéraires et moitié métaphysiques, parsemées çà et là de quelques observations purement épisodiques, dont elle était, il n'y a guère plus d'un siècle, presque uniquement formée. On ne saurait donc mettre en doute la haute importance d'une telle relation pour le développement effectif de la vraie physiologie jusqu'à présent. Toutefois, il y a lieu de penser que la science biologique est parvenue aujourd'hui, comme l'ont fait avant elle les autres sciences fondamentales, à cette époque de pleine maturité où, dans l'intérêt de ses progrès ultérieurs, elle doit prendre un essor franchement spéculatif, entièrement libre de toute adhérence directe, soit à l'art médical, soit à aucune autre application quelconque. La coordination rationnelle du vrai système des connaissances humaines impose strictement une telle condition, sans laquelle nos conceptions fondamentales auraient nécessairement un caractère équivoque et bâtard, susceptible d'entraver beaucoup leur développement naturel. Seulement, quand toutes les sciences spéculatives auront ainsi pris définitivement la constitution abstraite propre à chacune d'elles, il doit être bien entendu, comme je l'ai établi dans la deuxième leçon, que la philosophie devra soigneusement s'occuper de rattacher, d'une manière directe et générale, le système des arts à celui des sciences, d'après un ordre intermédiaire de conceptions rationnelles, spécialement adaptées à cette importante destination, et dont la nature est jusqu'ici peu prononcée, ainsi que je l'ai indiqué alors. Mais une semblable opération serait maintenant prématurée, puisque le système des sciences fondamentales n'est point encore, en réalité, complétement formé. Pour la physiologie surtout, c'est principalement à l'isoler de la médecine qu'il faut tendre aujourd'hui, afin d'assurer l'originalité de son vrai caractère scientifique, en constituant la philosophie organique à la suite de la philosophie inorganique. Depuis Haller, cette importante séparation s'accomplit visiblement de plus en plus, surtout en Allemagne et en France; mais elle est loin encore d'être assez parfaite pour permettre à la biologie de prendre un libre et rapide essor abstrait. Non-seulement cette adhérence trop prolongée à l'art médical imprime aujourd'hui aux recherches physiologiques un caractère d'application immédiate et spéciale qui tend à les rétrécir extrêmement, et même à les empêcher d'acquérir l'entière généralité dont elles ont besoin pour prendre leur véritable rang dans le système de la philosophie naturelle; mais elle s'oppose directement, en outre, à ce que la science biologique soit cultivée par les intelligences les plus capables de diriger convenablement ses progrès spéculatifs. Il résulte, en effet, d'une telle confusion d'idées, que, sauf un très petit nombre de précieuses exceptions, cette étude capitale est jusqu'ici entièrement livrée aux seuls médecins, que la haute importance de leurs occupations principales, et, ordinairement aussi, la profonde imperfection de leur éducation actuelle, doivent rendre essentiellement impropres à une telle destination. Quoique l'organisation du monde savant soit, en général, très éloignée aujourd'hui de la constitution rationnelle qu'elle pourrait aisément acquérir, cependant sa première condition essentielle est, du moins, remplie, à un degré suffisant, envers toutes les autres sciences fondamentales, dont chacune est spécialement affectée à des esprits qui s'y consacrent d'une manière exclusive. La physiologie seule fait encore exception à cette règle évidente : elle n'a pas même une place régulièrement déterminée dans les corporations scientifiques les mieux instituées. Son importance capitale et sa difficulté supérieure ne sauraient permettre, sans doute, de concevoir une telle inconséquence comme un état normal et permanent. Ceux qui rejetteraient comme absurde la pensée de confier aux navigateurs la culture de l'astronomie, finiront probablement par trouver étrange l'usage d'abandonner, d'une manière analogue, les études biologiques aux loisirs des médecins; car, l'un n'est pas, en soi, plus rationnel que l'autre. Une aussi vicieuse organisation des travaux nous offre un témoignage irrécusable du peu de netteté des idées actuelles sur le vrai caractère philosophique propre à la science physiologique; et, en même temps, par une réaction nécessaire, elle doit contribuer fortement à prolonger cette incertitude fondamentale, d'où elle est d'abord provenue.

Le seul motif spécieux qui puisse être allégué en faveur d'une telle confusion, consiste dans la crainte vulgaire que la théorie, livrée désormais à son libre élan, ne perde trop de vue les besoins de la pratique, dont une semblable séparation tendrait à ralentir ainsi le perfectionnement essentiel. Mais le bon sens indique clairement que la science pourrait encore moins concourir au progrès de l'art, si celui-ci, en s'efforçant de la retenir adhérente, s'opposait éminemment, par cela même, à son vrai développement. D'ailleurs, l'expérience éclatante et unanime des autres sciences fondamentales doit achever de dissiper à ce sujet toute inquiétude sérieuse. Car, c'est précisément depuis que, uniquement consacrée à découvrir le plus complétement possible les lois de la nature, sans aucune vue d'application immédiate à nos besoins, chacune d'elles a pu faire d'importans et rapides progrès, qu'elles ont pu déterminer, dans les arts correspondans, d'immenses perfectionnemens, dont la recherche directe eût étouffé leur essor spéculatif. Cette considération, dès long-temps si frappante à l'égard de l'astronomie, est devenue, de nos jours, extrêmement sensible pour la physique, et surtout pour la chimie, qui, après son entière séparation d'avec les arts, leur a fait éprouver, en un demi-siècle, de plus grandes améliorations que pendant l'époque si prolongée où elle n'en était point distincte. Pourquoi en serait-il autrement dans l'ordre des phénomènes vitaux? Toutefois, il n'en importe pas moins, en ce genre, comme en tout autre, d'organiser ultérieurement, entre la théorie et la pratique, des relations systématiques, plus certaines et plus efficaces que ces réactions spontanées, qui semblent toujours présenter quelque chose de fortuit. Mais il ne saurait exister de relations nettes et rationnelles qu'entre des conceptions préalablement distinctes et indépendantes.

A l'égard des sciences plus avancées, la discussion précédente eût été, dans cet ouvrage, certainement superflue. Mais, envers la physiologie, un tel préliminaire m'a paru indispensable afin de mieux motiver, dès l'origine, l'aspect purement spéculatif sous lequel elle doit être ici exclusivement considérée, et qui est encore trop peu prononcé pour n'avoir pas besoin d'être caractérisé d'une manière spéciale. Examinons dès lors directement le véritable objet général de la science biologique, ainsi désormais abstraitement conçu. Or, l'étude des lois vitales constituant le sujet essentiel de la biologie, il est nécessaire pour se former une idée précise d'une telle destination, d'analyser d'abord en elle-même la notion fondamentale de la *vie*, envisagée sous le point de vue philosophique auquel l'état présent de l'esprit humain permet enfin de s'élever à cet égard.

Bichat est le premier qui ait tenté d'établir directement sur une base positive cette grande notion, jusque alors constamment enveloppée sous le vain et ténébreux assemblage des abstractions métaphysiques. Mais ce grand physiologiste, après après avoir judicieusement senti qu'une telle définition ne pouvait être fondée que sur un heureux aperçu général de l'ensemble des phénomènes propres aux corps vivans, ne sut point réaliser une sage application du principe rationnel qu'il avait si nettement posé. Subissant, à son insu, l'influence de cette ancienne philosophie dont il s'efforçait de sortir, il continua à se préoccuper de la fausse idée d'un antagonisme absolu entre la nature morte et la nature vivante, et il choisit, en conséquence, cette lutte chimérique pour le caractère essentiel de la vie. Comme l'examen sommaire de cette erreur capitale peut contribuer beaucoup à l'éclaircissement général de la question, il convient ici de nous y arrêter un moment.

La profonde irrationnalité d'une telle conception, consiste surtout en ce qu'elle supprime entièrement l'un des deux élémens inséparables dont l'harmonie constitue nécessairement l'idée générale de *vie*. Cette idée suppose, en effet, non-seulement celle d'un être organisé de manière à comporter l'état vital, mais aussi celle, non moins indispensable, d'un certain ensemble d'influences extérieures propres à son accomplissement. Une telle harmonie entre l'être vivant et le *milieu* correspondant, caractérise évidemment la condition fondamentale de la vie. Si, comme le supposait Bichat, tout ce qui entoure les corps vivans tendait réellement à les détruire, leur existence serait, par cela même, radicalement inintelligible : car, où pourraient-ils puiser la force nécessaire pour surmonter, même temporairement, un tel obstacle? A la vérité, la vie de chaque être dans chaque milieu cesse d'être possible aussitôt que la constitution de ce milieu vient à subir, sous un aspect quelconque, de trop grandes perturbations : et, en ce cas, l'action extérieure devient, en effet, destructive. Mais cela empêche-t-il que, renfermée entre des limites de variation convenables, cette action ne soit habituellement conservatrice? Dans tous les degrés de l'échelle biologique, l'altération et la cessation de la vie sont, sans doute, au moins aussi fréquemment déterminées par les modifications nécessaires et spontanées de l'organisme que par l'influence des circonstances ambiantes. Si, par exemple, un certain degré de froid ou de sécheresse ralentit et quelquefois suspend la vie de tel animal atmosphérique, un retour convenable de la chaleur et de l'humidité ranime ou rétablit son existence. Or, dans l'un comme dans l'autre cas, c'est également du milieu que provient l'influence : pourquoi ne pas avoir égard au concours aussi bien qu'à l'antagonisme ? L'état de vie serait donc très vicieusement caractérisé par cette indépendance imaginaire envers les lois générales de la nature ambiante, par cette opposition fantastique avec l'ensemble des actions extérieures.

Une semblable conception serait même tellement erronée qu'elle présenterait en un sens entièrement inverse de la réalité l'une des différences les plus capitales entre les corps vivans et les corps inertes, comme plusieurs physiologistes l'ont déjà judicieusement remarqué. En effet, les phénomènes inorganiques, en vertu de leur généralité supérieure, continuent à se produire, avec de simples différences de degré, dans presque toutes les circonstances extérieures où les corps peuvent être placés; ou du moins ils admettent à cet égard, des limites de variation extrêmement écartées. Ces limites deviennent d'autant plus distantes qu'on s'éloigne davantage des phénomènes physiologiques, en remontant la hiérarchie scientifique fondamentale que j'ai établie : enfin, parvenu jusqu'aux phénomènes de pesanteur et de gravitation, on trouve dès lors une rigoureuse universalité, non-seulement quant aux corps, mais aussi quant aux circonstances. C'est donc là que se manifeste réellement la plus haute indépendance envers le système ambiant. Le mode d'existence des corps vivans est, au contraire, nettement caractérisé par une dépendance extrêmement étroite des influences extérieures, soit pour la multiplicité des diverses actions dont il exige le concours déterminé, soit quant au degré spécial d'intensité de chacune d'elles. Il importe même de remarquer, afin de compléter cette observation philosophique, que, plus on s'élève dans la hiérarchie organique, plus, en général, cette dépendance augmente nécessairement, par la plus grande complication qu'éprouve le système des conditions d'existence à mesure que les fonctions se développent en se diversifiant davantage. Toutefois, pour qu'un tel aperçu soit exact, il faut considérer soigneusement, d'une autre part, que, si des fonctions plus variées multiplient inévitablement les relations extérieures, l'organisme, en s'élevant ainsi, réagit en même temps de plus en plus sur le système ambiant, de manière à le modifier en sa faveur. On doit donc distinguer, à ce sujet, afin d'éviter toute exagération, entre la multiplicité des actions extérieures, et les limites normales de leur intensité. Si, sous le premier point de vue, l'organisme vivant, à mesure qu'il s'élève, devient incontestablement de plus en plus dépendant du milieu correspondant, il en dépend d'ailleurs de moins en moins sous le second aspect : c'est-à-dire, que son existence exige un ensemble plus complexe de circonstances extérieures, mais qu'elle est compatible avec des limites de variation plus étendues de chaque influence prise à part. Un coup d'œil général sur la hiérarchie biologique suffit pour vérifier clairement cette double relation nécessaire. Ainsi, au dernier rang, se trouvent les végétaux, et les animaux fixés, qui, ne pouvant presque aucunement modifier la constitution du milieu correspondant, subissent nécessairement la fatale influence de ses plus légères altérations, mais dont l'existence serait, par cela même, impossible, si, d'un autre côté, elle n'était point inévitablement liée au concours d'un très petit nombre d'actions extérieures distinctes. De même, à l'autre extrémité, on voit les animaux supérieurs, et surtout l'homme, qui ne sauraient vivre qu'à l'aide de l'ensemble le plus complexe de conditions extérieures favorables, soit atmosphériques, soit terrestres, sous les divers aspects physiques et chimiques, mais qui, par une compensation non moins indispensable, sont susceptibles de supporter, à ces différens égards, des limites de variation beaucoup plus étendues que celles relatives aux organismes inférieurs, en vertu de leur plus grande aptitude à réagir sur le système ambiant. Néanmoins, quelle que soit l'importance de cette corrélation générale, on n'en pourrait, évidemment, induire aucun argument favorable à l'idée d'une prétendue indépendance fondamentale des corps vivans envers le monde extérieur, puisque, quand la dépendance est moindre en un sens, elle est nécessairement plus complète en un autre. Une telle opinion est donc, en réalité, directement contradictoire avec la notion même de la vie, envisagée dans l'ensemble des êtres connus. On comprend toutefois qu'elle ait pu séduire le génie de Bichat, à une époque où la considération fondamentale de la hiérarchie biologique ne pouvait encore servir de guide habituel aux méditations physiologiques, bornées à l'examen de l'homme, dont la véritable analyse est trop difficile pour être heureusement effectuée d'une manière directe. Mais il est aisé de prévoir combien le vice radical d'un tel point de départ a dû nécessairement altérer tout le système des conceptions physiologiques de Bichat, qui s'en est, en effet, profondément ressenti, comme nous aurons bientôt l'occasion de le constater avec précision.

Depuis que le développement de l'anatomie comparée, en rendant familière la considération de l'ensemble rationnel des êtres organisés, a permis enfin de fonder, d'une manière systématique, sur des bases vraiment positives, la notion abstraite de la vie, plusieurs philosophes contemporains, surtout en Allemagne, quoique dirigés par ce lumineux principe, se sont laissé égarer à ce sujet par une vicieuse tendance à généraliser outre mesure cette notion fondamentale. Une extension abusive du langage usité les a conduits à rendre l'idée de vie exactement équivalente à celle d'activité spontanée. Dès lors, comme tous les corps naturels sont évidemment actifs, à des degrés plus ou moins intenses et sous des rapports plus ou moins variés, il devenait par cela même nécessairement impossible d'attacher au nom de vie aucune signification scientifique nettement déterminée. Il est clair qu'une telle aberration logique tendrait même directement à rétablir cette confusion fondamentale qui constituait le caractère essentiel de l'ancienne philosophie, en représentant un corps quelconque comme plus ou moins vivant. L'inconvenance évidente d'affecter deux termes philosophiques distincts à la désignation d'une même idée générale, doit faire sentir que, afin d'éviter la dégénération déplorable des plus hautes questions scientifiques en de puériles discussions de mots, il n'est pas moins indispensable de restreindre soigneusement le nom de *vie* aux seuls êtres réellement vivans, c'est-à-dire organisés, que de lui attribuer une acception assez étendue pour s'appliquer rigoureusement à tous les organismes possibles et à tous leurs modes de vitalité. Sous ce rapport, comme relativement à toutes les notions vraiment primordiales, les philosophes auraient beaucoup gagné sans doute à traiter avec moins de dédain les grossières mais judicieuses indications du bon sens vulgaire, véritable point de départ éternel de toute sage spéculation scientifique.

Je ne connais jusqu'ici d'autre tentative pleinement efficace pour satisfaire à l'ensemble des conditions essentielles d'une définition philosophique de la vie que celle de M. de Blainville, lorsqu'il a proposé, il y a quinze ans, dans la belle introduction à son traité d'anatomie comparée, de caractériser ce grand phénomène par le double mouvement intestin, à la fois général et continu, de composition et de décomposition, qui constitue en effet sa vraie nature universelle. Cette lumineuse définition ne me paraît laisser rien d'important à désirer, si ce n'est une indication plus directe et plus explicite de ces deux conditions fondamentales co-relatives, nécessairement inséparables de l'état vivant, un *organisme* déterminé et un *milieu* convenable. Mais une telle critique n'est réellement que secondaire, car elle se rapporte bien plus à la seule formule qu'à la conception propre. En effet, le simple énoncé de M. de Blainville doit spontanément suggérer la double pensée d'une organisation disposée de manière à permettre cette continuelle rénovation intime, et d'un milieu susceptible à la fois de fournir à l'absorption et de provoquer à l'exhalation, quoiqu'il eût été plus convenable sans doute d'introduire dans la formule même une mention expresse de cette harmonie fondamentale. Sauf cette unique modification, il est évident qu'une semblable définition remplit directement, dans la plus juste mesure, toutes les prescriptions principales inhérentes à la nature d'un tel sujet, et qui ont été ci-dessus suffisamment caractérisées. Car, elle présente ainsi l'exacte énonciation du seul phénomène rigoureusement commun à l'ensemble des êtres vivans, considérés dans toutes leurs parties constituantes et dans tous leurs divers modes de vitalité, en excluant d'ailleurs, par sa composition même, tous les corps réellement inertes. Telle est, à mes yeux, la première base élémentaire de la vraie philosophie biologique.

Au premier abord, les philosophes qui se seraient arrêtés d'une manière trop exclusive à la seule considération de l'homme pourraient envisager la conception précédente comme directement contraire à la théorie générale des définitions, qui prescrit évidemment de chercher la caractéristique d'un phénomène quelconque dans les cas où il est le plus développé, et non dans ceux où il l'est le moins. Il semble en effet que la définition de M. de Blainville n'a point convenablement égard à la grande pensée d'Aristote et de Buffon, si fortement établie par Bichat, malgré ses exagérations évidentes, sur la distinction capitale entre la vie *organique* et la vie *animale*, et qu'elle se rapporte entièrement à la seule vie végétative. Mais cette importante objection n'aboutirait qu'à faire ressortir avec une plus haute évidence toute la judicieuse profondeur de la définition proposée, en montrant combien elle repose sur une exacte appréciation de l'ensemble de la hiérarchie biologique. Car, il est incontestable que, dans l'immense majorité des êtres qui en jouissent, la vie *animale* ne constitue qu'un simple perfectionnement complémentaire, sur-ajouté, pour ainsi dire, à la vie *organique* ou fondamentale, et propre, soit à lui procurer des matériaux par une intelligente réaction sur le monde extérieur, soit même à préparer ou à faciliter ses actes par les sensations, les diverses locomotions, ou l'innervation, soit enfin à la mieux préserver des influences défavorables. Les animaux les plus élevés, et surtout l'homme, sont les seuls où cette relation générale puisse en quelque sorte paraître totalement intervertie, et chez lesquels la vie végétale doive sembler, au contraire, essentiellement destinée à entretenir la vie animale, devenue en apparence le but principal et le caractère prépondérant de l'existence organique. Mais, dans l'homme lui-même, cette admirable inversion de l'ordre général du monde vivant ne commence à devenir compréhensible qu'à l'aide d'un développement très notable de l'intelligence et de la sociabilité, qui tend de plus en plus à transformer artificiellement l'espèce en un seul individu, immense et éternel, doué d'une action constamment progressive sur la nature extérieure. C'est uniquement sous ce point de vue qu'on peut considérer avec justesse cette subordination volontaire et systématique de la vie végétale à la vie animale comme le type idéal vers lequel tend sans cesse l'humanité civilisée, quoiqu'il ne doive jamais être entièrement réalisé. Il suit de là que, pour la nouvelle science fondamentale dont je m'efforcerai, dans le volume suivant, de constituer enfin, sous le nom de physique sociale, le système philosophique, une telle notion devient convenable comme tendant à présenter sous une forme plus énergique l'ensemble des caractères distinctifs de la vie humaine proprement dite, et à indiquer d'un seul aspect le but général de notre espèce. Mais, en biologie pure, une semblable manière de voir ne serait certainement qu'une poétique exagération, dont la nature anti-scientifique conduirait nécessairement aux plus vicieuses conséquences philosophiques. Quoique le grand objet de la biologie soit sans doute, en dernière analyse, une exacte connaissance de l'homme, il ne faut pas oublier que, en réalité, c'est seulement dans l'état social, et même après une civilisation déjà très prolongée, que se manifestent, avec une éclatante évidence, les propriétés essentielles de l'humanité. La base et le germe de ces propriétés doivent incontestablement être empruntés à la science biologique par la science sociale, qui ne saurait trouver ailleurs son point de départ rationnel; mais l'étude directe et spéciale des lois de leur développement effectif ne pourrait, sans la plus déplorable confusion de doctrines et même de méthodes, être abandonnée à la biologie pure, comme je l'établirai soigneusement dans le volume suivant. Ainsi, même à l'égard de l'homme, la biologie, nécessairement limitée, par sa vraie nature philosophique, à l'étude exclusive de l'individu, doit maintenir rigoureusement la notion primordiale de la vie animale subordonnée à la vie végétale, comme loi générale du règne organique, et dont la seule exception apparente forme l'objet spécial d'une toute autre science fondamentale. Il faut enfin ajouter, à ce sujet, que, même dans les organismes supérieurs, où la vie animale est le plus développée, la vie organique, outre qu'elle en constitue à la fois la base et le but, reste encore la seule entièrement commune à tous les divers tissus dont ils sont composés, en même temps que, suivant la belle observation philosophique de Bichat, elle est aussi la seule qui s'exerce d'une manière nécessairement continue, la vie animale étant, au contraire, essentiellement intermittente. Tels sont les principaux motifs rationnels qui doivent finalement confirmer la définition éminemment philosophique de la vie introduite par M. de Blainville, tout en concevant néanmoins la considération de l'animalité, et même de l'humanité, comme l'objet le plus important de la biologie.

Cette exacte analyse préliminaire du phénomène général qui constitue le sujet invariable des spéculations biologiques, nous rendra maintenant beaucoup plus facile une définition nette et précise de la science elle-même, directement envisagée dans sa destination positive la plus complète et la plus étendue. Nous avons reconnu, en effet, que l'idée de vie suppose constamment la co-relation nécessaire de deux élémens indispensables, un organisme approprié et un milieu (1) convenable. C'est de l'action réciproque de ces deux élémens que résultent inévitablement tous les divers phénomènes vitaux, non-seulement animaux, comme on le pense d'ordinaire, mais aussi organiques. Il s'ensuit aussitôt que le grand problème permanent de la biologie positive doit consister à établir, pour tous les cas, d'après le moindre nombre possible de lois invariables, une exacte harmonie scientifique entre ces deux inséparables puissances du conflit vital et l'acte même qui le

(1) Il serait superflu, j'espère, de motiver expressément l'usage fréquent que je ferai désormais, en biologie, du mot *milieu*, pour désigner spécialement, d'une manière nette et rapide, non-seulement le fluide où l'organisme est plongé, mais, en général, l'ensemble total des circonstances extérieures, d'un genre quelconque, nécessaires à l'existence de chaque organisme déterminé. Ceux qui auront suffisamment médité sur le rôle capital que doit remplir, dans toute biologie positive, l'idée correspondante, ne me reprocheront pas, sans doute, l'introduction de cette expression nouvelle. Quant à moi, la spontanéité avec laquelle elle s'est si souvent présentée sous ma plume, malgré ma constante aversion pour le néologisme systématique, ne me permet guère de douter que ce terme abstrait ne manquât réellement jusqu'ici à la science des corps vivans.

constitue, préalablement analysé; en un mot, à lier constamment, d'une manière non-seulement générale, mais aussi spéciale, la double idée d'*organe* et de *milieu* avec l'idée de *fonction*. Au fond, cette seconde idée n'est pas moins double que la première : car, d'après la loi universelle de l'équivalence nécessaire entre la réaction et l'action, le système ambiant ne saurait modifier l'organisme sans que celui-ci n'exerce à son tour sur lui une influence correspondante. La notion de *fonction* ou d'*acte* doit comprendre, en réalité, les deux résultats du conflit, mais avec cette distinction essentielle que, la modification organique étant, par sa nature, la seule vraiment importante en biologie, on néglige le plus souvent la réaction sur le milieu, d'où est résultée habituellement l'acception moins étendue du mot *fonction*, affecté seulement aux actes organiques, indépendamment de leurs conséquences externes. Toutefois, quand le milieu n'est point susceptible d'un renouvellement immédiat et facultatif, comme à l'égard du végétal ou de l'animal en repos, il devient évidemment indispensable au biologiste lui-même de prendre en sérieuse considération cette modification nécessaire du système ambiant, vu l'influence ultérieure qu'elle peut exercer sur l'organisme. Dans l'espèce humaine, surtout à l'état de société où elle est seulement susceptible de se développer, son action, dès lors collective, sur le monde extérieur, ne constitue-t-elle point un élément de son étude aussi essentiel que la propre modification de l'homme ? Néanmoins, on doit reconnaître qu'une telle considération, envers chaque organisme, appartient bien plus à son histoire naturelle proprement dite qu'à sa physiologie, sauf la restriction que je viens d'indiquer. Il y aura donc peu d'inconvéniens à conserver ici au mot *fonction* sa signification la plus usitée, quoiqu'il fût plus rationnel de lui attribuer toute son extension philosophique, en l'employant à désigner l'ensemble des résultats de l'action réciproque continuellement exercée entre l'organisme et le milieu.

D'après les notions précédentes, la biologie positive doit donc être envisagée comme ayant pour destination générale de rattacher constamment l'un à l'autre, dans chaque cas déterminé, le point de vue anatomique et le point de vue physiologique, ou, en d'autres termes, l'état statique et l'état dynamique. Cette relation perpétuelle constitue son vrai caractère philosophique. Placé dans un système donné de circonstances extérieures, un organisme défini doit toujours agir d'une manière nécessairement déterminée ; et, en sens inverse, la même action ne saurait être identiquement produite par des organismes vraiment distincts. Il y a donc lieu à conclure alternativement, ou l'acte d'après le sujet, ou l'agent d'après l'acte. Le système ambiant étant toujours censé préalablement bien connu, d'après l'ensemble des autres sciences fondamentales, on voit ainsi que le double problème biologique peut être posé, suivant l'énoncé le plus mathématique possible, en ces termes généraux : *étant donné l'organe ou la modification organique, trouver la fonction ou l'acte, et réciproquement.* Une telle définition me paraît satisfaire évidemment aux principales conditions philosophiques de la science biologique. Elle me semble propre surtout à faire hautement ressortir ce but nécessaire de prévision rationnelle, que j'ai tant représenté, dans les diverses parties de cet ouvrage, comme la destination caractéristique de toute *science* réelle, opposée à la simple *érudition*. Car, elle indique clairement que la vraie biologie doit tendre à nous permettre de toujours prévoir comment agira, dans des circonstances données, tel organisme déterminé, ou par quel état organique a pu être produit tel acte accompli.

Sans doute, vu l'extrême imperfection de la science, due nécessairement à son immense complication, cette divination rationnelle peut rarement, surtout aujourd'hui, être exercée d'une manière à la fois sûre et étendue. Mais tel n'en est pas moins le but évident de la biologie, quoique cette science, comme toute autre, et même plus qu'aucune autre, doive éternellement rester plus ou moins inférieure à sa destination philosophique, terme idéal qui, à l'égard d'une science quelconque, est strictement indispensable pour diriger sans hésitation, dans la voie d'une positivité systématique, les travaux partiels de tous ceux qui la cultivent. Cet office fondamental doit avoir, par sa nature, encore plus d'importance envers une science que l'immensité de ses inextricables détails expose nécessairement plus qu'aucune autre à la stérile et déplorable dispersion des efforts intellectuels sur d'oiseuses et incohérentes recherches secondaires. Pour vérifier la rationnalité d'une telle destination générale de la biologie, il n'est nullement indispensable que ce but soit toujours atteint, ni même qu'il le soit le plus souvent : il suffit que, de l'aveu de tous, les points de doctrine à l'égard desquels il a pu être jusqu'ici plus ou moins complétement réalisé constituent les parties de la science les plus parfaites; or, c'est ce que personne, sans doute, ne contestera.

Ma définition de la science biologique s'écarte

beaucoup, il est vrai, des habitudes actuelles, en ce qu'elle a peu d'égards à la distinction vulgaire entre l'anatomie et la physiologie, qui s'y trouvent intimement combinées. Je dois à ce sujet directement avouer avec franchise que, ni sous le point de vue dogmatique, ni sous l'aspect historique, je ne reconnais de motifs suffisans pour maintenir la séparation ordinaire entre ces deux faces, rationnellement inséparables à mes yeux, d'un problème unique. D'une part, en effet, s'il ne peut évidemment exister de saine physiologie isolée de l'anatomie, n'est-il pas réciproquement tout aussi certain que, sans la physiologie, l'anatomie n'aurait aucun vrai caractère scientifique, et serait même le plus souvent inintelligible? Les considérations d'usages éclairent autant celles de structure qu'elles en sont éclairées. En second lieu, l'origine historique de cette vicieuse séparation me semble démontrer clairement qu'elle n'est qu'un résultat passager de l'enfance de la science biologique; car, elle est uniquement provenue de ce que la physiologie proprement dite faisait autrefois partie du système universel de la philosophie métaphysique, quelque disposés que nous soyons aujourd'hui à oublier un état encore si rapproché. C'est d'abord par les seules considérations anatomiques, comme plus simples et plus faciles, que cette vaine philosophie a été à cet égard discréditée, et que la positivité a commencé à s'introduire en biologie; en sorte qu'une telle distinction n'avait réellement d'autre office primitif que de séparer nettement entre elles la partie positive et la partie métaphysique de l'étude des corps vivans, comme on le voit encore dans les écoles arriérées. Depuis que l'accomplissement graduel de cette grande révolution intellectuelle a commencé aussi à convertir la physiologie elle-même en une véritable science, il n'existe plus aucun motif légitime d'une séparation qui ne se prolonge encore que par un usage irréfléchi, ou par une fausse interprétation philosophique d'une situation transitoire. Il est d'ailleurs assez évident désormais que cette division momentanée tend, de jour en jour, à s'effacer complétement. Au reste, je dois naturellement revenir, à la fin de ce discours, sur la véritable appréciation définitive d'une telle division.

D'après les explications antérieures, on doit remarquer, en outre, que non-seulement ma définition de la biologie ne sépare point, d'avec la physiologie proprement dite, la simple anatomie, mais qu'elle y joint même nécessairement une autre partie essentielle, dont la nature est jusqu'ici peu connue. En effet, si l'idée de vie est réellement inséparable de celle d'organisation, l'une et l'autre ne sauraient s'isoler davantage, comme je l'ai établi, de celle d'un milieu spécial en relation déterminée avec elles. Il en résulte donc un troisième aspect élémentaire, non moins indispensable, du sujet fondamental de la biologie, savoir la théorie générale des milieux organiques, et de leur action sur l'organisme, envisagée d'une manière abstraite. Les philosophes naturistes de l'Allemagne contemporaine ont eu, ce me semble, un sentiment confus, mais irrécusable, de cette nouvelle partie essentielle, lorsqu'ils ont ébauché leur célèbre conception d'une sorte de règne intermédiaire, composé de l'air et de l'eau, servant de lien général entre le monde inorganique et le monde organique. Toutefois, personne ne me paraît en avoir nettement conçu une juste idée avant M. de Blainville, qui, le premier, a directement tenté de l'introduire, dans son grand cours de physiologie ci-dessus mentionné, sous le nom très expressif d'étude des modificateurs externes, soit généraux, soit spéciaux. Malheureusement, cette partie, qui, après l'anatomie proprement dite, constitue le préliminaire général le plus indispensable de la biologie définitive, est encore tellement imparfaite et même si peu caractérisée que la plupart des physiologistes actuels n'en soupçonnent pas l'existence distincte et nécessaire.

Pour apprécier convenablement la destination philosophique de la biologie, telle que je l'ai définie, il faut ajouter enfin que cette relation permanente entre les idées d'organisation et les idées de vie doit être, autant que possible, établie d'après les lois fondamentales du monde inorganique, convenablement modifiées par les propriétés spéciales des tissus vivans. Il est clair, en effet, que, toutes les fois qu'il se produit, dans l'organisme, un acte vraiment mécanique, physique, ou chimique, ce qui a fréquemment lieu, l'explication d'un tel phénomène serait radicalement imparfaite si l'on ne la rattachait point aux lois générales des phénomènes analogues, qui doivent nécessairement s'y vérifier, quelle que soit d'ailleurs la difficulté d'y réaliser leur exacte application. On doit, du reste, soigneusement éviter de pousser jusqu'à une irrationnelle exagération cette tendance philosophique; car, un grand nombre de phénomènes vitaux ne pouvant, par leur nature, avoir réellement aucun analogue parmi les phénomènes inorganiques, il serait manifestement absurde de chercher dans ces derniers les bases positives de la théorie des premiers. La saine biologie ne peut alors que saisir, dans les phénomènes vitaux eux-mêmes, le plus fondamental de tous, afin d'y rattacher les autres, conformément à l'esprit général de toute véritable explication scientifique. A cet égard, la grande distinction de la vie en organique et animale doit avoir nécessairement une extrême importance, comme j'aurai lieu de le développer dans les leçons suivantes. Car, en principe, tous les actes de la vie organique sont essentiellement physiques et chimiques, ce qui ne saurait être pour les actes de la vie animale, du moins à l'égard des phénomènes primordiaux, et surtout en ce qui concerne les fonctions nerveuses et cérébrales. Les uns sont donc susceptibles, par leur nature, d'un ordre plus parfait d'explications, que les autres ne comportent pas, ainsi que je l'établirai ultérieurement d'une manière spéciale.

La définition que j'ai proposée pour la science biologique, conduit d'elle-même à caractériser avec précision, non-seulement l'objet de la science, ou la nature propre de ses recherches, mais aussi son sujet, c'est-à-dire, le champ qu'elle doit embrasser. Car, d'après cette formule générale, ce n'est pas simplement dans un organisme unique, mais essentiellement dans tous les organismes connus, et même possibles, que la biologie philosophique doit s'efforcer d'établir cette harmonie constante et nécessaire entre le point de vue anatomique et le point de vue physiologique. J'examinerai directement plus bas l'importance vraiment fondamentale de cette extension totale de la biologie à l'ensemble de son vaste domaine, en montrant qu'il ne peut exister, dans une telle science, de notions pleinement satisfaisantes que celles qui sont réellement communes à la hiérarchie entière des êtres vivans, y compris non-seulement tous les animaux, mais encore, et même plus spécialement à plusieurs titres, les végétaux. Du reste, afin de maintenir avec soin, sous la forme la plus explicite, cette parfaite unité du sujet, qui constitue une des principales beautés philosophiques de la biologie, il convient d'ajouter ici que, malgré cette apparence d'une diversité presque indéfinie, l'étude de l'homme doit toujours hautement dominer le système complet de la science biologique, soit comme point de départ, soit comme but. En effet, un esprit philosophique ne saurait, à vrai dire, étudier spécialement aucun autre organisme que dans l'espoir rationnel des lumières indispensables qui doivent nécessairement en résulter pour une plus exacte connaissance de l'homme lui-même. D'un autre côté, la notion générale de l'homme étant, par sa nature, la seule immédiate, elle constitue inévitablement la seule unité fondamentale d'après laquelle nous puissions apprécier, à un degré plus ou moins exact, tous les autres systèmes organiques ; c'est uniquement là que le point de vue essentiel de la philosophie primitive doit être convenablement maintenu par une philosophie plus profonde. Telle est donc la solidarité nécessaire de toutes les parties de la science biologique, malgré l'imposante immensité de son domaine rationnel.

Après avoir ainsi nettement caractérisé le but et l'objet de la biologie, et circonscrit exactement le champ général de ses recherches, nous pourrons procéder, d'une manière plus sommaire, et néanmoins satisfaisante, à l'examen philosophique de ses divers autres aspects essentiels. Nous devons, à cet effet, considérer maintenant, en premier lieu, la vraie nature des moyens fondamentaux d'investigation qui lui sont propres.

La loi philosophique que j'ai établie, dans le volume précédent, sur l'inévitable accroissement général de nos ressources scientifiques à mesure que la nature des phénomènes étudiés se complique davantage, se vérifie ici de la manière la moins équivoque. Si, d'un côté, les phénomènes biologiques sont incomparablement plus compliqués que tous les précédens, d'une autre part, et comme suite naturelle de cette complication supérieure, ainsi que nous allons le constater, leur étude comporte nécessairement l'ensemble le plus étendu de moyens intellectuels, dont plusieurs essentiellement nouveaux, et développe dans l'esprit humain des facultés pour ainsi dire inactives jusqu'alors, ou que du moins les autres sciences fondamentales ne pouvaient offrir qu'à l'état rudimentaire, malgré l'invariable unité de la méthode positive. Je ne dois point envisager ici, quelle que soit, en réalité, leur extrême importance, les moyens rationnels qui résultent immédiatement, pour la science biologique, de sa relation philosophique avec le système des sciences antérieures, soit quant à la méthode, ou à la doctrine; ils seront naturellement ci-après le sujet d'un examen spécial, en traitant de la vraie position de la biologie dans ma hiérarchie encyclopédique. En ce moment, je ne dois m'occuper que des moyens essentiels d'exploration directe et d'analyse des phénomènes, qui appartiennent à cette nouvelle branche fondamentale de la philosophie naturelle.

Parmi les trois modes principaux que j'ai distingués, en général, dans l'art d'observer, le premier et le plus fondamental de tous, l'observation proprement dite, acquiert évidemment en biologie une extension supérieure. Nous avons déjà reconnu, dans la première partie de ce volume, que, à partir des phénomènes chimiques, le sujet de la philosophie naturelle devient nécessairement susceptible d'exploration immédiate par l'ensemble de tous nos sens, jusqu'alors plus ou moins incomplètement applicable. Tant que les recherches scientifiques se bornent à des phénomènes très généraux, et par cela même fort simples, comme en physique, en astronomie surtout, et éminemment en mathématique, on ne doit éprouver aucun inconvénient réel à être nécessairement réduit à l'emploi de deux ou trois sens, ou même d'un seul; et ces sciences, malgré cette apparente infériorité de moyens matériels, n'en constituent pas moins, comme nous l'avons pleinement établi jusqu'ici, vu l'extrême simplicité de leur sujet, les parties incomparablement les plus parfaites de la philosophie naturelle. Mais il n'en serait plus ainsi à l'égard des phénomènes chimiques, et, à plus forte raison, envers les phénomènes biologiques. Aussi ces deux nouvelles catégories comportent-elles directement, par leur nature, l'emploi combiné des cinq sens. La biologie présente, sous cet aspect, comparativement à la chimie elle-même, un accroissement très important et non moins nécessaire.

Il consiste d'abord dans l'usage des appareils artificiels destinés à perfectionner les sensations naturelles, surtout en ce qui concerne la vision. Malgré les remontrances, justes quoique exagérées, de M. Raspail à ce sujet, il est certain que de tels appareils seront toujours peu employés par les chimistes, parce que la nature des phénomènes chimiques ne permet guère d'en concevoir aucune application générale fort importante. Ils sont, au contraire, éminemment propres à améliorer l'exploration biologique, quelque sages précautions qu'y exige d'ailleurs leur emploi, si aisément illusoire, et nonobstant l'abus qui en a souvent été fait, ou l'importance démesurée qu'on leur a trop fréquemment accordée. Sous le point de vue statique surtout, ils permettent de mieux apprécier une structure, dont les détails les moins perceptibles peuvent acquérir, à tant d'égards, une importance capitale. Même sous le point de vue dynamique, quoiqu'ils y soient bien moins efficaces, ils conduisent quelquefois à observer directement le jeu élémentaire des moindres parties organiques, base ordinaire des principaux phénomènes vitaux. Jusqu'à présent, ces perfectionnemens artificiels sont essentiellement bornés à la vision, qui continue à être ici, comme pour tous les autres phénomènes, le fondement essentiel de l'observation scientifique. On doit néanmoins remarquer avec intérêt les appareils imaginés de nos jours pour le perfectionnement de l'audition, et qui, primitivement destinés aux explorations pathologiques, conviennent également à l'étude de l'organisme dans l'état normal. Quoique grossiers encore, et nullement comparables aux appareils microscopiques, ces instrumens peuvent néanmoins donner une idée des améliorations que comportera sans doute ultérieurement l'audition artificielle. Il faut même concevoir, par analogie, que tous les autres sens, sans en excepter le toucher, seraient très probablement susceptibles de donner lieu à de semblables artifices, qui pourront être un jour suggérés à l'inquiète sagacité des explorateurs par une théorie plus rationnelle et plus complète des sensations correspondantes, ce qui achèverait le système, à peine ébauché, de nos moyens factices d'observation directe.

En second lieu, les ressources fondamentales de l'observation biologique sont supérieures à celles de l'observation chimique sous un autre aspect encore plus capital, et plus nécessairement inhérent à la nature propre des phénomènes. Car, d'après la vraie position relative des deux sciences, le biologiste peut, évidemment, disposer de l'ensemble des procédés chimiques, comme d'une sorte de faculté nouvelle, pour perfectionner l'exploration préliminaire du sujet de ses recherches. Un tel moyen serait, par sa nature, radicalement interdit au chimiste, pour lequel son usage constituerait directement un cercle vicieux fondamental, puisqu'on supposerait ainsi réellement accomplie l'étude même qu'on entreprend. Les caractères purement physiques sont les seuls admissibles dans la définition préalable des corps dont le chimiste s'occupe, en vertu de l'antériorité scientifique de la physique comparée à la chimie : il ne connaîtra leurs propriétés chimiques qu'après l'entière solution de ses problèmes, et, en conséquence, il ne saurait les ranger parmi ses données, quoique une exposition peu rationnelle tende ordinairement à déguiser une telle nécessité, que les recherches effectives mettent toujours en pleine évidence. Pour le biologiste, au contraire, la chimie devant être tout aussi connue que la physique, il peut employer l'une et l'autre science à l'éclaircissement préliminaire de son sujet propre, conformément à cette règle philosophique évidente que toute doctrine peut être convertie en une méthode à l'égard de celles qui la suivent dans la vraie hiérarchie scientifique, et jamais envers celles qui l'y précèdent (1). La bio-

(1) Il peut être utile de remarquer, à ce sujet, que cette règle est souvent méconnue, sous un rapport grave, dans l'exposition dogmatique de la biologie actuelle. Bichat, dans son immortel Traité d'*Anatomie générale*, a consacré l'usage peu rationnel de comprendre les propriétés physiologiques elles-mêmes parmi les caractères essentiels destinés à définir chaque tissu, au même titre que les caractères phy-

logie commence aujourd'hui à utiliser, quoique très imparfaitement encore, cette importante propriété fondamentale, compensation nécessaire, bien qu'insuffisante, de la complication supérieure de ses phénomènes. C'est surtout dans les observations anatomiques, ainsi qu'il eût été facile de le prévoir, que l'on a fait déjà, à un certain degré, un heureux usage des procédés chimiques pour mieux caractériser les divers tissus élémentaires et les principaux produits de l'organisme, en suivant, à cet égard comme à tant d'autres, les lumineuses indications de Bichat. Quoique les observations physiologiques proprement dites comportent beaucoup moins, par leur nature, l'emploi

siques, chimiques, et purement anatomiques, ce qui constitue, ce me semble, un véritable cercle vicieux. On ne saurait concevoir, sans doute, que deux tissus, identiques sous tous les divers aspects statiques, pussent différer physiologiquement, en sorte qu'une telle addition serait au moins superflue. Mais, en outre, elle me paraît tendre directement à faire méconnaître le véritable esprit de la science biologique, qui consiste précisément, comme je l'ai établi, à conclure l'état dynamique de l'état statique, ou réciproquement, tandis qu'un tel usage mêle confusément les inconnues du problème avec les données. On peut vérifier aisément cette critique, en considérant que si ces notions dynamiques, mal à propos introduites, pour chaque tissu, parmi les notions purement statiques, n'étaient pas toujours nécessairement incomplètes, la physiologie se trouverait ainsi graduellement absorbée, en ce qu'elle a de plus capital, par la simple anatomie, qui, par sa nature, n'en saurait être qu'un préliminaire indispensable. En un mot, cette disposition est, en elle-même, aussi irrationnelle que celle des chimistes qui emploieraient les propriétés chimiques à caractériser les corps dont ils s'occupent.

d'un tel moyen, il peut cependant y être aussi d'une efficacité réelle et notable. Il est, du reste, sous-entendu que, dans l'un ou l'autre cas, ce genre d'exploration doit être, comme tout autre, toujours soigneusement subordonné aux maximes générales de la saine philosophie biologique; en sorte que, par exemple, il faut savoir éviter ces minutieux détails numériques qui surchargent trop souvent les analyses chimiques des tissus organiques, et qui sont radicalement incompatibles avec le véritable esprit de la science des corps vivans. Enfin, pour achever de caractériser sommairement l'accroissement des moyens élémentaires d'observation proprement dite en biologie, il ne faut pas négliger de noter que les substances qui composent immédiatement les corps organisés sont, presque toujours, par leur nature, plus ou moins alibiles; d'où il résulte que l'examen des effets alimentaires peut souvent devenir, mais sous le seul point de vue anatomique, un utile complément des autres procédés d'exploration, surtout de l'exploration chimique et de la gustation, dont il constitue, pour ainsi dire, un appendice naturel. Bichat, qui, le premier, en a introduit l'usage, l'a plusieurs fois très heureusement employé, pour suppléer à l'absence ou à l'imperfection des épreuves chimiques.

Considérons maintenant le second mode fondamental d'investigation biologique, c'est-à-dire, l'expérimentation proprement dite, qui s'applique nécessairement, d'une manière plus spéciale, aux phénomènes purement physiologiques, et dont l'exacte appréciation philosophique est d'une importance capitale, en même temps que d'une plus grande difficulté, surtout à cause des notions vicieuses qu'on s'en forme encore habituellement.

En examinant, sous un point de vue général, les conditions essentielles d'une expérimentation rationnelle, j'ai déjà établi, à ce sujet, dans la vingt-huitième leçon et dans la trente-cinquième, que, parmi tous les ordres de phénomènes, les phénomènes physiques sont ceux qui, par leur nature, doivent le mieux comporter un tel genre d'exploration. Ils sont assez complexes, et par suite assez variés, pour permettre, et même pour exiger, l'application la plus étendue de l'art expérimental; et, néanmoins, en vertu de leur grande généralité, de leur simplicité relative, et de l'extrême diversité des circonstances compatibles avec leur production, les expériences peuvent y être instituées de la manière la plus satisfaisante. Aussitôt qu'on s'écarte de cet heureux ensemble de caractères, en passant à des phénomènes plus particuliers et plus compliqués, l'usage de l'expérimentation devient nécessairement de moins en moins décisif. Même à l'égard des phénomènes chimiques, nous avons reconnu qu'ils présentent, sous ce rapport, de grandes difficultés fondamentales, et que l'emploi des expériences ne semble y être si étendu que par suite d'une disposition peu philosophique, trop commune aujourd'hui, à confondre l'observation d'un phénomène artificiel avec une véritable expérimentation. Toutefois, l'art expérimental proprement dit offre encore à la chimie une ressource capitale. Mais, dans l'étude des corps vivans, la nature des phénomènes me paraît opposer directement des obstacles presque insurmontables à toute large et féconde application d'un tel procédé; ou, du moins, c'est par des moyens d'un autre ordre que doit être surtout poursuivi le perfectionnement essentiel de la science biologique.

Une expérimentation quelconque est toujours destinée à découvrir suivant quelles lois chacune des influences déterminantes ou modificatrices d'un phénomène participe à son accomplissement; et elle consiste, en général, à introduire, dans chaque condition proposée, un changement bien défini, afin d'apprécier directement la variation correspondante du phénomène lui-même. L'entière rationnalité d'un tel artifice et son succès irrécusable reposent évidemment sur ces deux suppositions fondamentales : 1°. que le changement introduit soit pleinement compatible avec l'existence du phénomène étudié, sans quoi la réponse serait purement négative ; 2°. que les deux cas comparés ne diffèrent exactement que sous un seul point de vue, car autrement l'interprétation, quoique directe, serait essentiellement équivoque. Or, la nature des phénomènes biologiques doit rendre presque impossible une suffisante réalisation de ces deux conditions préliminaires, et surtout de la seconde. Nous avons établi, en effet, que ces phénomènes exigent nécessairement le concours indispensable d'un grand nombre d'influences distinctes, tant extérieures qu'intérieures, qui, malgré leur diversité, sont étroitement liées entre elles, et dont l'harmonie ne saurait persister, au degré convenable qu'entre certaines limites de variation plus ou moins étendues. Rien n'est donc plus facile, sans doute, que de troubler, de suspendre, ou même de faire entièrement cesser, l'accomplissement de tels phénomènes ; mais, au contraire, nous devons éprouver les plus grandes difficultés à y introduire une perturbation exactement déterminée, soit quant au genre, soit, à plus forte raison, quant au degré.

Trop prononcée, elle empêcherait le phénomène; trop faible, elle ne caractériserait point assez le cas artificiel. D'un autre côté, lors même qu'elle a pu être primitivement restreinte à la modification directe d'une seule des conditions du phénomène, elle affecte nécessairement presqu'aussitôt la plupart des autres, en vertu de leur consensus universel. A la vérité, cette inévitable perturbation indirecte peut quelquefois n'exercer, sur certains phénomènes, qu'une influence réellement négligeable; et c'est ce qui a permis, en plusieurs occasions, très importantes quoique fort rares, une judicieuse application de l'art expérimental aux recherches biologiques. Mais, à l'égard même des questions qui comportent effectivement, à un degré suffisant, un tel mode d'examen, l'institution rationnelle des expériences présente des difficultés capitales, qui ne sauraient être surmontées que par un esprit très philosophique, procédant, avec une extrême circonspection, d'après une étude préalable, convenablement approfondie, de l'ensemble du sujet à explorer. Aussi, sauf un petit nombre d'heureuses exceptions, les expériences physiologiques ont-elles jusqu'ici suscité ordinairement des embarras scientifiques supérieurs à ceux qu'elles se proposaient de lever, sans parler, d'ailleurs, de celles, plus multipliées encore, qui n'avaient réellement aucun but bien défini, et qui n'ont abouti qu'à encombrer la science de détails oiseux et incohérens.

Pour compléter, sous le point de vue philosophique de ce Traité, cette sommaire appréciation de l'expérimentation biologique proprement dite, je crois devoir y introduire une nouvelle considération générale, qui pourrait contribuer à mieux diriger désormais l'emploi d'un tel moyen. En effet, les phénomènes vitaux dépendent, par leur nature, de deux ordres bien distincts de conditions fondamentales, les unes relatives à l'organisme lui-même, les autres au système ambiant. De là, ce me semble, résultent nécessairement deux modes nettement différens d'appliquer à ces phénomènes la méthode expérimentale, en introduisant, tantôt dans l'organisme, et tantôt dans le milieu, des perturbations déterminées. L'altération du milieu tend constamment, il est vrai, à troubler l'organisme, en sorte qu'une telle division peut paraître impraticable; mais il faut considérer que l'étude de cette réaction constituerait elle-même une partie essentielle de l'analyse proposée, indépendamment de l'exploration directe des effets purement physiologiques, ce qui permet évidemment de maintenir une semblable distinction.

Jusqu'ici les principales séries d'expériences tentées en biologie, appartiennent presque exclusivement à la première de ces deux catégories générales, c'est-à-dire qu'elles sont essentiellement relatives à une perturbation artificielle de l'organisme et non du milieu, sans qu'on se soit, d'ailleurs, expressément occupé le plus souvent de maintenir le milieu dans un état invariable. Or, il importe de remarquer, en principe, que ce mode d'expérimentation doit précisément être, d'ordinaire, le moins rationnel, parce qu'il est beaucoup plus difficile d'y satisfaire convenablement aux conditions fondamentales ci-dessus rappelées. En effet, la vie est bien moins compatible avec l'altération des organes qu'avec celle du système ambiant; et, de plus, le consensus des différens organes entre eux est tout autrement intime que leur harmonie avec le milieu. Sous l'un et l'autre aspect, on ne saurait ordinairement imaginer, en ce genre d'expériences moins susceptibles d'un vrai succès scientifique que celles de vivisection, qui ont été néanmoins les plus fréquentes. La mort, plus ou moins prochaine et souvent rapide, qu'elles déterminent presque toujours dans un système éminemment indivisible; et le trouble universel que l'ensemble de l'économie organique en éprouve immédiate ment, les rendent, en général, plus spécialement impropres à procurer aucune solution positive. Je fais, d'ailleurs, ici complétement abstraction de l'évidente considération sociale qui, non-seulement à l'égard de l'homme, mais aussi envers les animaux (sur lesquels nous ne saurions, sans doute, nous reconnaître des droits absolument illimités), doit faire hautement réprouver cette légèreté déplorable qui laisse contracter à la jeunesse des habitudes de cruauté, aussi radicalement funestes à son développement moral que profondément inutiles, pour ne pas dire davantage, à son développement intellectuel.

La seconde classe essentielle d'expériences physiologiques, où, sans affecter directement les organes, on modifie seulement, sous un point de vue déterminé, le système des circonstances extérieures, me paraît constituer, en général, le mode d'expérimentation le mieux approprié à la nature des phénomènes vitaux, quoiqu'il ait été jusqu'à présent à peine employé, si ce n'est, par exemple, dans quelques recherches fort incomplètes sur l'action des atmosphères artificielles, sur l'influence comparative de différentes sortes d'alimentation, etc. Alors, en effet, on est évidemment beaucoup plus maître de circonscrire, avec une exactitude scientifique, la perturbation factice dont il s'agit d'apprécier l'influence physiologique, et qui porte sur un système susceptible d'une bien plus complète connaissance. En même temps, son action sur l'organisme, quoique assez prononcée pour rester aisément appréciable, peut être ménagée de telle manière que le trouble général de l'économie vienne beaucoup moins altérer l'observation spéciale de l'effet principal. Il faut ajouter enfin que toute expérimentation de ce genre comporte bien davantage une suspension volontaire, qui permet de rétablir l'état normal, à la seule condition, bien plus facile à remplir, de n'avoir produit dans l'organisme aucune modification profonde et durable. Or, cette dernière propriété, qui ne saurait guère appartenir au premier mode d'expérimentation, est éminemment favorable à la rationnalité des inductions, en rendant le parallèle plus direct et plus parfait. Car, lorsque l'organisme a été directement modifié, et surtout dans les expériences de vivisection, la comparaison entre le cas artificiel et le cas naturel, outre les causes essentielles d'incertitude propres à une telle méthode, est ordinairement exposée, par suite même de la violence du procédé, à cette nouvelle chance d'erreur que l'état normal se juge sur un individu et sa perturbation sur un autre, souvent pris au hasard. Le parallèle peut, sans doute, être beaucoup plus juste dans le second mode d'expérimentation, qui permet d'apprécier les deux états sur le même individu. Il est satisfaisant de reconnaître, par un tel ensemble de motifs, que le genre d'expériences le moins violent doive nécessairement être aussi le plus instructif.

En considérant l'application générale de la méthode expérimentale proprement dite aux divers organismes de la série biologique, la nature des difficultés essentielles change beaucoup plus que leur intensité réelle, qui néanmoins n'est pas toujours la même. Plus l'organisme est élevé, plus il devient artificiellement modifiable, soit par l'altération directe d'un ensemble de conditions organiques plus compliqué, soit d'après les changemens plus variés d'un système plus étendu d'influences extérieures. Sous ce point de vue, le champ de l'expérimentation physiologique, dans l'un ou l'autre de ces deux modes fondamentaux, acquiert une extension croissante, à mesure qu'on remonte la hiérarchie biologique. Mais, d'un autre côté, la difficulté d'une rationnelle institution des expériences augmente proportionnellement, par une suite non moins nécessaire des mêmes caractères ; en sorte que, à mon avis, la facilité d'expérimenter est dès lors plus que compensée, pour le vrai perfectionnement de la science, par l'extrême embarras qu'on éprouve à le faire avec succès. Quand il s'agit, au contraire, d'organismes inférieurs, des organes plus simples et moins variés, liés entre eux par un consensus moins intime, et en même temps un milieu moins complexe et mieux défini, présentent à la saine expérimentation biologique un ensemble de conditions évidemment plus favorable, quoique, sous un autre aspect, son domaine y doive être, par cela même, plus restreint, surtout à l'égard des circonstances extérieures, dont les variations admissibles sont plus limitées; il faut d'ailleurs considérer qu'on s'éloigne alors extrêmement de l'unité fondamentale de la biologie, c'est-à-dire du type humain, ce qui doit rendre le jugement plus incertain, principalement en ce qui concerne les phénomènes de la vie animale. Néanmoins, quelque équivalens que paraissent, pour les divers organismes, les différens obstacles fondamentaux à une large et satisfaisante application de la méthode expérimentale, il me semble incontestable, en dernière analyse, que cette méthode devient d'autant plus convenable que l'on descend davantage dans la hiérarchie biologique, parce qu'on est dès lors moins éloigné de la constitution scientifique propre à la physique inorganique, à laquelle l'art des expériences est, à mes yeux, par sa nature, essentiellement destiné.

Malgré cette sévère appréciation philosophique de l'art expérimental appliqué aux recherches physiologiques, personne ne conclura, j'espère, que je veuille, d'une manière absolue, condamner son usage en biologie, lorsqu'on a pu parvenir à réaliser, à un degré suffisant, le difficile accomplissement de l'ensemble si complexe des conditions variées qu'il exige. Il faudrait, sans doute, être égaré par de bien puissantes préoccupations pour ne pas sentir vivement le profond mérite et la haute importance scientifique des expériences si simples de Harvey sur la circulation, de la lumineuse série d'essais de Haller sur l'irritabilité, d'une partie des expériences remarquables de Spallanzani sur la digestion et sur la génération, du bel ensemble de recherches expérimentales de Bichat sur la triple harmonie entre le cœur, le cerveau, et le poumon dans les animaux supérieurs, des belles expériences de Legallois sur la chaleur animale, etc., et de plusieurs autres tentatives analogues, qui, vu l'immense difficulté du sujet, peuvent rivaliser, pour ainsi dire, avec ce que la physique proprement dite nous présente de plus parfait. Le soin que j'ai pris ici d'indiquer sommairement quelques nouvelles vues philosophiques relatives au perfectionnement général de l'expérimentation biologique, doit, ce me semble, suffisamment constater que je regarde l'art expérimental comme pouvant, en effet, concourir efficacement aux vrais progrès ultérieurs de l'étude des corps vivans. Mais, je devais néanmoins, contribuer, autant qu'il est en moi, à rectifier les notions fausses ou exagérées qu'on se forme communément aujourd'hui d'une telle méthode, vers laquelle son apparente facilité tend à entraîner presque exclusivement les esprits, et qui est si loin toutefois de constituer le mode général d'exploration le mieux approprié à la nature des phénomènes biologiques. Il faut maintenant, afin que cette importante question soit convenablement envisagée dans son ensemble, ajouter ici encore une nouvelle considération capitale, sur la haute destination scientifique de l'exploration pathologique, envisagée comme offrant, pour la biologie, d'une manière bien plus satisfaisante, le véritable équivalent général de l'expérimentation proprement dite.

Suivant une remarque déjà indiquée dès le volume précédent, le vrai caractère de la saine expérimentation scientifique ne saurait consister dans l'institution artificielle des circonstances d'un phénomène quelconque; mais il résulte surtout du choix rationnel des cas, d'ailleurs naturels ou facticés, les plus propres à mettre en évidence la marche essentielle du phénomène proposé. Les dispositions établies par notre intervention volontaire n'ont jamais de valeur scientifique que comme devant mieux satisfaire à cette seule condition essentielle, envers les phénomènes d'après lesquels s'est formée, à ce sujet, notre éducation philosophique, c'est-à-dire, les phénomènes inorganiques. Mais, si, au contraire, il pouvait arriver, dans un sujet quelconque de recherches positives, que l'exploration des cas artificiels fût nécessairement plus inextricable, et que, en sens inverse, certains cas naturels heureusement choisis s'adaptassent spécialement à une plus lucide analyse, ce serait, évidemment, prendre le moyen pour le but, et sacrifier puérilement le fond à la forme, que de persister alors, avec une obstination routinière, à préférer l'expérience proprement dite à une observation ainsi caractérisée : une semblable prédilection deviendrait aussitôt directement contraire au vrai principe philosophique de la méthode expérimentale elle-même. Or, une telle hypothèse se réalise complétement à l'égard des phénomènes physiologiques. Autant leur nature se refuse, en général, comme nous venons de le reconnaître, à l'expérimentation purement artificielle, autant elle comporte éminemment l'usage le plus étendu et le plus heureux de cette sorte d'expérimentation spontanée, qui résulte inévitablement d'une judicieuse comparaison entre les divers états anormaux de l'organisme et son état normal. C'est ce qu'on peut aisément établir.

Quelle est, en réalité, la propriété essentielle de toute expérience directe? C'est, sans doute, d'altérer l'état naturel de l'organisme, de façon à présenter sous un aspect plus évident l'influence propre à chacune des conditions de ses différens phénomènes. Or, le même but n'est-il pas nécessairement atteint, d'une manière beaucoup plus satisfaisante et d'ailleurs non moins étendue, par l'observation des maladies, considérées sous un simple point de vue scientifique ? Suivant le principe éminemment philosophique qui sert désormais de base générale et directe à la pathologie positive, et dont nous devons l'établissement définitif au génie hardi et persévérant de notre illustre concitoyen M. Broussais (1), l'état pathologi-

(1) On ne saurait méconnaître les droits réels de M. Broussais à cette fondation capitale, quoique d'ailleurs il fût également injuste de négliger la part essentielle de ses plus illustres prédécesseurs, depuis environ un demi-siècle, dans la préparation indispensable à l'établissement direct d'un tel principe, qui, comme toute autre idée-mère, a dû être long-temps et diversement élaboré avant de pou-

que ne diffère point radicalement de l'état physiologique, à l'égard duquel il ne saurait constituer, sous un aspect quelconque, qu'un simple prolongement plus ou moins étendu des limites de variation, soit supérieures, soit inférieures, propres à chaque phénomène de l'organisme normal, sans pouvoir jamais produire de phénomènes vraiment nouveaux, qui n'auraient point, à un certain degré, leurs analogues purement physiologiques. Par une suite nécessaire de ce principe, la notion exacte et rationnelle de l'état physiologique doit donc fournir, sans doute,

voir être saisi dans son ensemble et par suite rationnellement proclamé. Je ne peux m'empêcher, à ce sujet, de réclamer ici hautement contre la profonde injustice nationale qui a succédé, en général, envers M. Broussais, à quelques années d'un enthousiasme irréfléchi. La postérité n'oubliera point, sans doute, que M. Broussais a bien voulu, après avoir fourni sa principale carrière scientifique, se porter candidat à l'Académie des Sciences de Paris, et qu'il en a été aveuglément repoussé; la plupart des membres de cette illustre compagnie étaient, à la vérité, des juges incompétens d'une telle capacité philosophique. Toutefois, ce qui mérite davantage encore d'être signalé à l'opinion vraiment impartiale et éclairée, c'est l'indifférence systématique, pour ne pas dire plus, de la majeure partie des médecins actuels, surtout en France, à l'égard de M. Broussais, quoique ses travaux aient certainement concouru, d'une manière plus ou moins directe mais fondamentale, au développement intellectuel de la plupart d'entre eux, et malgré d'ailleurs l'intérêt social évident de la corporation médicale à se rallier sous un chef éminent, intérêt que n'eussent point, sans doute, aussi légèrement négligé des corporations rétrogrades mais plus habituées à la hiérarchique coordination des efforts, comme celle des prêtres, et même celle des avocats.

l'indispensable point de départ de toute saine théorie pathologique; mais il en résulte, d'une manière non moins évidente, que, réciproquement, l'examen scientifique des phénomènes pathologiques est éminemment propre à perfectionner les études uniquement relatives à l'état normal. Un tel mode d'expérimentation, quoique indirect, est, en général, mieux adapté qu'aucun autre à la vraie nature des phénomènes biologiques. Au fond, une expérience proprement dite sur un corps vivant, est-elle réellement autre chose qu'une maladie plus ou moins violente, brusquement produite par une intervention artificielle? Or, ces circonstances, qui seules distinguent ces altérations factices des dérangemens naturels qu'éprouve spontanément l'organisme par une suite inévitable du système si complexe et de l'harmonie si étroite de ses diverses conditions d'existence normale, ne sauraient, sans doute, être regardées comme favorables, en elles-mêmes, à une saine exploration scientifique, qui doit en éprouver, au contraire, un immense surcroît de difficulté. L'invasion successive d'une maladie, le passage lent et graduel d'un état presque entièrement normal à un état pathologique pleinement caractérisé, loin de constituer, pour la science, d'inutiles préliminaires, peuvent déjà offrir, évidemment, par eux-mêmes, d'inappréciables documens au biologiste capable de les utiliser. Il en est encore ainsi, d'une manière non moins sensible, pour l'autre extrémité du phénomène, surtout dans les cas d'heureuse terminaison, spontanée ou provoquée, qui présente la même exploration en sens inverse et comme une sorte de vérification générale de l'analyse primitive. Si l'on considère enfin qu'un tel préambule et une telle conclusion n'empêchent point d'ailleurs l'examen direct du phénomène principal, et tendent, au contraire, à l'éclairer vivement, on sentira quelle doit être, en général, dans l'étude des corps vivans, la haute supériorité nécessaire de l'analyse pathologique sur l'expérimentation proprement dite. Je n'ai pas besoin d'ailleurs de faire expressément ressortir cette propriété, aussi essentielle qu'évidente, du premier mode d'exploration biologique, de pouvoir être immédiatement appliqué, de la manière la plus étendue, à l'homme lui-même, sans préjudice de la pathologie des animaux, et même des végétaux, qui, long-temps négligées, commencent aujourd'hui à être enfin judicieusement introduites parmi les moyens fondamentaux de la biologie. On doit, sans doute, regarder comme fort honorable pour notre espèce d'être ainsi parvenue à faire tourner au profit de son instruction positive l'étude des nombreux dérangemens qu'entraîne malheureusement la perfection même de sa propre organisation et de celle des autres races plus ou moins vivantes. Il est vraiment déplorable que la constitution de nos grands établissemens médicaux soit, en général, assez peu rationnelle jusqu'ici, du moins si j'en juge par la France, pour qu'une telle source d'instruction reste encore presque entièrement stérile, faute d'observations suffisamment complètes et d'observateurs convenablement préparés.

Cette exploration pathologique doit être assujettie, comme tout autre mode d'expérimentation, à la distinction générale que j'ai ci-dessus établie. En effet, les perturbations naturelles, aussi bien que les altérations artificielles, peuvent provenir d'une double origine, ou des dérangemens spontanés qu'éprouve l'organisme par l'action mutuelle de ses diverses parties, ou des troubles primitifs dans le système extérieur de ses conditions d'existence. Or, ici, comme précédemment, il faut reconnaître, en général, et d'après les mêmes motifs essentiels, que les maladies produites par l'altération du milieu conviennent nécessairement davantage à l'analyse biologique que celles directement relatives à la perturbation de l'organisme. Les causes en doivent être, d'ordinaire, mieux circonscrites et plus connues, la marche plus claire, et l'heureuse terminaison plus facile. Il serait superflu d'insister davantage ici sur une extension aussi évidente de notre remarque fondamentale.

Le moyen général d'exploration biologique qui résulte d'une judicieuse analyse des phénomènes pathologiques, est évidemment applicable, encore plus que l'expérimentation directe, à l'ensemble de la série organique. Il est, comme celui-ci, d'autant plus fécond et plus varié qu'il s'agit d'un organisme plus élevé; mais il est aussi, en même temps, plus incertain et plus difficile, quoiqu'il le soit toujours beaucoup moins que le précédent. C'est pourquoi il y a encore plus de véritable utilité scientifique à l'étendre à tous les degrés de la hiérarchie biologique, lors même qu'on ne se proposerait d'autre but qu'une plus exacte connaissance de l'homme, dont les maladies propres peuvent être éclairées, d'une manière souvent très heureuse, par une saine analyse des dérangemens relatifs à tous les autres organismes, jusques et y compris l'organisme végétal, ainsi que nous l'établirons d'ailleurs tout à l'heure en traitant du procédé comparatif.

Non-seulement l'analyse pathologique est applicable, par sa nature, à tous les organismes quelconques, mais elle peut embrasser aussi tous les divers phénomènes du même organisme, ce qui constitue un dernier motif général de la supériorité évidente de ce mode indirect d'expérimentation biologique, opposé au mode direct. Celui-ci, en effet, est trop perturbateur et trop brusque pour qu'on puisse réellement l'appliquer jamais avec succès à l'étude de certains phénomènes, qui exigent la plus délicate harmonie d'un système de conditions très varié; tandis que ces mêmes caractères sont loin, malheureusement, de mettre de tels phénomènes à l'abri des altérations pathologiques. On conçoit que j'ai principalement en vue ici les phénomènes intellectuels et moraux, relatifs aux animaux supérieurs, et surtout à l'homme, dont l'étude est à la fois si importante et si difficile, et qui, par leur nature, ne sauraient être le sujet d'aucune expérimentation un peu énergique, susceptible seulement de les faire immédiatement cesser. L'observation des nombreuses maladies, primitives ou consécutives, du système nerveux, nous offre, évidemment, un moyen spécial et inappréciable de perfectionner l'exacte connaissance de leurs véritables lois, quoique les obstacles particuliers à une telle exploration, et, en même temps, l'inaptitude plus prononcée de la plupart des explorateurs jusqu'à présent, n'aient pas permis encore d'utiliser beaucoup une ressource aussi capitale.

On doit, enfin, pour avoir un aperçu complet de l'ensemble des moyens généraux que la biologie peut emprunter à l'analyse pathologique, y ajouter, comme un appendice naturel, l'examen des organisations exceptionnelles, ou des cas de monstruosité. Ces anomalies organiques, plus longtemps encore que les autres phénomènes, ainsi qu'on devait s'y attendre, n'ont été le sujet, presque jusqu'à nos jours, que d'une aveugle et stérile curiosité. Mais, depuis que la science, d'après d'heureuses analyses particulières, tend de plus en plus à les ramener directement, en général, aux lois fondamentales de l'organisme régulier, leur étude a commencé à devenir un important complément de l'ensemble des procédés relatifs à l'exploration biologique, et spécialement du procédé pathologique, dont elle constitue une sorte de prolongement universel, en considérant de telles exceptions comme de vraies maladies, dont l'origine est seulement plus ancienne et moins connue, et la nature ordinairement plus incurable, double caractère qui doit, toutefois, leur faire attribuer, en principe, une moindre valeur scientifique. A cela près, le moyen tératologique est d'ailleurs applicable, comme le moyen pathologique, soit à l'ensemble de la hiérarchie biologique, soit à tous les divers aspects essentiels de chaque organisme, animal ou végétal; et ce n'est qu'en l'employant ainsi dans toute son extension philosophique, qu'on en pourra réaliser, de même qu'envers tout autre procédé, des applications d'une véritable importance spéculative.

Quel que soit le mode d'expérimentation, direct ou indirect, artificiel ou naturel, que l'on se propose de suivre dans une étude biologique quelconque, on devra, évidemment, remplir, en général, ces deux conditions constamment indispensables, à défaut desquelles tant de recherches compliquées ont laborieusement avorté jusqu'ici : 1° avoir en vue un but nettement déterminé, c'est-à-dire, tendre à éclaircir tel phénomène organique, sous tel aspect spécial; 2° connaître, le plus complétement possible, d'après l'observation proprement dite, le véritable état normal de l'organisme correspondant et les vraies limites de variation dont il est susceptible. Sans la première condition, le caractère du travail serait, de toute nécessité, vague et incertain; sans la seconde, l'institution des expériences ne serait dirigée par aucune considération rationnelle, et leur interprétation finale n'aurait aucune base solide. A l'égard de sciences plus simples et plus anciennes, dont la constitution positive est plus avancée, et la vraie philosophie mieux connue, de telles recommandations générales sembleraient, en quelque sorte, puériles. Malheureusement, envers une science fondamentale aussi compliquée et aussi récente que l'est la biologie, il s'en faut encore de beaucoup que la philosophie positive puisse désormais se dispenser de reproduire, d'une manière spéciale et pressante, ces maximes élémentaires. C'est surtout dans les problèmes relatifs à la vie animale, que leur inobservance habituelle est très frappante, quoique les recherches sur la vie organique ne soient point, assurément, toujours irréprochables sous ce rapport. Si, par exemple, les nombreuses observations recueillies jusqu'ici quant aux divers dérangemens des phénomènes intellectuels et moraux n'ont réellement répandu encore presque aucune lumière importante sur les lois naturelles de leur accomplissement, on doit principalement l'attribuer, soit à l'absence d'un sujet de recherches nettement conçu et distinctement spécifié, soit, plus fortement peut-être, à la trop imparfaite notion préalable de l'état normal correspondant. Ainsi, en dernière analyse, quelle que puisse être, en biologie, la valeur fondamentale du mode le plus convenable d'expérimentation, il ne faut jamais oublier que, ici comme partout ailleurs, et même beaucoup plus qu'ailleurs, l'observation pure doit nécessairement être toujours placée en première ligne, comme éclairant d'abord, d'une indispensable lumière, l'ensemble du sujet dont il s'agit de perfectionner ensuite, sous tel point de vue déterminé, l'étude spéciale, par voie d'expérimentation.

Il me reste, enfin, à considérer, en troisième lieu, la dernière méthode fondamentale propre à l'exploration biologique, celle qui, par sa nature, est le plus spécialement adaptée à l'étude des corps vivans, d'où elle tire, en effet, sa véritable source logique, et dont elle doit, par son application toujours plus complète et plus rationnelle, déterminer désormais, plus qu'aucune autre, le progrès incessamment croissant. On voit qu'il s'agit, en un mot, de la méthode comparative proprement dite, que nous devons caractériser ici sous son aspect le plus philosophique.

En établissant, au commencement du volume précédent, ma division rationnelle des trois modes fondamentaux de l'art d'observer, j'ai déjà fait sentir, en général, que le dernier de ces modes, le plus indirect et le plus difficile de tous, la comparaison, était essentiellement destiné, par sa nature, à l'étude des phénomènes les plus particuliers, les plus compliqués, et les plus variés, dont il devait constituer la principale ressource. Nous avons d'abord reconnu que les vrais phénomènes astronomiques, nécessairement limités au seul monde dont nous faisons partie, ne pouvaient aucunement comporter, si ce n'est d'une manière tout-à-fait secondaire, l'application d'un tel procédé d'exploration. Passant ensuite aux divers phénomènes de la physique proprement dite, nous avons également constaté que, quoique leur nature y interdise beaucoup moins une utile introduction de la méthode comparative, c'est néanmoins d'après un tout autre mode fondamental que l'art d'observer doit y être spécialement employé. Enfin, à partir des phénomènes chimiques, nous avons établi que, malgré qu'une telle méthode n'ait jusqu'ici aucun rang déterminé dans le système logique de la philosophie chimique, le caractère des phénomènes commence dès lors à devenir susceptible d'une heureuse et importante combinaison de ce mode avec les deux autres, qui doivent néanmoins y rester prépondérans. Mais c'est seulement dans l'étude, soit statique, soit dynamique, des corps vivans, que l'art comparatif proprement dit peut prendre tout le développement philosophique qui le caractérise, de manière à ne pouvoir être convenablement transporté à aucun sujet qu'après avoir été exclusivement emprunté à cette source primitive, suivant le principe logique si fréquemment proclamé et pratiqué dans ce Traité.

Quelles sont, en effet, les conditions fondamentales sur lesquelles doive nécessairement reposer, en général, l'application rationnelle d'un tel mode d'exploration? Elles consistent, évidemment, par la nature même du procédé, dans cet indispensable concours de l'unité essentielle du sujet principal avec la grande diversité de ses modifications effectives. Sans la première condition, la comparaison n'aurait aucune base solide; sans la seconde, elle manquerait d'étendue et de fécondité : par leur réunion, elle devient à la fois possible et convenable. Or, d'après la définition même de la vie, ces deux caractères sont, de toute nécessité, éminemment réalisés dans l'étude des phénomènes biologiques, sous quelque point de vue qu'on les envisage. L'exacte harmonie entre le moyen et le but est ici tellement spontanée et si nettement prononcée, que son entière appréciation philosophique peut être aisément effectuée sans donner lieu à ces discussions spéciales qui ont été indispensables ci-dessus pour caractériser avec justesse la vraie fonction rationnelle, bien plus équivoque et plus litigieuse, de la méthode expérimentale en biologie.

Tout le système de la science biologique dérive, comme nous l'avons établi, d'une seule grande conception philosophique : la correspondance générale et nécessaire, diversement reproduite et incessamment développée, entre les idées d'organisation et les idées de vie. L'unité fondamentale du sujet ne saurait donc être, en aucun cas, plus parfaite; et la variété presque indéfinie de ses modifications, soit statiques, soit dynamiques, n'a pas besoin, sans doute, d'être formellement constatée. Sous le point de vue purement anatomique, tous les organismes possibles, toutes les parties quelconques de chaque organisme, et tous les divers états de chacun, présentent nécessairement un fond commun de structure et de composition, d'où procèdent successivement les diverses organisations plus ou moins secondaires qui constituent des tissus, des organes, et des appareils de plus en plus compliqués. De même, sous l'aspect physiologique proprement dit, tous les êtres vivans, depuis le végétal jusqu'à l'homme, considérés dans tous les actes et à toutes les époques de leur existence, sont essentiellement doués d'une certaine vitalité commune, premier fondement indispensable des innombrables phénomènes qui les caractérisent graduellement. L'une et l'autre de ces deux grandes faces corrélatives du sujet universel de la biologie, montrent toujours ce que les différens cas offrent de semblable comme étant nécessairement, et en réalité, plus important, plus fondamental, que les particularités qui les distinguent ; conformément à cette loi essentielle de la philosophie positive, dont j'ai fait, dès le début et dans tout le cours de cet ouvrage, une des principales bases de ma conception philosophique, que, en tout genre, les phénomènes plus généraux dominent constamment ceux qui le sont moins. C'est sur une telle notion que repose directement l'admirable rationnalité de la méthode comparative appliquée à la biologie.

Au premier aspect, l'obligation strictement prescrite à cette grande science d'embrasser ainsi, dans son entière immensité, l'imposant ensemble de tous les cas organiques et vitaux, paraît devoir accabler notre intelligence sous une insurmontable accumulation de difficultés capitales : et, sans doute, ce sentiment naturel a dû long-temps contribuer, en effet, d'une manière spéciale, à retarder le développement de la saine philosophie biologique. Il est néanmoins exactement vrai qu'une telle extension du sujet jusqu'à ses extrêmes limites philosophiques, loin de constituer, pour la science, un véritable obstacle, devient, au contraire, son plus puissant moyen de perfectionnement, par la lumineuse comparaison fondamentale qui en résulte nécessairement, une fois que l'esprit humain, familiarisé enfin avec les conditions essentielles de cette difficile étude, parvient à disposer tous ces cas divers dans un ordre qui leur permette de s'éclairer mutuellement. Bornée à la seule considération de l'homme, comme elle l'a été si long-temps, la science biologique ne pouvait, en réalité, par sa nature, faire aucun progrès essentiel, même purement anatomique, si ce n'est quant à cette anatomie descriptive et superficielle, uniquement applicable à l'art chirurgical; car, en procédant ainsi, elle abordait directement la solution du problème le plus difficile par l'examen isolé du cas le plus compliqué, ce qui devait ôter nécessairement tout espoir d'un véritable succès. Sans doute, il était non-seulement évidemment inévitable, mais encore rigoureusement indispensable, que la biologie commençât par un tel point de départ, afin de se constituer une unité fondamentale, qui pût servir ensuite à la coordination systématique de la série entière des cas biologiques. Un tel type ne pouvait, en effet, sous peine de nullité radicale, être arbitrairement choisi; et ce n'est point uniquement, ni même principalement, comme le mieux connu et le plus intéressant, que le type humain a dû être nécessairement préféré; c'est surtout par la raison profonde qu'il offre, en lui-même, le résumé le plus complet de l'ensemble de tous les autres cas, dont il permet dès lors de concevoir une coordination exactement rationnelle. Ainsi, une première analyse (obtenue d'après l'observation proprement dite, convenablement aidée de l'expérimentation) de l'homme, envisagé à l'état adulte et au degré normal, sert à former la grande unité scientifique, suivant laquelle s'ordonnent les termes successifs de l'immense série biologique, à mesure qu'ils s'éloignent davantage de ce type fondamental, en descendant jusqu'aux organisations les plus simples et aux modes d'existence les plus imparfaits. Mais, cela posé, la science, quant à l'homme lui-même, resterait éternellement à l'état de grossière ébauche, si, après une telle opération préliminaire, uniquement destinée à permettre son développement rationnel, on ne reprenait intégralement l'ensemble de cette étude pour obtenir des connaissances plus approfondies, par la comparaison perpétuelle, sous tous les aspects possibles, du terme primordial à tous les autres termes de moins en moins complexes de cette série générale, ou, réciproquement, par l'analyse comparative des complications graduelles qu'on observe en remontant du type le plus inférieur au type humain. Soit qu'il s'agisse d'une disposition anatomique, ou d'un phénomène physiologique, une semblable comparaison méthodique de la suite régulière des différences croissantes qui s'y rapportent, offrira toujours nécessairement, par la nature de la science, le moyen le plus général, le plus certain, et le plus efficace d'éclaircir, jusque dans ses derniers élémens, la question proposée. Non-seulement on connaîtra ainsi un beaucoup plus grand nombre de cas, mais, ce qui importe bien davantage, on connaîtra mieux chacun d'eux par une conséquence inévitable et immédiate de leur rapprochement rationnel. Sans doute, un tel effet ne serait point réellement produit, et le problème aurait été rendu ainsi plus complexe au lieu de se simplifier, si, par leur nature, tous ces cas divers ne présentaient pas nécessairement une similitude fondamentale, accompagnée de modifications graduelles, toujours assujetties à une marche régulière : et c'est pourquoi cette méthode comparative ne convient essentiellement qu'à la seule biologie, sauf l'usage capital que je montrerai, dans le volume suivant, qu'on en peut faire aussi, d'après les mêmes motifs philosophiques, quoique à un degré beaucoup moindre, pour la physique sociale. Mais, à l'égard de toutes les études biologiques, l'ensemble des considérations précédentes ne peut laisser, ce me semble, en principe, aucune incertitude sur l'évidente convenance directe et générale d'une telle méthode, tout en indiquant d'ailleurs les difficultés essentielles que doit présenter le plus souvent l'heureuse application d'un instrument aussi délicat, dont bien peu d'esprits encore ont su faire un usage convenable.

Quelque complète et spontanée que soit, en réalité, cette harmonie fondamentale, tout vrai philosophe doit, néanmoins, sans doute, contempler avec une profonde admiration l'art éminent à l'aide duquel l'esprit humain a pu convertir en un immense moyen ce qui devait d'abord paraître constituer une difficulté capitale. Une telle transformation offre, à mes yeux, un des plus grands et des plus irrécusables témoignages de force réelle que notre intelligence ait jamais fournis en aucun genre. Et, c'est bien ici, comme à l'égard de toutes les autres facultés scientifiques vraiment primordiales, l'œuvre de l'espèce entière, graduellemement développée dans la longue suite des siècles, et non le produit original d'aucun esprit isolé, malgré la frivole et inqualifiable prétention de quelques modernes à se proclamer, ou à se laisser proclamer les vrais créateurs privilégiés de la biologie comparative ! Depuis le simple usage primitif que le grand Aristote fit, en quelque sorte spontanément, d'une telle méthode dans les cas les plus faciles (ne fût-ce qu'en comparant, par exemple, la structure des membres inférieurs de l'homme à celle des membres supérieurs), jusqu'aux rapprochemens les plus profonds et les plus abstraits de la biologie actuelle, on trouve réellement une série très étendue d'états intermédiaires constamment progressifs, entre lesquels l'histoire ne saurait individuellement signaler que les travaux susceptibles d'indiquer, pour l'époque correspondante, une plus parfaite intelligence du vrai génie de l'art comparatif, manifestée par son application plus heureuse et plus large. Il est évident, en un mot, que la méthode comparative des biologistes, pas plus que la méthode expérimentale des physiciens, n'a été ni pu être proprement inventée par personne.

Distinguons maintenant les divers aspects généraux sous lesquels doit être poursuivie la comparaison biologique, que nous continuerons toujours à envisager à la fois comme statique et comme dynamique. On peut les rapporter à cinq chefs principaux, que je classe ici, autant que possible, dans l'ordre de leur enchaînement naturel et de leur valeur scientifique croissante :
1° comparaison entre les diverses parties de cha-

que organisme déterminé; 2° comparaison entre les sexes; 3° comparaison entre les diverses phases que présente l'ensemble du développement; 4° comparaison entre les différentes races ou variétés de chaque espèce; 5° enfin, et au plus haut degré, comparaison entre tous les organismes de la hiérarchie biologique. Il est d'ailleurs sous-entendu que, dans l'un quelconque de ces parallèles, l'organisme sera constamment considéré à l'état normal, ainsi qu'on l'a toujours fait jusqu'ici, comme il était indispensable de le faire d'abord. Quand les lois essentielles relatives à cet état auront été convenablement établies, l'esprit humain pourra passer rationnellement à la pathologie comparée, soit statique, soit dynamique, dont l'étude, encore plus détaillée par sa nature, devra conduire à perfectionner ces lois en étendant leur portée primitive. Mais toute semblable tentative serait actuellement prématurée, l'organisme normal n'étant point encore assez bien connu. Jusqu'alors, l'exploration pathologique ne saurait être employée régulièrement en biologie qu'à titre d'équivalent de l'expérimentation proprement dite, comme je l'ai précédemment expliqué. D'ailleurs, il faut reconnaître, ce me semble, que ce système distinct et complet de pathologie comparative, quelque précieux qu'il fût, n'appartiendrait point réellement, en aucun cas, à la vraie biologie, quoiqu'il en devînt l'application nécessaire, mais essentiellement à l'art médical, envisagé dans son entière extension, dont il constituerait rationnellement la base indispensable et directe.

Si l'on ne devait point attacher une véritable importance à ne pas trop multiplier les motifs généraux de comparaison, on aurait pu comprendre, parmi ceux que je viens d'énumérer, l'examen des différences que présente chaque partie ou chaque acte organique suivant les diverses circonstances extérieures normales sous l'influence desquelles l'organisme est placé, ce qui embrasse à la fois les considérations essentielles de climat, de régime, etc. Mais, il est évident que l'entier développement de ces considérations appartient rationnellement, d'une manière spéciale, à l'histoire naturelle proprement dite, et non à la pure biologie. Quant à leur ébauche fondamentale, qui convient réellement aux études biologiques, elle est tout naturellement comprise dans le domaine effectif de la simple observation directe, dont elle constitue le complément indispensable, et non proprement dans celui de la méthode comparative, qui, ce me semble, doit toujours reposer sur une modification quelconque de l'organisme lui-même et non du milieu. On pourrait aussi distinguer, sans doute, comme titre séparé, la comparaison entre les divers tempéramens, c'est-à-dire, entre les différentes modifications natives, à la fois normales et fixes, d'un même organisme à un âge quelconque. Mais cette considération a trop peu d'importance propre, si ce n'est dans l'espèce humaine, pour exiger, en général, une mention distincte. Du reste, parvenue à son maximum d'influence, elle se trouve implicitement comprise dans la considération des variétés ou races proprement dites, qui ne paraissent être, suivant la judicieuse théorie de M. de Blainville, que des tempéramens poussés jusqu'à l'extrême limite des variations normales dont l'organisme correspondant était susceptible, et rendus en même temps plus persistans, par l'influence continue d'un milieu fixe et plus prononcé, agissant, pendant une longue suite de générations, sur une espèce primitivement homogène.

Quel que soit le mode général suivant lequel on se propose d'appliquer la méthode comparative à une recherche biologique quelconque, son esprit essentiel consiste toujours à concevoir tous les cas envisagés comme devant être radicalement analogues sous le point de vue que l'on considère, et à représenter, en conséquence, leurs différences effectives comme de simples modifications, déterminées, dans un type fondamental et abstrait, par l'ensemble des caractères propres à l'organisme ou à l'être correspondant; en sorte que les différences secondaires soient sans cesse rattachées aux principales d'après des lois constamment uniformes, dont le système doit constituer la vraie philosophie biologique, soit statique, soit dynamique, destinée à fournir ainsi l'explication rationnelle et homogène de chaque cas déterminé. Si la question est simplement anatomique, on regarde, à partir de l'homme adulte et normal pris pour unité fondamentale, toutes les autres organisations comme des simplifications successives, par voie de dégradation continue, de ce type primordial, dont les dispositions essentielles doivent se retrouver toujours dans les cas même les plus éloignés, qui les montrent dégagées de toute complication plus ou moins accessoire. De même, en traitant un problème physiologique proprement dit, on cherche surtout à saisir l'identité fondamentale du phénomène principal qui caractérise la fonction proposée, à travers les modifications graduelles que présente la série entière des cas comparés, jusqu'à ce que les plus simples d'entre eux aient enfin réalisé, autant que possible, l'isolement, d'abord abstrait, d'un tel phénomène, dont la notion essentielle, ainsi fixée, peut être ensuite revêtue successivement, en sens inverse, des diverses attributions secondaires qui la compliquaient primitivement. Il est donc évident, sous l'un ou l'autre aspect, que la conception qualifiée par quelques naturalistes contemporains du nom de *théorie des analogues*, et qu'on s'est efforcé de présenter comme une innovation récente, ne constitue réellement, sous une autre dénomination, que le principe nécessaire et invariable de la méthode comparative elle-même, directement envisagée dans son ensemble philosophique. On conçoit aisément quelle profonde et éclatante lumière une telle méthode, convenablement appliquée, est éminemment destinée à répandre sur toutes les études biologiques, dont les immenses détails doivent, par leur nature, trouver, dans cet intime rapprochement mutuel de tous les cas possibles, les principaux moyens d'explication scientifique qui leur sont propres. Il serait, d'ailleurs, impossible de méconnaître combien des esprits irrationnels ou mal préparés peuvent facilement abuser d'une méthode, aussi délicate en elle-même, et encore aussi imparfaitement appréciée d'ordinaire, de manière à entraver le vrai développement de la science par de vicieuses spéculations sur des analogies qui ne sauraient exister, faute d'avoir d'abord exactement circonscrit le champ général des analogies réelles, correspondant à l'ensemble des organes ou des actes véritablement communs.

Parmi les motifs essentiels de comparaison biologique précédemment énumérés, les seuls qui présentent un caractère assez nettement tranché pour devoir être ici spécialement examinés sont, la comparaison entre les diverses parties d'un même organisme, celle des différentes phases de chaque développement, et surtout celle de tous les termes distincts de la grande hiérarchie des corps vivans. Afin de compléter cet aperçu général de la méthode comparative, il convient maintenant d'apprécier séparément la valeur philosophique de chacun de ces trois modes principaux.

C'est, de toute nécessité, par le premier que cette méthode a dû commencer à s'introduire spontanément dans les recherches quelconques, soit statiques, soit dynamiques, relatives aux corps vivans. En se bornant même à la seule considération de l'homme, aucun esprit philosophique ne saurait éviter d'être plus ou moins frappé immédiatement de la similitude remarquable que présentent, à tant d'égards, ses diverses parties principales, soit dans leur structure, soit dans leurs fonctions, malgré leurs grandes et incontestables différences. D'abord, tous les tissus, tous les appareils, en tant qu'organisés et vivans, offrent, d'une manière homogène, ces caractères fondamentaux inhérens aux idées mêmes d'organisation et de vie, et auxquels sont réduits les derniers organismes. Mais, en outre, sous un point de vue plus spécial, l'analogie des organes devient nécessairement de plus en plus prononcée à mesure que celle des fonctions l'est davantage, et, réciproquement, ce qui peut conduire, et a souvent conduit, en effet, aux plus lumineux rapprochemens, anatomiques ou physiologiques, en passant ainsi alternativement de l'une à l'autre similitude. Quelque admirable extension qu'ait pris, de nos jours, à d'autres titres, la méthode comparative, les biologistes sont loin de renoncer à employer désormais, comme moyen d'importantes découvertes, ce mode originaire et simple de l'art comparatif. C'est ainsi, par exemple, que le grand Bichat, quoique essentiellement réduit à la seule considération de l'homme, envisagé même à l'état adulte, a découvert cette analogie fondamentale entre le système muqueux et le système cutané, qui a déjà répandu tant de précieuses lumières sur la biologie et sur la pathologie. De même, malgré cette profonde et familière intelligence de la méthode comparative, envisagée dans sa plus grande extension philosophique et sous tous ses divers aspects essentiels, qui caractérise éminemment les travaux de M. de Blainville, on ne saurait douter, par exemple, que l'assimilation capitale établie par cet illustre biologiste entre le crâne et les autres élémens de la colonne vertébrale, ne pût être suffisamment indiquée par la simple analyse rationnelle de l'organisme humain.

Le second mode général de l'art comparatif, qui consiste dans le rapprochement des divers états par lesquels passe successivement chaque corps vivant depuis sa première origine jusqu'à son entière destruction, présente à la science biologique un nouvel ordre de ressources fondamentales. Sa principale valeur philosophique résulte de ce que, par sa nature, il permet d'envisager, sur un courte échelle, et pour ainsi dire d'un seul aspect, l'ensemble sommaire et rapide de la série successive des organismes les plus tranchés que puisse offrir la hiérarchie biologique. Car, on conçoit que l'état primitif de l'organisme même le plus élevé doit nécessairement représenter, sous le point de vue anatomique ou physiologique, les caractères essentiels de l'état complet propre à l'organisme le plus inférieur, et ainsi successivement ; quoique on doive d'ailleurs soigneusement éviter toute prétention, à la fois puérile et absurde, à retrouver minutieusement l'analogue exact de chaque terme principal relatif à la partie inféférieure de la série organique dans la seule analyse, bien plus et tout autrement circonscrite, des diverses phases du développement de chaque organisme supérieur. Il reste, néanmoins, incontestable qu'une telle analyse des âges offre, à l'anatomie et à la physiologie, la propriété essentielle de réaliser, dans un même individu, cette complication successive d'organes et de fonctions qui caractérise l'ensemble sommaire de la hiérarchie biologique, et dont le rapprochement, devenu ainsi plus homogène et plus complet en même temps que moins étendu, constitue un ordre spécial de comparaisons lumineuses, qui ne pourrait être entièrement suppléé par aucun autre. Quoique utile à tous les degrés de l'échelle organique, c'est, évidemment, dans l'espèce humaine, et dans le sexe mâle, que cette analyse doit nécessairement acquérir la plus grande valeur, puisque l'intervalle entre l'origine et le maximum du développement est alors aussi prononcé qu'on puisse jamais le concevoir, tous les organismes ayant, à peu près, le même point de départ. Malheureusement, l'extrême difficulté d'explorer ici l'organisation et la vie intra-utérines, qui sont, néanmoins, sous ce point de vue, les plus importantes à analyser, entrave beaucoup encore la principale application de ce précieux moyen d'instruction. Enfin, c'est essentiellement pour la période ascendante de la vie que cette analyse offre une ressource capitale : la période opposée, qui n'est, en réalité, qu'une mort graduellement accomplie, présente, à cet égard, peu d'intérêt scientifique. Car, s'il doit exister une foule de manières de vivre, il ne peut guère y avoir, au fond, qu'une seule manière naturelle de mourir; quoique, d'ailleurs, l'analyse rationnelle de cette mort naturelle soit loin, sans doute, d'être dépourvue, en elle-même, d'une véritable importance pour la science biologique, dont elle constitue une sorte de corollaire général, propre à vérifier utilement l'ensemble de ses lois principales.

Malgré l'éminente valeur des deux modes précédens de comparaison biologique, c'est surtout de l'immense parallèle rationnel institué entre tous les termes de la série organique que la méthode comparative proprement dite doit tirer, non-seulement son plus admirable développement, mais encore son principal caractère philosophique comme méthode distincte. Aussi conçoit-on sans peine l'exagération vulgaire qui porte si fréquemment à ne reconnaître formellement l'existence effective d'une telle méthode que dans les seuls cas où elle est immédiatement appliquée sous ce dernier point de vue, le plus étendu et le plus efficace de tous, quoique cette appréciation démesurée entraîne d'ailleurs l'inconvénient capital de masquer la véritable origine de l'art comparatif. En effet, l'idée de comparaison entre plus ou moins, de toute nécessité, dans la notion de toute observation, quel que soit son mode, et même à quelque sujet qu'elle se rapporte : car, il faut bien, au moins, comparer toujours les conditions sous lesquelles le phénomène s'accomplit avec les circonstances qui caractérisent son accomplissement; cela est encore plus spécialement indispensable dans toute expérimentation proprement dite. Ce n'est donc point par cet unique attribut que la méthode exclusivement qualifiée de comparative mérite sa dénomination propre; et une telle remarque peut expliquer pourquoi les métaphysiciens, qui ont seuls tenté jusqu'ici d'analyser la marche de notre entendement, sont parvenus à confondre, avec quelque apparence de raison, les méthodes les plus réellement distinctes, faute de les avoir étudiées dans leurs applications caractéristiques. La vraie différence essentielle entre ce nouveau mode fondamental de l'art d'observer et les deux autres plus simples et plus généraux, que j'en ai séparés sous les noms spéciaux d'observation et d'expérimentation, consiste en ce qu'il est fondé sur une comparaison très prolongée d'une suite fort étendue de cas analogues, où le sujet se modifie par une succession continue de dégradations presque insensibles. Telle est la qualité générale qui justifie évidemment le titre formel de cette troisième méthode d'exploration, et qui, en même temps, la destine, d'une manière si manifeste et pour ainsi dire exclusive, à l'étude des corps vivans. Or, c'est surtout dans la comparaison entre les organismes de la hiérarchie biologique que cet attribut caractéristique est éminemment prononcé. Le parallèle entre les parties analogues d'un seul organisme, et même l'analyse comparative des âges successifs, ne sauraient offrir directement une assez longue suite de cas variés pour suffire isolément à rendre hautement incontestable la nature propre d'une telle méthode, quoiqu'on ait dû ensuite les y comprendre rationnellement, quand une fois son véritable esprit général a été enfin nettement révélé par son application la moins équivoque.

Il est heureusement inutile aujourd'hui d'insister beaucoup, en principe, sur l'admirable clarté que doit nécessairement porter, dans le système entier des études biologiques, cette comparaison rationnelle entre tous les organismes connus, dont l'usage commence maintenant à devenir familier à tous les bons esprits occupés, à un titre quelconque, de la théorie des corps vivans. Chacun doit aisément sentir, d'après l'ensemble des considérations précédentes, qu'il n'y a pas de structure ni de fonction dont l'analyse fondamentale ne puisse être directement et éminemment perfectionnée par l'examen judicieux de ce que tous les divers organismes offrent, à cet égard, de commun, et de la simplification continue qui fait graduellement disparaître les caractères accessoires à mesure qu'on descend davantage dans la hiérarchie biologique, jusqu'à ce qu'on soit enfin parvenu à ce terme, plus ou moins éloigné, où subsiste seul l'attribut essentiel du sujet proposé, et d'où la pensée peut procéder, en sens inverse, à la reconstruction successive de l'organe ou de l'acte dans toute sa première complication, d'abord inextricable. On peut même avancer, sans exagération, qu'aucune disposition anatomique, et, à plus forte raison, aucun phénomène physiologique, ne sauraient être vraiment connus tant qu'on ne s'est point élevé, par cette décomposition spontanée, à la notion abstraite de leur principal élément, en y rattachant successivement toutes les autres notions plus ou moins importantes suivant l'ordre rationnel rigoureusement indiqué par leur persistance plus ou moins prolongée dans la série organique. Nul autre procédé comparatif ne saurait, évidemment, être assez étendu, assez fécond, et assez gradué, pour permettre, avec autant de précision, l'analyse rationnelle du sujet considéré, et pour mesurer, d'une manière aussi approchée, les vrais rapports de subordination entre ses divers élémens. Une telle méthode me paraît offrir, en quelque sorte, quant aux recherches biologiques, un caractère philosophique semblable à celui de l'analyse mathématique appliquée aux questions de son véritable ressort, où elle présente surtout, comme nous l'avons reconnu dans le premier volume de cet ouvrage, la propriété essentielle de mettre en évidence, dans chaque suite indéfinie de cas analogues, la partie fondamentale réellement commune à tous, et qui, avant cette généralisation abstraite, était profondément enveloppée sous les spécialités secondaires de chaque cas isolé. On ne saurait douter que l'art comparatif des biologistes ne produise, jusqu'à un certain point, un résultat équivalent, surtout par la considération rationnelle de la hiérarchie organique.

Cette grande considération, qui devait d'abord s'établir dans les études purement anatomiques, a été peu adaptée jusqu'ici aux problèmes physiologiques proprement dits. Elle y est, néanmoins, encore plus nécessaire, et, en même temps, tout aussi applicable, sauf la difficulté supérieure d'un tel genre d'observations. Il faut remarquer, enfin, que pour réaliser entièrement les propriétés caractéristiques d'une telle méthode, principalement à l'égard des questions physiologiques, il importe beaucoup de lui attribuer habituellement, avec plus de force qu'on ne le fait encore, toute l'extension rationnelle dont elle est suceptible, en assujettissant à nos comparaisons scientifiques, non-seulement tous les cas de l'organisme animal, mais en outre l'organisme végétal lui-même. On conçoit, en effet, que plusieurs phénomènes fondamentaux ne sauraient être, par leur nature, convenablement analysés, si la comparaison biologique n'est pas poussée jusqu'à ce terme extrême. Tels sont, évidemment, même dans l'homme, les principaux phénomènes de la vie organique proprement dite. L'organisme végétal est éminemment propre à leur étude rationnelle, non-seulement en ce qu'on peut les y observer seuls et réduits à leur partie strictement élémentaire, mais encore, par une raison moins sentie, en ce qu'ils y sont nécessairement plus prononcés. Car, c'est dans le grand acte de l'assimilation végétale que la matière brute passe réellement à l'état organisé; toutes les transformations ultérieures qu'elle peut éprouver de la part de l'organisme animal sont nécessairement bien moins tranchées. Ainsi, l'organisme végétal est réellement le plus propre à nous dévoiler les véritables lois élémentaires et générales de la nutrition, qui doivent y exercer une influence à la fois plus simple et plus intense.

La méthode comparative est, évidemment, par sa nature, applicable à tous les organes et à tous les actes, sans aucune exception. Mais, elle est loin, néanmoins, d'offrir à tous les divers sujets de recherches des ressources également étendues, puisque sa valeur scientifique doit inévitablement diminuer, envers les organismes supérieurs, à mesure qu'il s'agit d'appareils et de fonctions d'un ordre plus élevé, dont la persistance est moins prolongée en descendant l'échelle biologique. Tel est surtout le cas des fonctions intellectuelles et morales les plus éminentes, qui, après l'homme, disparaissent presque entièrement, ou, du moins, deviennent à peine reconnaissables, dès qu'on a dépassé les premières classes de mammifères. On doit regarder, sans doute, comme une imperfection radicale de la méthode comparative, de devenir ainsi moins complétement applicable, au moment même où la complication et l'importance supérieures des phénomènes exigeraient un concours plus énergique de ressources fondamentales. Toutefois, même en ce cas, il serait peu philosophique de méconnaître les vives lumières que peut répandre, sur l'analyse de l'homme moral, l'étude intellectuelle et affective des animaux supérieurs, et plus ou moins de tous les autres, quoique cette comparaison, qui présente d'ailleurs des difficultés spéciales, n'ait pas été encore instituée et poursuivie de manière à conduire à des indications positives d'une valeur capitale. On doit remarquer, en outre, que, sous ce point de vue, la méthode comparative retrouve, jusqu'à un certain point, dans l'analyse rationnelle des âges, naturellement devenue alors plus nette, plus étendue, et plus complète, l'équivalent partiel des diminutions qu'elle éprouve relativement à la hiérarchie biologique.

Tels sont les principaux caractères philosophiques de la méthode comparative proprement dite, envisagée comme le mode fondamental d'exploration le mieux adapté à l'étude positive des corps vivans. Suivant la définition universelle que j'ai posée, dès le début de ce traité, des véritables lois naturelles, qui consistent toujours à saisir, dans les phénomènes, leurs relations constantes, soit de succession, soit de similitude, on devait sentir, en effet, qu'aucune méthode ne saurait plus sûrement et plus directement conduire à établir, en biologie, de pareilles lois que celle dont l'esprit général tend immédiatement à nous faire concevoir tous les cas organiques comme radicalement analogues et comme pouvant être déduits les uns des autres.

Cette exacte appréciation sommaire de l'ensemble des moyens essentiels d'investigation inhérens à la nature des études biologiques, nous a fait vérifier, sans doute, de la manière la plus étendue et la moins équivoque, combien nous étions fondés à prévoir, d'après les principes philosophiques précédemment établis que la complication supérieure d'un tel ordre de recherches devait nécessairement entraîner, comme une conséquence inévitable, un accroissement correspondant dans le système général de nos ressources fondamentales. Nous avons effectivement reconnu que les deux modes élémentaires d'exploration propres aux parties antérieures de la philosophie naturelle acquièrent ici une extension capitale ; et que, surtout, un troisième mode, jusqu'alors imperceptible, prend aussitôt un développement presque indéfini, par une suite spontanée de la nature même des phénomènes. Il faut passer maintenant à un nouvel aspect principal de la philosophie biologique, l'examen rationnel de la vraie position encyclopédique de la biologie dans la hiérarchie des sciences fondamentales, c'est-à-dire de l'ensemble de ses relations essentielles, soit de méthode, soit de doctrine, avec les sciences qui la précèdent, et même avec celle qui doit la suivre, d'où résultera naturellement l'exacte détermination du genre et du degré de perfection spéculative qu'elle comporte, ainsi que celle du plan général de l'éducation préliminaire la mieux adaptée à sa culture systématique. C'est ici le lieu, en un mot, d'expliquer et de justifier, d'une manière spéciale, le rang philosophique assigné à la biologie, par la formule encyclopédique établie dans la deuxième leçon, entre la science chimique et la science sociale.

Je dois me borner, en ce moment, à indiquer en général, sans aucune discussion, sa relation nécessaire avec cette dernière science, relation qui sera naturellement, dans le volume suivant, le sujet direct d'un examen approfondi. La nécessité de fonder sur l'ensemble de la philosophie biologique le point de départ immédiat de la physique sociale est, en elle-même, trop évidente, pour que j'aie besoin de m'y arrêter actuellement. Quand l'instant sera venu d'analyser convenablement cette subordination générale, j'aurai bien plus à insister sur l'indispensable séparation rationnelle de ces deux grandes études que sur leur intime filiation positive, dont le développement spontané de la philosophie naturelle tend plutôt aujourd'hui à faire concevoir une notion exagérée. Il n'y a plus désormais que les philosophes purement métaphysiciens qui puissent persister à classer la théorie de l'esprit humain et de la société comme antérieure à l'étude anatomique et physiologique de l'homme individuel. Nous pouvons donc ici regarder ce premier point comme suffisamment établi, et réserver toute notre attention actuelle pour l'analyse philosophique, bien plus délicate et jusqu'à présent beaucoup plus incertaine, des vraies relations générales de la science biologique avec les diverses branches fondamentales de la philosophie inorganique.

Les considérations présentées au commencement de ce discours, ont dû mettre en évidence l'importance capitale que prend, d'une manière toute spéciale, envers la biologie, cette question de position encyclopédique, envisagée dans son ensemble. Nous avons reconnu, en effet, que cette subordination rationnelle et nécessaire de la philosophie organique à la philosophie inorganique constitue le premier caractère fondamental de l'étude positive des corps vivans, par opposition aux vagues conceptions primitives, métaphysiques ou théologiques, qui ont si long-temps dominé toutes les théories biologiques. Il ne nous reste donc plus, à cet égard, qu'à examiner ici successivement la dépendance plus spéciale de la science biologique envers chacune des sciences antérieures, dont la priorité collective demeure incontestable.

C'est, évidemment, à la chimie que la biologie doit, par sa nature, se subordonner de la manière à la fois la plus directe et la plus complète. D'après l'analyse élémentaire du phénomène général de la vie proprement dite, il est devenu irrécusable ci-dessus que les actes fondamentaux dont la succession perpétuelle caractérise un tel état, sont nécessairement chimiques, puisqu'ils consistent en une suite continue de compositions et de décompositions plus ou moins profondes. M. de Blainville a très judicieusement remarqué que, au moment précis où s'opère une combinaison chimique quelconque, il se passe réellement quelque chose d'analogue à la vie, sans aucune autre différence radicale que l'instantanéité d'un semblable phénomène, qui, au contraire, dans tout organisme en rapport avec un milieu convenable, se renouvelle continuellement par cette lutte régulière et permanente entre le mouvement de décomposition et celui de composition, d'où résulte le maintien et le développement de l'état organique, en même temps que l'impossibilité d'un entier accomplissement de l'acte chimique. Quoique des attributs aussi caractéristiques doivent, sans doute, profondément séparer, même dans les plus imparfaits organismes, les réactions vitales d'avec les effets chimiques ordinaires, il n'en est pas moins incontestable que, par leur nature, toutes les fonctions de la vie organique proprement dite sont nécessairement dominées par ces lois fondamentales relatives aux phénomènes quelconques de composition et de décomposition, qui constituent le sujet philosophique de la science chimique. Si l'on conçoit, à tous les degrés de l'échelle biologique, ce parfait isolement de la vie organique envers la vie animale, dont les végétaux seuls peuvent nous offrir l'entière réalisation, le mouvement vital ne saurait plus présenter à notre intelligence que des idées purement chimiques, sauf les circonstances essentielles qui différencient un tel genre de réactions moléculaires. Or, la source générale de ces importantes différences consiste, ce me semble, en ce que le résultat effectif de chaque conflit chimique, au lieu de dépendre toujours uniquement de la simple composition, médiate ou immédiate, des corps entre lesquels il a lieu, est alors plus ou moins modifié par leur organisation proprement dite, c'est-à-dire par leur structure anatomique (1). Ces modifications peuvent sans doute être telles, que, lors même que les lois générales de l'action chimique seraient enfin connues avec un degré de perfection qu'il est à peine possible de concevoir aujourd'hui, leur application ne saurait réellement suffire pour déterminer *à priori*, sans une étude directe de l'organisme vivant, l'issue précise de chaque réaction vitale. Mais, malgré cette insuffisance nécessaire, il serait néanmoins absurde de regarder les actes de la vie organique comme soustraits à l'empire général des lois chimiques, en

(1) Les effets chimiques ne sont pas, sans doute, toujours entièrement indépendans des conditions de structure, comme on le voit surtout depuis la découverte des phénomènes remarquables produits par les éponges métalliques, où certaines circonstances de structure déterminent des réactions énergiques, que la seule nature des substances eût été insuffisante à réaliser. Mais, en chimie, de tels cas sont éminemment exceptionnels. S'ils étaient beaucoup plus communs, il est incontestable que la nature scientifique des phénomènes chimiques différerait dès lors bien moins de celle des réactions vitales, quoique la diversité des conditions organiques continuât à distinguer profondément les deux cas.

confondant abusivement une simple modification avec une infraction véritable, ainsi que n'ont pas craint de le faire quelques physiologistes modernes, égarés par une vaine métaphysique. C'est donc évidemment à la chimie seule qu'il appartient de fournir le vrai point de départ de toute théorie rationnelle relative à la nutrition, aux sécrétions, et, en un mot, à toutes les grandes fonctions de la vie végétative considérée isolément, dont chacune est toujours essentiellement dominée, dans son ensemble, par l'influence des lois chimiques, sauf les modifications spéciales tenant aux conditions organiques. Si, maintenant, nous rétablissons la considération, un instant écartée, de la vie animale, nous voyons qu'elle ne saurait aucunement altérer cette subordination fondamentale, quoique elle doive en compliquer beaucoup l'application effective. Car, nous avons précédemment établi que la vie animale, malgré son extrême importance, ne doit jamais être regardée, en biologie, même pour l'homme, que comme destinée à étendre et à perfectionner la vie organique, dont elle ne peut changer la nature générale. Une telle influence modifie de nouveau, et souvent à un très haut degré, les lois essentiellement chimiques propres aux fonctions purement organiques, de manière à rendre l'effet réel encore plus difficile à prévoir; mais ces lois n'en continuent pas moins, de toute nécessité, à dominer l'ensemble du phénomène. Lorsque, par exemple, le simple changement du mode ou du degré d'innervation suffit, dans un organisme supérieur, pour troubler, quant à son énergie et même quant à sa nature, une secrétion donnée, on ne saurait concevoir toutefois qu'une telle altération puisse jamais devenir absolument quelconque; or, ses limites générales résultent précisément de ce que de semblables modifications, quelque irrégulières qu'elles paraissent, restent constamment soumises aux lois chimiques du phénomène organique fondamental, qui, tout en permettant certaines variations, en interdisent un beaucoup plus grand nombre. Ainsi, la complication, souvent inextricable, produite par la vie animale, ne saurait, en principe, empêcher la subordination nécessaire de l'ensemble des fonctions organiques proprement dites au système des lois qui régissent tous les phénomènes quelconques de composition et de décomposition : l'usage réel de ces lois devient seulement beaucoup plus difficile et bien moins propre à fournir d'exactes indications, par la nécessité de considérer, outre le simple organisme, la nouvelle source continue de modifications qui résulte de l'action nerveuse. Cette relation générale est d'une telle importance philosophique, que, sans elle on ne pourrait vraiment concevoir, en biologie, aucune théorie scientifique digne de ce nom, puisque les phénomènes les plus fondamentaux y seraient dès lors regardés comme susceptibles de variations entièrement arbitraires, qui ne comporteraient aucune loi réelle. Quand on a vu, de nos jours, proclamer, au sujet de l'azote, cette inintelligible hérésie que l'organisme a la faculté de créer spontanément certaines substances élémentaires, on doit comprendre combien il est encore indispensable d'insister directement sur de tels principes, qui peuvent seuls réfréner ici l'esprit d'aberration.

Indépendamment de cette subordination directe et fondamentale de la science biologique à la science chimique, celle-ci peut fournir à l'autre, sous le simple point de vue de la méthode, des ressources très précieuses à divers égards. La nature beaucoup moins complexe des phénomènes chimiques y rendant l'observation et surtout l'expérimentation bien plus parfaites, leur étude philosophique est susceptible de contribuer fort utilement à la saine éducation préliminaire des biologistes, en ce qui concerne l'art général d'observer et l'art d'expérimenter. A la vérité, les phénomènes encore plus simples de la physique et de l'astronomie conviennent mieux, sans doute, comme nous allons le voir, à une telle destination. Mais, quelle que soit, sous ce rapport, leur extrême importance, on conçoit que les phénomènes chimiques, en vertu de leur moindre dissemblance avec les phénomènes biologiques, doivent offrir des modèles, sinon aussi parfaits, du moins plus frappans et plus immédiatement applicables. Quant aux facultés purement rationnelles, il est évident que ce n'est point par la chimie, dont l'état logique est encore si peu satisfaisant, que les biologistes doivent s'attacher à les cultiver préalablement. Néanmoins, nous avons reconnu, dans la première partie de ce volume, que la chimie possède, par sa nature, la propriété spéciale de développer, plus éminemment qu'aucune autre science fondamentale, l'art général des nomenclatures scientifiques. C'est donc là surtout que les biologistes doivent étudier cette partie importante de la méthode positive, dont leur science peut comporter, à un degré assez étendu, une heureuse application, quoique la complication supérieure de son sujet propre et l'extrême diversité de ses aspects principaux ne permettent point, comme je l'ai indiqué, d'attribuer ici à l'usage rationnel d'un tel art la haute valeur scientifique qui le caractérise si bien en chimie. Une judicieuse imitation de la nomenclature chimique a effectivement dirigé jusqu'ici les utiles tentatives de Chaussier et de plusieurs autres biologistes pour assujettir à des dénominations systématiques les dispositions anatomiques les plus simples, certains états pathologiques bien définis, et les degrés les plus généraux de la hiérarchie animale. C'est aussi par une étude plus profonde de cet élément important de la philosophie chimique que l'on pourra désormais développer convenablement un tel ordre de perfectionnemens, et reconnaître en même temps les vraies limites rationnelles entre lesquelles il doit être soigneusement contenu en biologie.

D'après cet ensemble de considérations diverses, la position encyclopédique de la science biologique immédiatement après la chimie ne me paraît devoir laisser maintenant aucune incertitude. On peut vraiment regarder, sans la moindre exagération, l'ensemble des études chimiques comme constituant, par leur nature, une transition spontanée de la philosophie inorganique à la philosophie organique, malgré les profondes différences qui doivent les séparer radicalement l'une de l'autre.

Cette relation fondamentale avec la science chimique doit, en elle-même, constituer aussi la biologie en subordination, nécessaire quoique indirecte, envers la physique proprement dite, base préliminaire indispensable de toute chimie rationnelle. Mais il existe, en outre, quant à la doctrine et quant à la méthode, à divers titres essentiels, une dépendance plus directe et plus spéciale du système des études biologiques à l'égard de l'ensemble des théories purement physiques, bien que cette liaison soit cependant moins profonde et moins complète que par rapport à la chimie.

Relativement à la doctrine, il est évident, en principe, qu'aucun phénomène physiologique ne saurait être convenablement analysé sans exiger, par sa nature, l'application exacte des lois générales propres à une ou plusieurs branches principales de la physique, dont toutes les diverses notions fondamentales doivent être ainsi successivement employées d'une manière plus ou moins étendue par les biologistes qui remplissent les vraies conditions préliminaires de leurs travaux scientifiques. Cette application est d'abord indispensable pour apprécier judicieusement la vraie constitution du milieu sous l'influence duquel l'organisme accomplit ses phénomènes vitaux, et dont l'analyse doit être ici ordinairement plus complète qu'en aucun autre cas, puisque les variations de ce milieu les moins importantes en apparence, et à tous autres égards presque négligeables, exercent souvent une réaction très puissante sur des phénomènes aussi éminemment modifiables. Mais, de plus, les études biologiques dépendent encore des théories physiques par la considération directe de l'organisme lui-même, qui, sous quelque aspect qu'on l'envisage, ne saurait cesser, malgré ses propriétés caractéristiques, d'être constamment soumis à l'ensemble des diverses lois fondamentales relatives aux phénomènes généraux soit de la pesanteur, soit de la chaleur, ou de l'électricité, etc. On peut remarquer à ce sujet que si l'étude de la vie organique fournit, comme nous venons de le reconnaître, le principal motif de la subordination fondamentale de la biologie envers la chimie, c'est surtout, au contraire, par l'étude de la vie animale proprement dite, que la biologie se trouve directement constituée en relation nécessaire avec la physique. Cette règle est particulièrement évidente pour la saine théorie physiologique des sensations les plus spéciales et les plus élevées, la vision et l'audition, dont une application approfondie de l'optique et de l'acoustique doit nécessairement établir le point de départ rationnel. Une telle remarque se vérifie aussi, d'une manière non moins irrécusable, dans la théorie de la phonation, dans l'étude des lois de la chaleur animale, et dans l'analyse positive des propriétés électriques de l'organisme, qui ne sauraient avoir aucun vrai caractère scientifique sans l'introduction préalable des branches correspondantes de la physique, convenablement employées. Il serait inutile d'insister davantage ici sur une notion philosophique aussi sensible.

Toutefois il importe de reconnaître que, jusqu'à présent, les biologistes même qui ont le plus profondément senti la relation générale et nécessaire de leur science avec l'ensemble de la physique, n'ont pas su ordinairement, faute d'une étude assez rationnelle, effectuer une judicieuse et sévère séparation entre les notions vraiment positives qui constituent le fond scientifique de la physique actuelle, et les conceptions essentiellement métaphysiques qui l'altèrent encore par un reste d'influence de l'ancienne philosophie, ainsi que je l'ai établi dans la seconde partie du volume précédent. On doit convenir, en un mot, que, le plus souvent, les biologistes ont accepté, pour ainsi dire aveuglément, tout ce que les physiciens leur présentaient comme propre à diriger leurs travaux. Cette confiance démesurée et irrationnelle offre ici des inconvéniens analogues à ceux du respect aveugle que j'ai reproché ailleurs aux physiciens eux-mêmes envers les géomètres, et par suite duquel j'ai constaté, chez ces derniers, une déplorable tendance à entraver aujourd'hui le vrai développement de la physique par l'importance vicieuse attachée à des travaux illusoires, fondés sur des conceptions chimériques, abusivement déguisées sous un verbeux appareil algébrique. En principe philosophique, il me semble évident que, si les sciences les plus générales sont, par leur nature, radicalement indépendantes des moins générales, qui doivent, au contraire, reposer préalablement sur elles, il résulte de cette indépendance même que les savans livrés à la culture des premières sont essentiellement impropres à diriger d'une manière convenable leur application fondamentale aux secondes, dont ils ne sauraient connaître suffisamment les vraies conditions caractéristiques. Dans toute judicieuse division du travail, il est clair, en un mot, que l'usage d'un instrument quelconque, matériel ou intellectuel, ne peut jamais être rationnellement dirigé par ceux qui l'ont construit, mais par ceux, au contraire, qui doivent l'employer, et qui peuvent seuls, par cela même, en bien comprendre la vraie destination spéciale. C'est donc exclusivement aux physiciens et non aux géomètres qu'appartient l'application convenable de l'analyse mathématique aux études physiques, comme je l'ai fait voir dans le volume précédent. Mais, par une conséquence nouvelle du même principe, on doit concevoir aussi, dans le cas actuel, que les biologistes sont naturellement seuls compétens pour appliquer avec succès les théories physiques à la solution rationnelle des problèmes physiologiques : le motif est même ici plus puissant encore, en vertu de la différence bien plus profonde entre les deux sciences. Une telle organisation du travail exige seulement désormais, de la part des biologistes, une éducation préliminaire plus forte, plus complète, et plus systématique, qui puisse les mettre en état de s'appuyer judicieusement sur les autres sciences fondamentales; au lieu d'attendre vainement d'heureuses indications générales de la part de ceux qui n'en peuvent connaître la véritable destination.

D'après ces considérations, on ne saurait être surpris que l'application, à peine ébauchée encore, et même si mal instituée jusqu'ici, de la physique à la physiologie, ait effectivement fourni si peu de résultats satisfaisans, ni même qu'elle ait contribué quelquefois à entraver le vrai développement rationnel des études biologiques; ce qui, aux yeux de juges irréfléchis, a pu faire souvent méconnaître la haute valeur scientifique que nous savons devoir être propre à cette application bien conçue. Il est certain, par exemple, que les hypothèses anti-scientifiques des physiciens sur les prétendus fluides électriques, aveuglément embrassées par les physiologistes avec plus de confiance encore que par les physiciens eux-mêmes, ont eu, en biologie, pour effet journalier d'introduire des conceptions vagues et chimériques sur le prétendu fluide nerveux, qui nuisent infiniment au progrès de la physiologie positive, et qui paraissent même fournir une sorte de point d'appui rationnel aux plus absurdes hallucinations des adeptes du magnétisme animal. Dans l'ordre plus simple et plus rigoureux des idées purement anatomiques, je ne crains pas de signaler ici, chez un biologiste du premier ordre, un cas important où l'influence de ces systèmes vicieux, qui altèrent si profondément la physique actuelle, me paraît avoir égaré l'application de la méthode comparative elle-même, si éminemment appropriée à la nature des recherches biologiques. Il s'agit de l'analogie spéciale et complète entre la structure essentielle de l'œil et celle de l'oreille, conçue *à priori*, par mon illustre ami M. de Blainville, comme devant nécessairement résulter de la similitude fondamentale supposée par les physiciens entre la lumière et le son, d'après la vaine hypothèse des ondulations éthérées rapprochée du phénomène général des vibrations aériennes. Sur un semblable sujet, je ne saurais évidemment avoir jamais la prétention déplacée d'engager, surtout avec un tel maître, aucune discussion anatomique, relative à la vérification effective d'une pareille comparaison dans l'ensemble de la série animale, pour décider s'il existe réellement une analogie constante et spéciale entre les parties constituantes de l'appareil auditif et celles de l'appareil visuel (1). C'est seulement le principe philosophique d'une telle similitude anatomique, que je dois regarder ici comme étant, par sa nature, radicalement vicieux, d'après le jugement motivé que j'ai porté, dans le volume précédent, sur les vaines hypothèses physiques relatives à la lumière. Or, pour se convaincre aisément, en général, combien de pareilles hypothèses sont, en elles-mêmes, impropres à fournir d'heureuses indications biologiques, il suffit, ce me semble, de se rappeler avec quelle confiance naïve les anatomistes du siècle dernier, qui étudiaient la structure de l'œil sous l'influence pré-

(1) Ces deux appareils doivent, sans doute, offrir nécessairement, dans leur structure, une certaine analogie fondamentale, commune à tous les appareils sensoriaux. La plus grande similitude de ces deux sens, en tant qu'agissant l'un et l'autre à distance et sans effet chimique, et concourant principalement au développement intellectuel et social, doit, en outre, correspondre à une conformité anatomique plus spéciale, dont le degré rationnel n'a pas encore été bien déterminé. Des rapprochemens aussi philosophiques méritent certainement d'être poursuivis avec persévérance : et c'est surtout afin de contribuer à les purifier et à les rendre prépondérans que je signale ici l'inanité nécessaire des comparaisons illusoires fondées sur la chimérique identité des modes de production de deux ordres de sensations aussi distincts.

pondérante du système de l'émission newtonienne, admiraient l'harmonie fondamentale de cette structure avec ce mode chimérique de production de la lumière. La singulière facilité avec laquelle des systèmes aussi opposés que ceux de l'ondulation et de l'émission lumineuses s'adaptent à un même ensemble de dispositions anatomiques, me paraît vérifier clairement que ces hypothèses fantastiques ne peuvent pas plus diriger convenablement l'exercice positif de notre intelligence en biologie qu'en physique. Si, dans le cas précédent, le pernicieux crédit qu'on leur attribue encore n'a peut-être pas été sans quelque danger pour le philosophe que je viens de citer, malgré l'éminente rationnalité qui caractérise profondément son génie scientifique, qu'on juge des écarts où elles doivent tendre à entraîner les esprits moins vigoureux qui cultivent habituellement l'étude systématique de la nature.

En considérant maintenant, sous le seul point de vue de la méthode, la vraie relation générale de la biologie à la physique, on conçoit, d'après les principes établis dans ce traité, et spécialement rappelés par la discussion précédente, que ce n'est point relativement à la saine institution des hypothèses scientifiques que je puis proposer la physique pour type préliminaire aux biologistes.

Quoique, comme nous l'avons reconnu en son lieu, la physique actuelle renferme un certain nombre d'hypothèses vraiment rationnelles, elles y sont encore tellement mêlées à d'absurdes systèmes, qui les dominent le plus souvent, que leur judicieuse analyse propre est très difficile à établir nettement aujourd'hui, et ne saurait, en conséquence, devenir un heureux moyen d'éducation préalable. C'est à une autre branche fondamentale de la philosophie naturelle que les biologistes, ainsi que les physiciens eux-mêmes, doivent aller emprunter cette partie capitale de la méthode positive, suivant la règle expliquée à ce sujet dans le volume précédent. Mais, sous un aspect différent, dont l'importance philosophique n'est pas moindre, la physique est, au contraire, éminemment apte à fournir à la biologie les modèles les plus parfaits de la méthode positive universelle. On conçoit que je veux parler de l'observation proprement dite, et surtout de l'expérimentation. Sans doute les observations astronomiques sont, par leur nature, encore plus pleinement satisfaisantes : mais elles se rapportent à des phénomènes trop simples et trop peu variés pour servir utilement de modèle immédiat aux observations biologiques ; et même, la précision numérique qui les caractérise spécialement tend à rappeler un point de vue qui doit être, en général, soigneusement écarté dans l'étude des corps vivans, avec laquelle il est nécessairement incompatible. Les observations physiques, au contraire, offrent déjà une telle complication et une si grande diversité que leur étude philosophique présente aux biologistes un type général éminemment susceptible d'une heureuse imitation, abstraction faite des considérations numériques, qui peuvent en être aisément détachées. Toutefois, les observations chimiques, dont la perfection est aujourd'hui presque aussi grande, et dont le sujet est bien moins hétérogène à celui des observations physiologiques, possèdent à peu près aussi complètement cette propriété essentielle, comme nous l'avons reconnu ci-dessus. Aussi est-ce principalement quant à la méthode expérimentale proprement dite, que l'étude philosophique de la physique me paraît destinée à fournir aux biologistes un précieux moyen spécial d'éducation préliminaire, qui ne saurait être convenablement suppléé par aucun autre, d'après les principes précédemment établis dans cet ouvrage. Nous avons reconnu, en effet, que cette science, à laquelle l'esprit humain doit surtout le développement de l'art général de l'expérimentation, en offre nécessairement, par sa nature, les plus parfaits modèles. Or, la contemplation familière et approfondie de ce type fondamental doit devenir d'autant plus indispensable aux physiologistes que leurs études présentent, comme je l'ai fait voir, les plus puissans obstacles à une heureuse application scientifique de l'art d'expérimenter, dont l'usage ne saurait y être introduit, avec une assurance rationnelle de quelques succès réels, qu'après que notre intelligence s'est d'abord suffisamment préparée, dans les cas les plus simples et les plus satisfaisans, à remplir les conditions logiques qu'exigent, en général, la saine institution et la direction judicieuse des expériences relatives à un sujet aussi difficile.

Telles sont, en aperçu, les relations essentielles, soit scientifiques, soit purement logiques, qui constituent nécessairement la biologie dans une dépendance étroite et directe envers la physique proprement dite. Considérons maintenant, d'une manière analogue, sa subordination fondamentale par rapport à la science astronomique, sans que, toutefois, nous ayons besoin d'envisager à part la liaison indirecte qui doit évidemment résulter de la prépondérance générale suffisamment constatée de l'astronomie sur la physique elle-même.

Sous le point de vue de la doctrine, il faut reconnaître, ce me semble, que cette relation directe de la biologie avec l'astronomie, quoique beaucoup moins intime et surtout bien moins précise que dans le cas précédent, a plus d'importance réelle qu'on ne le suppose communément. Je ne parle pas seulement de l'impossibilité manifeste de comprendre nettement la théorie de la pesanteur, et d'établir une exacte analyse rationnelle de ses effets généraux sur l'organisme, tant qu'on isolerait ce phénomène fondamental de celui de la gravitation céleste, sans lequel il serait si imparfaitement appréciable. Dans un ordre d'idées astronomiques plus spécial, je regarde, en outre, comme radicalement impossible de concevoir, d'une manière vraiment scientifique, le système général des conditions d'existence réellement propres aux corps vivans, si l'on néglige de prendre en suffisante considération l'ensemble des élémens astronomiques qui caractérisent la planète à la surface de laquelle nous étudions la vie. Quoique, sur un tel sujet, toute observation directe et toute appréciation comparative nous soient nécessairement à jamais interdites, les raisonnemens les plus positifs de la philosophie naturelle ne nous permettent point de méconnaître l'influence fondamentale de ces conditions astronomiques sur le mode effectif d'accomplissement des phénomènes physiologiques. Cette influence sera, par sa nature, plus spécialement examinée dans le volume suivant, où, en traitant des lois générales du développement réel de la société humaine, j'aurai à analyser, sous ce rapport, le cas le plus sensible et le plus étendu, puisqu'il se rapportera directement à l'être le plus compliqué, envisagé en même temps comme susceptible d'une existence indéfiniment prolongée. Je dois néanmoins esquisser déjà sommairement, à cet égard, les indications principales.

Une telle analyse exige d'abord qu'on établisse, entre les diverses données astronomiques propres à notre planète, une distinction générale, suivant qu'elles se rapportent à l'état statique ou à l'état dynamique. Le premier point de vue n'a besoin que d'être indiqué, tant son importance biologique est manifeste. Pour chacune des conditions essentielles qui lui correspondent, soit quant à la masse terrestre comparée à la masse solaire, d'où résulte l'intensité effective de la pesanteur proprement dite, soit quant à sa forme générale, qui règle la direction de cette force, soit quant à l'équilibre fondamental et aux oscillations régulières des fluides dont sa surface est couverte en majeure partie, et à l'état desquels l'existence des êtres vivans est étroitement liée, soit même quant à ses dimensions effectives, qui imposent des limites nécessaires à la multiplication indéfinie des races vivantes et surtout de la race humaine, soit enfin quant à sa distance réelle au centre de notre monde, qui constitue un des élémens indispensables de sa température propre, la relation avec le mode fondamental d'accomplissement de l'ensemble des phénomènes physiologiques ne saurait, évidemment, être contestée par aucun esprit philosophique. Toute hésitation à cet égard serait, d'ailleurs, aisément dissipée en se bornant à imaginer qu'il survînt brusquement une altération notable dans l'une quelconque de ces conditions; car on sentirait aussitôt que la vie devrait en éprouver dès lors d'inévitables modifications. Mais c'est surtout par l'influence des élémens astronomiques propres à l'état dynamique de la terre que l'on doit sentir l'impossibilité de constituer, d'une manière vraiment rationnelle, la saine philosophie biologique, en persistant à l'isoler de la philosophie astronomique. En considérant d'abord le seul mouvement de rotation, celui dont l'action biologique doit être nécessairement la plus prononcée, on conçoit que sa double stabilité fondamentale, soit quant à la fixité essentielle des pôles autour desquels il s'exécute, soit quant à l'invariable uniformité de sa vitesse angulaire, constitue directement une des principales conditions générales strictement indispensables à l'existence des corps vivans, qui serait, par sa nature, radicalement incompatible avec cette profonde et continuelle perturbation des milieux organiques naturellement correspondante au défaut de ces deux caractères astronomiques. Bichat a déjà très judicieusement remarqué, dans sa belle théorie de l'intermittence fondamentale de la vie animale proprement dite, la subordination naturelle et constante de la période essentielle de cette intermittence avec celle de la rotation diurne de notre planète. On peut même observer, plus généralement, que tous les phénomènes périodiques d'un organisme quelconque, à l'état normal ou à l'état pathologique, se rattachent, d'une manière plus ou moins étroite, à la même considération, sauf les modifications variées qui peuvent résulter des influences secondaires et transitoires. Mais, en outre, il y a tout lieu de penser que, dans chaque organisme, la durée totale de la vie et celle de ses principales phases naturelles, dépendent nécessairement de la vitesse angulaire effective propre à la rotation de notre planète. Car, l'ensemble des études biologiques me paraît nous autoriser aujourd'hui à admettre, en principe, que, toutes choses d'ailleurs égales, la durée de la vie doit être d'autant moins prolongée, surtout dans l'organisme animal, que les phénomènes vitaux se succèdent avec plus de rapidité. Or, si la rotation de la terre était supposée s'accélérer notablement, le cours des principaux phénomènes physiologiques ne saurait manquer d'en éprouver une certaine accélération correspondante, d'où résulterait, par conséquent, une diminution nécessaire de la durée de la vie; en sorte que, dans le véritable état des choses, cette durée doit être regardée comme dépendant de la durée du jour. Par une raison analogue, en considérant maintenant le mouvement total de la terre autour du soleil, on conçoit aussi que la durée de l'année doit inévitablement exercer, pour chaque organisme donné, une semblable influence générale sur la durée de la vie; qui, par exemple, d'après ce double motif, ne saurait être la même sur les diverses planètes habitables de notre monde, quand on supposerait que l'ensemble des autres conditions principales pût y rester identique. Mais le système des données astronomiques relatives à notre mouvement annuel domine, à d'autres égards, d'une manière à la fois bien moins équivoque et beaucoup plus capitale, l'existence générale des corps vivans à la surface de la terre. Cette existence est surtout radicalement liée à la forme essentielle de l'orbite terrestre, comme je l'ai déjà indiqué dans la première partie du volume précédent. Nous savons maintenant que l'état de vie suppose, par sa nature, entre l'organisme qui l'éprouve et le milieu où il s'accomplit, une harmonie fondamentale, qui ne saurait persister, au degré convenable, si l'un ou l'autre de ces deux élémens co-relatifs, et à plus forte raison tous les deux, pouvait devenir susceptible d'altérations très étendues. Or, il est clair que si l'ellipse terrestre, au lieu d'être à peu près circulaire, était supposée aussi excentrique que celle des comètes proprement dites, les milieux organiques, et l'organisme lui-même en admettant son existence, éprouveraient, à des époques peu éloignées, des variations presque indéfinies, qui dépasseraient extrêmement, à tous égards, les plus grandes limites entre lesquelles la vie puisse être réellement conçue. Ainsi, nous pouvons, je crois, regarder désormais comme démontré, par l'ensemble de la philosophie naturelle, que la faible excentricité de l'ellipse terrestre constitue une des premières conditions générales indispensables à l'accomplissement des phénomènes biologiques: elle est presque aussi nécessaire, par exemple, que la stabilité de la rotation. Tous les autres élémens astronomiques du mouvement annuel exercent pareillement, d'une manière incontestable, une influence biologique plus ou moins prononcée, quoique d'une importance beaucoup moins capitale. Cela est surtout manifeste quant à la direction du plan de l'orbite, comparé à l'axe de rotation de la planète. En effet, l'obliquité effective de ce plan devient le principe immédiat de la division essentielle de la terre en climats, d'où résulte la première loi fondamentale relative à la distribution géographique des diverses espèces vivantes, animales ou végétales. De même, sous un second aspect, cette obliquité, en tant que principale cause originaire des différentes saisons, doit influer notablement sur les diverses phases réelles propres à l'existence de chaque organisme quelconque. A l'un ou à l'autre titre, on ne saurait douter que les phénomènes physiologiques actuels ne fussent sensiblement altérés par une variation subite et prononcée dans l'inclinaison de l'orbite terrestre sur l'axe de rotation. Il n'y a pas même jusqu'à la permanence essentielle de la ligne des nœuds qui ne mérite, à un certain degré, d'être prise aussi en considération, si l'on tient à faire une exacte analyse rationnelle des diverses conditions astronomiques auxquelles la vraie philosophie biologique doit avoir égard; car, si la révolution de cette ligne était conçue hypothétiquement beaucoup plus rapide, la vie en serait sans doute affectée; ce qui montre, en sens inverse, que son immobilité presque absolue doit avoir effectivement quelque valeur biologique.

Telles sont, par aperçu, les grandes et incontestables relations qui, malgré nos vaines divisions scolastiques ordinaires, subordonnent, d'une manière directe et profonde, l'ensemble des conceptions biologiques à la vraie doctrine astronomique. Les considérations précédentes me paraissent, en outre, devoir clairement établir, à ce sujet, que, pour remplir convenablement, sous ce point de vue, les conditions philosophiques imposées par la nature de leurs études, les biologistes ne sauraient se borner à s'informer, en quelque sorte, auprès des astronomes, des vrais élémens propres à la constitution céleste de notre planète. Ces faciles renseignemens ne dispenseraient nullement les biologistes rationnels de faire directement, par eux-mêmes, une étude préalable, positive quoique seulement générale, des principales théories astronomiques. Il ne leur suffit point, en effet, de connaître à peu près les valeurs actuelles des élémens astronomiques de la terre, ce qui d'ailleurs, pour être intelligible et profitable, suppose une plus longue étude qu'on n'a coutume de le présumer. La saine biologie exige aussi, d'une manière encore plus indispensable peut-être, la notion exacte des lois générales relatives aux limites de variation de ces divers élémens, ou, du moins, l'analyse scientifique des principaux motifs de leur permanence essentielle ; car, c'est surtout d'une telle permanence qu'on doit déduire le fondement astronomique des études biologiques, comme je me suis efforcé de le faire sentir. Or, une semblable notion positive ne saurait être convenablement obtenue, sans que notre intelligence se soit d'abord rendue familière la considération philosophique des principales conceptions astronomiques, soit géométriques, soit mécaniques.

L'esprit fondamental de ce Traité, spécialement rappelé, sous le point de vue qui nous occupe, au commencement de ce discours, permet aisément d'expliquer, en principe philosophique, pourquoi l'ensemble de la science astronomique se trouve ainsi plus complètement et plus directement lié au sujet général de la biologie qu'à celui d'aucune des sciences intermédiaires, ce qui pourrait d'abord paraître une véritable anomalie encyclopédique, contraire aux notions de hiérarchie scientifique que j'ai établies. Cela tient essentiellement à ce que, malgré l'indispensable nécessité de la physique et de la chimie, l'astronomie et la biologie constituent néanmoins, par leur nature, les deux principales branches de la philosophie naturelle proprement dite. Ces deux grandes études, complémentaires l'une de l'autre, embrassent, dans leur harmonie rationnelle, le système général de toutes nos conceptions fondamentales. A l'une, le monde; à l'autre, l'homme : termes extrêmes, entre lesquels seront toujours comprises nos pensées réelles. Le monde d'abord, l'homme ensuite, telle est, dans l'ordre purement spéculatif, la marche positive de notre intelligence; quoique, dans l'ordre directement actif, elle doive être nécessairement inverse. Car, les lois du monde dominent celles de l'homme, et n'en sont pas modifiées. Entre ces deux pôles co-relatifs de la philosophie naturelle, viennent s'intercaler spontanément, d'une part, les lois physiques, comme une sorte de complément des lois astronomiques, et, d'une autre part, les lois chimiques, préliminaire immédiat des lois biologiques. Tel est, du point de vue philosophique le plus élevé, l'indissoluble faisceau rationnel des diverses sciences fondamentales. On doit maintenant concevoir avec précision pourquoi j'ai attaché, dès l'origine, une si haute importance à présenter, comme le premier caractère philosophique de toute biologie positive, cette subordination systématique de l'étude de l'homme à l'étude du monde, sur laquelle on ne saurait plus conserver désormais aucune incertitude réelle.

Quoique l'esprit humain, dans son enfance théologique et dans son adolescence métaphysique, ait conçu, d'une manière absolument opposée, la relation nécessaire entre la science astronomique et la science biologique, du moins n'avait-il point négligé de la considérer, comme nous tendons à le faire aujourd'hui par suite des habitudes rétrécies d'un positivisme naissant et incomplet. Au fond des absurdes chimères de l'ancienne philosophie sur l'influence physiologique des astres, on trouve, néanmoins, le sentiment confus, vague mais énergique, d'une certaine liaison entre les phénomènes vitaux et les phénomènes célestes. Ce sentiment, comme toutes les inspirations primitives de notre intelligence, n'avait réellement besoin que d'être profondément rectifié par la philosophie positive, qui ne saurait le détruire; quoique, à vrai dire, dans l'ordre scientifique comme dans l'ordre politique, notre faible nature nous oblige malheureusement à ne pouvoir réorganiser qu'après un renversement passager. Parce que les observations, soit anatomiques, soit physiologiques, ne montraient point, par elles-mêmes, l'influence des conditions astronomiques, la philosophie moderne en a superficiellement conclu jusqu'ici la nullité de cette influence; comme si les faits pouvaient jamais témoigner immédiatement des conditions fondamentales sans lesquelles ils ne s'accompliraient pas, quand elles sont de nature à ne pouvoir être un seul instant suspendues ! On vient de voir, néanmoins, que l'étude rationnelle des phénomènes naturels est aujourd'hui assez développée pour que l'ensemble de ses principes les plus positifs puisse mettre en pleine évidence l'incontestable réalité d'un tel ordre de conditions primordiales. Toutefois, afin de prévenir désormais, d'une manière irrévocable, le renouvellement ultérieur de notions vicieuses ou exagérées, plus ou moins analogues aux chimériques hypothèses de la philosophie théologique et métaphysique sur l'influence physiologique des astres, il importe d'établir ici, en principe, à ce sujet, une considération essentielle. D'abord, ces vraies conditions astronomiques de l'existence générale des corps vivans sont nécessairement circonscrites, comme toutes les notions scientifiques de la véritable astronomie positive, dans l'intérieur de notre monde, ce qui écarte aussitôt l'idée vague et indéfinie d'univers, à laquelle se rattachaient surtout les aberrations primitives. En second lieu, elles ne portent jamais directement sur l'organisme lui-même, qui est essentiellement indépendant de toute action céleste immédiate, ainsi que tous les autres phénomènes purement terrestres. L'influence capitale de ces conditions ne peut se rapporter, par elle-même, qu'à l'ensemble des élémens astronomiques qui caractérisent la constitution de notre planète, suivant les explications précédentes. C'est seulement en altérant quelques-uns de ces élémens que les autres astres de notre monde pourraient troubler le mode actuel d'accomplissement de nos phénomènes vitaux; ce qui limite rigoureusement le genre de notions astronomiques qui doit être réellement pris en considération fondamentale par les biologistes rationnels. L'action céleste, vague et inintelligible, que plusieurs philosophes contemporains, très éclairés d'ailleurs, ont mystérieusement introduit dans la prétendue explication de certains effets physiologiques ou pathologiques, doit faire comprendre la haute utilité de cette règle générale, qui, tout en manifestant sans équivoque la vraie subordination positive de la biologie envers l'astronomie, tend néanmoins à prévenir radicalement, à cet égard, toute grave aberration de notre intelligence.

Malgré l'importance capitale d'une telle subordination sous le seul aspect scientifique proprement dit, l'étude philosophique de la science astronomique est peut-être encore plus indispensable à la saine éducation préliminaire des biologistes rationnels sous le point de vue purement logique, c'est-à-dire quant à la méthode. A la vérité, sous ce nouvel aspect, la relation n'a rien de directement particulier à la biologie. Tout se réduit ici à la propriété générale que nous avons reconnue, dans le volume précédent, devoir nécessairement appartenir à la science céleste, de fournir, par sa nature, le plus parfait modèle de la manière fondamentale de philosopher sur des phénomènes quelconques; propriété qui doit être utilisée, ainsi que je l'ai déjà expliqué, par les physiciens et par les chimistes aussi bien que par les biologistes, afin que tous se proposent nettement un type idéal de perfection scientifique, convenablement modifié d'après l'ensemble des conditions de leurs diverses études propres. Mais la nécessité de ce type primordial devient, évidemment, d'autant plus profonde que la complication croissante des phénomènes tend davantage à faire dégénérer les études vraiment scientifiques en d'oiseuses recherches d'érudition ou en de vaines dissertations métaphysiques. Or, c'est à ce titre que la philosophie astronomique se recommande plus éminemment, comme guide logique, à la soigneuse méditation préalable des vrais biologistes. A quelle autre source, en effet, pourraient-ils puiser les véritables élémens essentiels de la méthode positive proprement dite, si ce n'est dans la science qui en offre, par sa nature, le développement le plus complet, le plus pur, et le plus spontané? Comment pourraient-ils habituellement sentir, avec une efficacité réelle, en quoi consiste la saine explication scientifique d'un phénomène, s'ils n'ont pas d'abord cherché à saisir, pour les phénomènes les plus simples, le caractère général des explications les plus parfaites? Plus le sujet de leurs travaux est profondément difficile, plus ils doivent éprouver vivement le besoin d'aller souvent retremper les forces positives de leur intelligence, par la féconde et lumineuse contemplation de l'ensemble de vérités fondamentales le plus satisfaisant que puisse jamais offrir la philosophie naturelle tout entière. Une telle comparaison est seule propre à faire hautement ressortir à leurs yeux l'inanité radicale des conceptions plus ou moins métaphysiques dont la physiologie est encore si encombrée, sur le principe vital de Barthez, les forces vitales de Bichat, et tant d'autres notions analogues, qui ne constituent réellement que de pures entités, dont l'astronomie, seule entre toutes les sciences fondamentales, est aujourd'hui complètement purgée, comme nous l'avons constaté. Les biologistes auxquels la philosophie astronomique aura fait nettement concevoir en quoi consiste la véritable explication scientifique de la pesanteur, ne se proposeront plus, sans doute, de remonter à l'origine de la vie, de la sensibilité, etc., et sauront néanmoins donner à leurs recherches l'essor le plus sublime dont elles soient susceptibles dans l'ordre positif; tandis que jusqu'ici on ne peut se dissimuler que la positivité des travaux n'a été ordinairement obtenue, en biologie, qu'aux dépens de leur élévation. Ce caractère de prévision rationnelle des événemens quelconques, que je ne saurais trop reproduire comme l'infaillible critérium de toute vraie théorie scientifique complètement développée, où les biologistes en étudieraient-ils la valeur philosophique, autrement que dans la seule science qui en offre aujourd'hui une réalisation étendue et incontestable ?

Enfin, c'est uniquement par la méditation familière de la philosophie astronomique, comme je l'ai établi, que les biologistes peuvent apprendre en quoi consiste la saine institution générale des hypothèses scientifiques dignes de ce nom. La biologie positive n'a pas osé encore faire un usage libre et important de ce puissant auxiliaire logique : et cette circonspection est très naturelle, à défaut de principes propres à prévenir l'abus désordonné d'un tel moyen; mais elle retarde certainement beaucoup les progrès rationnels de cette difficile étude. Néanmoins, l'étude des corps vivans, à raison même de sa complication supérieure, réclame, plus qu'aucune autre science fondamentale, l'emploi régulier et développé de ce grand artifice intellectuel. Ici, la nature philosophique de la science, exactement définie dans ce discours, indique, pour ainsi dire d'elle-même, le caractère général des hypothèses vraiment scientifiques. Nous avons établi, en effet, qu'il s'agit toujours, en biologie, de déterminer ou la fonction d'après l'organe, ou l'organe d'après la fonction. On pourra donc, pour accélérer les découvertes, construire directement et sans scrupule l'hypothèse la plus plausible sur la fonction inconnue d'un organe donné, ou sur l'organe caché de telle fonction évidente. Pourvu que la supposition soit le mieux possible en harmonie avec l'ensemble des connaissances acquises, on aura usé, de la manière la plus légitime, à l'imitation des astronomes, du droit général de l'esprit humain dans toutes les recherches positives. Si l'hypothèse n'est point exactement vraie, comme il devra arriver le plus souvent, elle n'en aura pas moins toujours contribué nécessairement au progrès réel de la science, en dirigeant l'ensemble des recherches effectives vers un but nettement déterminé. La seule condition fondamentale, ici comme ailleurs, c'est que, par leur nature, les hypothèses soient constamment susceptibles d'une vérification positive; ce qui, en biologie, résultera inévitablement du caractère que je viens de leur assigner.

Je ne vois jusqu'ici, dans l'étude des corps vivans, qu'un seul exemple capital de semblables hypothèses ; et il a été donné par un homme de génie, qui, suivant l'usage de ses pareils, a rempli spontanément à cet égard, comme par instinct, de la manière la plus satisfaisante, l'ensemble des conditions rationnelles propres à la nature de ses recherches. Quand M. Broussais, dans l'intention éminemment philosophique de localiser tout à coup les prétendues fièvres essentielles, leur a imposé pour siége général la membrane muqueuse du canal digestif, il a imprimé à la saine pathologie la plus heureuse impulsion positive, quoiqu'il ait peut-être commis, en effet, une grande erreur actuelle, ce que je n'ai point à examiner ici. Car, cette hypothèse étant évidemment accessible à une exploration irrécusable, elle devait nécessairement hâter beaucoup, confirmée ou infirmée par les observations judicieuses, la découverte effective du véritable siége organique de ces entités pathologiques. Le vulgaire des médecins, incapable d'apprécier une telle propriété philosophique, s'est consumé à ce sujet en de vaines critiques de détail, qui ne pouvaient affecter nullement la question fondamentale. Mais l'histoire générale de l'esprit humain n'en recueillera pas moins précieusement un jour ce premier exemple mémorable de la judicieuse introduction spontanée de l'art des hypothèses rationnelles dans l'étude positive des corps vivans. Pour quiconque a convenablement étudié la philosophie astronomique, cette innovation hardie n'offre réellement que le timide équivalent d'un usage dès long-temps pratiqué, sur une bien plus large échelle, par ceux de tous les savans qui sont universellement reconnus aujourd'hui comme procédant de la manière la plus rigoureuse. Toutefois, l'étude philosophique de l'ensemble de la science astronomique n'est pas seulement destinée, à cet égard, à dissiper radicalement les vains scrupules de ceux qui persisteraient encore à repousser tout usage étendu des artifices hypothétiques dans les recherches biologiques. Elle a surtout pour objet, sous ce point de vue, de mieux diriger, d'après une judicieuse imitation des plus parfaits modèles, les heureux efforts des hommes de génie qui se proposent d'appliquer aux parties les plus difficiles de la philosophie naturelle un procédé logique aussi impérieusement réclamé par la complication supérieure d'un tel ordre de problèmes.

Après avoir ainsi caractérisé suffisamment la subordination fondamentale de la biologie envers l'astronomie, soit quant à la doctrine, ou quant à la méthode, nous devons compléter maintenant cette exacte analyse sommaire des grandes relations encyclopédiques propres à l'étude des corps vivans, en examinant enfin, d'une manière analogue, sa dépendance réelle à l'égard de la science mathématique, premier fondement général du système entier de la philosophie positive.

Sous le seul point de vue scientifique proprement dit, on doit, à ce sujet, commencer par reconnaître hautement la profonde justesse de l'énergique réprobation prononcée par plusieurs biologistes philosophes, et surtout par le grand Bichat, contre toute tentative d'application effective et spéciale des théories mathématiques aux questions physiologiques. Les purs géomètres, par cela même que leur science constitue réellement la base préliminaire indispensable de toute la philosophie naturelle, doivent être, en général, éminemment disposés à envahir, d'une manière presque indéfinie, le domaine des autres sciences fondamentales, qui leur paraissent ordinairement subalternes. En même temps, l'extrême généralité et la parfaite indépendance de leurs études propres ne permettent point que cette tendance spontanée soit directement contenue par un sentiment énergique des vraies conditions caractéristiques de chacune de ces sciences, dont le génie essentiel leur est naturellement inconnu. Aussi, jusqu'à ce qu'une judicieuse éducation philosophique commune vienne mettre habituellement les diverses classes de savans en état de concevoir nettement la coordination rationnelle de leurs attributions respectives, ce sera seulement par leur antagonisme continuel, très préjudiciable et néanmoins fort insuffisant, que les sciences les plus difficiles pourront péniblement éviter d'être absorbées et annulées par les plus simples. Cette vicieuse organisation des relations scientifiques, n'est en aucun cas, plus manifeste, et n'engendre de plus déplorables conséquences, que lorsqu'il s'agit des rapports fondamentaux entre les études mathématiques et les études biologiques. Jusqu'ici, les biologistes, toujours exposés, à des intervalles plus ou moins rapprochés, aux empiètemens abusifs des géomètres, ne sont parvenus à s'en garantir incomplètement que par l'irrationnel expédient de trancher, pour ainsi dire, toute communication quelconque entre les deux ordres de conceptions; tandis que c'est, au contraire, par une juste appréciation directe de la subordination générale de l'ensemble de leurs travaux à la doctrine élémentaire sur laquelle repose préalablement le système entier de la philosophie naturelle, qu'ils doivent désormais maintenir avec fermeté l'indépendante originalité de leur vrai caractère scientifique. Or, les principes de philosophie mathématique établis dans le premier volume de ce traité, et l'exacte analyse que nous venons d'exécuter du véritable esprit général de l'étude positive des corps vivans, nous permettent maintenant de remplir sans difficulté, quoique très sommairement, cette condition essentielle.

L'étude rationnelle de la nature suppose nécessairement, en général, que tous les phénomènes, d'un ordre quelconque, sont essentiellement assujettis à des lois invariables, dont la découverte constitue toujours le but de nos diverses spéculations philosophiques. Si l'on pouvait concevoir, en aucun cas, que, sous l'influence de conditions exactement similaires, les phénomènes ne restassent point parfaitement identiques, nonseulement quant au genre, mais aussi quant au degré, toute théorie scientifique deviendrait aussitôt radicalement impossible : nous serions dès lors nécessairement réduits à une stérile accumulation de faits, qui ne sauraient plus comporter aucune relation systématique, susceptible de conduire à leur prévision. Il est donc indispensable de reconnaître, en principe, que, même dans les phénomènes éminemment complexes qui se rapportent à la science des corps vivans, chacune des diverses actions vraiment élémentaires qui concourent à leur production varierait nécessairement selon des lois tout-à-fait précises, c'est-à-dire, mathématiques, si nous pouvions, en effet, l'étudier en elle-même, isolément de tout autre. Tel est, à cet égard, le point de départ philosophique des géomètres, dont la parfaite rationnalité ne saurait être contestée. Si donc les phénomènes les plus généraux du monde inorganique sont éminemment calculables, tandis que les phénomènes physiologiques ne peuvent l'être nullement, cela ne tient évidemment à aucune distinction fondamentale entre leurs natures respectives; cette différence provient uniquement de l'extrême simplicité des uns, opposée à la profonde complication des autres. L'erreur capitale des géomètres à ce sujet n'est due qu'à leur manière fort imparfaite d'apprécier la juste portée de cette considération, dont rien ne leur permet de mesurer la véritable étendue philosophique. Il ne s'agirait néanmoins ici que de prolonger convenablement les réflexions que doivent naturellemment suggérer les questions inorganiques susceptibles de solutions mathématiques, et dans lesquelles on voit, d'une manière si prononcée, ces solutions devenir graduellement plus difficiles et plus imparfaites à mesure que le sujet se complique davantage en rapprochant peu à peu l'état abstrait de l'état concret, à tel point que, au-delà des phénomènes purement astronomiques ou de leurs analogues les plus immédiats, une semblable perfection logique ne s'obtient presque jamais, comme nous l'avons constaté, qu'aux dépens de la réalité des recherches, même sans sortir des études générales de la physique proprement dite. Aussitôt qu'on passe aux problèmes chimiques, toute application réelle des théories mathématiques devient nécessairement incompatible avec la grande complication du sujet. Que sera-ce donc à l'égard des questions biologiques?

Par une suite inévitable de sa complication caractéristique, l'étude des corps vivans repousse directement de deux manières différentes tout véritable usage des procédés mathématiques. En effet, lors même que l'on supposerait exactement connues les lois mathématiques propres aux différentes actions élémentaires dont le concours détermine l'accomplissement des phénomènes vitaux, leur extrême diversité et leur multiplicité inextricable ne pourraient aucunement permettre à notre faible intelligence d'en poursuivre avec efficacité les combinaisons logiques, comme le témoignent déjà si clairement les questions astronomiques elles-mêmes malgré l'admirable simplicité de leurs élémens mathématiques, lorsqu'on veut y considérer simultanément plus de deux ou trois influences essentielles. Mais en outre, une semblable complication s'oppose même radicalement à ce que ces lois élémentaires puissent jamais être mathématiquement dévoilées, ce qui doit éloigner jusqu'à la seule pensée hypothétique d'une telle manière de philosopher en biologie. Car, ces lois ne pourraient devenir accessibles que par l'analyse immédiate de leurs effets numériques. Or, sous quelque aspect qu'on étudie les corps vivans, les nombres relatifs à leurs phénomènes présentent nécessairement des variations continuelles et profondément irrégulières, ce qui, pour les géomètres, offre un obstacle aussi insurmontable que si ces degrés pouvaient être, en réalité, entièrement arbitraires. Par la définition même de la vie, on conçoit que la seule notion qui, en chimie, comportât encore, comme nous l'avons reconnu, certaines considérations numériques, c'est-à-dire, la composition, cesse évidemment de les admettre ici : car, toute idée de chimie numérique doit devenir inapplicable à des corps dont la composition moléculaire varie continuellement, ce qui constitue précisément le caractère fondamental de tout organisme vivant. Sans doute, s'il nous était possible de faire varier séparément, à divers degrés, chacune des conditions qui président aux phénomènes vitaux, en maintenant toutes les autres dans une stricte identité mathématique, la comparaison des effets correspondants pourrait faire espérer de découvrir la loi numérique de leurs variations, quoique cette précision idéale, ne pût, en réalité, contribuer aucunement au perfectionnement positif de la science, par suite de l'insurmontable difficulté du problème mathématique relatif à la combinaison rationnelle de ces différentes lois. Mais les mêmes obstacles qui s'opposent radicalement, en vertu des motifs précédemment expliqués, à tout emploi important et vraiment décisif de la méthode expérimentale proprement dite dans les recherches physiologiques, ne doivent-ils point, avec encore plus d'énergie, détruire l'espoir de toute opération de ce genre, qui ne serait réellement qu'une expérimentation portée au plus haut degré de perfection, c'est-à-dire poussée jusqu'à la précision numérique? Puisque déjà nous ne saurions jamais instituer, en biologie, deux cas qui ne diffèrent exactement que sous un seul rapport, que serait-ce donc si, à la conformité des conditions essentielles du phénomène, il fallait joindre l'identité de leurs degrés, ce que toute appréciation mathématique exigerait néanmoins rigoureusement? Ainsi, aucune idée de nombres fixes, à plus forte raison de lois numériques, et surtout enfin d'investigation mathématique, ne peut être regardée comme compatible avec le caractère fondamental des recherches biologiques. Si, avant que ce génie propre fût suffisamment développé, les biologistes ont dû, à cet égard, céder, jusqu'à un certain point, et non sans utilité, à l'irrésistible ascendant des géomètres, une telle condescendance deviendrait désormais essentiellement nuisible aux progrès rationnels de l'étude positive des corps vivans envisagés sous un aspect quelconque.

A la vérité, l'esprit de calcul tend de nos jours à s'introduire dans cette étude, surtout en ce qui concerne les questions médicales, par une voie beaucoup moins directe, sous une forme plus spécieuse, et avec des prétentions infiniment plus modestes. Je veux parler principalement de cette prétendue application de ce qu'on appelle la statistique à la médecine, dont plusieurs savans attendent des merveilles, et qui pourtant ne saurait aboutir, par sa nature, qu'à une profonde dégénération directe de l'art médical, dès lors réduit à d'aveugles dénombremens. Une telle méthode, s'il est permis de lui accorder ce nom, ne serait réellement autre chose que l'empirisme absolu, déguisé sous de frivoles apparences mathématiques. Poussée jusqu'à ses extrêmes conséquences logiques,

elle tendrait à faire radicalement disparaître toute
médication vraiment rationnelle, en conduisant
à essayer au hasard des procédés thérapeutiques
quelconques, sauf à noter, avec une minutieuse précision, les résultats numériques de leur application
effective. Il est évident, en principe, que les variations continuelles auxquelles tout organisme est assujetti sont nécessairement encore plus prononcées
dans l'état pathologique que dans l'état normal,
en sorte que les cas doivent être alors encore moins
exactement similaires; d'où résulte l'impossibilité
manifeste de comparer judicieusement deux modes
curatifs d'après les seuls tableaux statistiques de
leurs effets, abstraction faite de toute saine théorie
médicale. Sans doute, la pure expérimentation
directe, restreinte entre des limites convenables,
peut avoir une grande importance pour la médecine, comme pour la physiologie elle-même : mais
c'est précisément à la stricte condition de ne jamais être simplement empirique, et de se rattacher
toujours, soit dans son institution, soit dans son
interprétation, à l'ensemble systématique des doctrines positives correspondantes. Malgré l'imposant aspect des formes de l'exactitude, il serait
difficile de concevoir, en thérapeutique, un jugement plus superficiel et plus incertain que celui
qui reposerait uniquement sur cette facile compu-

tation des cas funestes ou favorables, sans parler des pernicieuses conséquences pratiques d'une telle manière de procéder, où l'on ne devrait d'avance exclure aucune sorte de tentative. On doit déplorer l'espèce d'encouragement dont les géomètres ont quelquefois honoré une aberration aussi profondément irrationnelle, en faisant de vains et puérils efforts pour déterminer, d'après leur illusoire théorie des chances, le nombre de cas propre à légitimer chacune de ces indications statistiques.

Quoique l'abus de l'esprit mathématique, ou plutôt de l'esprit de calcul, ait été ainsi fréquemment nuisible, sous divers rapports, au vrai développement de l'étude positive des corps vivans, les biologistes qu'un sentiment exagéré de cette fâcheuse influence a conduits à méconnaître toute subordination réelle de cette étude à l'ensemble des études mathématiques n'en ont pas moins commis une erreur grave, directement préjudiciable au perfectionnement systématique de leur science. Les principes précédemment établis dans cet ouvrage doivent rendre cette erreur très sensible, en faisant hautement ressortir cette subordination nécessaire. Elle existe d'abord, d'une manière évidente bien qu'indirecte, d'après les relations indispensables, ci-dessus constatées, de la saine biologie avec la physique et avec l'astronomie, puisque les biologistes ne sauraient convenablement entreprendre ces deux ordres d'études préliminaires sans s'être préalablement familiarisés avec l'ensemble des principales doctrines mathématiques. Mais, en outre, on ne peut contester qu'une judicieuse application des notions fondamentales de la géométrie et de la mécanique ne devienne directement nécessaire pour bien comprendre, soit la structure, soit le jeu, d'un appareil aussi compliqué que l'organisme vivant, surtout dans les animaux. Cela est particulièrement évident envers tous les divers phénomènes de la mécanique animale, statiques ou dynamiques, qui doivent paraître profondément inintelligibles à tous ceux auxquels sont étrangères les lois générales de la mécanique rationnelle. L'absurde principe de la prétendue indépendance des êtres vivans à l'égard des lois universelles du monde matériel, a souvent conduit les physiologistes à regarder ces êtres comme essentiellement soustraits à l'empire des théories fondamentales de l'équilibre et du mouvement; tandis que ces théories constituent, au contraire, la véritable base élémentaire de l'économie organique envisagée sous cet aspect. Je me suis efforcé, dans le premier volume, de démontrer directement que, par leur nature, ces théories sont nécessairement applicables à des appareils quelconques, puisqu'elles ne dépendent aucunement de l'espèce des forces considérées, mais seulement de leur énergie effective : il ne peut exister, à ce sujet, d'autre différence réelle que la difficulté plus grande de préciser, surtout numériquement, une telle application, à mesure que l'appareil se complique davantage. Ainsi, en écartant d'ailleurs, comme éminemment chimérique, toute idée d'évaluation, on ne saurait douter que les théorèmes généraux de la statique et de la dynamique abstraites ne doivent se vérifier constamment dans le mécanisme des corps vivans, sur l'étude rationnelle duquel ils sont, en effet, destinés à porter une indispensable lumière. Dans ses divers modes de repos ou de mouvement, l'animal même le plus élevé se comporte essentiellement comme tout autre appareil mécanique d'une complication analogue, sauf la seule différence du moteur, qui n'en peut produire aucune quant aux lois élémentaires de la combinaison et de la communication des mouvemens, ou de la neutralisation des efforts quelconques. La nécessité d'introduire convenablement l'usage philosophique de la mécanique rationnelle dans toute biologie positive n'est donc nullement équivoque. Quant à la géométrie, outre que, dans ses plus simples élémens, la mécanique ne saurait s'en passer, on conçoit aisément combien les spéculations anatomiques ou physiologiques exigent, par leur nature, l'habitude de suivre exactement des relations complexes de forme et de situation, et combien même la connaissance familière des principales lois géométriques peut y donner lieu à d'heureuses indications directes. Il serait inutile ici d'insister davantage à cet égard.

Cette subordination fondamentale de la science biologique à la science mathématique devient encore plus indispensable et plus évidente en comparant les deux ordres d'études sous le point de vue logique proprement dit, c'est-à-dire, quant à la méthode. Nous avons, en effet, établi, en principe philosophique, que le système des études mathématiques constitue nécessairement la véritable origine spontanée de l'art général du raisonnement positif, dont l'esprit humain ne pouvait réaliser complètement le libre développement qu'à l'égard des recherches à la fois les plus générales, les plus abstraites, les plus simples, et les plus précises. C'est donc à cette source primitive et universelle que doivent constamment remonter toutes les classes de philosophes positifs pour préparer convenablement leurs facultés rationnelles à l'ultérieure élaboration directe des théories plus imparfaites qui se rapportent à des sujets plus spéciaux, plus complexes, et plus difficiles. La marche inévitable suivie à cet égard par l'esprit humain dans l'ensemble de son perfectionnement social, doit naturellement servir de guide général à la progression systématique de chaque intelligence individuelle. A mesure que le sujet de nos recherches se complique davantage, il exige nécessairement un recours plus urgent à ce type primordial de toute rationnalité positive, dont la familière contemplation philosophique devient plus indispensable pour nous détourner des conceptions illusoires et des combinaisons sophistiques, tout en excitant néanmoins notre essor spéculatif, bien loin de l'entraver par de vains et timides scrupules. C'est donc en vertu même de la complication supérieure qui les caractérise, que les études biologiques réclament plus impérieusement, chez ceux qui se proposent de les cultiver d'une manière vraiment scientifique, cette première éducation rationnelle que peut seule procurer une connaissance générale suffisamment approfondie de la philosophie mathématique. Si une telle préparation logique, depuis long-temps reconnue indispensable aux astronomes, commence aujourd'hui à être aussi regardée généralement comme nécessaire aux vrais physiciens, et même aux chimistes rationnels, il y aurait sans doute une étrange anomalie à prétendre, pour les seuls biologistes, que l'instrument intellectuel a moins besoin d'être aiguisé quand on le destine à des problèmes plus difficiles.

Jusqu'ici néanmoins, ce n'est point, en général, aux études mathématiques que les biologistes les plus systématiques ont cru devoir recourir pour cette indispensable éducation préliminaire, mais à la vaine considération ontologique de ce qu'on appelle la logique proprement dite, isolée de tout raisonnement déterminé. Quelque absurde que doive sembler aujourd'hui, chez des philosophes positifs, une telle persistance dans les usages émanés du système métaphysique de l'ancienne éducation, elle paraîtra cependant, à plusieurs égards, naturelle et même excusable, en pensant à la profonde incurie des géomètres à organiser, d'une manière vraiment rationnelle, l'ensemble de l'enseignement mathématique. On n'a peut-être jamais composé, en aucun genre, des ouvrages didactiques aussi radicalement médiocres, aussi complètement dénués de tout véritable esprit philosophique, que la plupart des traités élémentaires d'après lesquels sont encore essentiellement dirigées toutes les études mathématiques ordinaires. Il semblerait qu'on ne s'y est imposé d'autre obligation que celle d'éviter scrupuleusement des erreurs matérielles, comme si le facile accomplissement d'une semblable condition pouvait avoir aujourd'hui aucun mérite dans un pareil sujet. Ce n'est point ici le lieu de remonter aux causes de ce fait déplorable, qui ressortent d'ailleurs aisément des principes que j'ai établis. Nous devons seulement remarquer combien un système d'enseignement aussi vicieux a pu naturellement faire méconnaître, même par d'excellens esprits, les propriétés logiques fondamentales qui caractérisent réellement, d'une manière à la fois si éminente et si exclusive, la nature des études mathématiques. La direction ordinaire de ces études dissimule et même dénature tellement ces précieuses propriétés, que l'on s'explique aisément l'exagération, d'ailleurs évidemment irréfléchie, de certains philosophes qui ont directement soutenu que, loin de pouvoir préparer convenablement l'organe intellectuel à l'interprétation rationnelle de la nature, l'éducation mathématique tendait effectivement bien plutôt à développer l'esprit d'argumentation sophistique et de spéculation illusoire. Mais une semblable dégénération, quoique trop fréquemment réalisée, ne saurait détruire, sans doute, la valeur intrinsèque du plus puissant moyen d'éducation positive qui puisse être offert à nos facultés élémentaires de combinaison et de coordination : elle fait seulement mieux ressortir l'évidente nécessité d'une profonde rénovation philosophique du système entier de l'enseignement mathématique. Il est clair, en effet, que toute l'utilité réelle que l'on peut attribuer à l'étude préalable de la logique proprement dite pour diriger et raffermir la marche générale de notre intelligence, se retrouve nécessairement, d'une manière à la fois beaucoup plus étendue, plus variée, plus complète, et plus lumineuse, dans les études mathématiques convenablement dirigées, avec l'immense avantage que présente un sujet bien déterminé, nettement circonscrit, et susceptible de la plus parfaite exactitude, et sans le danger fondamental inhérent à toute logique abstraite, quelque judicieusement qu'on l'expose, de conduire ou à des préceptes puérils d'une évidente inutilité, ou a de vagues spéculations ontologiques, aussi vaines qu'inapplicables. La méthode positive, malgré ses modifications diverses, reste, au fond, constamment identique dans l'ensemble de ses applications quelconques, surtout en ce qui concerne directement l'art homogène du raisonnement. C'est pourquoi les sciences les plus compliquées, et la biologie elle-même, ne sauraient offrir aucun genre de raisonnement dont la science mathématique ne puisse d'abord fournir fréquemment l'analogue plus simple et plus pur. Ainsi, même sous cet aspect, la philosophie positive forme, par sa nature, un système rigoureusement complet, qui peut entièrement suffire, d'après ses seules ressources propres, à tous ses divers besoins réels, sans emprunter, à aucun titre, le moindre secours étranger; ce qui doit enfin conduire à l'élimination totale de l'unique portion de l'ancienne philosophie susceptible de présenter encore quelque apparence d'utilité véritable, c'est-à-dire sa partie logique, dont toute la valeur effective est désormais irrévocablement absorbée par la science mathématique. C'est donc exclusivement à cette dernière école que les biologistes rationnels doivent aller maintenant étudier l'art logique général avec assez d'efficacité pour l'appliquer convenablement au perfectionnement de leurs difficiles recherches. Là seulement, ils pourront acquérir réellement le sentiment intime et familier des vrais caractères et des conditions essentielles de cette pleine évidence scientifique qu'ils doivent s'efforcer ensuite de transporter, autant que possible, à leurs théories propres. Comment l'apprécieraient-ils sainement à l'égard des questions les plus complexes, si d'abord ils ne s'étaient exercés à la considérer dans les cas les plus simples et les plus parfaits?

En examinant cette relation fondamentale sous un point de vue plus spécial, il est aisé de sentir que les principaux raisonnemens biologiques exigent, par leur nature, un genre d'habitudes intellectuelles dont les spéculations mathématiques, soit abstraites, soit concrètes, peuvent seules procurer un heureux développement préalable. Je veux parler surtout de cette aptitude à former et à poursuivre des abstractions positives, sans laquelle on ne saurait, en biologie, faire aucun usage rationnel et étendu, ni physiologique, ni même simplement anatomique, de la méthode comparative proprement dite, dont j'ai déjà signalé l'analogie philosophique avec le caractère essentiel de l'analyse mathématique. On conçoit, en effet, que pour suivre convenablement, dans la biologie comparée, l'étude générale d'un organe ou d'une fonction quelconques, il est indispensable d'en avoir d'abord nettement construit la notion abstraite, qui peut seule être le sujet direct de la comparaison, isolément de toutes les diverses modifications particulières attachées à chacune de ses réalisations effectives : si cette abstraction est méconnue ou altérée d'une manière quelconque pendant le cours de l'analyse biologique, le procédé comparatif avorte nécessairement. Une telle opération intellectuelle ressemble sans doute beaucoup à celle que notre esprit effectue si spontanément, à un si haut degré, et avec tant de facilité, dans toutes les combinaisons mathématiques, dont l'habitude constitue donc évidemment, sous ce rapport, la meilleure préparation philosophique aux spéculations les plus élevées de la biologie positive. L'anatomiste ou le physiologiste qui négligerait un secours aussi direct et aussi capital, se créerait ainsi artificiellement une nouvelle difficulté fondamentale, en voulant tout à coup abstraire dans le sujet le plus complexe, sans s'y être préalablement exercé sur le sujet le plus simple. Quant à ceux qui n'auraient pu réussir dans une telle épreuve préliminaire, ils devraient, ce me semble, se reconnaître, par cela seul, radicalement impropres aux plus hautes recherches biologiques, et s'y borner judicieusement, en conséquence, à l'utile travail secondaire de recueillir convenablement des matériaux susceptibles d'une élaboration philosophique ultérieure de la part d'intelligences mieux organisées. Ainsi, une saine éducation mathématique rendrait à la science biologique ce double service essentiel d'essayer et de classer les esprits aussi bien que de les préparer et de les diriger. L'élimination spontanée de ceux qui ne tendent qu'à encombrer la biologie de travaux sans but et sans caractère, n'offrirait pas, je pense, moins d'intérêt réel que l'institution plus parfaite de ceux qui peuvent en bien remplir les conditions principales.

La sage introduction de l'esprit mathématique pourrait contribuer, d'ailleurs, à perfectionner la philosophie biologique sous un nouvel aspect, qui, beaucoup moins fondamental que le précédent, mérite cependant d'être indiqué ici. Il s'agit de l'usage systématique des fictions scientifiques proprement dites, dont l'artifice est si familier aux géomètres, et qui me paraîtraient aussi susceptibles d'augmenter utilement les ressources logiques de la haute biologie, quoique leur emploi dût y être ménagé, sans doute, avec une bien plus circonspecte sobriété. Dans la plupart des études mathématiques, on a souvent trouvé de grands avantages à imaginer directement une suite quelconque de cas purement hypothétiques, dont la considération, quoique simplement artificielle, peut faciliter beaucoup, soit l'éclaircissement plus parfait du sujet naturel des recherches, soit même son élaboration fondamentale. Un tel art diffère essentiellement de celui des hypothèses proprement dites, avec lequel il a été toujours confondu jusqu'ici par les plus profonds philosophes. Dans ce dernier, la fiction ne porte que sur la seule solution du problème; tandis que, dans l'autre, le problème lui-même est radicalement idéal, sa solution pouvant être, d'ailleurs, entièrement régulière. La fiction scientifique présente ici tous les caractères principaux de l'imagination poétique : elle est seulement, en général, plus difficile. Il est évident que la nature des recherches biologiques ne saurait y comporter l'emploi d'un tel artifice logique à un degré nullement comparable à celui que permettent les spéculations mathématiques, auxquelles il s'adapte si éminemment. On doit néanmoins reconnaître, à mon avis, que le caractère abstrait des hautes conceptions de la biologie comparative les rend, à quelques égards, susceptibles d'un semblable perfectionnement, qui consisterait alors à intercaler, entre les divers organismes connus, certains organismes purement fictifs, artificiellement imaginés de manière à faciliter leur comparaison, en rendant la série biologique plus homogène et plus continue, en un mot plus régulière, et dont plusieurs admettraient peut-être une réalisation ultérieure plus ou moins exacte, parmi les organismes d'abord inexplorés. L'étude positive des corps vivans me paraît être aujourd'hui assez avancée, pour que nous puissions désormais former le projet hardi, et auparavant téméraire, de concevoir directement le plan rationnel d'un organisme nouveau, propre à satisfaire à telles conditions données d'existence. Je ne doute point que le judicieux rapprochement, à la manière des géomètres, des cas réels avec quelques fictions de ce genre heureusement imaginées, ne soit plus tard utilement employé à compléter et à perfectionner les lois générales de l'anatomie et de la physiologie comparées, et ne puisse même servir à y devancer quelquefois l'exploration immédiate. Dès à présent, l'usage rationnel d'un tel artifice me semblerait, du moins, pouvoir être appliqué à éclaircir et à simplifier essentiellement le système ordinaire du haut enseignement biologique. On conçoit, d'ailleurs, sous l'un ou l'autre aspect, que l'introduction d'un procédé aussi délicat doit appartenir exclusivement aux esprits les plus élevés, d'abord convenablement préparés par une étude approfondie de la philosophie mathématique, afin de prévenir le désordre que pourrait apporter dans la science la considération intempestive d'une foule de cas mal imaginés ou mal intercalés.

Tels sont les principaux rapports, soit de doctrine, soit de méthode, sous lesquels la saine biologie doit se subordonner directement au système entier de la science mathématique, indépendamment de leurs relations indirectes au moyen des sciences intermédiaires. On peut, à ce sujet, utilement remarquer, d'après les notions précédentes, que, parmi les trois élémens essentiels que nous avons reconnus dans l'ensemble de la philosophie mathématique, c'est surtout la mécanique qui s'applique à la biologie sous le point de vue scientifique proprement dit; tandis que, au contraire, sous le point de vue purement logique, la liaison s'opère principalement par la géométrie; l'une et l'autre étant, d'ailleurs, convenablement appuyées sur les théories analytiques indispensables à leur développement systématique.

Cet examen complet, quoique sommaire, des relations fondamentales de l'étude positive des corps vivans avec les différentes branches antérieures de la philosophie naturelle, ne peut plus, ce me semble, laisser aucune incertitude sur la réalité ni sur l'importance du rang précis que j'ai assigné à la science biologique dans ma hiérarchie encyclopédique. Pour tout esprit philosophique, la seule considération d'une telle position doit offrir le résumé concis mais exact de l'ensemble des divers rapprochemens que je viens d'analyser. Il en résulte immédiatement la juste appréciation générale du genre et du degré de perfection dont la biologie est susceptible par sa nature, et, encore plus directement, la détermination essentielle du plan rationnel de l'éducation préliminaire correspondante.

Si la perfection d'une science quelconque devait être mesurée par l'étendue et la variété des moyens fondamentaux qui lui sont propres, aucune science ne pourrait, sans doute, rivaliser avec la biologie. Les immenses ressources logiques que nous venons de déduire rigoureusement de ses liaisons nécessaires avec les différentes sciences antérieures, concourent avec les procédés essentiels d'exploration que nous avions d'abord reconnu lui appartenir d'une manière encore plus spontanée. On peut dire que l'esprit humain réunit ici, avec une profusion jusqu'alors ignorée, l'ensemble de tous ses divers artifices pour surmonter les difficultés capitales que lui oppose cette grande étude. Et, néanmoins, un tel faisceau de puissances intellectuelles ne pourra jamais nous offrir qu'une très imparfaite compensation de l'accroissement radical des obstacles. Sans doute, suivant la loi philosophique que j'ai établie, la complication croissante du sujet fondamental de nos recherches positives détermine nécessairement une extension correspondante dans le système entier de nos moyens généraux d'investigation scientifique : et nous venons d'en reconnaître ici la plus irrécusable vérification. Mais cependant, quand on entreprend de ranger les différentes sciences dans l'ordre effectif de leur perfection relative, on peut réellement faire abstraction totale de cette grande considération, et se borner à envisager la complication graduelle des phénomènes, sans aucun égard à l'accroissement inévitable des ressources correspondantes, qui ne saurait jamais être exactement en harmonie avec elle, et qui nous permet seulement d'aborder des recherches dont les difficultés seraient entièrement inaccessibles à notre faible intelligence si nous ne pouvions leur appliquer des moyens plus étendus. Cette règle, que nous ont toujours confirmée jusqu'ici les branches précédentes de la philosophie naturelle, est, malheureusement, loin de se démentir envers la science biologique. Il ne faut pas croire que sa plus grande imperfection relative tienne principalement aujourd'hui à son passage beaucoup plus récent à l'état positif. Elle est surtout la conséquence inévitable et permanente de la complication très supérieure de ses phénomènes. Quelques importans progrès qu'on doive y espérer prochainement du développement plus complet et du concours plus rationnel de tous les moyens divers qui lui sont propres, cette étude restera nécessairement toujours inférieure aux différentes branches fondamentales de la philosophie inorganique, sans en excepter la chimie elle-même, soit pour la coordination systématique de ses phénomènes, soit pour leur prévision scientifique. Toutefois, ceux qui n'ont point directement examiné, avec une certaine profondeur, sa vraie nature philosophique, doivent se former une trop faible idée de la perfection spéculative qu'elle comporte réellement, d'après la considération exclusive, tout-à-fait insuffisante, de son état actuel, qui ne présente encore, à tant d'égards, qu'une stérile accumulation d'observations incomplètes ou incohérentes et de conceptions arbitraires ou hétérogènes. On doit réellement envisager l'ensemble des travaux biologiques jusqu'à présent comme constituant une vaste opération préliminaire, principalement destinée à caractériser et à développer tous les divers moyens principaux qui appartiennent à cette difficile étude, et dont l'usage ne pouvait être que provisoire tant que leur concours n'était point systématiquement organisé. Sous ce point de vue, l'état de la science commence à être, en effet, très satisfaisant, puisque une telle organisation fondamentale est déjà pleinement réalisée chez un petit nombre d'esprits supérieurs. Quant à l'établissement direct des lois biologiques, quoiqu'il ait été encore essentiellement prématuré, le peu de notions exactes déjà formées à ce sujet suffit, néanmoins, pour faire sentir aujourd'hui que, soigneusement restreinte aux recherches positives, la science des corps vivans, eu égard à la complication supérieure de ses phénomènes, peut atteindre réellement, d'une manière bien plus complète qu'on n'a coutume de le supposer, à leur coordination rationnelle et par suite à leur prévision, conformément à son rang effectif dans le système général de la philosophie naturelle.

L'examen des relations nécessaires de la biologie avec chacune des autres sciences fondamentales, nous a naturellement conduits à fixer, à l'abri de tout arbitraire, l'éducation préliminaire la mieux adaptée à la vraie nature d'une telle science. Cette éducation, consistant dans l'étude philosophique préalable de l'ensemble de la science mathématique, et ensuite successivement, à divers degrés déterminés de spécialité, de l'astronomie, de la physique, et enfin de la chimie, est nécessairement plus difficile que celle précédemment assignée à toute autre classe de savans. Mais nous avons reconnu qu'elle est aussi beaucoup plus nécessaire; et l'on ne saurait douter que la marche timide et vacillante de la biologie positive ne tienne aujourd'hui, en grande partie, à l'éducation radicalement vicieuse de presque tous ceux qui la cultivent. Du reste, quelles que soient les difficultés réelles de cette éducation rationnelle, il ne faut pas oublier que le temps si déplorablement consumé aujourd'hui à d'inutiles études de mots ou à de vaines spéculations métaphysiques, suffirait pleinement à son entière réalisation chez des esprits fortement organisés, les seuls aptes à cultiver avec succès une science aussi profondément compliquée. Enfin, il importe de remarquer que, par une suite nécessaire de l'éducation ainsi déterminée par la nature de leurs travaux propres, les anatomistes et les physiologistes se trouveront désormais directement placés au point de vue philosophique le plus complet, comme l'exige l'action capitale que, plus qu'aucune autre classe de savans, ils sont spontanément appelés à exercer sur le gouvernement intellectuel de la société. Car cette action est, de toute nécessité, naturellement attachée à l'entière généralité des conceptions et à la parfaite homogénéité des doctrines, seules propriétés par lesquelles, malgré leur irrécusable caducité, la philosophie théologique et la philosophie métaphysique conservent aujourd'hui assez d'empire pour exclure encore la philosophie positive de la suprême direction régulière du monde moral, comme je l'expliquerai dans le volume suivant, quoique elles-mêmes soient désormais devenues radicalement impuissantes à le conduire réellement.

Après avoir jusqu'ici convenablement examiné la nature propre et le but général de la science biologique, l'ensemble des moyens fondamentaux qui lui sont propres, et le système de ses diverses relations nécessaires avec toutes les autres branches essentielles de la philosophie naturelle, il me reste maintenant à faire ressortir directement ses propriétés philosophiques les plus générales, c'est-à-dire à caractériser sa puissante influence immédiate sur le développement radical et l'émancipation définitive de la raison humaine.

Par la nature de son sujet, l'étude positive de l'homme a toujours possédé nécessairement l'incontestable privilége de fournir, à la masse des esprits judicieux étrangers aux spéculations scientifiques proprement dites, la mesure usuelle la plus décisive et la plus étendue du véritable degré de force fondamentale propre aux diverses intelligences. Ce mode habituel de classement est, en lui-même, beaucoup plus rationnel que ne l'a souvent fait penser une critique superficielle. Quoique, dans une science quelconque, les faits les plus importans soient aussi, de toute nécessité, les plus communs, cependant, en vertu des artifices plus ou moins raffinés qu'exige ordinairement la saine observation scientifique des principaux phénomènes inorganiques, on conçoit qu'un grand nombre de bons esprits puissent néanmoins être fréquemment détournés de porter leur attention sur l'étude de ces différens ordres de phénomènes. Aussi, quant aux parties correspondantes de la philosophie naturelle, la patiente mais facile élaboration qu'y suppose l'acquisition des connaissances scientifiques déjà obtenues, doit-elle souvent faire illusion sur la valeur réelle de la plupart des esprits qui les possèdent et dont tout le mérite véritable consiste quelquefois à avoir heureusement profité des circonstances favorables sous l'influence desquelles ils ont été élevés. Cette confusion difficile à éviter entre l'instruction acquise et la force spontanée, est encore plus ordinaire à l'égard des études mathématiques, vu l'application plus spéciale et plus prolongée qu'elles nécessitent, et la langue hiéroglyphique très caractérisée qu'elles doivent employer, et dont l'imposant appareil est si propre à masquer, aux yeux du vulgaire, une profonde médiocrité intellectuelle. Aussi peut-on voir journellement, dans les différentes sciences inorganiques, et surtout dans les sciences mathématiques, des exemples très prononcés d'esprits peu éminens parvenus, au moins pendant leur vie, à une certaine importance scientifique, à l'aide d'une prudente conduite intellectuelle, fondée sur un juste sentiment instinctif des ressources spéciales que présente la nature de leurs travaux pour égarer le jugement du public impartial. Quoique une telle méprise ne soit point, malheureusement, sans exemple à l'égard des sciences biologiques, il faut néanmoins reconnaître que l'étude de l'homme, et principalement de l'homme intellectuel et moral, doit, par sa nature, permettre bien moins qu'aucune autre une semblable illusion; ce qui justifie la préférence universelle que le bon sens vulgaire lui a constamment accordée comme principale épreuve des intelligences. Ici, en effet, les plus importans phénomènes sont nécessairement connus de tous; et tous aussi sont naturellement stimulés à les observer : en sorte que les priviléges de l'instruction spéciale deviennent beaucoup moins étendus. L'intelligence développée qui ne se serait point livrée à un tel ordre d'observations, serait, par cela seul, essentiellement jugée. En même temps que l'universalité de ce grand sujet organise ainsi, entre tous les esprits, une sorte de concours spontané, la profonde difficulté nécessaire et l'extrême importance directe qui caractérisent si hautement sa judicieuse investigation rendent ce concours éminemment propre à servir habituellement de base principale au classement rationnel de l'ensemble des intelligences. A ces propriétés fondamentales, on doit ajouter d'ailleurs que jusqu'ici l'imperfection radicale de nos études scientifiques proprement dites sur les lois positives de phénomènes aussi compliqués, constitue, à cet égard, un motif de plus, en attribuant plus d'influence à l'originalité des méditations individuelles. Quand ces lois seront mieux connues, ce dernier motif sera essentiellement remplacé par l'habileté plus prononcée qu'exigera nécessairement leur sage application systématique à ces difficiles recherches. D'après un tel ensemble de caractères, le monde moral ne cessera donc jamais d'employer la connaissance plus ou moins profonde de la véritable nature humaine comme le signe le moins équivoque et la mesure la plus usuelle de toute vraie supériorité intellectuelle. Ce critérium est tellement certain que l'histoire universelle permet de le vérifier clairement, même à l'égard des esprits qui n'ont fourni leurs principaux témoignages de force réelle que par des travaux relatifs aux sujets scientifiques les plus éloignés de cette étude, et chez lesquels néanmoins on peut toujours apercevoir des traces plus ou moins distinctes de hautes méditations originales sur l'homme ou sur la société, comme le montrent évidemment, à toutes les époques, tant d'illustres exemples analogues à ceux de Leibnitz, de Descartes, de Pascal, etc. Les facultés fondamentales de notre intelligence étant nécessairement identiques dans leurs applications les plus diverses, on ne saurait comprendre, sans doute, comment les géomètres, les astronomes, les physiciens et les chimistes, qui ont fait preuve d'un vrai génie scientifique, auraient jamais pu s'abstenir entièrement de diriger spécialement les forces de leur entendement vers le sujet qui provoque le plus spontanément et avec le plus d'énergie l'attention universelle, quoiqu'ils aient pu ne pas nous laisser constamment des indications formelles de cette inévitable diversion. Ceux qui, de nos jours, ont quelquefois tenté vainement de discréditer, à cet égard, les usages invariables de la sagesse vulgaire, ont donc ainsi, à leur insu, directement prononcé contre eux-mêmes, et confirmé involontairement la règle qu'ils essayaient de détruire.

D'après cette indispensable considération préliminaire, l'analyse rationnelle des principales propriétés philosophiques qui caractérisent la science biologique devient maintenant plus facile et plus nette. Examinons d'abord ces propriétés relativement à la méthode.

Sous ce premier point de vue, la philosophie biologique doit être regardée comme directement destinée, par sa nature, à perfectionner, ou, pour mieux dire, à développer, deux des plus importantes facultés élémentaires de l'esprit humain, dont aucune autre branche fondamentale de la philosophie naturelle ne pouvait permettre la libre et pleine évolution. Je veux parler de l'art comparatif proprement dit, et de l'art de classer, qui, malgré leur co-relation nécessaire, sont néanmoins parfaitement distincts. Au sujet du premier, les explications précédemment exposées dans ce discours ont déjà suffisamment démontré l'éminente et incontestable aptitude de la biologie positive au développement spécial de ce grand moyen logique. Par cela même, la démonstration doit aussi être implicitement fort avancée à l'égard de la seconde faculté rationnelle, qui sera d'ailleurs l'objet essentiel et direct de l'une des leçons suivantes. Nous devons donc nous borner ici, en ce qui la concerne, à la simple indication sommaire, mais toutefois caractéristique, du principe philosophique fondamental, conformément à l'esprit général de ce discours.

La théorie universelle des classifications philosophiques, destinées non-seulement à faciliter les souvenirs mais surtout à perfectionner les combinaisons scientifiques, se trouve nécessairement employée, d'une manière plus ou moins importante et plus ou moins caractérisée, par l'une quelconque des différentes sciences fondamentales, qui toutes réclament inévitablement l'exercice plus ou moins prononcé de l'ensemble des diverses facultés élémentaires de notre intelligence. J'ai déjà spécialement établi, à cet égard, dès le premier volume de ce traité, que la science mathématique elle-même, source primitive de toutes les autres, nous offre spontanément une application capitale de la vraie théorie générale des classifications, par la grande conception, trop peu appréciée encore du vulgaire des géomètres, de l'illustre Monge, sur la classification fondamentale des surfaces en familles naturelles d'après leur mode de génération, où l'on peut reconnaître tous les caractères philosophiques essentiels des saines méthodes zoologiques et botaniques, avec la pureté et la perfection supérieures que devait comporter la nature si éminemment simple d'un tel sujet. Toutefois, quelle que soit l'importance des remarques analogues auxquelles peuvent aussi donner lieu les diverses branches de la philosophie inorganique, et notamment la science chimique, on doit incontestablement reconnaître que le principal développement philosophique de l'art de classer était nécessairement réservé à la science biologique. Car, il est évident, en général, que chacune de nos facultés élémentaires doit être spécialement développée par celle de nos études positives fondamentales qui en exige la plus urgente application, et qui lui présente, en même temps, le champ le plus étendu, ainsi que je l'ai déjà remarqué, à tant d'autres égards, dans les précédentes parties de cet ouvrage. Or, sous l'un et l'autre aspect, aucune science ne saurait tendre, par sa nature, aussi directement ni aussi complètement que la biologie à favoriser l'essor spontané de la théorie générale des classifications. D'abord, aucune ne pouvait éprouver, d'une manière aussi profonde, le besoin capital des classifications rationnelles, non-seulement en vertu de l'immense multiplicité des êtres distincts, et pourtant analogues, que les spéculations biologiques doivent inévitablement embrasser; mais surtout par la nécessité fondamentale d'organiser, entre tous ces êtres divers, une exacte comparaison systématique, qui constitue, comme nous l'avons reconnu, le plus puissant moyen d'investigation propre à l'étude positive des corps vivans, et dont l'application régulière exige évidemment l'institution préalable de la vraie hiérarchie biologique, considérée au moins dans ses dispositions les plus générales. En second lieu, les mêmes caractères essentiels qui rendent ici absolument indispensables

les classifications philosophiques, tendent éminemment aussi à provoquer et à faciliter leur établissement spontané. Les esprits étrangers à la philosophie biologique doivent, au premier aspect, regarder le nombre et la complication des sujets à classer comme autant d'obstacles élémentaires à leur disposition systématique. Mais, en réalité, on doit concevoir, au contraire, que la multiplicité même des êtres vivans et l'extrême diversité de leurs rapports tendent naturellement à rendre leur classification plus facile et plus parfaite, en permettant de saisir entre eux des analogies scientifiques à la fois plus spontanées, plus étendues, et plus aisées à vérifier sans équivoque. Cette loi philosophique est tellement incontestable que nous reconnaîtrons spécialement, dans la quarante-deuxième leçon, que, si la classification rationnelle des animaux est, par sa nature, très supérieure à celle des végétaux, cette différence résulte précisément de la variété et de la complication beaucoup plus grandes des organismes animaux, qui offrent ainsi plus de prise à l'art de classer. J'ai déjà fait, en philosophie mathématique, une remarque analogue, en opposant à la classification, si imparfaitement ébauchée jusqu'à présent, des courbes, et même des courbes planes, la parfaite disposition systématique du vaste ensemble total des surfaces ; ce qui tient, en effet, à ce que les surfaces, par leur multiplicité et leur complication supérieures, nous permettent d'établir entre elles des comparaisons, soit géométriques, soit analytiques, plus nettes et mieux caractérisées que celles relatives à l'étude trop restreinte et trop homogène des courbes, et surtout des courbes planes. On conçoit donc aisément, par ces divers motifs, que la nature même des difficultés fondamentales propres à la science biologique ait dû à la fois y exiger et y permettre le développement le plus prononcé et le plus spontané de l'art général des classifications rationnelles.

C'est donc essentiellement à une telle source que tout philosophe judicieux devra venir toujours puiser l'exacte connaissance de cet art capital, dont on ne saurait, d'aucune autre manière, se former jamais une juste idée, dans quelque sujet qu'on se propose d'ailleurs d'en réaliser l'application ultérieure. Parmi les géomètres, les astronomes, les physiciens, et même les chimistes, ceux dont l'esprit, quelque éminent qu'on le suppose, n'a jamais convenablement franchi les bornes spéciales de leurs études, se font ordinairement remarquer par d'étranges aberrations relativement aux conditions fondamentales de la vraie théorie des classifications quelconques, soit qu'il s'agisse de la formation des groupes naturels, ou de leur coordination rationnelle, double élément philosophique de cette théorie, et surtout du principe général de la subordination des caractères, qui constitue son artifice le plus essentiel. Sous ces trois importans rapports, les biologistes, seuls entre toutes les classes de savans, peuvent aujourd'hui avoir habituellement des notions nettes et positives. C'est uniquement à leur école que les autres philosophes positifs peuvent désormais apprendre à cultiver avec succès cette faculté essentielle, de manière à en introduire, dans les autres sciences fondamentales, d'heureuses applications, que plusieurs d'entr'elles réclament maintenant à divers égards. J'ai spécialement insisté, dans la première partie de ce volume, sur l'urgente nécessité philosophique où se trouvent aujourd'hui les chimistes de recourir à un tel moyen d'éducation logique, pour réaliser convenablement le perfectionnement capital le plus indispensable à la constitution actuelle de leur science. Quoique le génie de Monge ait su faire instinctivement, dans sa principale conception mathématique, un admirable usage du véritable principe général de la théorie des classifications rationnelles, sans que ses travaux aient laissé d'ailleurs aucune trace appréciable de l'influence indirecte exercée, à cet égard, sur son intelligence par les considérations de philosophie biologique, je n'hésite pas néanmoins à conjecturer que ce génie, qui n'était point exclusivement mathématique, puisqu'il a découvert, d'une manière si originale, la vraie composition de l'eau, fut éminemment excité et même dirigé à ce sujet, à son insu sans doute, par l'inévitable réaction des belles discussions philosophiques qui alors retentissaient partout autour de lui sur cette question fondamentale, depuis la mémorable impulsion que l'esprit humain avait reçue des grands travaux de Bernard de Jussieu et de Linné.

Ainsi, l'étude positive des corps vivans est essentiellement destinée, par sa nature, sous le point de vue logique, au développement général de l'art universel de classer, aussi bien que de l'art comparatif proprement dit. Ces deux attributs caractéristiques devraient lui attirer, d'une manière toute spéciale, l'attention profonde de tout esprit philosophique, même abstraction faite du haut intérêt scientifique qu'inspirent naturellement les connaissances capitales qu'elle se propose définitivement de nous dévoiler. On peut assurer à cet égard, sans aucune exagération, que toute intelligence restée étrangère aux études biologiques, n'a pu recevoir qu'une éducation radicalement imparfaite, puisqu'elle a laissé dans l'inaction plusieurs des facultés fondamentales dont l'ensemble constitue le pouvoir positif général de l'esprit humain. C'est ainsi que, conformément au principe essentiel de ma philosophie, la méthode positive universelle, malgré son invariabilité nécessaire, ne saurait être vraiment connue, sous tous ses aspects importans, que par l'examen approfondi de tous les divers élémens de la hiérarchie scientifique; car chacun d'eux possède, par sa nature, la propriété exclusive de développer spécialement quelqu'un des grands procédés logiques dont la méthode est composée. Quoique les sciences les plus générales et les plus simples soient directement indépendantes des sciences plus particulières et plus compliquées, qui, au contraire, reposent immédiatement sur elles; on vérifie ici néanmoins, d'une manière irrécusable, l'inévitable réaction logique que les moins parfaites doivent exercer sur les plus parfaites, à l'amélioration fondamentale desquelles elles peuvent ainsi utilement concourir, par les facultés rationelles qu'il leur appartient de cultiver éminemment. Telle est la grande considération philosophique qui fait à la fois ressortir, et le principe de subordination nécessaire, propre à constituer la vraie hiérarchie scientifique, et le *consensus* général, d'où résulte la rigoureuse unité du système. Lorsque ces notions capitales seront enfin convenablement examinées, je parviendrai aisément, sans doute, à rendre sensible la profonde irrationalité du mode actuel d'isolement exclusif qui préside encore à l'organisation essentielle de nos études positives, et qui est aussi nuisible à leurs divers progrès spéciaux qu'à leur action collective sur le gouvernement intellectuel de l'humanité.

Il nous reste maintenant à envisager, sous le point de vue scientifique proprement dit, les propriétés philosophiques directes de la science biologique, c'est-à-dire, sa haute participation spéciale à l'irrévocable émancipation de la raison humaine, et à son développement fondamental, considéré désormais, non plus seulement quant à la méthode positive, mais aussi quant à l'esprit positif, dont cette grande science est si clairement destinée à fournir l'indispensable complément.

Nous pouvons, d'abord, vérifier ici et appliquer la loi générale que j'ai établie à ce sujet en examinant de la même manière les deux dernières branches de la philosophie inorganique, et surtout la chimie. Elle consiste, comme on l'a vu, en ce que l'étude positive d'un ordre quelconque de phénomènes tend toujours directement à détruire radicalement toutes les conceptions essentielles de la philosophie théologique, par ces deux voies universelles, complémentaires l'une de l'autre, de la prévision rationnelle des phénomènes, et de la modification volontaire que l'homme exerce sur eux; la dernière faculté devenant nécessairement plus étendue, pendant que la première devient moins parfaite, à mesure que le genre des phénomènes se complique davantage; de façon à constater sans cesse, d'une manière également irrécusable, quoique à l'aide de procédés différens, que les divers événemens du monde réel ne sont pas régis par des volontés surnaturelles, mais par des lois naturelles. La science biologique confirme éminemment cette double tendance nécessaire.

Quoique sa complication caractéristique doive, sans doute, lui permettre beaucoup moins, surtout dans son état actuel d'imperfection, de développer la faculté de prévision; on conçoit cependant, d'après la définition même que j'en ai donnée, que la biologie positive a aussi sa manière scientifique propre de témoigner directement son incompatibilité radicale avec les fictions théologiques, et avec les entités métaphysiques. Un tel témoignage général résulte inévitablement, en effet, de cette exacte analyse des diverses conditions, soit organiques, soit extérieures, indispensables à chacun des actes de l'existence des corps vivans, analyse qui constitue immédiatement l'objet perpétuel de toutes les études anatomiques ou physiologiques. L'opposition spontanée de ce genre de recherches à toute conception théologique ou métaphysique doit être aujourd'hui particulièrement remarquée à l'égard des théories relatives aux phénomènes intellectuels et affectifs, dont le positivisme est si récent, et qui sont enfin les seuls, avec les phénomènes sociaux qui en dérivent, au sujet desquels la lutte demeure encore engagée, pour le vulgaire des esprits, entre la philosophie positive et l'ancienne philosophie. Ces phénomènes sont en effet, en vertu même de leur complication supérieure, ceux dont l'accomplissement régulier exige nécessairement le concours le plus déterminé de l'ensemble le plus étendu de conditions diverses, tant extérieures qu'intérieures; en sorte que leur étude positive peut faire plus aisément ressortir, avec une évidence irrésistible pour les intelligences les moins cultivées, la profonde inanité nécessaire des prétendues explications abstraites émanées de la philosophie théologique ou métaphysique : ce qui rend facilement raison de l'aversion plus prononcée que cette étude a le privilége d'inspirer spontanément aujourd'hui aux différentes sectes de théologiens et de métaphysiciens. Le public impartial ne pouvait, sans doute, éviter d'être vivement frappé des vains efforts de ceux-ci pour faire concorder le jeu illusoire des influences surnaturelles ou des entités psychologiques, dans la production des phénomènes moraux, avec l'étroite dépendance où le milieu et l'organisme tiennent si évidemment ces phénomènes, à mesure qu'elle a été dévoilée ou signalée par les travaux des anatomistes et des physiologistes modernes. Tels sont, sous ce premier point de vue, les grands services que le développement de la science biologique a directement rendus à l'établissement philosophique de la doctrine positive universelle, qu'elle a mise enfin en possession de la partie du domaine intellectuel sur laquelle l'ancienne philosophie avait fondé, avec le plus de sécurité, son principal point d'appui.

Cette tendance spontanée de l'ensemble des saines études anatomiques ou physiologiques à positiver immédiatement nos conceptions les plus compliquées devient encore plus manifeste, si nous considérons maintenant les phénomènes vitaux sous le second aspect philosophique indiqué ci-dessus, c'est-à-dire, comme éminemment modifiables. Le concours beaucoup plus étendu de conditions hétérogènes, qu'exige nécessairement l'accomplissement de ces phénomènes, nous permet, en effet, de les modifier, bien plus que tous les autres, au gré de notre intervention, à l'action de laquelle la plupart de ces conditions sont, par leur nature, accessibles, soit qu'elles se rapportent à l'organisme ou au système ambiant. Or, cette faculté volontaire de troubler de tels phénomènes, de les suspendre, et même de les détruire, devient ici tellement frappante, qu'elle doit immédiatement conduire à repousser toute idée d'une direction théologique ou métaphysique. Comme la précédente, dont elle ne constitue, à vrai dire, qu'un simple prolongement mieux caractérisé, cette nouvelle influence philosophique de la biologie positive est plus spécialement prononcée à l'égard des phénomènes moraux proprement dits, les plus modifiables de tous les phénomènes organiques. Le psychologue le plus obstiné ne saurait, sans doute, persister à soutenir la souveraine indépendance de ses entités intellectuelles, si seulement il daignait réfléchir, par exemple, que la simple inversion momentanée de sa station verticale ordinaire suffit pour opposer aussitôt un insurmontable obstacle au cours de ses propres spéculations.

Par ces deux ordres de considérations, les doctrines biologiques rachètent donc très complétement, sous le rapport anti-théologique ou antimétaphysique, la moindre perfection nécessaire de leur caractère scientifique en ce qui concerne la prévision systématique des phénomènes correspondans. Toutefois, quoique nous devions certainement regretter beaucoup, à d'autres égards, que cette divination rationnelle soit, en biologie, aussi imparfaite, il importe de remarquer ici que cette faculté n'a pas besoin d'être fort développée pour produire suffisamment un tel effet philosophique, même abstraction faite de tout autre motif. Car, en voyant, ne fût-ce que dans quelques cas bien caractérisés, les événemens biologiques s'accomplir d'une manière essentiellement conforme aux prévisions de la science, ce qui, incontestablement, a souvent lieu, même aujourd'hui, entre les limites de variation convenables à la nature des phénomènes, le bon sens du vulgaire ne peut s'empêcher de reconnaître que ces phénomènes sont, comme tous les autres, assujettis à d'invariables lois naturelles, dont la complication inévitable est la seule cause des contradictions réelles que peuvent essuyer, en d'autres occasions, nos déterminations scientifiques. La conclusion philosophique ne saurait devenir radicalement impossible, que si la prévision scientifique était toujours en défaut; ce que les détracteurs les plus exagérés des doctrines anatomiques et physiologiques n'oseraient, sans doute, prétendre désormais.

Indépendamment de cette spéciale influence philosophique, analogue à celle des autres sciences fondamentales, et seulement plus prononcée à certains égards et moins à d'autres, l'étude positive des corps vivans a constamment soutenu, dès sa naissance, contre le système général de la philosophie théologique et métaphysique, une lutte plus originale et plus directe, à l'issue de laquelle elle a tendu à transformer définitivement un dogme ancien en un principe nouveau, aussi réel que le premier était vain, et aussi fécond que celui-ci était stérile. Chaque branche essentielle de la philosophie inorganique nous a déjà manifesté, sous un aspect plus ou moins capital, une semblable propriété. Je l'ai signalée, au commencement de ce volume, pour la chimie, substituant, à l'absurde idée primitive des destructions et créations absolues de matière, l'exacte notion générale des décompositions et recompositions perpétuelles. Dans le volume précédent, l'astronomie nous avait d'abord montré cette tendance sous un point de vue encore plus immédiat et plus fondamental, en représentant l'ordre essentiel du monde comme le résultat nécessaire et spontané de l'action mutuelle des principales masses qui le composent, en même temps qu'elle ruine radicalement, avec une irrésistible évidence, l'hypothèse des causes finales et de tout gouvernement providentiel. La science biologique, constituée, par sa nature, plus profondément qu'aucune autre, en harmonie philosophique, directe et générale, avec la science astronomique, ainsi que je l'ai établi, est venue enfin compléter, pour les phénomènes les plus spéciaux et les plus compliqués, l'ensemble de cette grande démonstration. Attaquant à son tour, et à sa manière, le dogme élémentaire des causes finales, elle l'a graduellement transformé dans le principe fondamental des conditions d'existence, dont le développement et la systématisation appartiennent, sans aucun doute, à la biologie, quoique, en lui-même, il soit, d'ailleurs, essentiellement applicable à tous les ordres quelconques de phénomènes naturels.

A la vérité, l'irrationnelle éducation préliminaire de la plupart des anatomistes et des physiologistes actuels les conduit encore trop souvent à employer un tel principe avec des formes qui le dénaturent, en le rapprochant mal à propos du dogme théologique qu'il a remplacé. Le véritable esprit général de la science biologique doit certainement nous conduire à penser que, par cela même que tel organe fait partie de tel être vivant, il concourt nécessairement, d'une manière déterminée, quoique peut-être inconnue, à l'ensemble des actes qui composent son existence : ce qui revient simplement à concevoir qu'il n'y a pas plus d'organe sans fonction que de fonction sans organe. Puisque le développement précis de la corelation nécessaire entre les idées d'organisation et les idées de vie constitue, comme je l'ai établi, le but caractéristique de toutes nos études biologiques, une telle disposition intellectuelle est donc éminemment philosophique et d'un usage indispensable. Mais il faut convenir que cette tendance systématique à regarder tout organe quelconque comme exerçant nécessairement une certaine action, dégénère encore très fréquemment en une aveugle admiration anti-scientifique du mode effectif d'accomplissement des divers phénomènes vitaux. Une semblable disposition, émanation évidente de l'ancienne suprématie théologique, est en opposition directe avec toute saine interprétation du principe des conditions d'existence, d'après lequel, quand nous avons observé une fonction quelconque, nous ne saurions être surpris que l'analyse anatomique vienne réellement dévoiler, dans l'organisme, un mode statique propre à permettre l'accomplissement de cette fonction. Cette admiration irrationnelle et stérile, en nous persuadant que tous les actes organiques s'opèrent aussi parfaitement que nous puissions l'imaginer, tend immédiatement à comprimer l'essor général de nos spéculations biologiques : elle conduit souvent à s'émerveiller sur des complications évidemment nuisibles (1). Les philosophes qui ont le plus insisté à cet égard, ne se sont point aperçus, sans doute, qu'ils finissaient par marcher directement eux-mêmes contre le but religieux qu'ils s'étaient proposé, puisqu'ils assignaient ainsi la sagesse humaine pour règle et même pour limite à la sa-

(1) On peut, à ce sujet, indiquer, comme un exemple frappant de cette absurde disposition, la puérile affectation de certains philosophes à vanter la prétendue sagesse de la nature dans la structure de l'œil, particulièrement en ce qui concerne le rôle du cristallin, dont ils sont allés jusqu'à admirer l'inutilité fondamentale, comme s'il pouvait y avoir beaucoup de sagesse à introduire aussi intempestivement une pièce qui n'est point indispensable au phénomène, et qui néanmoins devient, en certains cas, capable de l'empêcher entièrement. Il serait aisé d'en dire autant d'une foule d'autres particularités organiques ; et, entre autres, de la vessie urinaire, qui, envisagée comme un simple récipient de l'appareil dépurateur, n'a sans doute qu'une importance très secondaire, et dont la principale influence, dans les animaux supérieurs et surtout dans l'homme, consiste certainement à déterminer souvent un grand nombre de maladies incurables. En général, l'analyse pathologique ne démontre que trop clairement que l'action perturbatrice de chaque organe sur l'ensemble de l'économie est fort loin d'être toujours exactement compensée par son utilité réelle dans l'état normal. Si, entre certaines limites, tout est nécessairement disposé de manière à pouvoir être, on chercherait néanmoins vainement, dans la plupart des arrangemens effectifs, des preuves d'une sagesse réellement supérieure, ou même seulement égale, à la sagesse humaine.

gesse divine, qui, dans un tel parallèle, devait se trouver plus d'une fois réellement inférieure. Quoique notre imagination reste nécessairement circonscrite, en tous genres, dans la seule sphère de nos observations effectives, et que, par suite, il nous soit surtout impossible d'imaginer des organismes radicalement nouveaux, on ne saurait douter, néanmoins, ce me semble, que le génie scientifique ne soit aujourd'hui, même en biologie, assez développé et assez émancipé pour que nous puissions directement concevoir, d'après l'ensemble de nos lois biologiques, des organisations qui diffèrent notablement de toutes celles que nous connaissons, et qui leur seraient incontestablement supérieures sous tel point de vue déterminé, sans que ces améliorations fussent inévitablement compensées, à d'autres égards, par des imperfections équivalentes. Cette faculté me paraît tellement irrécusable, que je n'ai point hésité précédemment à proposer l'emploi systématique d'un tel ordre de fictions scientifiques comme propre à introduire désormais, dans les élémens de la philosophie biologique, un perfectionnement réel, bien que simplement accessoire.

Malgré les reproches plus ou moins graves qu'on est en droit d'adresser, sous ce rapport, aux habitudes actuelles de presque tous les biologistes, l'aptitude fondamentale de la science biologique à développer spontanément et à mettre dans tout son jour le principe philosophique des conditions d'existence, n'en demeure pas moins irrécusable. Aucune science ne pouvait, sans doute, faire, de ce grand principe, un usage aussi étendu et aussi capital, que celle qui, par sa nature, s'occupe continuellement d'établir une exacte harmonie entre la considération du moyen et celle du but, outre que la difficulté caractéristique du sujet devait y rendre un tel secours encore plus indispensable. La science sociale, comme je l'expliquerai dans le volume suivant, est, après la biologie, celle qui comporte et qui exige même l'application la plus complète et la plus importante de ce principe général, dont elle doit achever de développer l'esprit et de constater la féconde efficacité. Cette application ultérieure constituait pour moi un nouveau motif de signaler ici plus spécialement la véritable origine philosophique d'une telle notion fondamentale. On conçoit d'ailleurs que cette notion convient nécessairement à tous les ordres de phénomènes sans exception, puisqu'il n'en saurait exister aucun où l'on ne puisse réaliser plus ou moins la distinction capitale, si bien établie par M. de Blainville, comme je l'ai indiqué dès la première leçon, entre l'analyse statique du sujet et son analyse dynamique. Le principe philosophique des conditions d'existence n'est autre chose, en effet, que la conception directe et générale de l'harmonie nécessaire de ces deux analyses. Si ce principe est éminemment adapté à la nature de la science biologique, il n'en peut exister d'autre motif que l'importance très supérieure et le caractère beaucoup plus prononcé que doit prendre spontanément, en biologie, cette double analyse.

Telles sont, sous le point de vue de la doctrine, les grandes propriétés philosophiques qui appartiennent spécialement, de la manière la moins équivoque, à la biologie positive. Il résulte évidemment de leur examen sommaire, comme nous l'avons déjà reconnu quant à la méthode, que l'esprit positif ne saurait être complétement développé, dans toutes ses diverses dispositions essentielles, chez ceux qui n'ont point convenablement étudié le nouvel aspect fondamental qu'il affecte dans la science des corps vivans, même abstraction faite des inconvéniens directs d'une semblable ignorance. Aussi, vu l'extrême imperfection et les profondes lacunes de nos éducations scientifiques actuelles, même les moins irrationnelles, on ne doit pas être étonné de rencontrer si fréquemment le déplorable spectacle d'intelligences, éminentes sur certains points déterminés, et presque puériles sur un grand nombre d'autres non moins importans. Quoique plusieurs philosophes aient vainement tenté d'ériger, en une sorte de principe permanent, cette anomalie trop commune aujourd'hui, il n'est pas douteux néanmoins qu'elle est uniquement le résultat transitoire de l'espèce d'interrègne intellectuel qu'a dû produire la lente et difficile révolution qui conduit enfin l'esprit humain de la philosophie théologique et métaphysique à un système homogène complet et exclusif de philosophie positive, dont l'universelle prépondérance fera naturellement cesser cette vicieuse disparité.

Pour terminer enfin l'examen philosophique de l'ensemble de la science biologique, envisagé sous tous les divers points de vue fondamentaux, il ne nous reste plus maintenant qu'à jeter rapidement un coup d'œil général sur la division principale de ses différentes parties essentielles et sur la coordination rationnelle qui leur est propre.

Les divers aspects généraux sous lesquels tout corps vivant peut être étudié, ont été caractérisés, de la manière la plus nette et la plus rationnelle, par M. de Blainville, dans les prolégomènes de son cours de physiologie comparée. Au premier abord, leur intime connexion nécessaire semble devoir présenter l'étude complète de chaque organisme comme formant, malgré son immense étendue, un tout absolument indivisible. Mais la séparation philosophique de ces différens points de vue n'importe pas moins au progrès réel d'un tel ordre de connaissances que leur judicieuse coordination. Cette division et cette subordination résultent ici spontanément l'une et l'autre de la simple application directe des principes élémentaires de classification encyclopédique que j'ai établis, dès le début de ce traité, pour une catégorie quelconque de phénomènes naturels, principes dont l'usage ne saurait être à la fois plus évident ni plus indispensable que dans le cas actuel. La positivité beaucoup plus récente des diverses études organiques, et en même temps leur harmonie bien plus prononcée, conduisent encore habituellement à maintenir entre elles une confusion vicieuse, déjà essentiellement dissipée à l'égard de tous les phénomènes antérieurs, et qui entrave à un haut degré la marche générale de chacune d'elles; aussi, afin de circonscrire nettement le véritable champ de la biologie proprement dite, sommes-nous obligés ici de signaler, d'une manière spéciale quoique très sommaire, une discussion philosophique dont la nature mieux appréciée des autres sciences fondamentales nous avait jusqu'à présent dispensés. Cette discussion sera, par les mêmes motifs, encore plus essentielle, dans le volume suivant, relativement à la physique sociale.

Suivant le principe philosophique posé dès la deuxième leçon, nous ne devons admettre, pour un ordre quelconque de phénomènes, au rang des sciences vraiment fondamentales, que celles qui sont à la fois spéculatives et abstraites. Or, en considérant d'abord le premier caractère, qui correspond à la division capitale entre la théorie et la pratique, j'ai déjà suffisamment examiné, au commencement de ce discours, les motifs essentiels qui doivent faire constamment écarter, avec une scrupuleuse rigueur, de la science biologique proprement dite, toute recherche relative à des applications immédiates, dans l'intérêt commun des études théoriques et des études pratiques, dont les unes seraient dénaturées et les autres entravées par ce mélange irrationnel. Ici les études pratiques, philosophiquement envisagées, se rapportent à ces deux grands sujets : 1°. *L'éducation* des êtres vivans, végétaux et animaux, c'est-à-dire la direction systématique de l'ensemble de leur développement pour un but déterminé ; 2°. Leur *médication*, c'est-à-dire l'action rationnelle exercée par l'homme pour les ramener à l'état normal (1). L'une et l'autre application générale constituent, par leur nature, une suite de corollaires philosophiques de l'exacte connaissance des lois biologiques, et ne sauraient reposer solidement sur aucune autre base. Sans doute, ces deux études secondaires peuvent, à leur tour, utilement réagir sur l'étude fondamentale, en fournissant à la biologie d'importantes indications, dont il serait absurde de vouloir la priver. Cela est surtout sensible à l'égard des effets thérapeutiques, dont l'analyse scientifique a si fréquemment éclairé le mode réel d'accomplissement des divers phénomènes vitaux. Mais, malgré ces emprunts intéressans, la biologie n'en est pas moins radicalement indépendante de la thérapeutique, qui, au contraire, est nécessairement fondée sur elle ; on doit même

---

(1) Dans cette seconde application, la médecine humaine est nécessairement comprise, comme cas principal. Mais il n'en est pas de même sous le premier point de vue. Quelque influence capitale que la biologie proprement dite doive, sans doute, exercer sur la détermination, soit générale, soit spéciale, du plan rationnel de l'éducation humaine, ce serait exagérer très vicieusement cette relation indispensable que de ranger cette grande question sous la compétence exclusive et directe de la science biologique. Car, l'éducation réelle de l'homme étant surtout dominée, à chaque époque, par l'état correspondant du développement social, c'est à la physique sociale, et non à la biologie, qu'il appartient principalement de la diriger toujours, afin d'éviter les utopies absolues et plus ou moins vagues, que toute autre manière de s'écarter de l'empirisme à cet égard tendrait inévitablement à faire naître, comme je l'expliquerai dans le volume suivant.

remarquer, à ce sujet, que lorsque la physiologie utilise ainsi les observations médicales, c'est toujours à titre d'une simple expérimentation indirecte, et abstraction faite de toute idée de médication : car, une mauvaise médication, convenablement analysée, est tout aussi propre qu'une bonne à l'éclaircissement des questions physiologiques, pourvu que les effets en aient été soigneusement observés. Cette remarque est également applicable aux observations relatives à l'art de l'éducation, que les physiologistes ont d'ailleurs jusqu'ici beaucoup trop négligé de consulter. Ainsi, malgré ces importantes relations, l'indépendance et l'isolement de la biologie spéculative n'en demeurent pas moins incontestables.

En second lieu, l'étude des phénomènes vitaux doit être exactement assujettie, comme celle de tous les autres phénomènes naturels, à la division scientifique moins tranchée, mais presque aussi indispensable, de l'ensemble de nos recherches spéculatives en abstraites et concrètes; les unes seules vraiment fondamentales, les autres purement secondaires, quelle que soit leur extrême importance. L'étude concrète de chaque organisme comprend deux branches principales : 1°. son histoire naturelle proprement dite, c'est-à-dire, le tableau rationnel et direct de l'ensemble de son existence réelle; 2°. sa pathologie, c'est-à-dire l'examen systématique des diverses altérations dont il est susceptible, ce qui constitue une sorte d'appendice et de complément de son histoire. Ces deux ordres de considérations sont également étrangers, par leur nature, au vrai domaine philosophique de la biologie proprement dite. En effet, celle-ci doit toujours se borner à l'étude essentielle de l'état normal, en concevant l'analyse pathologique comme un simple moyen d'exploration, ainsi que je l'ai expliqué. De même, quoique les observations d'histoire naturelle puissent fournir à l'anatomie et à la physiologie de très précieuses indications, la vraie biologie n'en doit pas moins, tout en se servant d'un tel moyen, décomposer toujours l'étude, soit statique, soit dynamique, de chaque organisme dans celles de ses diverses parties constituantes, sur lesquelles seules peuvent immédiatement porter les lois biologiques fondamentales; tandis qu'une telle décomposition est, au contraire, directement opposée au véritable esprit de l'histoire naturelle, où l'être vivant est constamment envisagé dans l'ensemble indivisible de toutes ses différentes conditions d'existence. Si, d'une part, il est évident que l'analyse rationnelle de l'état pathologique suppose nécessairement la connaissance préalable des lois relatives à l'état normal, dont elle constitue un simple corollaire universel; d'une autre part, il n'est pas moins incontestable que l'établissement des saines théories générales de la biologie proprement dite, où tous les élémens de l'organisation et de la vie ont été ramenés à des lois uniformes et abstraites, doit spontanément conduire à l'étude concrète de leurs diverses combinaisons effectives dans chaque être particulier. Aucune autre catégorie de phénomènes ne fait ressortir d'une manière aussi prononcée la réalité et la nécessité de cette grande division philosophique entre la science abstraite, générale, et par suite fondamentale, et la science concrète, particulière, et par suite secondaire. En rapprochant ici cette division de la précédente, il convient de remarquer enfin que chacune des deux branches essentielles de la biologie concrète est plus spécialement en harmonie avec une des deux branches principales de l'art biologique, l'histoire naturelle, avec l'art de l'éducation; la pathologie, avec l'art médical. Tel est le vrai système philosophique des différentes parties générales de l'étude positive des corps vivans qui doivent être soigneusement écartées de la science biologique proprement dite, d'où elles dérivent d'une manière plus ou moins directe, désormais suffisamment caractérisée.

Ainsi, quoique la philosophie positive puisse quelquefois éprouver le besoin d'employer la dénomination de *biologie* pour désigner sommairement l'ensemble de l'étude réelle des corps vivans, envisagés sous tous les divers aspects généraux qui leur sont propres; on doit cependant réserver soigneusement cette importante expression comme titre spécial de la partie vraiment fondamentale de cette immense étude, où les recherches sont à la fois spéculatives et abstraites, conformément aux explications précédentes. Suivant l'esprit invariable de cet ouvrage, indiqué dès l'origine, cette partie doit seule être ici le sujet direct et permanent de notre examen philosophique, et je n'ai signalé les autres qu'afin de mieux caractériser sa véritable nature distinctive, qui se trouve ainsi très nettement prononcée. Considérons maintenant la principale distribution intérieure de cette biologie proprement dite.

On conçoit aisément d'avance qu'une telle division ne saurait être, à beaucoup près, ni aussi tranchée ni aussi importante que celles qui viennent d'être examinées, puisqu'il s'agit ici d'un sujet philosophique toujours strictement identique, dont les divers aspects spéculatifs et abstraits s'éclairent mutuellement, et sont réellement inséparables. Nous pouvons imaginer sans peine un biologiste très éminent qui ne se serait jamais sérieusement occupé d'histoire naturelle proprement dite, surtout de pathologie, et à plus forte raison de thérapeutique; à peu près comme un astronome resté étranger à l'art nautique. De tels exemples commencent heureusement à devenir aujourd'hui très marqués; et le développement ultérieur de l'étude positive des corps vivans tendra naturellement à les multiplier sans cesse et à les caractériser davantage, en y perfectionnant la saine répartition du travail intellectuel. Au contraire, nous ne saurions comprendre désormais un vrai physiologiste qui ne serait point en même temps anatomiste, ni même réciproquement : et, depuis l'établissement de ce qu'on appelle la méthode naturelle en zoologie ou en botanique, les purs classificateurs, étrangers aux spéculations anatomiques et physiologiques, ont radicalement cessé d'être possibles; comme les anatomistes et les physiologistes, à leur tour, ne peuvent plus demeurer étrangers à la théorie des classifications. Je ne doute même nullement que ces trois ordres de travaux ne soient, dans la suite, beaucoup plus simultanément cultivés que nous ne le voyons aujourd'hui, quoique chaque biologiste puisse d'ailleurs accorder à l'un d'eux une préférence spéciale, ainsi qu'on l'observe à l'égard de toute autre science fondamentale. En un mot, la division qui nous reste à considérer ne peut plus exister entre des sciences vraiment distinctes, mais seulement entre les divers élémens essentiels d'une science nécessairement unique. Tel est le principe qui doit ici distinguer une indispensable distribution des travaux d'une stérile dispersion des efforts intellectuels.

Quoiqu'il ne faille point attacher, à la division intérieure de la biologie proprement dite, une importance ni même une réalité exagérées, cette division n'en conserve pas moins une haute valeur philosophique, pour faire mieux concevoir l'ensemble rationnel de cette science fondamentale, et, par suite, pour en diriger l'exposition systématique. Une telle division consiste d'abord à décomposer, en général, l'étude spéculative et abstraite de l'organisme en statique et dynamique, suivant qu'on recherche les lois de l'organisation ou celles de la vie. En second lieu, la biologie statique doit être ensuite subdivisée en deux parties essentielles, suivant qu'on étudie isolément la structure et la composition de chaque organisme particulier, ou que l'on construit la grande hiérarchie biologique qui résulte de la comparaison rationnelle de tous les organismes connus; ces deux branches ont été fort heureusement désignées, à l'égard des animaux, par M. de Blainville, à l'aide des noms de *zootomie* pour la première, et de *zootaxie* pour la seconde, qu'il serait aisé de modifier commodément de manière à les rendre communs aux animaux et aux végétaux. La biologie dynamique, à laquelle pourrait être spécialement réservé le nom de *bionomie*, comme au but final de l'ensemble de ces études, ne comporte évidemment aucune subdivision analogue. Telles sont donc les trois branches générales de la science biologique : la biotomie, la biotaxie, et enfin la bionomie pure ou physiologie proprement dite ; le nom de biologie étant consacré à désigner leur ensemble total.

La seule définition de ces trois parties explique suffisamment leur vraie dépendance nécessaire, et par suite, détermine, sans aucune incertitude, leur coordination philosophique. Il serait heureusement inutile aujourd'hui de démontrer que les études physiologiques supposent préalablement des notions anatomiques ; personne ne conteste plus qu'il soit indispensable de connaître la structure d'un appareil avant d'en étudier le jeu. Mais la subordination générale de la bionomie envers la biotaxie est jusqu'ici beaucoup moins profondément sentie. On ne saurait douter, néanmoins, que l'exacte connaissance du véritable rang qu'occupe chaque être vivant dans la hiérarchie biologique ne constitue, par sa nature, le premier fondement nécessaire de l'étude directe de l'ensemble de ses phénomènes, dont une telle position présente immédiatement l'aperçu le plus général, comme elle en sera plus tard le résumé le plus fidèle. Nous avons d'ailleurs suffisamment constaté déjà que la considération habituelle de cette hiérarchie est rigoureusement indispensable à l'usage rationnel du plus puissant moyen d'investigation que puissent admettre les recherches physiologiques, c'est-à-dire la méthode comparative proprement dite. Ainsi, la double relation nécessaire de la biologie dynamique à la biologie statique demeure également irrécusable sous quelque aspect qu'on l'envisage.

Quant aux deux parties essentielles de la biologie statique, leur distinction doit naturellement être encore moins prononcée que celle qui les sépare l'une et l'autre de la physiologie proprement dite; et, par suite, leur vraie subordination respective est nécessairement moins sensible. Il semble même que, dans quelque ordre qu'on les place, on ne saurait éviter un véritable cercle vicieux général. Car, si, d'un côté, la classification rationnelle des êtres vivans exige la connaissance préalable de leur organisation, il est certain, d'une autre part, que l'anatomie elle-même, comme la physiologie, ne peut être convenablement étudiée, à l'égard de tous les organismes, sans se diriger toujours d'après une judicieuse institution préliminaire de la hiérarchie biologique. Aussi faut-il reconnaître, entre les études biotomiques et les études biotaxiques, une intime connexité mutuelle, qui rendra toujours solidaires leurs perfectionnemens respectifs, comme le développement de la science l'a constamment montré jusqu'ici. Néanmoins, une séparation nette et une coordination déterminée étant philosophiquement indispensables à notre intelligence, on ne saurait hésiter, ce me semble, à placer dogmatiquement la théorie de l'organisation avant celle de la classification. Car, celle-ci, à moins d'être réduite à un simple artifice mnémonique, a un besoin vraiment fondamental de la première; tandis qu'elle ne lui fournit, au contraire, qu'un important moyen de perfectionnement, dont l'absence ne s'opposerait même pas entièrement, comme nous l'avons reconnu, à un certain usage de la méthode comparative en anatomie, quoique son développement y fût, par cela même, beaucoup plus restreint. En un mot, on ne peut rationnellement classer que des organismes préalablement connus;

au lieu que chacun d'eux peut et même doit être étudié, à un premier degré, sans être comparé aux autres. Rien ne s'oppose d'ailleurs à ce que, dans une exposition systématique de la philosophie anatomique, on emprunte directement à la biotaxie sa construction effective de la hiérarchie organique, afin d'éviter de scinder l'étude complète de la structure, ce qui constituerait un inconvénient beaucoup plus grave que n'en peut produire une semblable anticipation. Du reste, il faut reconnaître, à ce sujet, pour trancher toute difficulté philosophique, que, d'après un ordre quelconque, une première exposition du système des connaissances biologiques ne saurait jamais être pleinement satisfaisante, si elle n'est point conçue, dès l'origine, comme devant être ultérieurement complétée par une judicieuse révision générale, destinée à faire directement ressortir les relations essentielles de chaque partie avec les autres. Cette règle ne convient pas seulement aux deux grandes sections de la biologie statique, comparées l'une à l'autre; on doit également l'appliquer à l'harmonie fondamentale entre l'ensemble de la biologie statique et celui de la biologie dynamique. En effet, si le jeu d'un appareil quelconque ne saurait être convenablement étudié sans que sa structure soit d'abord connue, il n'est pas moins incontestable, en sens inverse, que cette structure elle-même sera bien mieux appréciée lorsqu'on pourra reprendre son analyse en considérant la fonction spéciale de chaque organe. Ainsi, ces questions de priorité, entre les diverses parties constituantes d'un sujet unique, ne peuvent avoir, par leur nature, l'importance exagérée qu'on y a trop souvent attachée, même sous le point de vue didactique. Il est d'ailleurs nécessaire d'ajouter qu'une telle nécessité de révision philosophique n'est nullement particulière au système des connaissances biologiques, où elle apparaît seulement avec un caractère plus prononcé, en vertu du consensus plus profond de ces diverses études. Nous avons déjà reconnu, dans la 36° leçon, l'existence d'une nécessité analogue, quoique moins tranchée, pour l'ensemble des études chimiques. Elle se manifeste aussi, comme je l'ai remarqué, à un degré plus ou moins sensible, envers toutes les autres sciences fondamentales, dont l'exposition rationnelle serait toujours notablement perfectionnée par l'usage systématique de ce double enseignement.

La coordination philosophique des trois branches fondamentales de la biologie étant ainsi nettement caractérisée, la principale distribution intérieure de chacune d'elles, ne saurait maintenant présenter aucune difficulté essentielle. Nous pouvons la déduire, en effet, du principe universel qui a constamment dirigé jusqu'ici toutes nos distinctions encyclopédiques, et qui préside évidemment à la subordination que nous venons d'examiner, le principe du degré de généralité et d'abstraction des diverses études, d'où résulte leur vraie dépendance mutuelle. Ce principe conduit directement ici à placer la théorie, soit statique, soit dynamique, de la vie organique proprement dite avant celle de la vie animale, puisque celle-ci, en même temps qu'elle est plus spéciale et plus compliquée, repose nécessairement sur la première, qui, au contraire, en est indépendante dans ses élémens les plus essentiels. La même règle suffit aussi à établir une disposition rationnelle entre les diverses études relatives à l'une ou à l'autre vie, en plaçant toujours après les autres celles dont le sujet propre devient plus spécial et plus compliqué, et qui, par cela même, dépendent constamment des précédentes. De cette manière, la théorie des fonctions et des organes les plus élevés de l'homme termine naturellement le système biologique; et les moyens s'accumulent graduellement à mesure que les difficultés s'accroissent, comme l'exige toute judicieuse organisation des recherches scientifiques.

On a souvent agité la question si, en étudiant chaque organe ou chaque fonction dans toute la série biologique, il convient de préférer l'ordre naturel de la formation de cette série, qui commence nécessairement par l'homme, ou bien l'ordre inverse, qui présente l'avantage d'une complication croissant peu à peu. Cette question de philosophie biologique n'a pas l'importance démesurée qu'on lui a trop fréquemment attribuée, puisque tous les bons esprits reconnaissent d'ailleurs la nécessité et la possibilité d'employer tour à tour les deux ordres à l'égard d'une recherche quelconque, quel que soit celui qu'on ait d'abord adopté. Néanmoins, il faudrait ce me semble, distinguer, à ce sujet, entre l'étude de la vie organique et celle de la vie animale. Pour les fonctions fondamentales de la première, qui sont essentiellement chimiques, il est beaucoup moins nécessaire de commencer par l'homme, en descendant toujours la hiérarchie biologique. Je conçois même que l'on pourrait, sous ce point de vue, trouver un grand avantage scientifique à procéder en sens inverse, en considérant d'abord l'organisme végétal, où, comme je l'ai déjà remarqué, ces fonctions sont à la fois plus pures et plus prononcées, et comportent, à ce titre, une étude plus facile et plus complète. Du reste, il n'en serait pas moins utile de se représenter ensuite l'enchaînement opposé, afin de mieux saisir l'influence capitale exercée, dans les êtres supérieurs, par les actions animales sur les phénomènes purement végétatifs. Mais, au contraire, toute recherche, soit anatomique, soit physiologique, relative à la vie animale elle-même, serait essentiellement obscure si elle ne commençait par la considération de l'homme, seul être où un tel ordre de phénomènes soit jamais immédiatement intelligible. C'est nécessairement l'état évident de l'homme, de plus en plus dégradé, et non l'état indécis de l'éponge, de plus en plus perfectionné, que nous pouvons poursuivre dans toute la série animale, quand nous y analysons l'un quelconque des caractères constitutifs de l'animalité. Dans ce cas, les mêmes motifs qui président inévitablement à la construction de l'échelle biologique doivent aussi en diriger essentiellement l'application rationnelle, ce qui est loin d'être indispensable à l'égard des autres questions. Si nous paraissons ici nous écarter de la marche ordinaire, où nous procédions toujours du sujet le plus général et le plus simple au plus particulier et au plus complexe, c'est uniquement afin de nous mieux conformer, sans aucune puérile affectation de symétrie scientifique, au vrai principe philosophique qui nous a d'abord prescrit cette marche générale, et qui consiste à passer constamment du plus connu au moins connu. C'est, du reste, la seule classe de recherches pour laquelle une telle marche cesse d'être la plus convenable aux études biologiques.

Telles sont les considérations principales que je devais actuellement indiquer sur la division nécessaire du système des connaissances biologiques et sur la coordination rationnelle de ses vrais élémens généraux. Ainsi se trouve complété l'examen philosophique de l'ensemble de la science biologique, directement envisagée sous tous les divers aspects fondamentaux qui lui sont propres, comme je devais ici le faire. Si l'étendue de ce discours a beaucoup excédé les bornes ordinaires dans lesquelles j'avais pu renfermer jusqu'à présent l'exécution d'une telle opération philosophique à l'égard des autres sciences fondamentales, il faut l'attribuer surtout à un concours spécial et nécessaire de nouvelles difficultés capitales. Une science beaucoup plus récente, et dont le vrai caractère spéculatif, jusqu'ici plus imparfaitement apprécié, est toutefois plus important à établir avec une scrupuleuse exactitude philosophique ; une destination générale moins bien connue, et néanmoins plus spécialement indispensable à définir rigoureusement; des moyens essentiels d'investigation plus variés et plus étendus, et, en même temps moins exactement jugés; des relations encyclopédiques plus multipliées et plus profondes, et cependant plus mal conçues; des propriétés philosophiques plus étendues et plus capitales, et toutefois confusément senties; enfin, des aspects élémentaires plus nombreux et mieux prononcés, et pourtant moins bien séparés et coordonnés; tous ces motifs réunis expliquent assez, sans doute, le développement inusité de cet indispensable examen. Du reste, ce grand travail préliminaire nous permettra d'exécuter maintenant, d'une manière beaucoup plus rapide, quoique suffisante à la destination de ce traité, l'appréciation philosophique plus spéciale de cette belle science fondamentale, dont les détails, d'ailleurs si peu satisfaisans jusqu'ici, ne doivent nullement nous occuper, et dont il nous reste seulement à mieux caractériser le véritable esprit, dans les leçons suivantes, par le jugement séparé de chacune de ses diverses parties essentielles, coordonnées entre elles suivant le plan général ci-dessus indiqué, depuis les simples considérations de pure anatomie jusqu'à cette étude positive des phénomènes intellectuels et effectifs les plus élevés de la nature humaine, d'où résultera ensuite la transition spontanée de la biologie à la physique sociale, objet final de cet ouvrage.

# QUARANTE-UNIÈME LEÇON.

Considérations générales sur la philosophie anatomique.

D'après les principes établis dans le discours précédent, l'étude statique des corps vivans ne pouvait être philosophiquement constituée tant qu'elle n'était point systématiquement étendue à l'ensemble des organismes connus; condition que l'esprit humain n'a réellement commencé à remplir, d'une manière suffisamment large et rationnelle, que pendant la seconde moitié du siècle dernier, par les travaux de Daubenton et surtout de Vicq-d'Azyr, dont les leçons et les écrits de Cuvier ont tant propagé et accéléré l'influence régénératrice. Mais quelque indispensable que fût évidemment cette conception fondamentale pour permettre le développement de la véritable science anatomique, en résultat final des recherches préparatoires qui avaient eu lieu jusqu'alors, il importe de reconnaître que, par elle-même, elle ne pouvait entièrement suffire à imprimer à la biologie statique son vrai caractère définitif, sans avoir d'abord été complétée et régularisée d'après une autre grande notion de philosophie biologique, due au génie de notre immortel Bichat. On conçoit que j'ai ici en vue cette pensée capitale de la décomposition générale de l'organisme en ses divers tissus élémentaires, dont la haute portée philosophique ne me semble pas encore dignement appréciée.

Le développement naturel de l'anatomie comparative aurait tendu sans doute à nous dévoiler tôt ou tard, en quelque sorte spontanément, cette lumineuse analyse. Car, l'examen approfondi de l'ensemble de la hiérarchie organique, depuis les derniers rangs jusqu'à l'homme, nous présente successivement, de la manière la plus irrécusable, les différens tissus anatomiques avec tous les caractères qui leur sont propres, à mesure que les diverses fonctions, d'abord confondues et ébauchées, se spécialisent et se prononcent davantage. Mais une telle marche, quoique certaine, eût été nécessairement très lente : on en peut aisément juger en considérant combien, même aujourd'hui, la plupart des anatomistes comparans répugnent encore à abandonner enfin l'étude exclusive des appareils, malgré que, depuis Bichat, aucun d'eux ne conteste, en principe, l'importance prépondérante de l'étude des tissus. En tous genres, les changemens relatifs à la méthode sont inévitablement les plus difficiles à réaliser; et, vu la faiblesse de notre intelligence, il n'y a peut-être pas d'exemple qu'ils se soient jamais accomplis en résultat spontané des progrès successifs dirigés par les anciennes méthodes, sans l'impulsion directe et extérieure d'une nouvelle conception originale, assez énergique pour produire, dans le système de nos études, une indispensable révolution. La biologie, en vertu de sa complication supérieure, doit être plus soumise qu'aucune autre science fondamentale à une telle nécessité. A la vérité, la multiplicité bien plus variée et l'intime connexion mutuelle des différens points de vue généraux qui la caractérisent, lui présentent, comme je l'ai établi, une sorte de compensation, en augmentant les ressources essentielles qui résultent de leur application réciproque. Cette propriété a été utilisée de la manière la plus heureuse dans le cas actuel.

Quoique l'analyse zoologique fournisse le moyen le plus rationnel et le plus complet d'effectuer la séparation des divers tissus organiques, et surtout de préciser le vrai sens philosophique de cette grande notion, l'analyse pathologique offrait, par sa nature, une voie bien plus directe et plus rapide pour suggérer la première pensée d'une semblable décomposition, même en se bornant à la seule considération de l'organisme humain. Aussitôt que l'étude générale de l'anatomie pathologique eût été fondée par les travaux de l'illustre Morgagni, il était pour ainsi dire impossible, malgré la division purement topographique maintenue par ce grand anatomiste, qu'on tardât à reconnaître que, dans les maladies les mieux caractérisées, aucun organe proprement dit n'est jamais entièrement lésé, et que les altérations sont ordinairement limitées à certaines de ses parties constituantes, pendant que les autres conservent leur état normal. La distinction des divers tissus élémentaires n'aurait pu, sous aucun autre aspect, se manifester d'une manière aussi nette et aussi sensible, indépendamment de l'active sollicitude qu'une telle origine devait si directement inspirer. Par l'évidente association, dans un seul organe, de tissus restés sains à des tissus déjà altérés, et, en second lieu, par la considération, non moins décisive, des organes différens affectés de maladies semblables en vertu de la lésion d'un tissu commun, l'analyse des principaux élémens anatomiques était, de toute nécessité, spontanément ébauchée, en même temps que l'étude des tissus se présentait directement ainsi comme plus importante que celle des organes. Il serait contraire à l'esprit de cet ouvrage d'insister davantage sur l'influence capitale d'une telle notion pour le perfectionnement de la pathologie, dont elle constitue désormais le vrai point de départ philosophique comme Bichat l'a si bien établi. Mais j'ai jugé indispensable de caractériser nettement la nécessité intellectuelle qui devait naturellement attribuer à l'analyse pathologique l'introduction primitive d'un élément aussi essentiel de la philosophie biologique. Ce fut, en effet, l'heureuse innovation purement pathologique de Pinel sur la considération simultanée des maladies propres aux diverses membranes muqueuses, qui provoqua, comme on sait, dans le génie de Bichat, le développement de cette grande conception, si justement devenue son plus beau titre scientifique. Telle est la mémorable filiation suivant laquelle Bichat, quoique resté essentiellement étranger à l'étude de la hiérarchie organique, devait enlever, à ceux qui cultivaient spécialement l'anatomie comparative, la découverte de l'une des idées-mères les plus indispensables au perfectionnement général de la philosophie anatomique.

J'ai toujours profondément admiré, à ce sujet, avec quelle énergique supériorité intrinsèque l'intelligence de Bichat, si puissamment rappelée, par la nature de son éducation, et par l'origine même de cette grande pensée, vers la considération exclusive des applications pathologiques, avait su néanmoins se maintenir constamment au vrai point de vue général de la biologie spéculative, sans qu'un tel essor fût aucunement soutenu par la salutaire influence de l'anatomie comparative. Son travail a même essentiellement consisté, sous le point de vue philosophique, à rattacher rationnellement à l'état normal une notion primitivement déduite de l'état pathologique, en vertu probablement de cette réflexion naturelle que, si les divers tissus d'un même organe peuvent être isolément malades et chacun à sa manière, cela seul doit indiquer que, dans l'état sain, ils offrent nécessairement des modes d'existence distincts, dont la vie de l'organe est réellement composée. L'ensemble du traité de Bichat a pour objet essentiel d'établir *à posteriori* le développement le plus satisfaisant de ce principe évident, jusqu'alors entièrement inaperçu, et désormais inébranlable. On doit seulement regretter, à cet égard, que Bichat, en créant si glorieusement ce nouvel aspect fondamental de la science anatomique, ne l'ait point caractérisé par un titre plus expressif que celui qu'il a choisi, et dont une telle autorité tend à interdire la rectification usuelle; la dénomination d'anatomie *abstraite* ou *élémentaire* serait certainement plus convenable que le nom d'anatomie *générale*, pour marquer le véritable esprit qui distingue cette considération statique de l'organisme, et pour indiquer en même temps sa vraie relation avec les autres points de vue anatomiques.

Telle est l'origine propre de la grande notion primordiale qui, dans le système définitif de la saine philosophie anatomique, me paraît destinée à compléter la conception essentielle de la hiérarchie organique, ou, pour mieux dire, à diriger l'application précise de cette conception universelle à l'étude statique des corps vivans. A mes yeux, la philosophie anatomique ne commence réellement à prendre son vrai caractère définitif que depuis l'époque très récente où l'esprit humain tend à combiner profondément ces deux idées-mères. C'est donc sur cette combinaison fondamentale, jusqu'ici si imparfaitement accomplie, que notre examen philosophique doit surtout porter désormais, afin d'indiquer nettement et sa double influence nécessaire et les principales conditions qu'elle exige.

La distinction irrationnelle, encore dominante chez la plupart des anatomistes, même parmi les plus avancés, entre les différentes espèces d'anatomie, au nombre de cinq ou six au moins, suffirait seule pour constater indirectement que les divers points de vue généraux propres à la science anatomique ne sont pas aujourd'hui systématiquement coordonnés les uns aux autres d'après leurs vraies relations élémentaires. Car, une telle dispersion de la science provient surtout de la considération isolée et exclusive de chacun de ces points de vue, et témoigne clairement qu'on s'inquiète peu de leur subordination mutuelle. On peut, sans doute, pour les différens usages, poursuivre l'étude anatomique de l'organisme jusqu'à tel ou tel degré de développement spécial : on peut aussi en diriger l'application vers telle ou telle destination déterminée. Mais, si la science était définitivement constituée d'une manière vraiment philosophique, elle serait au fond toujours la même, dans quelque intention qu'elle fût étudiée, parce que tous ses divers aspects fondamentaux s'y trouveraient intimement combinés. Par leur nature, ils forment un système rationnellement indissoluble : leur vaine séparation tend à dissimuler la plus importante partie de la science, qui consiste dans le développement de leur enchaînement réciproque. Ainsi, nous ne devons ici reconnaître qu'une seule anatomie scientifique, nécessairement homogène et complète, principalement caractérisée par la combinaison philosophique de la méthode comparative avec la notion fondamentale de la décomposition des organes en tissus.

Quelle peut être, en effet, la rationnalité générale de l'anatomie comparée, même étendue à l'ensemble systématique de la hiérarchie organique, lorsqu'on persiste aujourd'hui à la réduire, comme on a dû le faire autrefois, à la seule étude des appareils, sans lui donner pour base l'étude préalable de leurs vrais élémens anatomiques? Le dernier, le plus spécial, et le plus complexe des degrés d'organisation pourrait-il être convenablement examiné, en faisant ainsi abstraction du degré le plus élémentaire, le plus général, et le plus simple? Du point de vue philosophique, il est incontestable que l'anatomie rationnelle doit nécessairement commencer par l'étude des tissus, pour analyser ensuite les lois de leurs diverses combinaisons en organes, et considérer enfin le groupement de ces organes eux-mêmes en appareils proprement dits : tel est, évidemment, l'ordre naturel et invariable des spéculations anatomiques (1). Il n'y a point là sans doute plusieurs

---

(1) Pour philosopher d'une manière pleinement rationnelle sur la structure générale des corps vivans, il est même, ce me semble, indispensable d'intercaler, avec M. de Blainville, entre l'idée de *tissu* ou plutôt d'*élément anatomique*, et l'idée d'*organe* proprement dit, une nouvelle abstraction anatomique, qui consiste dans la notion de *parenchyme*, telle que l'a définie cet illustre anatomiste. Cette notion se rapporte à la pure composition, c'est-à-dire à la combinaison des

sortes d'anatomie, mais diverses phases nécessaires et successives d'un système unique, dont chacune ne saurait être complétement jugée que par sa relation avec les autres. En elle-même, l'étude des tissus, quelque fondamentale qu'elle soit, est purement préliminaire : car, les tissus, isolément envisagés, n'ont qu'une simple existence abstraite, dont l'examen des organes et même des appareils peut seul fixer la véritable notion. D'une autre part, l'étude des appareils et des organes ne saurait avoir aucun fondement rationnel sans une exacte connaissance préliminaire des élémens anatomiques qui les composent. Ces différens aspects statiques de l'organisme sont donc nécessairement inséparables, et complémentaires les uns des autres. En un mot, pour découvrir les lois de la structure générale des corps vivans, il a été indis-

---

élémens qui constituent chaque parenchyme existant, et abstraction faite de la considération de forme déterminée, qui devient, au contraire, le principal attribut caractéristique de l'idée d'organe. Tel doit donc être, en résumé, l'ordre graduel et définitif des divers degrés généraux de la spéculation anatomique, suivant leur enchaînement nécessaire et leur complication croissante : d'abord, le tissu ou l'élément, qui détermine la *structure* fondamentale ; en second lieu, le parenchyme, qui fixe la *composition* anatomique essentielle ; ensuite, l'organe, où l'on envisage surtout la *forme* spéciale que prend chaque parenchyme conformément à sa destination ; et enfin, l'appareil, où domine la considération nouvelle de la *disposition* réciproque des organes constituans, auxquels d'ailleurs peuvent s'ajouter le plus souvent les *produits* correspondans.

pensable de décomposer rationnellement l'organisme : l'étude des tissus constitue le dernier terme philosophique de cette analyse fondamentale, ébauchée, dès l'origine de la science, par la subdivision presque spontanée des appareils en organes, dont la première n'est réellement qu'une suite inévitable, quoique profondément cachée.

Depuis que les principes essentiels de l'analyse anatomique ont été ainsi pleinement dévoilés par le génie de Bichat, l'esprit général suivant lequel l'anatomie comparée avait dû jusqu'alors être habituellement cultivée aurait sans doute radicalement changé, si la vraie capacité philosophique n'était point malheureusement la plus rare de toutes. Après la haute impulsion régénératrice que Bichat produisit, il est presque inconcevable que la plupart des anatomistes comparans persistent encore à suivre aveuglément le plan primitif des recherches, uniquement, sans doute, parce que Bichat n'avait pu lui-même donner l'exemple de la combinaison de son analyse anatomique avec l'étude déjà ébauchée de la hiérarchie organique. Il me paraît incontestable que ce puissant rénovateur n'eût point hésité à faire ce dernier pas fondamental, conséquence nécessaire de ses premiers travaux, si son admirable carrière n'avait pas été aussi déplorablement abrégée. L'impartiale postérité jugera probablement avec une haute sévérité la portée philosophique de Cuvier, malgré sa réputation infiniment exagérée, en considérant surtout que, nonobstant l'influence du grand Bichat, il a continué à s'occuper, en anatomie comparée, de l'étude exclusive des appareils, sans que jamais il ait paru sentir l'importance supérieure de l'étude des tissus, et la révolution prochaine qui devait nécessairement en résulter dans le système général de la science anatomique. Néanmoins, l'application complète de la méthode comparative à l'analyse des tissus dans l'ensemble de la série biologique, quoique retardée par un tel exemple, commence enfin à être dignement appréciée aujourd'hui de tous les esprits supérieurs : cet heureux résultat est dû principalement aux travaux de Meckel en Allemagne, et de M. de Blainville en France. Toutefois, cette nouvelle disposition des intelligences n'est point encore assez énergique ni assez profonde pour avoir réformé, comme elle devra le faire, la direction habituelle du système des spéculations anatomiques.

Quelque imparfaite que doive être jusqu'ici une combinaison aussi récente, elle a cependant déjà introduit, ce me semble, des perfectionnemens vraiment fondamentaux dans l'étude générale des élémens anatomiques, telle que Bichat l'avait créée. Ce grand anatomiste, étant essentiellement réduit à la seule considération de l'homme, n'avait pu employer la méthode comparative que dans ses deux modes les plus simples et les plus restreints, la comparaison des parties et celle des âges, auxquelles son génie a su donner une si admirable efficacité. On devait donc s'attendre à voir s'opérer, dans son idée-mère, d'heureuses et profondes transformations, aussitôt qu'elle aurait pu subir l'épreuve décisive de la comparaison anatomique, envisagée surtout dans son extension philosophique à l'ensemble de la hiérarchie biologique, qui constitue notre plus puissant moyen d'exploration organique. Ces modifications essentielles ont tendu jusqu'ici, soit à compléter, sous divers rapports importans, le principe fondamental de philosophie anatomique établi par Bichat, soit même à en rectifier, à plusieurs titres intéressans, la conception générale.

Le plus profond de ces perfectionnemens, surtout sous le point de vue logique, me paraît consister dans la distinction capitale introduite par M. de Blainville entre les vrais *élémens* anatomiques et les simples *produits* de l'organisme, que Bichat avait essentiellement confondus. J'ai déjà signalé, dans la première partie de ce volume, la haute importance d'une telle séparation pour l'étude chimique des substances organiques. Nous devons maintenant la considérer, d'une manière directe, comme conception anatomique.

On a reconnu ci-dessus que la vie, réduite à sa notion la plus simple et la plus générale, est essentiellement caractérisée par le double mouvement continu d'absorption et d'exhalation, dû à l'action réciproque de l'organisme et du milieu ambiant, et propre à maintenir, entre certaines limites de variation, pendant un temps déterminé, l'intégrité de l'organisation. Il en résulte que, envisagé à un instant quelconque de sa durée, tout corps vivant doit nécessairement présenter, dans sa structure et dans sa composition, deux ordres de principes très différens : les matières absorbées, à l'état d'assimilation; les matières exhalées, à l'état de séparation. Telle est la vraie source primordiale de la grande distinction anatomique entre les élémens et les produits organiques. Les corps absorbés, quand ils ont été complétement assimilés, constituent seuls, en effet, les véritables matériaux de l'organisme proprement dit; les substances exhalées, soit solides, soit fluides, après leur entière séparation, sont devenues réellement étrangères à l'organisme, où elles ne pourraient, en général, long-temps séjourner sans danger. Considérés à l'état solide, les vrais élémens anatomiques se trouvent toujours nécessairement en continuité de tissu avec l'ensemble de l'organisme; s'il s'agit d'élémens fluides, soit stagnans, soit circulans, ils reposent constamment dans la profondeur même du tissu général, dont ils sont également inséparables. Quant aux simples produits, au contraire, ils ne sont jamais que déposés, pour un temps plus ou moins limité, à la surface extérieure ou intérieure de l'organisme, avec laquelle ils ne sauraient contracter aucune véritable continuité. Sous le point de vue dynamique, les différences ne sont pas moins caractéristiques. En effet, les élémens proprement dits doivent seuls être envisagés comme réellement vivans; seuls ils participent au double mouvement vital; seuls ils croissent ou décroissent par intùs-susception. Avant même d'être finalement excrétés, les produits sont déjà des substances essentiellement mortes, qui ne croissent que par une juxta-position purement inorganique, et dont les altérations chimiques ultérieures, indépendantes de l'action vitale, sont nécessairement identiques à celles que ces substances pourraient éprouver, en-dehors de l'organisme, sous de semblables influences moléculaires.

Quelque inattaquable que soit, en principe, cette conception fondamentale, son application peut présenter, en certains cas, de véritables difficultés, pour opérer, entre les élémens et les produits, une exacte et judicieuse séparation, lorsque, comme il arrive souvent, ils se combinent dans une même disposition anatomique afin de concourir à une même fonction. Tous les produits, en effet, ne sont point, ainsi que la sueur, l'urine, les fèces, etc., destinés à être plus ou moins immédiatement expulsés sans aucun usage ultérieur dans l'économie organique. Plusieurs autres, tels que la salive, les sucs gastriques, la bile, etc., exercent, comme substances extérieures, et en vertu de leur composition chimique, une action indispensable pour préparer, chez tous les êtres un peu élevés, l'assimilation des matériaux organiques. Ces corps devenant ainsi susceptibles de rentrer réellement, du moins en partie, dans l'organisme, on peut éprouver beaucoup d'embarras à fixer, avec une scrupuleuse précision, le vrai moment où ils cessent d'être de simples produits pour se transformer en véritables élémens, c'est-à-dire le passage rigoureux de l'état inorganique à l'état organique, de la mort à la vie. Ainsi, par exemple, le chyle, considéré sur l'intestin, n'est, incontestablement, qu'un produit, tandis que, après son absorption, il finit bientôt par se convertir en élément fluide, sans qu'on puisse aujourd'hui assigner rigoureusement à quelle époque précise il change de caractère. Mais de telles incertitudes sont, en réalité, trop peu considérables, et elles tiennent trop évidemment à l'extrême imperfection actuelle de notre analyse des phénomènes vitaux, pour ébranler, en aucune manière, la distinction fondamentale entre les produits et les élémens de l'organisme, si clairement indiquée, en principe, par la définition même de l'état vital, et si nettement établie, en fait, par tant d'irrécusables comparaisons. Il convient, néanmoins, de remarquer encore, à ce sujet, afin d'avoir signalé toutes les principales sources de difficultés, que, en d'autres circonstances, certains produits, surtout parmi les solides, sont étroitement unis à de vrais élémens anatomiques dans la structure de certains appareils, auxquels ils fournissent des moyens essentiels de perfectionnement. Telles sont, par exemple, la plupart des productions épidermiques, les poils, et éminemment les dents proprement dites. En général, cette notion forme une des bases indispensables de l'importante et lumineuse théorie du *phanère*, si heureusement créée par M. de Blainville, et que j'aurai l'occasion naturelle de caractériser ultérieurement. Mais, sous ce point de vue, une dissection délicate et éclairée, la seule considération de la position qui est toujours extérieure quant à la partie purement produite de l'appareil, et même une analyse judicieuse de l'ensemble de la fonction, doivent constamment dissiper toute incertitude, et permettent, en effet, d'assigner, avec une sévère exactitude, ce qu'il y a de vraiment organique et de simplement inorganique dans la structure proposée, quelque équivoque que son caractère puisse d'abord paraître à un anatomiste mal préparé. On conçoit, toutefois, que la considération de ces cas litigieux ait dû donner lieu à beaucoup de fausses appréciations, avant que le principe général propre à les rectifier eût pu être distinctement saisi. C'est ainsi que Bichat a confondu les dents parmi les os, et qu'il a érigés en tissus, à la suite du tissu cutané, l'épiderme et les poils. Quelque naturelle, et même inévitable, que fût à cette époque une semblable erreur, sa rectification n'en avait pas moins, évidemment, une importance capitale; car, une telle confusion s'opposait directement à toute définition nette et générale de l'idée de *tissu*, ou plutôt d'*élément anatomique*, qui pouvait devenir dès lors entièrement vague et indéterminée. Enfin, il convient de remarquer ici que cet éclaircissement fondamental devait être nécessairement un des résultats les plus immédiats d'une application large et rationnelle de la méthode comparative au grand principe de philosophie anatomique établi par Bichat. La considération approfondie de l'ensemble de la hiérarchie animale montre, en effet, de la manière la plus sensible, que ces parties inorganiques, qui, dans l'homme, paraissent inséparables de l'appareil essentiel, n'y constituent réellement, au contraire, que de simples moyens de perfectionnement, dont l'introduction graduelle s'opère toujours à des termes assignables de la série biologique ascendante.

Ainsi, malgré ces divers ordres de difficultés, la distinction fondamentale de M. de Blainville entre les élémens anatomiques et les produits organiques, quoiqu'elle ne soit pas encore habituellement employée par la masse des anatomistes, me paraît devoir être regardée comme irrévocablement acquise au domaine essentiel de la philosophie anatomique, où elle constitue désormais le complément nécessaire et même l'épuration indispensable de l'idée-mère de Bichat, qui, sans une telle explication, ne saurait avoir, à mes yeux, un caractère vraiment rationnel. Ce n'est point à dire, sans doute, que l'étude des produits doive être aucunement négligée par les anatomistes. Elle a, évidemment, au contraire, d'après les indications précédentes, une extrême importance pour la physiologie, dont les principaux phénomènes seraient radicalement inintelligibles, si on ne prenait profondément en considération la constitution exacte des divers produits et les différentes modifications qu'ils comportent. Comment pourrait-on se former aucune idée nette du grand phénomène de l'exhalation, qui constitue l'un des deux élémens généraux de l'état vital, si l'on ne compare point convenablement, avec la nature de l'organisme exhalant, celle du produit exhalé, à un degré quelconque de l'échelle biologique? D'ailleurs, tout produit devant ordinairement séjourner, pendant un temps plus ou moins long, et quelquefois très étendu, à la surface intérieure ou extérieure de l'organisme, il exerce nécessairement sur lui, comme corps-étranger, une action souvent très prononcée, dont l'analyse est indispensable. Enfin, cette nécessité devient plus spécialement évidente à l'égard des produits qui doivent, sous une autre forme, rentrer ultérieurement dans l'organisme, aussi bien qu'envers ceux destinés à s'incorporer anatomiquement, d'une manière permanente, aux élémens proprement dits, conformément à l'explication ci-dessus indiquée. Mais c'est surtout en étudiant la vie pathologique qu'on doit éprouver le plus vivement le besoin profond d'une exacte connaissance de toutes les classes de produits. Soit qu'on les envisage comme résultats, ou comme modificateurs, leur considération fournit habituellement les indices les moins irrécusables et les plus précis des principales altérations organiques, et présente en même temps la véritable origine d'un grand nombre d'entre elles. Ainsi, sous aucun rapport, la théorie des produits organiques ne perdra rien de son importance primitive pour être désormais soigneusement séparée de l'étude des vrais élémens anatomiques : et, au contraire, cette séparation rationnelle, en élaguant sans retour de faux rapprochemens, tend à fixer, d'une manière bien plus directe, l'attention spéciale des biologistes sur la participation réelle des produits organiques à l'ensemble des phénomènes vitaux, soit normaux, soit anormaux. Il résulte seulement du concours des considérations précédentes que, dans l'ordre des spéculations purement anatomiques, c'est-à-dire quant à la notion statique de l'organisme, l'étude des produits devra être effectivement classée comme secondaire à la suite de la théorie des élémens proprement dits, et avant de procéder à la combinaison de ceux-ci en organes et finalement en appareils. Car, il est maintenant incontestable que ces élémens constituent seuls la trame fondamentale dont l'organisme est essentiellement formé, et d'où l'on pourrait, du moins abstraitement, concevoir retirés tous les simples produits, sans que l'idée générale d'organisation cessât réellement de subsister.

La considération des produits organiques étant une fois rationnellement écartée de la véritable analyse anatomique, cette analyse a pu acquérir dès lors un caractère de plénitude et de netteté, qui était primitivement impossible, faute d'un principe suffisamment circonscrit. Ainsi, l'on a pu entreprendre enfin une exacte énumération de tous les vrais élémens anatomiques, soit solides, soit fluides, tandis que Bichat, pour ne point tomber dans un vague indéfini, avait dû se borner à l'examen des seuls élémens solides, auxquels la notion de *tissu* était exclusivement applicable. D'un autre côté, la classification de ces tissus d'après leurs véritables relations générales, et même leur réduction philosophique à un seul tissu fondamental diversement modifié suivant des lois déterminées, ont pu remplacer l'ordre purement factice et essentiellement arbitraire que Bichat avait dû suivre dans leur étude. Telles sont les deux autres transformations capitales, nécessairement co-relatives, qu'une heureuse application générale de la méthode comparative a fait subir jusqu'ici à la grande théorie anatomique de Bichat. Ces deux derniers ordres de perfectionnemens, qui nous restent maintenant à caractériser, seraient l'un et l'autre évidemment impossibles, ou du moins illusoires, s'ils n'étaient point conçus comme subordonnés à la séparation primordiale entre les élémens et les produits, qui peut seule circonscrire, d'une manière réellement scientifique, le véritable champ général de l'analyse anatomique fondamentale. Occupons-nous d'abord de la première considération, qui se rattache nécessairement à la grande question de la vitalité des fluides organiques, sur laquelle les idées sont encore loin, ce me semble, d'être suffisamment fixées.

Un premier coup d'œil sur l'ensemble de la nature organique, depuis l'homme jusqu'au végétal, montre clairement que tout corps vivant est continuellement formé d'une certaine combinaison de solides et de fluides, dont les proportions varient d'ailleurs, suivant les espèces, entre des limites très écartées. La définition même de l'état vital suppose évidemment l'harmonie nécessaire de ces deux sortes de principes constituans, mutuellement indispensables. Car, ce double mouvement intestin de composition et de décomposition permanentes, qui caractérise essentiellement la vie générale, ne saurait être conçu, à aucun degré, dans un système entièrement solide. D'un autre côté, indépendamment de ce qu'une masse purement liquide, et à plus forte raison gazeuse, ne pourrait exister sans être circonscrite par une enveloppe solide, il est clair qu'elle ne saurait comporter aucune véritable organisation, sans laquelle la vie proprement dite devient inintelligible. Si ces deux idées-mères de vie et d'organisation n'étaient point nécessairement co-relatives, et par suite réellement inséparables, on pourrait concevoir que la première appartient essentiellement aux fluides, comme seuls éminemment modifiables, et la seconde aux solides, comme seuls susceptibles de structures déterminées, ce qui reproduirait, sous un autre aspect philosophique, l'évidente nécessité de cette harmonie fondamentale entre les deux ordres d'élémens organiques. L'examen comparatif des principaux types de la hiérarchie biologique confirme, en effet, ce me semble, comme règle générale, que l'activité vitale augmente essentiellement à mesure que les élémens fluides prédominent davantage dans l'organisme, tandis que la prépondérance croissante des solides y détermine, au contraire, une plus grande persistance de l'état vital. Depuis long-temps, tous les biologistes philosophes avaient déjà signalé cette loi incontestable, en considérant seulement la série des âges, d'où Bichat surtout la fit si nettement ressortir.

Ces réflexions me paraissent propres à établir clairement que la controverse si agitée quant à la vitalité des fluides repose essentiellement, ainsi que tant d'autres controverses fameuses, sur une position vicieuse de la question ; puisqu'une telle corelation nécessaire entre les solides et les fluides, exclut aussitôt, comme également irrationnels, l'humorisme et le solidisme absolus. Pourvu qu'on écarte, bien entendu, la considération des simples produits, qui d'ailleurs peuvent être solides autant que fluides, on ne saurait douter que les vrais élémens fluides de l'organisme ne manifestent une vie tout aussi réelle que celle des solides. Il paraît même incontestable aujourd'hui que les fondateurs de la pathologie moderne, dans leur réaction si nécessaire contre l'antique humorisme, ont beaucoup trop négligé d'avoir égard, pour la théorie des maladies, aux altérations directes et spontanées dont les fluides organiques, et surtout le sang, sont éminemment susceptibles, en vertu de leur composition si complexe. Du point de vue philosophique, on devait, sans doute, trouver étrange que les élémens anatomiques les plus actifs et les plus modifiables n'eussent point une participation capitale, tantôt primitive, tantôt consécutive, aux perturbations générales de l'organisme vivant. Mais, d'une autre part, il n'est pas moins certain que les fluides, animaux ou végétaux, cessent de vivre aussitôt qu'ils se trouvent en dehors de l'organisme, comme, par exemple, le sang extrait des vaisseaux : ils perdent alors toute organisation proprement dite, et ils subissent seulement les réactions moléculaires compatibles avec leur composition chimique et avec la nature du milieu où ils sont placés. La vitalité des fluides, envisagés isolément, constitue donc une question mal définie, et par suite interminable.

Toutefois, en considérant les divers principes immédiats propres à la composition si hétérogène des fluides organiques, il y a lieu de poursuivre, à leur égard, une recherche générale très positive quoique fort difficile, et qui, peu avancée jusqu'ici, présente réellement un haut intérêt philosophique, pour achever de fixer nos idées fondamentales sur la véritable vitalité des fluides anatomiques. La vie de ces fluides étant désormais hors de doute, on doit se proposer, en effet, de déterminer, autant que possible, dans quels de leurs principes immédiats elle réside essentiellement; car on ne saurait, évidemment, admettre que tous vivent indistinctement. Ainsi, par exemple, le sang étant formé d'eau en majeure partie, il serait absurde de concevoir un tel véhicule inerte comme participant à la vie incontestable de ce fluide; mais alors quel en est, parmi les autres principes immédiats, le véritable siége? L'anatomie microscopique a entrepris, de nos jours, de répondre à cette question capitale, en plaçant ce siége dans les globules proprement dits, qui seraient seuls à la fois organisés et vivans. Une telle solution, quelque précieuse qu'elle soit en effet, ne peut cependant, à mon avis, être encore envisagée que comme une simple ébauche. Car, on admet en même temps, d'après l'ensemble des observations, que ces globules, quoique affectant toujours une forme déterminée, se rétrécissent de plus en plus à mesure que le sang artériel passe dans un ordre inférieur de vaisseaux, c'est-à-dire en avançant vers le lieu de son incorporation aux tissus; et qu'enfin, à l'instant précis de l'assimilation définitive, il y a liquéfaction complète des globules. Or, quelque naturelle que doive paraître, en elle-même, cette dernière condition, elle semble directement contradictoire au principe de l'hypothèse fondamentale, puisque, d'après ce principe, le sang cesserait donc d'être réputé vivant au moment même où s'accomplit son plus grand acte de vitalité. D'un autre côté, cette hypothèse n'a pas encore été assez sévèrement soumise à une contre-épreuve générale, qui, purement négative, est néanmoins indispensable. Elle consiste à reconnaître l'existence des vrais globules comme exclusivement caractéristique des fluides réellement vivans, en opposition à ceux qui, en qualité de simples produits, sont essentiellement inertes, et qui présentent beaucoup de particules solides suspendues, si aisément susceptibles d'être confondues avec les globules proprement dits, malgré la forme déterminée par laquelle ces derniers sont principalement définis. Les observations microscopiques sont, par leur nature, trop délicates, et jusqu'ici trop fréquemment illusoires, pour que ce point essentiel de doctrine anatomique puisse encore être regardé comme irrévocablement établi.

Quoi qu'il en soit de ces divers éclaircissemens généraux qui restent encore à désirer sur la vitalité précise des élémens fluides de l'organisme, il demeure nécessairement incontestable que l'étude statique des corps vivans serait radicalement incomplète, et ne constituerait qu'une très insuffisante préparation à leur étude dynamique, si un tel ordre d'élémens n'était point désormais compris, au même titre que les élémens solides ou tissus proprement dits, dans le domaine fondamental de l'analyse anatomique. Telle est la lacune capitale qu'avait laissée le grand traité de Bichat. Mais, malgré l'évidente nécessité de cet immense complément, il n'en faut pas moins continuer à regarder, dans l'ordre rationnel des spéculations anatomiques, tout aussi bien que d'après la marche historique de leur développement, l'anatomie des solides comme devant toujours précéder et préparer l'anatomie des fluides : en sorte que, si Bichat n'a pu entreprendre l'ensemble du travail, il a cependant commencé par le véritable point de départ philosophique. On conçoit, en effet, que, sous le point de vue physiologique, la considération des fluides devienne peut-être encore plus importante que celle des solides, du moins en ce qui concerne la vie organique proprement dite, c'est-à-dire la vie végétative fondamentale. Sous le point de vue purement anatomique, au contraire, l'étude des solides doit être nécessairement prépondérante, puisque c'est en eux que réside essentiellement l'organisation bien caractérisée. En même temps, l'anatomie des fluides, beaucoup plus délicate et plus difficile, et jusqu'à présent si imparfaite, ne saurait être entreprise avec succès qu'après que l'esprit, et même les sens, ont été convenablement disposés par une étude préalable, suffisamment approfondie, de l'anatomie des solides. Les obstacles caractéristiques que présente l'exploration anatomique des élémens fluides de l'organisme, résultent nécessairement, en général, d'une sorte de cercle vicieux fondamental, tenant à l'impossibilité évidente d'étudier ces fluides dans l'organisme même, combinée avec la désorganisation presque immédiate qui accompagne leur extraction. Comme l'inspection anatomique proprement dite devient alors impraticable, on ne peut plus appliquer que deux moyens essentiels d'observation directe, l'examen microscopique, et surtout l'exploration chimique. Or, l'un et l'autre procédé, et principalement le second, qui est pourtant le plus précieux et le plus décisif, doivent être éminemment contrariés par cette rapide désorganisation. Voilà surtout pourquoi les chimistes, lors même qu'ils ne confondent pas, suivant leur coutume jusqu'ici presque invariable, les élémens et les produits de l'organisme, nous donnent habituellement de si fausses et si incohérentes notions de la vraie constitution moléculaire des fluides organisés, qu'ils n'ont le plus souvent examinés, à leur insu, que dans un état de décomposition plus ou moins avancée. D'après un tel ensemble de difficultés capitales, on conçoit que l'anatomie des fluides serait à peu près inextricable, si l'on ne parvenait à l'éclairer indirectement par la lumière générale que doit répandre sur elle l'étude préalable de l'anatomie des solides, dans laquelle consiste d'ailleurs essentiellement la connaissance fondamentale de l'organisme, envisagé sous l'aspect statique. Il serait, du reste, superflu d'expliquer expressément, à ce sujet, que la même règle qui prescrit de placer l'étude anatomique des fluides à la suite de celle des solides exige également, par des motifs entièrement analogues, que les diverses parties de la première soient aussi examinées dans l'ordre successif de la condensation décroissante, en considérant d'abord les élémens semi-liquides, tels que la graisse, ensuite les vrais liquides, comme le sang, et enfin les élémens à l'état de vapeur ou de gaz, dont l'admission, quoique encore incertaine, paraît indispensable, et qui seront toujours nécessairement les plus mal connus.

Telles sont les indications générales que je devais présenter ici sur la véritable extension et sur la délinéation principale du domaine fondamental de l'analyse anatomique, constituée avec la plénitude rationnelle qu'ont dû lui attribuer les successeurs de Bichat. Ayant ainsi graduellement reconnu l'anatomie des tissus proprement dits comme la base indispensable de tout le système anatomique, il nous reste maintenant à considérer directement cette anatomie elle-même sous un point de vue général, qui, plus restreint, par sa nature, que les deux précédens, n'en est pas moins aussi essentiel. Il s'agit d'examiner le principe philosophique de la classification rationnelle des divers tissus, d'après leur mutuelle filiation anatomique. Ce dernier ordre des perfectionnemens introduits, dans la grande conception anatomique de Bichat, sous l'influence de la méthode comparative, était également nécessaire pour achever de constituer rationnellement le principe fondamental, soit en circonscrivant, avec une précision sévère, l'idée primitive de tissu, soit en assignant à l'analyse anatomique ses véritables limites générales, au-delà desquelles l'esprit humain se consumerait nécessairement en de vagues et illusoires spéculations.

L'analyse anatomique de l'organisme humain présente, par sa nature, une complication trop profonde, pour qu'il soit possible, en la poursuivant exclusivement, de se former une juste idée de la vraie constitution fondamentale des divers tissus organiques, sans exagérer leurs différences réelles, et sans méconnaître les lois de leur filiation successive. A la vérité, l'étude approfondie des principales phases de développement peut remplacer, à un certain degré, à cet égard comme à tout autre, la comparaison des types essentiels de la hiérarchie biologique. Mais, sous ce rapport surtout, une telle ressource n'en est pas moins nécessairement insuffisante. Car, les premières phases du développement humain, dont l'importance anatomique est évidemment prépondérante, sont trop rapides et trop peu distinctes, elles sont, en outre, trop peu accessibles à toute observation directe et complète, pour qu'un semblable moyen d'exploration, quelque précieux qu'il soit d'ailleurs, puisse jamais servir de base exclusive à la découverte des véritables principes de l'analogie anatomique. Il était donc inévitable que, en se bornant, comme a dû le faire Bichat, à la seule considération de l'homme, la nature caractéristique des différens tissus, et surtout leurs vraies relations générales, restassent d'abord essentiellement inconnues. Aussi est-ce uniquement depuis que l'anatomie des tissus a pu être soumise à une étude comparative dans l'ensemble de la série organique, que l'on commence à établir des notions justes et définitives sur l'organisation fondamentale des corps vivans, envisagés comme nécessairement assujétis à des lois uniformes de structure et de composition.

Par un premier examen anatomique de l'échelle biologique, on reconnaît aussitôt que le tissu cellulaire forme la trame essentielle et primitive de tout organisme, puisqu'il est le seul qui se retrouve constamment à chaque degré quelconque. Tous ces divers tissus, qui, chez l'homme, paraissent si multipliés et si distincts, perdent successivement tous leurs attributs caractéristiques à mesure qu'on parcourt la série descendante, et tendent toujours davantage à se fondre entièrement dans le tissu cellulaire général, qui reste enfin l'unique base de l'organisation végétale, et peut-être même du dernier mode de l'organisation animale. En remontant, aussi loin qu'on a pu le tenter jusqu'ici, vers l'origine de l'état embryonnaire propre aux organismes les plus élevés, on a lieu de croire que la même structure fondamentale se retrouve essentiellement. Mais, quoi qu'il en soit, la saine anatomie comparée ne peut laisser aucun doute à ce sujet. Nous devons surtout remarquer ici que la nature d'une telle organisation élémentaire et commune se présente pleinement en harmonie philosophique avec ce qui constitue le fonds nécessaire et uniforme de la vie générale, réduite à son extrême simplification abstraite. Car, le tissu cellulaire, sous quelque forme qu'on le conçoive, est éminemment apte, par sa structure, à cette absorption et à cette exhalation fondamentales, dans lesquels consistent les deux parties essentielles du grand phénomène vital. A l'origine inférieure de la hiérarchie biologique, l'organisme vivant, placé dans un milieu invariable, se borne réellement à absorber et exhaler par ses deux surfaces, entre lesquelles circulent ou plutôt oscillent les fluides destinés à l'assimilation et ceux qui résultent de la désassimilation. Or, pour d'aussi simples fonctions générales, l'organisation celluleuse est évidemment suffisante, sans la participation d'aucun tissu plus spécial. Telle est donc nécessairement la base primitive de l'organisme universel. Mais, pour compléter cette conception fondamentale des tissus organiques, de manière à la rendre réellement applicable, il était indispensable de déterminer suivant quelles lois le tissu primordial se modifie peu à peu pour engendrer successivement tous les autres avec les divers attributs qui d'abord empêchaient d'apercevoir leur véritable origine commune. C'est ce que l'anatomie comparée a déjà commencé aussi à établir nettement, toujours guidée par ce même principe, également simple et lumineux, qui consiste à regarder les différens tissus secondaires comme plus profondément éloignés du tissu générateur à mesure que leur première apparition se manifeste dans des organismes plus spéciaux et plus élevés.

Ces modifications caractéristiques du tissu fondamental doivent être, en général, distinguées en deux classes principales : les unes, plus communes et moins profondes, se bornent essentiellement à la simple structure; les autres, plus intimes, et plus spéciales, atteignent aussi jusqu'à la composition elle-même.

Dans le premier ordre, la transformation la plus directe et la plus répandue donne naissance au tissu dermeux proprement dit, qui constitue le fond nécessaire de l'enveloppe organique générale, soit extérieure, soit intérieure. Ici, la modification se réduit à une pure condensation, diversement prononcée, chez l'animal, suivant que la surface doit être, comme à l'extérieur, plus exhalante qu'absorbante, ou en sens inverse à l'intérieur. Cette première transformation, quelque simple et commune qu'elle soit, n'est pas même rigoureusement universelle : il faut s'élever déjà à un certain degré de l'échelle biologique pour l'apercevoir nettement caractérisée. Non-seulement, dans la plupart des derniers animaux, il n'y a pas de différence essentielle d'organisation entre les deux parties, intérieure et extérieure, de la surface générale, qui peuvent, comme on le sait depuis long-temps, se suppléer mutuellement : mais, en outre, si l'on descend un peu davantage, on ne reconnaît plus aucune disposition anatomique qui distingue notablement l'enveloppe d'avec l'ensemble de l'organisme, dès lors devenu uniformément celluleux.

Une condensation croissante, et plus ou moins

également répartie, du tissu générateur, détermine, à partir du derme proprement dit, et à un degré plus élevé de la série organique, trois tissus distincts mais inséparables, qui sont destinés, dans l'économie animale, à un rôle très important quoique passif, soit comme enveloppes protectrices des organes nerveux, soit comme auxiliaires de l'appareil locomoteur. Ce sont les tissus fibreux, cartilagineux, et osseux, dont l'analogie fondamentale était trop manifeste, malgré l'insuffisance des moyens primitifs de l'analyse anatomique, pour avoir échappé au coup d'œil de Bichat, qui les classa soigneusement dans leur ordre rationnel. M. Laurent, dans son projet de nomenclature systématique, a judicieusement fixé ce rapprochement incontestable, en proposant l'heureuse dénomination de tissu *scléreux*, pour caractériser l'ensemble de ces trois tissus secondaires, envisagés sous un point de vue commun. La rationnalité d'une telle considération est d'autant plus évidente, que, en réalité, les différens degrés de la consolidation tiennent essentiellement ici au dépôt, dans le réseau celluleux, d'une substance hétérogène, soit organique, soit inorganique, dont l'extraction ne laisse aucun doute sur la véritable nature du tissu. Quand, au contraire, par une dernière condensation directe, le tissu fondamental devient lui-même plus compacte, sans s'encroûter de matière étrangère, on passe alors à une nouvelle modification principale, où l'imperméabilité devient compatible avec la souplesse, ce qui caractérise le tissu séreux, ou plus exactement *kysteux* (suivant la dénomination de M. Laurent), dont la destination propre consiste, soit à s'interposer entre les divers organes mobiles, soit surtout à contenir des liquides, stagnans ou circulans.

Le second ordre général de transformations du tissu primitif donne lieu aux deux sortes de tissus secondaires qui distinguent le plus profondément l'organisme animal, considéré dans tous les êtres nettement prononcés ; ce sont, d'abord le tissu musculaire, et ensuite le tissu nerveux, qui doivent, sans doute, se manifester essentiellement au même degré de l'échelle animale. Pour chacun d'eux, la modification principale est surtout caractérisée par l'intime combinaison anatomique du tissu fondamental avec un élément organique spécial, semi-solide, et éminemment vivant, qui, dans le premier cas, a reçu depuis long-temps le nom de *fibrine*, dont l'usage a naturellement suggéré à M. de Blainville, pour le second cas, la dénomination parfaitement correspondante de *neurine*.

Ici, la transformation du tissu générateur devient tellement profonde, qu'il est très difficile de la constater directement, et surtout de la découvrir, dans les organismes supérieurs, ce qui serait néanmoins nécessaire afin d'étudier, d'une manière pleinement rationnelle, les deux substances caractéristiques. Toutefois la suite des analogies fournies par l'anatomie comparée ne paraît aujourd'hui laisser, en principe, aucun doute sur la réalité d'une telle constitution. On doit seulement désirer à ce sujet de connaître, avec plus de précision, le mode effectif d'union anatomique de la substance propre, musculaire ou nerveuse, avec le tissu fondamental.

Ceux qui n'admettent point cette théorie, sont obligés de concevoir trois tissus primitifs au lieu d'un seul, le cellulaire, le musculaire, et le nerveux. Mais la généralité supérieure ou plutôt l'exclusive universalité du premier n'en demeure pas moins nécessairement un résultat irrévocable de l'ensemble des comparaisons anatomiques. Or, l'existence simultanée, dans certains organismes, de trois tissus radicalement indépendans les uns des autres altérerait beaucoup la perfection de la philosophie biologique, en rompant dès lors, par sa base anatomique, l'admirable unité du monde organique, que l'esprit humain avait enfin si péniblement constituée. Il me semble même évident que, par-là, on ne maintiendrait plus, comme l'exige la nature fondamentale de la science, une exacte harmonie générale entre le point de vue statique et le point de vue dynamique. Car, malgré l'importance capitale des fonctions sensoriales et locomotrices qui caractérisent spécialement l'animalité proprement dite, on ne saurait douter que la vie essentielle ne soit, au fond, toujours la même, et que ces phénomènes plus éminens ne viennent simplement s'ajouter aux phénomènes primitifs, comme moyens supérieurs de perfectionnement attribués aux organismes élevés, ainsi que je l'ai établi dans le discours précédent. A cette considération dynamique, doit donc naturellement correspondre, dans l'ordre statique, celle d'un fonds commun et invariable d'organisation primordiale, produisant successivement, par des modifications de plus en plus profondes, tous les divers élémens anatomiques spéciaux. Une telle manière de philosopher résulte ainsi de l'usage légitime et rationnel du degré de liberté générale resté facultatif, pour notre intelligence, par la nature des études anatomiques, tant que les observations positives n'ont point directement infirmé nos conceptions, ce qui certainement n'a pas lieu, du moins jusque ici, dans le cas actuel.

En examinant maintenant la principale subdivision de chacun des deux grands tissus secondaires, soit musculaire, soit nerveux, on reproduit l'équivalent très perfectionné de la distinction confusément ébauchée à leur égard par Bichat, lorsqu'il distinguait, pour l'un et pour l'autre, ce qui, chez l'homme, appartient à la vie animale, ou bien à la vie organique. A ce caractère mal choisi et vaguement défini, par la nature même de tels tissus, doit être désormais substituée une considération vraiment anatomique, celle de la situation générale, en rapport constant avec une modification plus ou moins notable mais toujours sensible de la structure elle-même. L'analyse comparative démontre, en effet, soit pour le système musculaire, soit pour le système nerveux, que l'organisation du tissu devient d'autant plus spéciale et plus élevée qu'il est situé plus profondément entre les deux surfaces intérieure et extérieure de l'enveloppe animale. De là résulte naturellement la division rationnelle de chacun de ces systèmes, en superficiel et profond, dont les propriétés caractéristiques, quoique essentiellement les mêmes, offrent des modifications anatomiques très appréciables dans la disposition et dans la structure. Cette distinction est plus particulièrement remarquable à l'égard du système nerveux, disposé, en premier lieu, sous forme de cordons, et ensuite sous celle de ganglions, avec ou sans appareil extérieur.

Telle est, en aperçu philosophique, la vraie filiation générale des tissus élémentaires dont l'étude approfondie constitue le sujet essentiel de l'analyse anatomique fondamentale, qui n'a plus besoin que d'être complétée, comme je l'ai précédemment expliqué, par une exacte exploration des élémens fluides de l'organisme. Je sortirais entièrement des limites nécessaires que prescrit la nature de ce traité, si je tentais ici d'indiquer suivant quelles lois de composition doit s'effectuer le passage rationnel de cette étude primordiale à celle des parenchymes, de celle-ci à la théorie des organes, et enfin à l'étude des appareils, dernier terme nécessaire de la synthèse anatomique, et préparation immédiate à l'analyse physiologique. Quoique les transitions successives entre ces divers ordres de notions pussent aisément donner lieu à des considérations philosophiques d'un haut intérêt, elles seraient maintenant d'autant plus déplacées que, la science anatomique n'ayant jamais été traitée encore dans son ensemble suivant ce seul plan rigoureusement rationnel, notre examen général ne trouverait point, à cet égard, vu l'état présent de la science, ce préalable fondement indispensable auquel j'ai toujours dû me rattacher soigneusement, et sans lequel, en effet, ce traité général de philosophie positive, dégénérait en une suite de traités philosophiques spéciaux, qu'il m'était interdit d'entreprendre. Il me suffisait ici, à ce sujet, d'avoir déjà nettement indiqué l'enchaînement méthodique des quatre degrés généraux de la spéculation anatomique, sur lequel il ne saurait actuellement rester, ce me semble, aucune incertitude réelle. Pour terminer convenablement cet ensemble de réflexions relatives à la vraie philosophie anatomique, il faut seulement ajouter encore quelques simples considérations directes sur les limites nécessaires que notre intelligence doit toujours s'imposer dans le perfectionnement positif de l'analyse statique de l'organisme. Ce dernier trait, quoique purement restrictif, me paraît essentiel pour compléter la définition du vrai caractère général que je me suis efforcé d'assigner à cette analyse.

L'unité fondamentale du règne organique exige nécessairement, sous le point de vue anatomique, comme nous l'avons précédemment reconnu, que tous les divers tissus élémentaires soient rationnellement ramenés à un seul tissu primitif, terme essentiel de tout organisme, d'où ils dérivent successivement par des transformations spéciales de plus en plus profondes. C'est dans le perfectionnement général de cette réduction finale, graduellement devenue plus complète, plus précise, et plus nette, que doit surtout consister le progrès philosophique de la véritable analyse anatomique. Quand une telle filiation ne laissera plus aucune obscurité, quand les lois invariables de la transformation du tissu générateur en chaque tissu secondaire seront enfin exactement établies, on devra regarder la philosophie anatomique comme ayant acquis tout le degré de perfection fondamentale compatible avec sa nature, puisque dès-lors il y régnera ainsi une rigoureuse unité scientifique. On ne pourrait tendre à dépasser ce but général (qui, ainsi que tout autre type philosophique, ne sera jamais pleinement atteint), sans s'égarer aussitôt dans cet ordre de recherches vagues, arbitraires, et inaccessibles, qu'interdit si impérieusement le véritable esprit fondamental de la philosophie positive. C'est pourquoi je ne puis m'empêcher ici de signaler, en la déplorant, la déviation manifeste qui existe aujourd'hui, à cet égard, principalement en Allemagne, parmi quelques-unes des intelligences, d'ailleurs éminentes à plusieurs autres titres, qui poursuivent maintenant les spéculations supérieures de la science biologique.

Peu satisfaits d'avoir conçu tous les tissus organiques comme réductibles à un seul, ces esprits ambitieux ont tenté de pénétrer au-delà du terme naturel de l'analogie anatomique, en s'efforçant de former le tissu générateur lui-même par le chimérique et inintelligible assemblage d'une sorte de monades organiques, qui seraient dès-lors les vrais élémens primordiaux de tout corps vivant. L'abus des recherches microscopiques, et le crédit exagéré qu'on accorde trop souvent encore à un moyen d'exploration aussi équivoque, contribuent surtout à donner une certaine spéciosité à cette fantastique théorie, issue d'ailleurs évidemment d'un système essentiellement métaphysique de philosophie générale. Il serait, ce me semble, impossible d'imaginer, dans l'ordre anatomique, une conception plus profondément irrationnelle, et qui fût plus propre à entraver directement les vrais progrès de la science.

En considérant, dans le discours précédent, le système total de la philosophie biologique, j'ai démontré combien il serait absurde et illusoire de vouloir rattacher, en principe, le monde organique au monde inorganique, autrement que par les lois fondamentales propres aux phénomènes généraux qui leur sont nécessairement communs. Toutes les spéculations positives, soit anatomiques, soit physiologiques, directement relatives aux deux grandes notions inséparables de vie et d'organisation, forment, par leur nature, un système rigoureusement circonscrit, dans l'intérieur duquel on doit, sans doute, établir, autant que possible, la plus parfaite unité, mais qui doit être toujours profondément séparé de l'ensemble des théories inorganiques, dont le sujet ne saurait offrir aucun ordre de phénomènes réellement analogue. Or, l'aberration anatomique que je viens de caractériser me paraît tenir radicalement, par une incontestable filiation, à ce vain esprit d'une fusion incompréhensible entre les deux élémens essentiels de la philosophie naturelle. Elle se combine ordinairement, en effet, avec cette autre aberration physiologique, exactement correspondante, qui consiste à envisager la vie comme universellement répandue dans la nature, sans distinction d'organique ou d'inorganique, et résidant éminemment dans les molécules. Ces deux chimériques suppositions me paraissent également contradictoires, l'une avec l'idée même d'organisation, l'autre avec l'idée de vie, en conservant soigneusement à ces deux termes indispensables leur exacte interprétation scientifique, qui n'est, au fond, qu'une sage généralisation philosophique de l'acception vulgaire. Il ne saurait y avoir, d'après les seules définitions fondamentales, ni vie ni organisation, sans un certain système indissoluble de parties plus ou moins hétérogènes concourant à un but commun. En quoi pourrait donc consister réellement, soit l'*organisation*, soit la *vie*, d'une simple monade ? Que la philosophie inorganique conçoive les corps comme finalement composés de molécules indivisibles : cette notion est pleinement rationnelle, puisqu'elle est parfaitement conforme à la nature des phénomènes étudiés, qui, constituant le fonds général de toute existence matérielle, doivent nécessairement appartenir, d'une manière essentiellement identique, aux plus petites particules corporelles. Mais, au contraire, la double aberration que nous considérons, et qui, en termes intelligibles, revient réellement à se figurer les animaux comme essentiellement formés d'animalcules, n'est qu'une intempestive et absurde imitation d'une telle conception. L'une est aussi radicalement opposée à la nature des phénomènes correspondans, que l'autre y est heureusement adaptée : car, en admettant cette fiction irrationnelle, les animalcules élémentaires seraient évidemment encore plus incompréhensibles que l'animal composé, indépendamment de l'insoluble difficulté qu'on aurait dès-lors gratuitement créée quant au mode effectif d'une aussi monstrueuse association. Dans l'ordre physiologique, tout bon esprit repousse sur-le-champ, par exemple, la ridicule explication qu'on a osé quelquefois déduire sérieusement d'une semblable doctrine quant au mouvement du sang, en l'attribuant à la locomotion spontanée des animalcules globulaires. Chacun sent aussitôt, à de tels égards, que la difficulté serait ainsi purement transposée, sans préjudice des nombreux mystères intermédiaires qui deviendraient indispensables à la transition. Mais n'en doit-il pas être de même, au fond, sous le point de vue anatomique? Un organisme quelconque constitue, par sa nature, un tout nécessairement indivisible, que nous ne décomposons, d'après un simple artifice intellectuel, qu'afin de le mieux connaître, et en ayant toujours en vue une recomposition ultérieure. Or, le dernier terme de cette décomposition abstraite consiste dans l'idée de tissu, au-delà de laquelle il ne peut réellement rien exister en anatomie, puisqu'il n'y aurait plus d'organisation. Tenter le passage de cette notion à celle de molécule, c'est, évidemment, sortir de la philosophie organique pour entrer irrationnellement dans la philosophie inorganique; et l'on a peine à concevoir que l'orgueil spéculatif ait pu conduire à qualifier d'*anatomie transcendante* ce qui, par sa nature même, cesserait nécessairement d'appartenir, sous aucun rapport, à la science anatomique. Faudrait-il donc aujourd'hui regarder comme insuffisamment démontré encore pour la biologie, ce qui est si pleinement reconnu pour les plus simples sciences fondamentales, que nos théories positives ne sauraient avoir d'autre but réel que l'établissement méthodique de relations exactes entre des phénomènes analogues; et que, par conséquent, toute tentative pour pénétrer l'origine première et le mode essentiel de production des phénomènes, ou même seulement pour établir une vaine assimilation entre des ordres de phénomènes radicalement hétérogènes, doit être aussitôt exclue comme anti-scientifique?

Il serait, sans doute, inutile ici de prolonger davantage cette discussion, dont la nécessité est peu honorable pour notre état présent de virilité intellectuelle. Elle conduit, ce me semble, à reconnaître, sous un nouvel aspect philosophique, la théorie des tissus, telle que je l'avais d'abord caractérisée, comme le dernier degré rationnel de la saine analyse anatomique, en montrant que l'idée de *tissu* constitue, dans le système des spéculations organiques, le véritable équivalent logique de l'idée de *molécule,* exclusivement adaptée à la nature des spéculations inorganiques.

Tel est l'ensemble des considérations très sommaires que je devais présenter, dans cette leçon, sur l'esprit fondamental de la vraie philosophie anatomique. On reconnaît ainsi, conformément à ce que j'ai indiqué en commençant, que nous possédons enfin aujourd'hui toutes les conceptions essentielles destinées à constituer rationnellement, sur ses bases invariables, le système général de la science anatomique; mais que, néanmoins, chez les esprits même les plus éminens, les deux pensées principales de l'anatomie comparative et de l'anatomie textulaire ne sont point encore assez complétement ni assez profondément combinées. Cet état transitoire n'aura donc réellement cessé que lorsque la notion irrationnelle de plusieurs anatomies hétérogènes et indépendantes aura enfin été habituellement remplacée, comme il serait déjà possible de le faire avec les matériaux existans, par la succession hiérarchique, précédemment définie, des quatre degrés analytiques, mutuellement complémentaires, qu'il faut désormais distinguer et coordonner dans la spéculation anatomique.

# QUARANTE-DEUXIÈME LEÇON.

Considérations générales sur la philosophie biotaxique.

A l'analyse statique fondamentale des corps vivans, succède nécessairement, dans le système rationnel de la philosophie biologique, la coordination hiérarchique de tous les organismes connus, ou même possibles, en une seule série générale, destinée ensuite à servir habituellement de base indispensable à l'ensemble des spéculations biologiques. Nous devons donc maintenant caractériser, d'une manière directe, les principes essentiels de cette grande opération philosophique. Tel est l'objet de la leçon actuelle.

Quoique l'esprit fondamental de la vraie théorie logique des classifications rationnelles soit, par sa nature, uniformément applicable à tous nos ordres quelconques de conceptions positives, j'ai déjà expliqué, dans la quarantième leçon, pourquoi la formation et le développement d'une telle théorie avaient dû être essentiellement réservés au système des études biologiques. J'ai même fait pressentir dès-lors que l'organisme animal, précisément en vertu de sa complication supérieure, et par la variété beaucoup plus prononcée qui en résulte inévitablement dans sa disposition universelle, avait dû spontanément offrir la plus ancienne et la plus parfaite application des principes naturels de coordination inhérens à la raison humaine. On ne peut, en effet, contempler le développement général de la science des corps vivans depuis Aristote, sans être vivement frappé, sous ce rapport, de cette circonstance remarquable, que, à toutes les époques, l'organisme végétal paraît avoir été le sujet essentiel des principaux efforts directement relatifs au perfectionnement de la classification biologique; tandis que, en même temps, la considération des animaux fournissait constamment, en réalité, le type fondamental destiné à diriger les spéculations philosophiques correspondantes, toujours d'autant plus heureuses qu'elles suivaient mieux ce guide naturel. Ce double caractère fut spécialement sensible dans le mémorable mouvement philosophique excité, à cet égard, pendant la seconde moitié du siècle dernier, par la grande impulsion due à l'admirable génie classificateur de Linné et à la raison profonde de Bernard de Jussieu. Les distinctions essentielles propres aux divers organismes animaux sont trop prononcées et trop évidentes, et, en même temps, les attributs communs de l'animalité fondamentale sont trop incontestables, pour qu'une classification plus ou moins rationnelle n'ait pas dû, dès l'origine de la science, s'établir, en quelque sorte spontanément, dans leur étude comparative, sans avoir besoin d'être précédée par aucune discussion philosophique spéciale. Quelque imparfaite qu'ait été nécessairement, dans ses dispositions secondaires, la classification zoologique d'Aristote, elle était infiniment supérieure à tout ce qui pouvait être alors tenté d'analogue envers les végétaux. Il est surtout très digne de remarque que, même aujourd'hui, on puisse envisager, sans aucune exagération, cette classification primordiale comme ayant été bien plutôt justifiée et rectifiée, par l'ensemble des travaux ultérieurs, que radicalement changée; tandis que l'inverse a eu lieu évidemment à l'égard des classifications phytologiques. En dernière analyse, de nombreux essais spontanés, sinon définitifs, du moins des plus satisfaisans, de classification zoologique ont précédé de très loin l'établissement des premiers principes de la vraie théorie taxonomique universelle : au contraire, c'est seulement par une laborieuse application systématique de ces règles fondamentales préalablement découvertes qu'on a pu enfin, depuis un siècle au plus, entreprendre avec quelque succès la coordination rationnelle des espèces végétales, nécessairement trop peu prononcée pour comporter une manifestation directe. Les considérations indiquées ci-dessus font aisément concevoir l'explication générale d'une marche en apparence aussi étrange.

Dans tous les genres quelconques de composition intellectuelle, soit scientifique, soit littéraire, soit artistique, l'établissement réel des principes élémentaires de logique positive destinés à diriger méthodiquement la marche générale de notre entendement n'a jamais pu avoir lieu qu'après un long exercice spontané des facultés correspondantes, borné d'abord aux seuls cas où les conditions fondamentales étaient assez prononcées pour que le génie naturel dût les sentir immédiatement, quoique les difficultés caractéristiques y fussent néanmoins assez grandes pour qu'un tel sentiment instinctif dût, en même temps, échapper aux esprits vulgaires. Sans cet indispensable développement préliminaire, les saines observations logiques n'auraient pu avoir aucun fondement solide, sur lequel on pût élever des principes vraiment efficaces, susceptibles, à leur tour, de perfectionner ultérieurement, à un haut degré, l'essor primitif de notre intelligence, soit en rectifiant ce qu'il y avait inévitablement d'incomplet et de désordonné dans ses premières opérations, soit en l'appliquant à des cas nouveaux et plus difficiles. Cette marche constante est particulièrement incontestable sous le point de vue scientifique, où l'on aperçoit à la fois avec plus d'évidence, à tous les égards importans, et la-nécessité des types intellectuels et leur formation spontanée. La théorie générale des classifications rationnelles nous en offre ici un exemple capital et irrécusable. Il est aisé de reconnaître, en effet, par l'examen attentif des principaux ouvrages qui s'y rapportent, que tous les préceptes essentiels dont elle se compose ont été fondés sur une judicieuse analyse philosophique de l'ordre naturel qui caractérise le règne animal, conformément à l'explication précédente. Nous ne saurions concevoir quelle autre base réelle il eût été possible d'attribuer à ces principes, à moins de se borner à quelques vagues généralités logiques, radicalement équivoques, et nullement susceptibles de diriger avec efficacité la marche ultérieure du génie classificateur.

Mais, dans cette grande opération philosophique, où tous les esprits originaux se proposaient pour but presque exclusif la coordination rationnelle du seul règne végétal, en ne considérant essentiellement le règne animal que comme un type naturel et indispensable, il importe maintenant de remarquer que, par une heureuse réaction nécessaire, le principal résultat effectif a jusqu'ici abouti finalement, au contraire, au perfectionnement capital des classifications zoologiques, auquel on avait d'abord à peine pensé. Nous avons même tout lieu de craindre aujourd'hui, comme je l'expliquerai plus bas, que, par la nature trop simple et trop uniforme de l'organisme végétal, les classifications phytologiques ne puissent jamais s'élever beaucoup au-dessus de l'état d'imperfection où ont dû les laisser les réformateurs du siècle dernier. La mémorable série de leurs travaux est bien loin, sans doute, d'avoir été inutile au progrès fondamental de notre intelligence : seulement, ce qu'ils avaient entrepris pour le règne végétal a surtout profité au règne animal. Il ne pouvait en être autrement, si l'on considère que la même propriété caractéristique qui permettait à ce dernier règne de servir de type primordial à la théorie taxonomique, devait aussi lui rendre éminemment applicables tous les perfectionnemens issus des principes généraux dont cette théorie se serait ainsi formée. On sent néanmoins que le caractère essentiel de cette philosophie taxonomique devait nécessairement rester encore incomplet et indécis, tant que la classification végétale continuerait à y paraître le but principal des efforts, et jusqu'à ce qu'on l'eût enfin conçue, d'une manière directe et distincte, comme étant surtout destinée au perfectionnement de la classification animale. C'est donc seulement par cette dernière transformation que la théorie générale des classifications rationnelles, quoique tous ses principes les plus importans fussent depuis long-temps établis, a pu commencer à être constituée philosophiquement sur ses bases définitives. Tel a été le plus précieux résultat des mémorables travaux de l'illustre Lamarck pour perfectionner la classification fondamentale des animaux inférieurs, à peine ébauchée par Aristote, et si insuffisamment traitée par le grand Linné lui-même. L'heureuse impulsion résultée de cet essai capital a dès-lors rapidement produit, dans le premier quart de notre siècle, surtout en France et en Allemagne, le développement rationnel et complet de la vraie philosophie biotaxique, avec tous les attributs qui doivent la caractériser. Quoique, pendant cette dernière époque, la considération des animaux ait obtenu enfin, d'un aveu unanime, l'incontestable prépondérance qui lui appartient, et que l'organisme végétal ait même été alors essentiellement négligé, je n'hésite pas néanmoins à penser que cette nouvelle disposition des intelligences finira par devenir, en réalité, beaucoup plus utile au perfectionnement rationnel des classifications phytologiques que la préoccupation exclusive qu'elles avaient dû inspirer auparavant. Car, sous quelque point de vue qu'on l'envisage, le règne végétal ne constitue philosophiquement que le terme le plus inférieur de la grande hiérarchie biologique; en sorte que les méthodes de classification qui lui sont propres ne sauraient être qu'un simple prolongement judicieux de celles dont la valeur a été éprouvée dans toute la série supérieure. En un mot, on fera désormais sciemment, à cet égard, ce que jadis on faisait instinctivement; on ne peut donc mettre en doute la rapidité et la sécurité bien plus grandes des progrès qui s'accompliront sous cette nouvelle influence, du moins en tant que l'organisation végétale peut réellement le permettre. Il serait cependant indispensable, pour le perfectionnement général de la vraie philosophie biologique, que, dans cette partie essentielle de la science des corps vivans, ainsi que dans le partie anatomique et dans la partie physiologique, les naturalistes contractassent enfin l'habitude rationnelle de pousser jusqu'à ce terme extrême leurs considérations relatives à l'ensemble de la série organique, qui ne sauraient jamais être réellement complètes et définitives tant qu'elles ne s'étendent point à l'organisme végétal. Mais une telle extension sera, sans doute, la suite nécessaire de la direction éminemment philosophique dans laquelle les zoologistes sont désormais irrévocablement engagés : la principale difficulté consistait à s'élever enfin au vrai point de vue général propre à la théorie fondamentale des classifications naturelles ; or, on peut affirmer aujourd'hui que l'esprit humain y est définitivement placé. C'est ainsi que notre intelligence a, en quelque sorte, acquis une faculté nouvelle, ou, pour mieux dire, qu'elle a régularisé le développement de l'une de ses tendances primordiales, jusque alors livrée à son seul essor instinctif, faute d'avoir pu rencontrer plutôt le genre déterminé d'applications scientifiques qui devait dévoiler ses véritables lois naturelles.

Par cet ensemble de réflexions préliminaires, le caractère philosophique qui doit distinguer la leçon actuelle se trouve nettement défini et pleinement motivé. Quoique nous devions avoir essentiellement en vue l'ensemble de la biotaxie, on reconnaît ainsi que la considération prépondérante du seul règne animal constitue nécessairement notre sujet immédiat et explicite, soit pour établir les bases rationnelles de la théorie générale des classifications, soit pour apprécier son application la plus capitale et la plus parfaite, double aspect sous lequel nous devons examiner ici la philosophie biotaxique.

Deux grandes notions philosophiques dominent la théorie fondamentale de la méthode naturelle proprement dite, savoir : la formation des groupes naturels ; et ensuite leur succession hiérarchique. Ces deux conceptions pourraient, sans doute, sous le point de vue logique, être aisément résumées, comme on le verra ci-après, en un principe unique, puisque les mêmes règles doivent, au fond, nécessairement présider, par des applications plus ou moins abstraites et plus ou moins précises, à l'accomplissement réel de ces deux sortes de conditions taxonomiques, sans quoi la méthode ne serait point homogène. Mais il n'en est pas moins indispensable, pour analyser plus nettement la méthode naturelle, de séparer soigneusement ici ces deux ordres principaux de considérations, qui correspondent à des opérations intellectuelles vraiment distinctes, ou plutôt qui indiquent deux degrés inégaux et successifs dans le développement général du génie classificateur. Il est incontestable, en effet, que l'esprit humain a commencé à se former des idées exactes de la vraie constitution des familles naturelles, soit à l'égard des animaux, soit même envers les végétaux, dès le milieu du seizième siècle, long-temps avant de s'être élevé à aucune vue nette et directe sur l'ensemble de la hiérarchie organique. Aujourd'hui même, la classification végétale est évidemment beaucoup plus parfaite sous le premier aspect que sous le second. Enfin, pour confirmer pleinement qu'une telle distinction est réellement conforme à la marche fondamentale de notre intelligence, il suffirait, ce me semble, de remarquer sa reproduction spontanée dans tous les cas taxonomiques, malgré leur hétérogénéité. Ainsi, par exemple, en considérant le mémorable commencement de classification philosophique que j'ai précédemment signalé plusieurs fois en géométrie, au sujet des diverses familles de surfaces, on peut y regarder l'établissement des véritables groupes naturels comme étant déjà très avancé, tandis que jusqu'ici il n'existe encore aucune conception générale destinée à soumettre tous les différens groupes à une même hiérarchie rationnelle. La distinction primitive de ces deux points de vue taxonomiques doit donc être irrévocablement maintenue, quoiqu'il ne faille jamais oublier leur indispensable combinaison finale.

En considérant ainsi d'abord, d'une manière strictement isolée, la formation des groupes naturels, elle consiste proprement à saisir, entre des espèces plus ou moins nombreuses, un tel ensemble d'analogies essentielles que, malgré leurs différences caractéristiques, les êtres appartenant à une même catégorie quelconque, soient toujours, en réalité, plus semblables entre eux qu'à aucun de ceux qui n'en font point partie, sans que d'ailleurs on doive s'occuper encore ni de l'ordre général à établir entre ces diverses agrégations partielles, ni même de la distribution intérieure convenable à chacune d'elles. Si cette classe préliminaire d'opérations taxonomiques devait rester unique, elle présenterait, à certains égards, un caractère vague et même arbitraire, puisque aucun principe rigoureux ne tendrait à y déterminer le juste degré d'extension qui doit être assigné à chaque groupe naturel, ce qui altérerait directement la propriété fondamentale de la classification proposée; car, avec des groupes trop étendus, les rapprochemens des espèces deviendraient presque illusoires, tandis que des groupes trop restreints, et par suite trop multipliés, rendraient les comparaisons presque impossibles. Aussi les naturalistes ont-ils, en effet, long-temps attribué, surtout dans le règne végétal, des acceptions générales très discordantes aux dénominations d'*ordre*, de *famille*, et même de *genre*. Mais la difficulté principale d'une telle circonscription doit essentiellement disparaître, quand on procède ensuite à l'établissement de la hiérarchie fondamentale, qui, parvenue à son entière perfection philosophique, finirait par assigner à chaque espèce une place rigoureusement déterminée. Ces notions de *genre*, de *famille*, de *classe*, etc., peuvent être alors nettement définies, comme indiquant, dans cette hiérarchie totale, différentes sortes de décompositions, constamment effectuées d'après certaines modifications plus ou moins profondes du principe même qui a dirigé la formation de la série générale. Le règne animal, considéré surtout dans sa partie supérieure, est, en effet, le seul jusqu'ici où ces divers degrés successifs aient pu être caractérisés d'une manière pleinement scientifique.

Il était sans doute inévitable et même indispensable que l'esprit humain commençât ainsi, dans le développement graduel de la méthode naturelle, par la construction successive des premiers groupes, non-seulement comme essai nécessaire et spontané de ses facultés taxonomiques, mais aussi afin de préparer, par une large simplification préliminaire, la formation ultérieure de la hiérarchie générale, en y substituant d'avance, à la comparaison directe, presque inextricable, de toutes les espèces, la seule comparaison beaucoup plus facile des genres ou même des familles. Par-là se trouvait heureusement éliminée, dès l'origine, la partie la plus délicate et la moins certaine de l'opération totale, celle qui consiste dans la rationnelle distribution intérieure de chaque groupe naturel, laissée d'abord entièrement indéterminée. Quoique une telle distribution doive nécessairement s'effectuer d'après les mêmes principes fondamentaux qui auront déjà présidé à la coordination hiérarchique des groupes eux-mêmes, il est néanmoins incontestable que l'application de ces principes doit alors devenir bien plus équivoque, et toutefois, à la vérité, bien moins importante, puisque la comparaison n'y peut plus porter que sur des nuances peu prononcées et très difficiles à caractériser avec une précision vraiment scientifique. Aussi, malgré le grand perfectionnement actuel de la philosophie zoologique, cette dernière partie de la méthode naturelle présente-t-elle encore aujourd'hui beaucoup d'incertitude et une disposition presque abitraire. Elle eût donc, à plus forte raison, profondément entravé l'ensemble de l'opération taxonomique, si elle n'en avait pas été, dès l'origine, spontanément écartée, par la recherche prépondérante, et même exclusive, des seuls groupes naturels.

Mais, quelle qu'ait dû être l'indispensable utilité de cette marche nécessaire pour le développement général de la vraie philosophie biotaxique, la formation de ces groupes serait bien loin de constituer, par elle-même, comme les botanistes sont trop souvent disposés à le concevoir, la partie scientifique la plus importante de la méthode naturelle, si ce n'est à titre de simple opération préliminaire. L'établissement régulier des seules familles naturelles peut, sans doute, fournir directement à la science biologique un instrument logique susceptible de quelque efficacité; car, lorsque ces familles ont été heureusement construites, les espèces qui s'y trouvent rapprochées offrent nécessairement, soit dans leur organisation, soit dans leur vie, une certaine similitude fondamentale, propre à simplifier et à faciliter les diverses explorations biologiques, dès-lors essentiellement réductibles à l'examen d'un seul cas de chaque groupe. Toutefois, une telle propriété ne correspondrait nullement à la principale destination philosophique de la méthode naturelle, désormais envisagée comme le moyen rationnel le plus capital qui puisse appartenir à l'étude générale, soit statique, soit dynamique, du système des corps vivans, ainsi que je me suis tant efforcé de le faire sentir dans les deux leçons précédentes. Sous ce point de vue fondamental, la condition taxonomique essentielle consiste, en effet, en ce que la seule position assignée à chaque organisme par la classification totale tende spontanément à faire aussitôt ressortir l'ensemble de sa vraie nature anatomique et physiologique, comparativement, soit à tous ceux qui le précèdent, soit à tous ceux qui le suivent. C'est par-là surtout que la méthode naturelle acquiert un caractère profondément scientifique, et devient infiniment supérieure aux plus heureux artifices mnémoniques, avec lesquels elle est encore trop souvent confondue par les esprits exclusivement bornés à l'étude de la philosophie inorganique. Pour tous ceux qui ont dignement apprécié le vrai génie de cette méthode, la suite des tableaux dont elle est finalement composée constitue réellement, dès-lors, le résumé à la fois le plus exact et le plus concis du système actuel des connaissances biologiques, et en même temps le principal instrument logique de leur perfectionnement ultérieur. Or, la classification rationnelle ne pourrait nullement posséder ces admirables propriétés caractéristiques, si on la supposait seulement réduite à l'établissement des familles naturelles, quand même toutes les espèces s'y trouveraient groupées de la manière la plus satisfaisante, opération qui, d'ailleurs, par sa nature, ne saurait être complétement réalisée sans faire intervenir la considération prépondérante de la série organique. Car, l'ordre essentiellement arbitraire qui régnerait alors, de toute nécessité, entre les diverses familles, et la décomposition non moins indéterminée de chacune d'elles en espèces, feraient aussitôt radicalement disparaître cette aptitude fondamentale à la haute comparaison anatomique ou physiologique, pour ne plus permettre désormais que la recherche d'analogies à la fois partielles et secondaires, comme le règne végétal nous le montre aujourd'hui si évidemment.

La méthode naturelle est donc principalement caractérisée, sous le point de vue philosophique, par l'établissement général de la vraie hiérarchie organique, réduite, si l'on veut, pour plus de facilité, à la simple coordination rationnelle des genres, ou même des familles, dont le règne animal nous offre seul aujourd'hui la réalisation inévitable, quoique encore à l'état d'ébauche. Je n'ai pas besoin d'insister ici, d'une manière directe et spéciale, sur l'importance prépondérante d'une telle conception, déjà présentée, à tant d'égards essentiels, dans les deux leçons précédentes, comme devant dominer l'ensemble des spéculations biologiques, auquel seule elle peut donner une imposante unité philosophique : les trois leçons suivantes nous offriront d'ailleurs beaucoup d'occasions naturelles de faire ressortir, sous de nouveaux aspects généraux, son admirable efficacité. On doit sentir aussi que l'esprit de cet ouvrage m'interdit nécessairement toute discussion formelle sur la réalité et la possibilité de cette grande coordination hiérarchique, première base nécessaire de la saine philosophie biologique, et rendue désormais inattaquable par la série des travaux des modernes zoologistes. Les lecteurs auxquels une semblable démonstration directe paraîtrait encore indispensable, reconnaîtraient, ce me semble, par cela seul, que ce traité ne leur était point destiné : nous ne pouvons ici remettre en question l'existence même de la science, dont nous tentons uniquement d'apprécier le vrai caractère philosophique. Il me suffit simplement de rappeler ici, à ce sujet, comme un résultat général de l'ensemble des études biologiques, que les espèces animales, considérées sous le point de vue statique, offrent évidemment une complication organique toujours croissante, soit quant à la diversité, à la multiplicité, et à la spécialité de leurs élémens anatomiques, soit quant à la composition et à la variété de plus en plus grandes de leurs organes et de leurs appareils; en second lieu, que cet ordre fondamental correspond exactement, sous le point de vue dynamique, à une vie toujours plus complexe et plus active, composée de fonctions plus nombreuses, plus variées, et mieux définies ; et que, enfin, ce qui est moins connu quoique également incontestable, l'être vivant devient ainsi, par une suite nécessaire, de plus en plus modifiable, en même temps qu'il exerce, sur le monde extérieur, une action toujours plus profonde et plus étendue. C'est par l'indissoluble faisceau de ces trois lois fondamentales que se trouve désormais rigoureusement fixé le vrai sens philosophique de la hiérarchie biologique, chacun de ces aspects devant habituellement dissiper l'incertitude que pourraient laisser les deux autres. De là résulte nécessairement, en effet, la possibilité de concevoir finalement l'ensemble des espèces vivantes disposé dans un ordre tel que l'une quelconque d'entre elles soit constamment inférieure à toutes celles qui la précèdent et constamment supérieure à toutes celles qui la suivent; quelle que doive être d'ailleurs, par sa nature, l'immense difficulté de réaliser jamais, jusqu'à ce degré de précision, ce type hiérarchique.

Conformément aux explications précédentes, je ne m'arrêterai nullement ici à discuter, ni même à signaler, aucune des objections innombrables et plus ou moins vaines qui ont été soulevées contre la conception générale de la hiérarchie biologique, jusqu'à l'époque très récente où tous les esprits supérieurs se sont enfin accordés à prendre irrévocablement cette conception pour le véritable point de départ philosophique de toutes les spéculations relatives aux corps vivans (1). Je crois seulement devoir, à cet égard, appeler sommairement l'attention spéciale du lecteur sur la seule controverse vraiment capitale qui s'y soit rattachée, et dont l'influence tendait directement à éclaircir et même à perfectionner ce principe fondamental de la méthode naturelle. On conçoit qu'il s'agit de la mémorable discussion soulevée avec tant de force par l'illustre Lamarck, et soutenue surtout, quoique d'une manière imparfaite, par Cuvier, relativement à la permanence générale des espèces organiques.

(1) Je ne dois pas même examiner la conception équivoque de quelques naturalistes, qui proposaient de substituer, à l'ordre nécessairement linéaire de la série animale, un ordre à deux ou trois dimensions, analogue à celui des cartes géographiques et des plans en relief, où chaque groupe naturel serait simultanément en contact, suivant des directions variées, avec beaucoup d'autres, sans qu'il y eût réellement ni supérieur ni inférieur. Cette irréalisable hypothèse, symptôme évident d'un sentiment naissant et encore confus de la vraie méthode naturelle, lui enlèverait radicalement ses principales propriétés philosophiques et détruirait toute large application de l'art comparatif aux recherches anatomiques ou physiologiques. Il conviendrait encore moins de discuter ici l'étrange proposition faite récemment par M. Ampère, de rompre directement l'unité générale de la suite zoologique, en partageant le règne animal en deux séries parallèles et essentiellement indépendantes, l'une affectée aux animaux vertébrés, l'autre aux animaux invertébrés. Les zoologistes n'ont pas même daigné combattre cette singulière conception, qui témoigne, en effet, une appréciation trop erronée de la vraie destination philosophique propre à la méthode naturelle, ainsi que de la véritable nature des difficultés relatives à son application spéciale.

Il faut, avant tout, reconnaître, à ce sujet, que, quelle que dût être la décision finale de cette grande question biologique, elle ne saurait, en réalité, aucunement affecter l'existence fondamentale de la hiérarchie organique. Au premier abord, on pourrait penser que, dans l'hypothèse de Lamarck, il n'y a plus de véritable série zoologique, puisque tous les organismes animaux seraient dès-lors essentiellement identiques, leurs différences caractéristiques étant ainsi entièrement attribuées désormais à l'influence diverse et inégalement prolongée du système des circonstances extérieures. Mais, en examinant cette opinion d'une manière plus approfondie, on aperçoit aisément, au contraire, que toute son influence se réduirait, à cet égard, à présenter la série sous un nouvel aspect, qui en rendrait même l'existence encore plus claire et plus irrécusable. Car, l'ensemble de la série zoologique deviendrait alors, aussi bien en fait qu'en spéculation, parfaitement analogue à l'ensemble du développement individuel, restreint du moins à sa seule période ascendante : il ne s'agirait plus que d'une longue succession déterminée d'états organiques, déduits graduellement les uns des autres dans la suite des siècles, par des transformations de plus en plus complexes, dont l'ordre, nécessairement linéaire, serait exactement comparable à celui des métamorphoses consécutives des insectes hexapodes, et seulement beaucoup plus étendu. En un mot, la marche progressive de l'organisme animal, qui n'est pour nous qu'une abstraction commode, simplement destinée, en abrégeant le discours, à faciliter la pensée, se convertirait ainsi rigoureusement en une véritable loi naturelle. Il est même digne de remarque que, des deux célèbres antagonistes entre lesquels s'agitait surtout cette importante discussion, Lamarck était incontestablement celui qui manifestait le sentiment le plus net et le plus profond de la vraie hiérarchie organique, dont Cuvier, sans jamais la combattre en principe, méconnaissait souvent les caractères philosophiques les plus essentiels (1). On ne saurait donc mettre en doute que la conception fondamentale de la série biologique ne soit, au fond, réellement indépendante de toute

(1) On doit surtout remarquer, à ce sujet, dans l'ensemble des travaux zoologiques de Cuvier, soit à l'égard des espèces actuelles, soit même envers les races fossiles, l'importance démesurée qu'il a si souvent attachée, contre le véritable esprit fondamental de la méthode naturelle, à la considération du mode d'alimentation. Il est bien reconnu aujourd'hui qu'un tel principe ne saurait dominer la détermination générale d'aucun organisme animal, puisque, à tous les différens degrés de l'échelle zoologique, on trouve également et des carnassiers et des herbivores; ce qui vérifie clairement que cet aspect secondaire doit être toujours subordonné à l'examen du rang qu'occupe l'animal dans la grande hiérarchie biologique, comme l'indique d'ail-

opinion quelconque sur la permanence ou la variation des espèces vivantes.

Le seul attribut de cette série qui puisse être affecté par une telle controverse, consiste simplement dans la continuité ou la discontinuité nécessaire de la progression organique. Car, en admettant l'hypothèse de Lamarck, où les divers états organiques se succèdent lentement par des transitions imperceptibles, il faudra évidemment concevoir la série ascendante comme rigoureusement continue. Si, au contraire, on reconnaît finalement la fixité fondamentale des espèces vivantes, il sera non moins indispensable de poser en principe la discontinuité de cette série, sans prétendre d'ailleurs y limiter aucunement *à priori* les moindres intervalles élémentaires. Tel est donc, en écartant, d'une manière irrévocable, toute vaine contestation sur l'existence même de la hiérarchie organique, le seul vrai point de vue sous lequel nous

leurs directement l'analyse rationnelle de la doctrine taxonomique.

En laissant indéterminé le degré d'animalité, la notion du genre de nourriture ne saurait, par sa nature, fournir aucune indication réelle sur la constitution anatomique de l'animal. Ainsi, à l'époque où Cuvier reprochait si judicieusement à Lamarck d'attribuer aux circonstances extérieures une influence organique fort exagérée, il tombait lui-même dans une erreur philosophique essentiellement analogue, par cette irrationnelle prépondérance zoologique accordée à un caractère purement inorganique, et, à ce titre, aussi accessoire que la plupart de ceux considérés par son illustre antagoniste.

devons considérer ici cette haute question de philosophie biologique. Ainsi circonscrite, la discussion n'en conserve pas moins une extrême importance pour le perfectionnement général de la méthode naturelle, qui sera, en effet, bien plus nettement caractérisée, si l'on peut enfin concevoir, en réalité, les espèces comme essentiellement fixes, et, par suite, la série organique, même parvenue à son plus entier développement, comme composée de termes distinctement séparés. Car, l'idée d'*espèce*, qui constitue, par sa nature, la principale unité biotaxique, cesserait presque absolument de comporter aucune exacte définition scientifique, si nous devions admettre la transformation indéfinie des diverses espèces les unes dans les autres, sous l'influence suffisamment prolongée de circonstances extérieures suffisamment intenses. Quoique l'ensemble de la série biologique conservât nécessairement une pleine évidence, sa réalisation précise nous présenterait dès-lors des difficultés presque insurmontables; ce qui doit faire comprendre le haut intérêt philosophique propre à cette question capitale, sur laquelle on ne saurait croire, il faut l'avouer, que les idées soient encore convenablement arrêtées.

Toute la célèbre argumentation de Lamarck reposait finalement sur la combinaison générale de ces deux principes incontestables, mais jusqu'ici trop mal circonscrits : 1° l'aptitude essentielle d'un organisme quelconque, et surtout d'un organisme animal, à se modifier conformément aux circonstances extérieures où il est placé, et qui sollicitent l'exercice prédominant de tel organe spécial, correspondant à telle faculté devenue plus nécessaire ; 2° la tendance, non moins certaine, à fixer dans les races, par la seule transmission héréditaire, les modifications d'abord directes et individuelles, de manière à les augmenter graduellement à chaque génération nouvelle, si l'action du milieu ambiant persévère identiquement. On conçoit sans peine, en effet, que, si cette double propriété pouvait être admise d'une manière rigoureusement indéfinie, tous les organismes pourraient être envisagés comme ayant été, à la longue, successivement produits les uns par les autres, du moins en disposant de la nature, de l'intensité, et de la durée des influences extérieures avec cette prodigalité illimitée qui ne coûtait aucun effort à la naïve imagination de Lamarck. Il serait entièrement déplacé de s'engager ici dans aucune discussion spéciale sur cette ingénieuse hypothèse, puisque la fausseté radicale en est aujourd'hui pleinement reconnue par presque tous les naturalistes. Mais il ne sera point inutile, au contraire, de caractériser sommairement en quoi consiste son vice fondamental, dont la rectification doit tant contribuer à faire mieux concevoir la vraie notion scientifique de l'organisme.

Nous n'avons point à nous occuper des suppositions si gratuites que nécessite une telle conception, quant au temps incommensurable pendant lequel chaque système de circonstances extérieures aurait dû prolonger son action pour produire la transformation organique correspondante. Ce défaut secondaire est tellement éclatant, qu'il n'a besoin d'aucun examen spécial, puisque le temps ne saurait être disponible qu'entre certaines limites. Je dois seulement signaler, sous ce rapport, comme directement contraire au véritable esprit fondamental de la philosophie positive, l'expédient irrationnel employé par quelques-uns de ceux qui ont appuyé la thèse de Lamarck, lorsque, pour éluder d'insurmontables objections, ils ont imaginé de recourir à une antique constitution, entièrement idéale, des milieux organiques, alors privés de toute analogie essentielle avec les milieux actuels. D'après la théorie générale des hypothèses vraiment scientifiques, établie dans le volume précédent, une telle manière de philosopher doit être immédiatement réprouvée, comme échappant, par sa nature, à toute espèce de contrôle positif, soit direct, soit même indirect.

Écartant maintenant toute imperfection accessoire, afin de mieux apprécier le principe fondamental de l'hypothèse proposée, il est aisé de reconnaître, ce me semble, qu'il repose sur une notion profondément erronée de la nature générale de l'organisme vivant. Sans doute, chaque organisme déterminé est en relation nécessaire avec un système également déterminé de circonstances extérieures, comme je l'ai établi dans la quarantième leçon. Mais il n'en résulte nullement que la première de ces deux forces co-relatives ait dû être produite par la seconde, pas plus qu'elle n'a pu la produire : il s'agit seulement d'un équilibre mutuel entre deux puissances hétérogènes et indépendantes. Si l'on conçoit que tous les organismes possibles soient successivement placés, pendant un temps convenable, dans tous les milieux imaginables, la plupart de ces organismes finiront, de toute nécessité, par disparaître, pour ne laisser subsister que ceux qui pouvaient satisfaire aux lois générales de cet équilibre fondamental : c'est probablement d'après une suite d'éliminations analogues que l'harmonie biologique a dû s'établir peu à peu sur notre planète, où nous la voyons encore, en effet, se modifier sans cesse d'une manière semblable.

Or, la notion d'un tel équilibre général deviendrait inintelligible, et même contradictoire, si l'organisme était supposé modifiable à l'infini sous l'influence suprême du milieu ambiant, sans avoir aucune impulsion propre et indestructible.

Il est incontestable que l'exercice sollicité par des circonstances extérieures déterminées tend à altérer, entre certaines limites, l'organisation primitive, en la développant davantage suivant la direction correspondante. Mais, cette influence du milieu, et cette aptitude de l'organisme, sont certainement très circonscrites. Pour les concevoir indéfinies, il faudrait admettre, avec Lamarck, contre l'ensemble des observations les plus irrécusables, que les besoins peuvent toujours créer les facultés, au lieu de se borner à en exciter le développement quand l'organisation primitive l'a rendu possible, et lorsque, en même temps, les obstacles extérieurs ne sont pas trop considérables : et, d'ailleurs, d'où pourraient réellement provenir les besoins, s'il n'existait point de tendances primordiales ? Ne voyons-nous pas continuellement, au contraire, dans des cas infiniment moins défavorables que ces chimériques suppositions à la permanence de l'harmonie biologique, un tel équilibre cesser de subsister par l'impossibilité où se trouve l'organisme de se modifier assez pour s'adapter aux nouvelles circonstances qui l'entourent? C'est ainsi, par exemple, que les espèces animales les plus élevées tendent à disparaître entièrement à mesure que l'homme envahit leur territoire, et même que les races humaines les moins civilisées s'effacent, par une déplorable fatalité, devant celles qui le sont davantage, faute de pouvoir se conformer spontanément aux exigences de leur nouvelle situation. Et, néanmoins, il est bien reconnu, d'après l'examen général de toute la série animale, que l'organisme se modifie avec d'autant plus de facilité qu'il est plus élevé. On voit que l'hypothèse de Lamarck exigerait, en sens inverse, la plus grande aptitude à la modification dans l'organisme le plus inférieur, ce qui serait évidemment absurde. Sous le point de vue purement statique, une telle conception obligerait à regarder la première ébauche animale comme renfermant, du moins à l'état rudimentaire, non-seulement tous les tissus, ce qui est, jusqu'à un certain point, admissible d'après leur réduction fondamentale à un seul tissu générateur, mais aussi tous les organes et tous les appareils, ce qui est certainement contraire à l'ensemble des comparaisons anatomiques.

Le principe général de la doctrine de Lamarck doit donc, à tous les égards essentiels, être reconnu directement contradictoire aux vraies notions fondamentales de l'organisation et de la vie ; il tend même, par sa nature, ce me semble, à rompre entièrement l'équilibre philosophique entre ces deux idées-mères de la biologie, en conduisant nécessairement à supposer le plus de vie là où il y a le moins d'organisation.

Presque tous les cas considérés par Lamarck présentent, de la manière la plus prononcée, l'irrationnel et mystérieux assemblage d'une soumission passive de l'animal aux moindres influences extérieures, même quand il pourrait le plus aisément s'y soustraire, avec une activité illimitée et inconcevable pour adapter sa propre organisation à la plus faible provocation du dehors. Ainsi, malgré cette imposante autorité, l'aptitude incontestable de tout organisme à se modifier d'après la constitution spéciale du milieu correspondant, sera désormais irrévocablement circonscrite entre d'étroites limites, d'autant plus écartées toutefois que cet organisme est plus élevé. La difficulté générale consiste seulement à établir le principe de philosophie biologique destiné à déterminer ces limites, en chaque cas, avec toute la précision suffisante; et, sous ce rapport, il reste réellement beaucoup à faire encore. Tous les naturalistes s'accordent aujourd'hui à reconnaître que l'action du milieu, soit directe, soit augmentée par la transmission héréditaire et même par le croisement, ne peut jamais s'étendre jusqu'à la transformation mutuelle des genres, et à plus forte raison des familles. Quant aux diverses espèces de chaque genre naturel, la question est nécessairement bien plus délicate, et l'unanimité beaucoup moins complète. Néanmoins, on ne saurait guère douter, surtout d'après la lumineuse argumentation de Cuvier, que les espèces ne demeurent aussi, par leur nature, essentiellement fixes, à travers toutes les variations extérieures compatibles avec leur existence.

Cette argumentation repose sur ces deux considérations principales, complémentaires l'une de l'autre : la permanence des espèces les plus anciennement observées; la résistance des espèces actuelles aux plus grandes forces modificatrices : en sorte que, sous le premier aspect, le nombre des espèces ne diminue point, et que, sous le second, il n'augmente pas davantage. La première considération est surtout frappante, quand on examine l'état présent des espèces décrites, il y a plus de vingt siècles, par Aristote; à plus forte raison, en ayant égard, dans l'ensemble de la série animale, à l'identité remarquable des espèces fossiles qui n'ont pas été détruites; et enfin, en reconnaissant, dans les momies les plus antiques, jusqu'aux simples différences secondaires qui caractérisent aujourd'hui les diverses races humaines. Sous le second point de vue, l'argument le plus décisif résulte d'une exacte analyse générale de l'influence organique de la domestication prolongée, soit sur les végétaux, soit même envers les animaux. Il est clair, en effet, que la perturbation artificielle introduite, à tant de titres, par l'intervention humaine dans le système extérieur des conditions d'existence propres aux diverses espèces devenues domestiques, constituait nécessairement le cas le plus favorable à leur variation fondamentale, surtout lorsqu'elle a concouru avec le changement de séjour, comme, par exemple, à l'égard des espèces domestiques transplantées, depuis plus de trois siècles, d'Europe en Amérique. Or, malgré les changemens très appréciables que de telles influences ont dû déterminer, même en une localité constante et par le seul laps du temps, on reconnaît néanmoins la persévérance incontestable des caractères essentiels propres à chaque espèce, sans qu'aucune d'elles ait jamais pu se transformer réellement en aucune autre. Enfin, dans l'espèce humaine elle-même, la plus éminemment modifiable de toutes, la nature fondamentale reste évidemment invariable et toujours hautement prononcée, à travers les diverses modifications de races et celles presque aussi importantes que produit, à la longue, le seul perfectionnement nécessaire et continu de l'état social.

Ainsi, sans s'égarer dans de vaines et inaccessibles spéculations sur l'origine primitive des divers organismes, on ne saurait refuser d'admettre, comme une grande loi naturelle, la tendance essentielle des espèces vivantes à se perpétuer indéfiniment avec les mêmes caractères principaux, malgré la variation du système extérieur de leurs conditions d'existence. Tant que cette variation croissante n'est pas devenue contradictoire à cette nature fondamentale qui ne saurait changer, l'espèce subsiste en se modifiant, surtout si les différences sont graduelles; au-delà, l'espèce ne se modifie point, elle périt nécessairement. Quelque précieuse que soit une telle proposition, il faut néanmoins reconnaître qu'elle ne fixe pas encore suffisamment le genre précis de l'influence incontestable qu'exerce sur l'organisme la constitution du milieu ambiant. Car, sous ce point de vue, nous n'avons acquis par là que des lumières en quelque sorte négatives, en restreignant seulement dans l'intérieur de chaque organisme spécifique le champ général des modifications possibles, dont l'étendue effective reste essentiellement inconnue. On sait, par exemple, que la perturbation convenablement prolongée du système total des circonstances extérieures peut aller jusqu'à altérer beaucoup le développement proportionnel de chacun des organes propres à chaque espèce, ainsi que la durée, soit totale, soit relative, des diverses périodes principales de son existence. Mais, de telles modifications constituent-elles, comme on est aujourd'hui disposé à le croire, les vraies limites supérieures de l'influence organique du milieu ambiant? Aucune considération positive, *à priori* ou *à posteriori*, ne l'a jusqu'ici véritablement démontré. En un mot, la théorie rationnelle de l'action nécessaire des divers milieux sur les divers organismes reste encore presque tout entière à former. On doit regarder cette question comme ayant été simplement posée conformément à sa vraie nature philosophique, en résultat final de la grande controverse établie par Lamarck, qui aura ainsi rendu un éminent service au progrès général de la saine philosophie biologique. Un tel ordre de recherches, quoique fort négligé, constitue, sans doute, l'un des plus beaux sujets que l'état présent de cette philosophie puisse offrir à l'activité de toutes les hautes intelligences. Il devrait, ce me semble, inspirer d'autant plus d'intérêt que les lois générales de ce genre de phénomènes seraient, par leur nature, immédiatement applicables à la vraie théorie du perfectionnement systématique des espèces vivantes, y compris même l'espèce humaine.

Quoi qu'il en soit, nous pouvons désormais, en nous restreignant pleinement à notre sujet actuel, regarder comme démontrée la discontinuité nécessaire de la grande série biologique. Les diverses transitions pourront, sans doute, y devenir ultérieurement plus graduelles, soit par la découverte d'organismes intermédiaires, soit par une étude mieux dirigée de ceux déjà connus. Mais la fixité essentielle des espèces nous garantit que cette série sera toujours composée de termes nettement distincts, séparés par des intervalles infranchissables. Si l'examen précédent a pu d'abord paraître constituer ici une digression superflue, on doit maintenant comprendre la haute importance philosophique que je devais attacher à constater, dans la hiérarchie générale des corps vivans, une telle propriété caractéristique, aussi directement destinée à augmenter le degré de perfection rationnelle que comporte l'établissement définitif de cette hiérarchie.

Après avoir ainsi suffisamment caractérisé, suivant leur importance respective, les deux grandes notions philosophiques des groupes naturels et de la hiérarchie biologique, dont la combinaison générale constitue le vrai principe de la méthode naturelle proprement dite, il me reste maintenant, pour compléter l'appréciation abstraite d'une telle méthode, à qualifier sommairement deux grandes conditions logiques, l'une primordiale, l'autre finale, que notre intelligence doit sans cesse avoir en vue dans toute élaboration taxonomique. La première, depuis long-temps bien sentie, se réduit au principe de la subordination des caractères : la seconde, beaucoup moins comprise, et cependant non moins indispensable, prescrit la traduction définitive des caractères intérieurs en caractères extérieurs ; celle-ci résulte toujours, à vrai dire, d'un examen approfondi de ce même principe.

Dès la première origine distincte de la méthode naturelle, au seizième siècle, par l'action combinée des travaux de Magnol, des Bauhin, de Gessner, etc., on a commencé à reconnaître nettement que les divers caractères taxonomiques ne devaient point, en général, être seulement comptés, mais aussi en quelque sorte pesés, suivant les règles d'une certaine subordination fondamentale qui devait exister entre eux. Lors même qu'on s'occupait exclusivement de la formation des groupes naturels, sans avoir aucune idée claire de la hiérarchie organique, on ne pouvait se dispenser d'avoir égard, d'une manière plus ou moins rationnelle, à une telle subordination, quoique la notion de la série biologique puisse seule en dévoiler la véritable base philosophique, et dissiper irrévocablement les incertitudes essentielles relatives à son application effective. Cette pondération scientifique des caractères constituait évidemment, en effet, le seul attribut logique qui pût alors séparer profondément les premières tentatives de classification naturelle d'avec toutes les méthodes purement artificielles, où, par leur nature, le choix et l'ordre des motifs taxonomiques devaient rester essentiellement arbitraires. Nous pouvons même reporter à cette époque originaire le premier aperçu général de la principale règle destinée à faire apprécier, du moins par la voie empirique, la vraie valeur fondamentale des divers caractères, d'après leur persévérance plus ou moins profonde et plus ou moins prolongée dans l'ensemble des espèces. Mais quelle que soit l'importance réelle d'une semblable considération, cette règle serait, de toute nécessité, incomplète et insuffisante, si on ne parvenait point à la rationaliser par son accord général avec la seule subordination taxonomique qui puisse être établie d'une manière directe et vraiment scientifique, c'est-à-dire, celle qui résulte d'une exacte analyse comparative des différens organismes. Or, cette dernière condition n'a été remplie que beaucoup plus tard, et ne l'est encore convenablement jusqu'ici qu'à l'égard du seul règne animal. Ainsi, tant que la méthode naturelle a été cultivée indépendamment de l'anatomie comparée, il était impossible qu'on se formât le plus souvent de justes notions philosophiques de la vraie subordination naturelle des caractères biotaxiques. C'est par là que, comme je l'indiquais tout à l'heure, la véritable théorie générale d'une telle pondération se trouve, par sa nature, intimement liée à la conception fondamentale de la hiérarchie organique, puisque l'une et l'autre dépendent du même ordre primitif de considérations scientifiques, dont elles constituent seulement deux applications diverses mais co-relatives, qui se sont toujours mutuellement perfectionnées. On voit ainsi combien tous les divers aspects essentiels de la biotaxie, quoique réellement distincts, doivent être, de toute nécessité, profondément combinés; ce qui caractérise à la fois et la plus haute difficulté et la principale ressource de cette partie capitale de la science biologique.

L'analyse comparative des différens organismes conduit directement, en effet, à la subordination rationnelle des divers caractères taxonomiques, en mesurant leur importance respective d'après la relation plus ou moins intime des organes correspondans avec les phénomènes qui constituent les attributs prépondérans des espèces considérées. Ce principe s'applique également à tous les degrés consécutifs de la classification proposée, en ayant égard à des phénomènes plus spéciaux quand on descend à des subdivisions plus particulières. En un mot, dans cet ordre général de spéculations biologiques, comme dans tout autre, le véritable esprit philosophique consiste nécessairement à établir toujours une exacte harmonie fondamentale entre les conditions statiques et les propriétés dynamiques, entre les idées de vie et les idées d'organisation, que nos abstractions scientifiques ne doivent jamais séparer qu'afin d'en perfectionner la combinaison ultérieure. C'est ainsi que, pour la construction de la méthode naturelle, les différens caractères taxonomiques peuvent être enfin rigoureusement subordonnés les uns aux autres, sans qu'aucune disposition importante présente rien d'arbitraire : du moins tel est le but vers lequel on doit tendre, quoique souvent difficile à atteindre. L'analyse approfondie de l'organisme vivant indiquera toujours d'avance avec certitude à quel genre doivent être empruntés les caractères principaux, et suivant quelle loi diminue graduellement leur valeur rationnelle : mais l'application définitive des caractères ainsi préparés au classement effectif des espèces pourra rencontrer, à chaque époque, des obstacles momentanés, en présence desquels il faudra savoir se résigner à reconnaître, dans la science biotaxique, de véritables lacunes actuelles, surtout en arrivant aux dernières subdivisions, où des caractères moins tranchés doivent si aisément donner lieu à de fausses coordinations. Il convient de remarquer, en général, à ce sujet, que nous ne sommes point encore assez profondément familiarisés avec le véritable esprit de la méthode naturelle pour prévoir avec maturité et supporter sans impatience les diverses imperfections nécessaires de nos tableaux biotaxiques : nos habitudes intellectuelles ne sont pas jusqu'ici suffisamment affranchies du régime si prolongé des classifications purement artificielles, qui, par leur nature, devaient comporter, en effet, une perfection absolue et immédiate, dont l'irréalisation pouvait être justement imputée à leurs auteurs, et nullement aux conditions du problème. On sent qu'il en est tout autrement à l'égard de la classification rationnelle : en la concevant désormais comme une science réelle, il faudra bien que l'esprit humain s'accoutume à l'envisager enfin comme continuellement perfectible, et, par suite, comme toujours plus ou moins imparfaite, à la manière de toute science positive. L'exacte coordination générale des diverses espèces vivantes doit constituer, sans doute, une étude aussi modifiable que l'analyse, statique ou dynamique, d'un organisme déterminé.

Par la nature fondamentale des problèmes taxonomiques, les hautes difficultés qui leur sont propres deviendraient souvent presque inextricables, si, dans leur élaboration primitive, notre intelligence ne s'imposait d'abord aucune restriction pratique quant aux choix des divers caractères auxquels la théorie peut conduire. Ainsi, quelle que puisse être l'incommodité de ces caractères, de quelques obstacles que leur vérification effective puisse être entravée, il sera indispensable de commencer par les admettre indifféremment, en n'ayant égard qu'à leur seule rationnalité positive, fondée sur l'analyse comparative, anatomique ou physiologique, qui les aura fait découvrir. Ce problème spéculatif restera encore assez profondément compliqué d'ordinaire, pour qu'on y doive, dès l'origine, soigneusement écarter toute tentative déplacée de conciliation prématurée entre des qualités aussi hétérogènes, quoiqu'elles ne soient, sans doute, nullement incompatibles. Les premiers auteurs de la méthode naturelle, surtout à l'égard du règne animal, ont dû, en effet, adopter indifféremment, et sans aucun scrupule, les caractères les plus difficiles à vérifier, et qui souvent même ne pouvaient être aperçus que sur un seul sexe de l'espèce, ou pendant une seule époque de son existence : il leur suffisait strictement que ces caractères quelconques fussent réellement conformes à l'ensemble des analogies naturelles. Mais, quelque légitime et même indispensable que soit, en de telles recherches, une semblable manière de procéder, il est clair, néanmoins, d'un autre côté, que ce premier travail ne saurait être admis, en biotaxie, qu'à titre de fondement préliminaire de la classification définitive, laquelle exige nécessairement une nouvelle opération complémentaire, consistant à éliminer, parmi tous les caractères d'abord introduits, ceux dont la vérification habituelle serait trop difficile, afin de leur substituer des équivalens vraiment usuels. Sans cette indispensable transformation, communément mal appréciée jusqu'ici, la méthode naturelle possède bien, sans doute, quoique à un moindre degré, ses principales propriétés philosophiques, comme base essentielle des spéculations générales, soit anatomiques, soit physiologiques, relatives aux corps vivans ; mais le passage effectif, finalement nécessaire, de l'abstrait au concret, s'y trouve ainsi radicalement entravé. En un mot, l'anatomiste et le physiologiste peuvent bien se contenter d'une telle définition des groupes, mais non le zoologiste proprement dit, et à plus forte raison le naturaliste. Cette révision et cette épuration générales de la caractéristique primitive, constituent donc le complément nécessaire de l'ensemble de l'opération taxonomique, sans lequel le travail ne saurait être regardé comme vraiment terminé. Ne serait-il point absurde, en effet, que, pour assigner le genre ou la famille de tel animal, il devînt indispensable, par exemple, de commencer par le détruire, ainsi que l'exigent encore tant de classifications zoologiques, littéralement interprétées ? Une théorie taxonomique aussi incomplète ne manque-t-elle point essentiellement, par cela même, à sa destination immédiate ? L'accomplissement général de cette grande condition finale est donc évidemment indispensable.

En définissant ainsi l'objet nécessaire de cette seconde opération taxonomique, il est aisé de préciser en quel genre de transformations elle doit surtout consister. On conçoit d'abord combien il importe d'écarter tous les caractères qui ne seraient point permanens, et ceux qui n'appartiendraient pas aux diverses modifications naturelles de l'espèce considérée : les uns et les autres ne sauraient être admis que comme provisoires, jusqu'à ce qu'on leur ait découvert de vrais équivalens, à la fois fixes et communs, vers lesquels on devra toujours tendre. Mais la nature même du problème indique néanmoins clairement que la principale substitution doit avoir pour but général de remplacer tous les caractères intérieurs par des caractères purement extérieurs : c'est ce qui constitue la difficulté prépondérante, et en même temps la plus haute perfection, de cette opération finale. Quand une telle condition a pu être enfin réalisée, sans porter aucune atteinte à la rationnalité fondamentale de la classification primitive, la méthode naturelle a été dès-lors irrévocablement constituée, dans la plénitude de toutes ses diverses propriétés essentielles, comme nous le voyons aujourd'hui à l'égard du règne animal, surtout depuis les mémorables travaux zoologiques de M. de Blainville.

La vraie théorie de la subordination rationnelle des caractères, envisagée d'une manière approfondie, suffit, ce me semble, pour établir clairement, en général, sous le point de vue philosophique, la possibilité nécessaire de cette grande transformation. En effet, l'animalité étant principalement caractérisée par l'action sur le monde extérieur et par la réaction correspondante, c'est donc à la surface de séparation entre l'organisme et le milieu que doivent nécessairement se passer les plus importans phénomènes primitifs de la vie animale. Ainsi, les considérations relatives à cette enveloppe, envisagée soit quant à sa forme, ou à sa consistance, etc., fourniront naturellement les principales différences qui doivent distinguer les diverses organisations animales. Les organes vraiment intérieurs, privés de toute relation directe et continue avec le milieu ambiant, conserveront une importance capitale pour les phénomènes végétatifs, base primitive et uniforme de la vie générale : mais ils seront, par leur nature, purement secondaires, quant à la définition essentielle des divers modes, ou plutôt des divers degrés, d'animalité. Il est même sensible, par cette raison, que la partie intérieure de l'enveloppe animale, principalement destinée à l'élaboration préliminaire des divers matériaux assimilables, aura, sous le rapport taxonomique, une moindre valeur fondamentale que la partie extérieure proprement dite, siége nécessaire des phénomènes les plus caractéristiques. D'après cela, la transformation générale des caractères zoologiques intérieurs en caractères extérieurs, au lieu de constituer seulement un ingénieux et indispensable artifice, est, en elle-même, tellement rationnelle, qu'on peut l'envisager, au fond, sans aucune exagération, comme un simple retour inévitable à la marche philosophique directe, que l'esprit humain n'avait pas pu suivre, dans le développement historique de la méthode naturelle, à cause de l'ensemble des connaissances biologiques, à peine combinées aujourd'hui, qu'exigeait une telle manière de philosopher. Ainsi, l'usage encore prépondérant des caractères intérieurs en zootaxie n'indique réellement qu'un de ces détours provisoires, si familiers à notre intelligence en toute grande occasion scientifique, quand elle n'a pas encore atteint à la vraie maturité définitive de ses conceptions générales. Tout emploi capital de tels caractères n'atteste point seulement que l'opération taxonomique n'est pas terminée ; il témoigne même que l'ensemble philosophique de cette opération a été imparfaitement conçu, c'est-à-dire, qu'on n'a point remonté jusque alors, par la saine analyse biologique, à la véritable source primordiale des analogies empiriquement découvertes. Loin de regarder les caractères extérieurs, directement propres à la vie animale, comme une heureuse traduction factice des caractères intérieurs, essentiellement relatifs à la vie organique, il faudrait, au contraire, renverser désormais la proposition, en voyant, dans l'usage de ceux-ci, une ressource provisoire, indispensable quoique imparfaite, pour suppléer à l'ignorance où l'on devait être d'abord de la vraie prépondérance fondamentale des autres (1).

Telles sont, en aperçu, les diverses notions capitales, soit scientifiques, soit logiques, dont la combinaison constitue, à mes yeux, le véritable esprit général de la méthode naturelle proprement dite, abstraitement envisagée. Mais, quoique cette considération abstraite ait dû, par la nature de ce traité, former ici le sujet essentiel de notre examen philosophique, il me semble que la méthode naturelle ne serait point assez nettement caractérisée, si, après l'avoir analysée en elle-même, je ne procédais maintenant à l'appréciation sommaire de son application effective et actuelle à la coordination rationnelle de la série biologique, condensée toutefois en ses masses principales. Une telle spécification me paraît indispensable pour

(1) J'ai dû me borner à considérer envers les seuls animaux cette transformation indispensable des caractères intérieurs en caractères extérieurs, parce que ce cas est l'unique où une semblable opération puisse présenter, par la nature d'un tel organisme, une véritable difficulté scientifique, du moins sous l'influence des habitudes encore prépondérantes. A l'égard des végétaux, tous les organes importans de leurs doubles fonctions générales de nutrition et de reproduction étant nécessairement toujours extérieurs, il n'y a jamais eu lieu à s'occuper d'une pareille substitution, dont la difficulté essentielle, pour l'organisme animal, provient précisément de ce que les fonctions végétatives, dès-lors devenues intérieures, n'avaient pu d'abord être assez subordonnées par les zoologistes aux fonctions animales extérieures.

fixer exactement, à l'abri de toute incertitude, la véritable interprétation positive des conceptions fondamentales de la philosophie biotaxique, qui viennent d'être directement exposées, indépendamment du haut intérêt que présente d'ailleurs, en elle-même, la contemplation attentive de cette grande construction graduellement élevée par l'esprit humain, depuis Aristote jusqu'à nos jours.

Il suffit ici d'indiquer d'abord, sans discussion, la division la plus générale du monde organique, en deux règnes principaux, l'un animal, l'autre végétal. Malgré tous les efforts tentés, à diverses époques, et surtout vers la fin du dernier siècle, pour présenter cette décomposition fondamentale comme essentiellement artificielle, il est demeuré certain que là, ainsi qu'ailleurs, et même plus qu'ailleurs, la grande série biologique présente nécessairement une discontinuité réelle et profonde, qui ne saurait être effacée par aucune transition quelconque. A mesure qu'on approfondit davantage l'étude, d'abord si vicieuse, des animaux inférieurs, on reconnaît de plus en plus que la locomotion proprement dite, au moins partielle (1), et un degré correspondant de sensibi-

---

(1) On ne doit pas, ce me semble, perdre de vue, à ce sujet, qu'une telle locomotion partielle, quoique la moins importante par ses résultats immédiats, fournit cependant le vrai point de départ nécessaire

lité générale, constituent, à tous les degrés de l'échelle animale, les caractères prépondérans et uniformes de l'ensemble de ce règne. Des rudimens très appréciables de système nerveux ont déjà été constatés, depuis quelques années, chez un certain nombre de radiaires, ce qui doit y faire présumer un état naissant de fibres musculaires. On ne saurait, il est vrai, s'attendre à les découvrir aussi dans le dernier degré d'animalité, c'est-à-dire chez les animaux amorphes, si toutefois un tel mode doit être finalement admis, envers des êtres souvent composés, et du moins toujours agrégés, dont l'analyse biologique n'est point encore assez avancée pour comporter un jugement irrévocable : mais, là même, il y a tout lieu de penser que le tissu cellulaire général doit offrir, à la surface, une modification anatomique corres-

de la locomotion totale, même dans les organismes les plus élevés, où, en effet, le déplacement du centre de gravité ne saurait s'accomplir, en général, que par une combinaison convenable entre les mouvemens relatifs des différentes parties de la surface animale et les diverses réactions mécaniques du milieu ambiant. Pour qu'une semblable combinaison puisse produire ce déplacement, il n'y a pas d'autre condition mécanique indispensable que la libre mobilité de la masse animale. On peut donc penser que si les animaux les plus imparfaits n'étaient point adhérens au sol, par une circonstance en quelque sorte étrangère à leur organisation, nullement comparable à la fixité des végétaux, et qui peut n'être point toujours permanente, les mouvemens partiels qu'ils exécutent pourraient déterminer une ébauche de locomotion totale.

pondante à une première ébauche de la sensibilité et de la contractilité. Ces deux attributs essentiels du règne animal, paraissent même persister encore davantage que l'existence d'un canal digestif, communément envisagée comme son principal caractère exclusif. Il est évident qu'on n'a attribué à ce dernier caractère une telle prépondérance, quoique, par sa nature, il se rapporte immédiatement à la seule vie organique, que en y voyant une conséquence nécessaire, et, par suite, un indice irrécusable, de cette double propriété fondamentale, dont la prééminence inévitable est ainsi clairement confirmée. Toutefois, une telle tranformation taxonomique, quoique très précieuse en elle-même, ne saurait être parfaitement rationnelle, ce me semble, qu'à l'égard des animaux qui ne sont point fixés : en sorte que, pour les suivans, il resterait à trouver une autre indication plus générale de l'animalité universelle, si l'on croyait devoir renoncer à y découvrir ultérieurement toute condition anatomique directe des deux propriétés essentiellement animales. D'un autre côté, quant à divers végétaux, tels surtout que l'*hedysarum gyrans*, qui paraissent présenter quelques indices de ces propriétés co-relatives, l'analyse de leurs mouvemens, quoique très confuse encore, n'autorise nullement, en effet, à attribuer à ces singuliers phénomènes aucun vrai caractère d'animalité, puisqu'on n'y aperçoit aucune relation constante et immédiate, soit avec les impressions extérieures, soit avec le mode d'alimentation.

Après la distinction fondamentale des deux règnes organiques, nous devons surtout considérer ici la hiérarchie rationnelle du seul règne animal, qui, par l'ensemble des motifs philosophiques ci-dessus indiqués, offre, de toute nécessité, la plus parfaite application des divers principes essentiels que nous a présentés la vraie théorie élémentaire de la méthode naturelle. Sans l'examen philosophique d'une telle application, on ne saurait acquérir de cette grande conception un sentiment général assez distinct et assez profond pour l'étendre avec succès, et sauf les modifications convenables, à de nouveaux ordres d'études positives.

L'élaboration graduelle de la méthode naturelle, pendant le cours du siècle dernier, a successivement détruit la vicieuse prépondérance taxonomique jusqu'alors si souvent attribuée aux diverses considérations irrationnelles de séjour, de mode d'alimentation, etc., pour mettre enfin dans tout son jour la considération suprême de l'organisme plus ou moins compliqué, plus ou moins parfait, plus ou moins spécial, et plus ou moins élevé, en un mot, du degré de *dignité* animale, suivant la belle expression de M. de Jussieu, qui résume admirablement le véritable esprit général d'une telle philosophie. C'est surtout depuis l'heureuse impulsion philosophique, déjà signalée ci-dessus, produite par les travaux zoologiques de Lamarck, que la coordination rationnelle du règne animal a marché rapidement vers son entière maturité. Toutefois, avant de pouvoir entreprendre l'établissement d'une classification pleinement homogène, il fallait encore que l'esprit humain précisât davantage l'interprétation taxonomique des conditions anatomiques, en déterminant l'ordre général d'importance suivant lequel les différens organes devaient participer à la construction de la hiérarchie animale. Ce dernier pas préliminaire ne pouvait manquer d'avoir lieu, quand les zoologistes auraient eu convenablement égard à l'analyse générale de la vie, à sa décomposition fondamentale en animale et végétative, sur laquelle Bichat, malgré ses exagérations à cet égard, venait, après Buffon, de porter si énergiquement une éclatante lumière. La combinaison inévitable de ces deux grandes impulsions, l'une tendant à chercher dans l'organisation les véritables bases rationnelles de la hiérarchie zoologique, l'autre à faire apprécier les degrés successifs d'animalité propres aux différens organes, a produit enfin, dès le commencement de ce siècle, une première esquisse directe et générale de la zootaxie définitive. On a reconnu dès-lors, en effet, que le système nerveux constituant, par sa nature, l'élément anatomique le plus animal, c'était surtout d'après lui que la classification devait être nécessairement dirigée (1), en ne recourant aux autres organes, et, *à fortiori*, aux conditions essentiellement inorganiques, que lorsque ce principe deviendrait insuffisant à l'égard des subdivisions plus spéciales, et en employant toujours successivement les autres caractères suivant leur animalité décroissante. Quelle que soit la part essentielle de plusieurs zoologistes contemporains, surtout en France et en Allemagne, soit à la formation d'une telle théorie, soit à son heureux développement effectif, l'admirable homogénéité rationnelle, qui, en résultat nécessaire de l'ensemble des spéculations antérieures, commence enfin à s'établir aujourd'hui dans la série zoologique, me paraît due surtout aux travaux éminemment philosophiques

(1) Les zoologistes me paraissent aujourd'hui avoir trop oublié la haute participation de M. Virey à l'établissement direct de ce grand principe, par l'importante discussion philosophique qu'il éleva, le premier, à ce sujet, en la caractérisant même par une tentative générale de délinéation rationnelle du règne animal, considéré dans son ensemble.

de M. de Blainville, auquel la zootaxie devra spécialement l'indispensable substitution générale des caractères extérieurs aux caractères intérieurs, par suite d'une analyse taxonomique plus profonde et mieux conçue. C'est donc d'après la classification de ce grand naturaliste, tout en regrettant qu'elle n'ait pas encore donné lieu à un traité systématique, qu'il nous reste ici à apprécier sommairement la plus parfaite application de la méthode naturelle à la construction directe de la vraie hiérarchie animale.

La plus heureuse innovation qui distingue ce système zoologique, consiste dans la haute importance taxonomique qu'il attribue si justement à la forme générale de l'enveloppe animale, jusqu'alors négligée par les naturalistes, et qui, néanmoins, était, en elle-même, si directement propre à fournir le principe de la première délinéation rationnelle, puisque la symétrie constitue le caractère le plus simple et le plus universel de l'organisme animal, comme Bichat l'a si bien établi. Toutefois, il semble que, dès l'origine, un tel système présente une sorte de paradoxe, dont la solution serait indispensable quoique très difficile, en ce qu'il admet l'existence d'animaux amorphes, ou plutôt non-symétriques. Ce sont précisément, il est vrai, ceux chez lesquels on n'a encore aperçu aucune trace appréciable de système nerveux, ce qui sauve, jusqu'à un certain point, le principe, ou du moins recule et transforme la difficulté. Mais il me paraît incontestable que la notion fondamentale de ce dernier mode de l'animalité n'est point jusqu'ici convenablement analysée, et qu'il faut concevoir la hiérarchie animale, sous la seule réserve de cet examen ultérieur. On ne sera point surpris que les idées soient aujourd'hui confuses à cet égard, en réfléchissant combien étaient encore profondément erronées, il y a deux générations à peine, les conceptions zoologiques relatives à des animaux bien supérieurs, l'ordre entier des radiaires, une partie des mollusques, et même des derniers articulés.

En réduisant ainsi le règne animal aux seuls êtres réguliers qui le composent presque exclusivement, on doit y distinguer d'abord deux espèces fondamentales de symétrie, dont la plus parfaite est relative à un plan, et l'autre à un point ou plutôt à un axe. De là résulte la première classification des animaux, en pairs et rayonnés, ou *artiozoaires* et *actinozoaires*, suivant la nomenclature systématique de M. de Blainville. On ne saurait trop admirer avec quelle rigoureuse exactitude un attribut, en apparence aussi peu important, correspond réellement, d'après le beau travail de Lamarck, à l'ensemble des plus hautes comparaisons biologiques, qui viennent toutes converger spontanément vers cette simple et lumineuse distinction. Néanmoins, l'incontestable prépondérance d'un tel caractère reste jusqu'ici essentiellement empirique, et laisse encore à désirer une explication nette et rationnelle, à la fois physiologique et anatomique, de l'extrême infériorité nécessaire des animaux rayonnés envers les animaux pairs, qui, par leur nature, doivent être évidemment bien plus rapprochés de l'homme, unité fondamentale de la zoologie.

Envisageant désormais le seul ordre général des articzoaires, il se divise naturellement d'après la consistance de l'enveloppe, suivant qu'elle est dure ou molle, ce qui doit la rendre plus ou moins propre à la locomotion. Cette considération est, en quelque sorte, le prolongement nécessaire de la précédente, puisque la symétrie générale de l'animal sera évidemment beaucoup plus complète et plus prononcée dans le premier cas que dans le second. Les deux attributs essentiels de l'animalité, la locomotion et les sensations, établissent entre ces deux cas des différences profondes et incontestables, à la fois anatomiques et physiologiques, qu'on peut, en général, aisément rattacher, d'une manière rationnelle, à cette distinction primitive, et qui concourent toutes à présenter les animaux inarticulés comme nécessairement inférieurs aux animaux articulés. On a peine à comprendre comment Cuvier a pu entièrement méconnaître cette importante analogie zoologique, si bien pressentie par le génie du grand Linné, en persistant à placer, au contraire, les mollusques avant les insectes, ce qui a beaucoup entravé l'étude générale des uns et des autres. Cette erreur capitale paraît avoir résulté d'une insuffisante pondération préalable des caractères taxonomiques, considérés sous le point de vue philosophique; car ce célèbre naturaliste n'a été conduit à une telle classification qu'en accordant aux organes de la vie végétative une prééminence radicalement vicieuse sur ceux de la vie animale.

Les animaux articulés seront maintenant distingués en deux grandes classes, suivant qu'ils sont articulés intérieurement, sous l'enveloppe cutanée, par un véritable squelette osseux, ou même cartilagineux chez les derniers d'entr'eux; ou que, au contraire, l'articulation est simplement extérieure, d'après la consolidation plus prononcée de certaines parties cornées de l'enveloppe, alternant avec des parties molles. On conçoit aisément *à priori* l'infériorité relative et jamais contestée de cette seconde organisation animale, surtout quant aux fonctions les plus élevées, celles du système nerveux. Il est remarquable que le développement beaucoup plus imparfait de ce système éminemment animal, coïncide toujours alors avec une différence fondamentale dans la position générale de sa partie centrale, qui, en effet, constamment supérieure au canal digestif chez les animaux vertébrés, passe au-dessous de ce canal chez tous ceux à articulation extérieure.

Telle est donc, par une première analyse zoologique, la hiérarchie rationnelle des principaux organismes propres à la partie supérieure de la série animale, et qui y constituent les trois grandes classes des *ostéozoaires* ou vertébrés proprement dits, des *entomozoaires* ou articulés extérieurement, et enfin des *malacozoaires* ou mollusques.

Considérant, en dernier lieu, la division générale des seuls ostéozoaires, nous devons remarquer que les grandes analogies naturelles auxquelles ont dû donner lieu, pour ainsi dire dès l'origine de la zoologie, des êtres aussi pleinement caractérisés, peuvent désormais être rattachées encore, de la manière la plus heureuse et la plus exacte, à l'état de l'enveloppe animale, dont l'invariable prépondérance taxonomique permet alors d'éliminer les définitions irrationnelles empruntées à la vie organique ou même à des conditions extérieures. Il suffit ici d'envisager cette enveloppe sous un nouvel aspect plus secondaire, quant à la nature des productions inorganiques qui la séparent immédiatement du milieu ambiant. On peut apprécier, en effet, dans la classification de M. de Blainville, comment l'incontestable dégradation animale qui, à partir de l'homme, se manifeste graduellement chez les mammifères, les oiseaux, les reptiles, les amphybiens, et enfin les poissons, se trouve toujours fidèlement traduite par la simple considération d'une surface cutanée recouverte de poils, de plumes, ou d'écailles, ou bien dénudée. Cette prééminence nécessaire de l'enveloppe, sous le point de vue taxonomique, n'est pas moins prononcée dans l'ordre des entomozoaires, où le décroissement successif de l'animalité se trouve désormais exactement mesuré par la seule considération du nombre croissant de paires d'appendices locomoteurs, depuis les hexapodes jusqu'aux myriapodes, et même jusqu'aux apodes, qui en constituent l'extrémité la plus inférieure.

Il serait contraire à l'esprit de cet ouvrage de poursuivre davantage une aussi insuffisante indication des principaux degrés successifs que l'on a enfin établis rationnellement dans la hiérarchie animale. Mon unique motif, en les signalant ici, a été de fixer avec plus d'énergie l'attention spéciale du lecteur sur ma recommandation préalable d'étudier, au moins dans son ensemble, la coordination actuelle du règne animal, comme une indispensable explication concrète des conceptions abstraites que j'avais d'abord exposées relativement au génie fondamental de la méthode naturelle, dont l'exacte appréciation philosophique constituait seule l'objet essentiel de cette leçon. Du reste, il ne saurait être nullement question ici d'aucun traité particulier de philosophie biotaxique. C'est pourquoi je ne dois pas même m'arrêter à l'examen des divers moyens employés par les zoologistes pour définir, aux divers degrés de l'échelle animale, les vraies notions de *famille* et de *genre*, d'une manière exactement conforme au véritable esprit de la méthode naturelle. Quoique un tel sujet puisse présenter des considérations générales d'un haut intérêt, susceptibles de faire mieux connaître l'ensemble de cette méthode, elles appartiennent évidemment aux ouvrages spéciaux sur la philosophie zoologique. En considérant surtout, sous ce point de vue, l'ensemble des tableaux zoologiques de M. de Blainville, tous les esprits philosophiques reconnaîtront, avec une profonde satisfaction, comment, même dans ces deux dernières subdivisions générales de la hiérarchie animale, la classification, constamment homogène et rationnelle, repose encore sur des caractères anatomiques plus ou moins directement relatifs aux attributs essentiels de l'animalité. La construction de cette grande série laisse aujourd'hui, sans doute, beaucoup d'anomalies partielles à résoudre, et une multitude de genres, ou même de familles, à mieux établir ou à mieux coordonner, principalement envers les animaux inférieurs. Mais ces nombreuses imperfections secondaires, inévitables dans une opération aussi vaste, aussi difficile, et aussi récente, n'altèrent plus désormais, en aucune manière, le vrai caractère philosophique de l'ensemble d'un tel système, la tendance directe et prépondérante à disposer tous les êtres suivant l'ordre rigoureux de leur animalité décroissante. Pour qu'on puisse atteindre, autant que possible, à cette idéale perfection taxonomique, il ne reste plus à constituer aujourd'hui qu'une dernière partie générale du système fondamental, celle qui concerne la distribution rationnelle des espèces de chaque genre naturel, dont les principes propres sont encore très vaguement aperçus. Autant il eût été inopportun de considérer plus tôt cette application extrême et délicate de la théorie taxonomique, autant il conviendrait de commencer à s'en occuper maintenant.

Quant au règne végétal, l'ensemble des principes

établis dans cette leçon démontre clairement que, malgré tous les efforts, la méthode naturelle ne saurait y comporter jamais une perfection comparable à celle dont le règne animal est susceptible, même dans ses degrés les plus inférieurs. Les familles peuvent y être regardées aujourd'hui comme établies d'une manière satisfaisante, quoique par une voie essentiellement empirique. Mais leur coordination naturelle reste, de toute nécessité, presque entièrement arbitraire, faute d'un principe hiérarchique qui puisse les subordonner rationnellement les unes aux autres. La notion d'animalité admet, en elle-même, une succession évidente de différens degrés profondément tranchés, susceptible de fournir, comme nous venons de le constater, la base naturelle d'une vraie hiérarchie animale. Il n'en saurait être ainsi, au contraire, pour la végétabilité. Celle-ci n'est point, sans doute, à beaucoup près, toujours également intense; mais elle est, par sa nature, chez tous les êtres, essentiellement homogène : il n'y a jamais qu'une assimilation et une désassimilation continues, aboutissant à une reproduction nécessaire. Or, les différences d'intensité, que peuvent seules comporter de tels phénomènes fondamentaux, ne sauraient donner lieu à la formation distincte d'aucune véritable échelle végétale, analogue à l'échelle animale, d'autant plus que, en général, ces divers degrés tiennent réellement au moins autant à l'influence prépondérante des circonstances extérieures qu'à l'organisation caractéristique de chaque végétal. Ainsi, la comparaison hiérarchique n'aurait ici aucune base rationnelle suffisante.

Je crois devoir même, en second lieu, signaler sommairement, à ce sujet, une nouvelle considération, qui, sans être aussi fondamentale que la précédente, peut faire ressortir, sous un autre aspect essentiel, l'extrême difficulté nécessaire d'établir entre les diverses familles végétales aucune hiérarchie véritable. Elle consiste à remarquer le profond embarras scientifique que doit présenter toute définition nette et directe de l'être végétal, attendu que chacun des végétaux observables ne constitue presque jamais un être déterminé, mais une confuse agglomération d'une multitude d'êtres distincts et indépendans. On se formerait une très fausse idée d'une telle disposition, en regardant un grand végétal comme une sorte de polype immense; car, la composition animale proprement dite est, en elle-même, d'une tout autre nature. Dans les derniers rangs de la hiérarchie animale, les êtres, jusqu'alors nécessairement simples, deviennent, en effet, très fréquemment composés;

mais le système, quelque étendu qu'il puisse être, ne cesse point de comporter une exacte définition scientifique. Les êtres qui le composent ne sont pas simplement agrégés ou juxta-posés; ou, du moins, ce cas ne se présente que très rarement, et uniquement à l'extrémité la plus inférieure de l'échelle zoologique : ils constituent réellement une sorte de société intime, involontaire et indissoluble, caractérisée par un seul appareil organique général en relation avec divers appareils animaux indépendans les uns des autres, mais tous inséparables de leur commune base vitale. Dans le règne végétal, au contraire, il n'y a jamais qu'une simple agglomération, que nous pouvons même souvent produire à notre gré par l'artifice de la greffe. Tous les êtres ainsi réunis sont alors entièrement séparables, et ne présentent d'autres élémens communs que des parties essentiellement inorganiques, dont le principal usage consiste à fournir au système un moyen général de consolidation mécanique. Quoique les lois essentielles d'une telle agglomération soient jusqu'ici très imparfaitement connues, il y a tout lieu de penser néanmoins que nulle condition vraiment organique ne tend à limiter nécessairement l'extension possible d'un semblable système, laquelle paraît surtout dépendre de conditions purement physiques et chimiques, combinées avec l'influence totale des diverses circonstances extérieures. Or, on conçoit aisément combien cette notion générale doit entraver directement toute subordination rationnelle des différentes familles végétales à une hiérarchie commune, puisque la vraie diversité organique fondamentale qui pouvait exister entre elles, déjà si peu prononcée par la nature même de la végétation, se trouve ainsi profondément atténuée.

Le seul commencement de coordination vraiment philosophique qu'on soit encore parvenu à établir dans l'ensemble du règne végétal, se réduit, en réalité, à la division principale qui sert de point de départ à la classification de M. de Jussieu. En distinguant les végétaux suivant l'existence ou l'absence de feuilles séminales, et, pour le premier cas, suivant qu'ils en offrent plusieurs ou une seule, on obtient l'unique disposition taxonomique qui présente, dans le règne végétal, un caractère philosophique comparable à celui de l'échelle animale. Car, le passage successif et général des dicotylédons aux monocotylédons et de ceux-ci aux acotylédons peut, en effet, être regardé comme constituant une sorte de dégradation croissante, analogue à la succession des divers degrés de la série zoologique, quoique beaucoup moins caractérisée. Une telle considération a dû surtout prévaloir depuis que la comparaison primitive, fondée sur les organes de la reproduction, a été vérifiée, dans son ensemble, par l'examen des organes de la nutrition, d'après la belle découverte de Desfontaines, seul exemple capital jusqu'ici d'une large et heureuse application de l'anatomie comparée à l'organisme végétal. Par un aussi remarquable concours des deux modes nécessaires de comparaison anatomique propres à la nature de cet organisme, cette grande proposition générale a désormais pris rang parmi les plus éminens théorèmes de la philosophie naturelle. Mais, le commencement de hiérarchie qui se trouve ainsi établi dans le règne végétal, demeure toutefois évidemment insuffisant; puisque les familles très nombreuses qui composent chacune de ces trois divisions principales n'en restent pas moins disposées entr'elles suivant un ordre purement arbitraire, auquel il y a peu d'espérance plausible de pouvoir jamais imposer une véritable rationnalité. On conçoit, par suite, que la distribution intérieure des espèces, et peut-être même celle des genres, dans chaque famille, doit présenter nécessairement, à plus forte raison, une semblable imperfection fondamentale, comme dépendant, par sa nature, des mêmes principes taxonomiques, dont l'application la plus précise et la plus délicate ne saurait être tentée sans qu'on eût préalablement surmonté la difficulté beaucoup moindre, et néanmoins jusqu'ici invincible, de la coordination des familles. La méthode naturelle ne présente donc réellement aujourd'hui, à l'égard du règne végétal, d'autre résultat usuel que le seul établissement, plus ou moins empirique, des familles et des genres.

Quelque précieuse que soit, en elle-même, une semblable acquisition, on ne saurait être surpris qu'elle n'ait point encore déterminé, si elle doit jamais le faire, l'exclusion totale de l'usage effectif des méthodes purement artificielles, et surtout de celle de Linné ; quoique, pendant sa longue élaboration graduelle de la méthode naturelle, l'esprit humain ait paru, jusqu'à notre époque, avoir essentiellement en vue la coordination du seul règne végétal. Il ne faut pas oublier, toutefois, que la méthode naturelle ne constitue pas un simple moyen de classification, mais surtout, même dans son état le moins parfait, un important système de connaissances réelles sur les vraies relations des êtres existans. Ainsi, quand même la botanique descriptive devrait finalement renoncer à l'employer, le perfectionnement continu d'une telle méthode n'en présenterait pas moins un haut intérêt pour le progrès de l'étude générale des végétaux, dont les résultats comparatifs se trouvent ainsi fixés et combinés. Cependant, vu l'imperfection nécessaire de la taxonomie végétale, et l'impossibilité fondamentale d'y établir aucune véritable hiérarchie organique, l'esprit de ce traité nous oblige, en dernière analyse, de concevoir désormais collectivement le règne végétal comme le dernier terme général de la grande série biologique, sans considérer davantage sa décomposition intérieure, qui, malgré son importance propre et directe, ne saurait, en effet, exercer aucune influence capitale sur le perfectionnement des hautes spéculations biologiques, soit statiques, soit dynamiques, sujet prépondérant de notre travail. En général, l'admirable propriété philosophique de la hiérarchie biologique, comme principal instrument logique de la science des corps vivans, doit devenir d'autant moins prononcée qu'on descend à des subdivisions plus spéciales : elle appartient surtout à l'étude comparative d'un assez petit nombre de modes essentiels d'organisation, se succédant par des dégradations profondément tranchées ; l'organisme végétal constitue nécessairement le dernier de ces modes fondamentaux. Quand on croit devoir recourir à une décomposition plus développée, il est aisé de comprendre, en principe, qu'une seule grande division du règne animal, l'entomologie par exemple, offrira, sous ce point de vue, beaucoup plus de ressources scientifiques que le règne végétal tout entier, comme donnant réellement lieu à la comparaison d'organismes bien plus variés, et surtout bien mieux caractérisés.

La haute destination spéculative de la partie fondamentale de la biologie dont je viens d'examiner le vrai caractère philosophique, doit faire excuser, sans doute, l'extension presque inévitable de cette longue leçon. Plus qu'aucune autre, cette partie est aujourd'hui fort imparfaitement appréciée par les meilleurs esprits étrangers aux études biologiques spéciales, et aussi par la plupart des biologistes eux-mêmes. Trop souvent encore, on ne voit qu'un simple artifice de classification, dans ce qui, par sa nature, constitue, au contraire, et le résumé le plus substantiel de l'ensemble des diverses connaissances biologiques, et le plus puissant moyen rationnel de leur perfectionnement ultérieur. Il était donc particulièrement indispensable, et à la fois plus difficile, de faire nettement ressortir cette admirable construction de la grande hiérarchie organique, l'une des plus éminentes créations de la philosophie positive. Bien loin de regarder les considérations précédentes comme plus développées que ne le prescrivait la nature propre de cet ouvrage, j'ai plutôt lieu de craindre qu'elles ne suffisent point encore pour caractériser dignement le véritable esprit général de cette belle conception, et pour donner une juste idée de sa portée nécessaire. L'ensemble des trois leçons suivantes complètera, j'espère, cette imparfaite appréciation philosophique, en manifestant spontanément l'usage fondamental d'une telle notion dans le système entier des spéculations physiologiques.

Je devais ici m'attacher seulement à expliquer par quel inévitable enchaînement d'opérations, soit scientifiques, soit logiques, l'esprit humain avait pu enfin parvenir, après tant de laborieux essais préliminaires, à coordonner l'immense série des êtres vivans, depuis l'homme jusqu'au végétal, en une seule hiérarchie rationnelle, dont la composition essentielle n'offrît jamais rien d'arbitraire, et qui tendît à fixer, avec une rigoureuse précision, le véritable degré de dignité biologique propre à chaque espèce. Cette extrême perfection taxonomique est encore loin, sans doute, d'une entière et exacte réalisation, qui ne saurait même jamais être complétement obtenue. Mais notre intelligence y tend évidemment désormais, d'une manière directe et systématique, avec la pleine conscience de sa destination définitive. Quoique peu développée jusqu'ici, la saine biotaxie est donc aujourd'hui philosophiquement constituée, avec tous ses vrais attributs caractéristiques, depuis que la méthode naturelle, d'abord essentiellement établie pour la coordination du seul règne végétal, a été enfin directement conçue comme destinée surtout, par sa nature, au perfectionnement nécessaire et continu du règne animal, qui avait dû, dans l'origine, en fournir le type spontané, ainsi que je l'ai expliqué. Telle est l'unique source où tous les bons esprits doivent constamment étudier la véritable théorie générale des classifications naturelles, à quelque ordre de phénomènes qu'ils se proposent finalement d'en faire une heureuse application : c'est sous ce point de vue spécial que la science biologique devait, par sa nature, directement concourir au perfectionnement fondamental de l'ensemble de la méthode positive, dont cette théorie constitue un indispensable élément, qui n'était pas susceptible de se développer par aucune autre voie, et qui ne saurait même être autrement apprécié.

# QUARANTE-TROISIÈME LEÇON.

Considérations philosophiques sur l'étude générale de la vie végétative ou *organique*.

Nous avons suffisamment caractérisé, dans les deux leçons précédentes, le véritable esprit philosophique propre à chacune des deux parties essentielles de la biologie statique, l'une relative à l'analyse fondamentale de tout organisme déterminé, l'autre à la coordination rationnelle de tous les divers organismes en une seule hiérarchie générale. Cette double étude fournit, sans doute, par sa nature, la base indispensable de toutes les recherches vraiment scientifiques sur les lois positives des phénomènes vitaux; mais, en elle-même, elle ne saurait constituer, sous ce point de vue final, qu'un simple travail préliminaire. Néanmoins, cette première moitié de la science biologique est malheureusement la seule aujourd'hui, en vertu de sa moindre complication nécessaire, dont le vrai caractère philosophique puisse être regardé comme irrévocablement prononcé. Quoique un développement systématique aussi récent doive être encore fort imparfait, nous avons cependant bien reconnu que toutes les diverses conceptions essentielles destinées à garantir indéfiniment la rationnalité positive de la biologie statique sont désormais pleinement établies, quant à l'un ou à l'autre des deux aspects généraux propres à cette étude fondamentale. Ainsi, l'esprit humain n'a plus, à cet égard, qu'à suivre avec persévérance et sans hésitation une voie scientifique nettement tracée, où les progrès sont assurés d'avance, et dont la direction ne saurait donner lieu à aucune contestation capitale. Il s'en faut de beaucoup, au contraire, que les mêmes conditions essentielles aient été convenablement remplies jusqu'ici envers la biologie dynamique, qui constitue néanmoins le véritable sujet final de la philosophie organique, et sur laquelle nous devons maintenant fixer une attention directe et exclusive.

La judicieuse comparaison rapportée par Fontenelle, pour caractériser, au commencement du siècle dernier, l'extrême disproportion générale de nos connaissances anatomiques à nos connaissances physiologiques (1), continuerait à être, même aujourd'hui, essentiellement applicable,

(1) « Nous autres anatomistes, disait alors ingénieusement Méry, » nous ressemblons aux commissionnaires de Paris, qui connaissent » exactement toutes les rues, jusqu'aux plus petites et aux plus écar- » tées, mais qui ignorent ce qui se passe dans les maisons. »

malgré les nombreuses et importantes acquisitions qui ont tant enrichi depuis lors le système des saines études biologiques. Non-seulement les notions positives sur la vraie théorie fondamentale de la vie, réduite même à ses plus simples phénomènes, sont encore fort restreintes et très confuses; mais, surtout, la véritable méthode philosophique qui doit diriger les recherches purement physiologiques demeure presque entièrement inconnue à la plupart des esprits occupés aujourd'hui d'un tel ordre de spéculations. Le principal attribut de cette méthode consiste, comme nous l'avons si pleinement démontré, dans l'extension fondamentale et habituelle de la comparaison biologique à l'ensemble des organismes connus. Or, cette condition caractéristique n'est presque jamais suffisamment remplie, aujourd'hui, pour les travaux de physiologie pure, qui, cependant, vu leur complication supérieure, doivent réclamer, plus impérieusement même que les questions de simple anatomie, l'usage régulier et permanent de ce moyen capital (1). Ainsi privé de son plus puissant instrument rationnel, le système des études

(1) La constitution actuelle de l'enseignement biologique, surtout en France, offre une vérification très sensible d'une telle disposition générale, puisque aucune chaire n'y est encore consacrée à la physiologie comparée. Sauf le cours mémorable de M. de Blainville, qui ne fut qu'une infraction formelle et momentanée des usages réguliers, les

physiologiques ne saurait être regardé aujourd'hui comme vraiment constitué sur les bases définitives qui lui sont propres. Malgré l'importance réelle des recherches déjà entreprises, on ne peut voir, dans la plupart d'entre elles, que de simples essais préliminaires, qu'il faudra nécessairement refondre et compléter d'après un plan systématique, avant de pouvoir les convertir en élémens irrévocables de la saine biologie dynamique.

Cette incertitude radicale sur le vrai caractère scientifique de la physiologie, est aujourd'hui la cause essentielle, non-seulement de la divergence prononcée des diverses écoles régulières, mais aussi du crédit déplorable qu'obtiennent encore avec tant de facilité les plus monstrueuses aberrations, ordinairement secondées par le charlatanisme le plus grossier, comme on le voit chez les magnétiseurs, les homéopathes, etc. Sauf les études sociales, où, par un motif semblable et encore plus énergique, aucun frein intellectuel n'est imposé jusqu'ici à cette tendance anarchique, nulle autre partie de la philosophie naturelle ne saurait

études physiologiques officielles n'ont jamais cessé jusqu'ici d'y être entièrement bornées à la seule considération de l'homme, tandis que les études anatomiques y ont acquis une extension à peu près suffisante, du moins dans certains établissemens (*).

(*) Depuis que cette note a été écrite, une chaire de physiologie comparée a été instituée au Muséum d'histoire naturelle de Paris.

présenter désormais le honteux spectacle d'un tel désordre, qui paraît indiquer le bouleversement momentané des notions les plus élémentaires et les mieux établies. Les esprits livrés aux recherches mathématiques, astronomiques, physiques et chimiques, ne sont point, sans doute, ordinairement d'une trempe plus forte ni d'une nature plus rationnelle que ceux qui s'occupent de spéculations physiologiques; mais, quelle que puisse être leur disposition spontanée aux aberrations fondamentales, elle se trouve toujours suffisamment contenue aujourd'hui par la constitution irrévocablement définie de la science correspondante, qui circonscrit de plus en plus le champ général de la divagation et du charlatanisme. Cette triste exception propre à la physiologie actuelle, peut être attribuée, il est vrai, à l'éducation profondément vicieuse de presque tous ceux qui la cultivent maintenant, et qui abordent brusquement l'étude des phénomènes les plus complexes sans avoir aucunement préparé leur intelligence par l'habitude intime des spéculations les plus simples et les plus positives, ainsi que je l'ai expliqué dans la quarantième leçon. Néanmoins, malgré l'incontestable influence d'un régime aussi irrationnel, je persiste à regarder l'indétermination actuelle du véritable esprit général de la science physiologique proprement dite comme la principale cause immédiate de cette licence presque illimitée que peuvent y usurper encore les intelligences les plus désordonnées. A vrai dire, les deux considérations rentrent essentiellement l'une dans l'autre; car, cette absurde éducation préalable serait, de toute nécessité, bientôt rectifiée, en dépit des diverses obstacles, si le vrai caractère de la science, nettement établi aux yeux de tous, avait enfin mis en pleine évidence la nature des conditions préliminaires indispensables à sa culture rationnelle.

Sous le point de vue philosophique, cette constitution encore vague et indécise de la science physiologique devait sans doute paraître inévitable, puisque la biologie statique, première base nécessaire de la biologie dynamique, n'a pu acquérir complétement que de nos jours la véritable organisation systématique qui lui est propre, comme nous l'avons précédemment reconnu. Mais, quoiqu'il n'y ait pas lieu de s'étonner d'une telle imperfection générale, cet état d'enfance de la physiologie rationnelle nous oblige à modifier ici la nature de nos considérations philosophiques sur l'étude dynamique des corps vivans. Au lieu de procéder directement à l'appréciation analytique de conceptions fondamentales irrévocablement établies, comme nous avons pu le faire pour la biologie statique, nous devons surtout examiner, quant à la physiologie pure, les seules notions de méthode, c'est-à-dire, le mode général d'organisation des recherches destiné, par la vraie nature d'une telle science, à conduire ultérieurement à la connaissance définitive des lois réelles des phénomènes vitaux, au sujet desquelles on n'a guère pu obtenir jusqu'ici que de simples matériaux. Quelque peu satisfaisante que paraisse, en elle-même, une semblable opération philosophique, sa nécessité prépondérante la recommande éminemment aujourd'hui à tous les bons esprits, puisque c'est surtout de là que doit désormais résulter le développement rapide et régulier des saines doctrines physiologiques. En un mot, c'est l'institution nette et rationnelle des questions physiologiques, bien plus que leur résolution directe et définitive, encore essentiellement prématurée, qui maintenant importe surtout au progrès général de la vraie philosophie biologique. Les conceptions relatives à la méthode auront toujours nécessairement beaucoup plus de prix dans l'étude des lois vitales qu'à l'égard d'aucune branche antérieure de la philosophie naturelle; en vertu de la complication supérieure des phénomènes, qui doit nous exposer bien davantage à une mauvaise direction des travaux : à plus forte raison cette considération doit-elle prédominer tant que la science n'est qu'à l'état naissant. Combien la véritable nature de la science physiologique ne doit-elle point paraître aujourd'hui profondément méconnue quand, à la frivole témérité qui y préside ordinairement aux recherches les plus difficiles, on oppose la scrupuleuse prudence des géomètres et des astronomes à l'égard des études les mieux constituées, circonscrites aux sujets les plus simples, où tout écart peut être si aisément signalé et rectifié !

Quoique tous les phénomènes vitaux soient nécessairement toujours solidaires les uns des autres, il est néanmoins indispensable de décomposer ici leur étude spéculative et abstraite d'après le même principe philosophique qui nous a constamment dirigés dans les autres sciences fondamentales, c'est-à-dire, par la considération naturelle de leur généralité décroissante. Cette considération équivaut essentiellement, dans ce cas, à la distinction capitale irrévocablement établie par Bichat, entre la vie organique ou végétative, fondement commun de l'existence de tous les êtres vivans, et la vie animale proprement dite, particulière aux seuls animaux, et dont les principaux caractères ne sont même très nettement prononcés que dans la partie supérieure de l'échelle zoologique. Mais, à l'analyse rationnelle de ces deux ordres de phénomènes, il faut désormais ajouter, depuis Gall, comme troisième partie essentielle, l'étude positive des phénomènes intellectuels et moraux, qui se distinguent nécessairement des précédens par une spécialité encore plus prononcée, puisque les organismes les plus rapprochés de l'homme comportent seuls leur exacte exploration. Bien que, suivant les définitions rigoureuses, cette dernière classe de fonctions soit, sans doute, implicitement comprise dans ce qu'on nomme la vie animale, cependant sa généralité évidemment moindre, la positivité à peine ébauchée de son étude systématique, et la nature propre des difficultés supérieures qu'elle présente, nous prescrivent, surtout aujourd'hui, de concevoir directement cette nouvelle théorie scientifique comme une dernière branche fondamentale de la physiologie, afin qu'une intempestive fusion ne dissimule point sa haute importance et n'altère pas son vrai caractère. Tel est donc l'ordre rationnel suivant lequel les trois dernières leçons de ce volume doivent successivement contenir l'examen philosophique des trois parties essentielles de la théorie de la vie, en consacrant d'abord la leçon actuelle à la considération de la vie organique proprement dite. Il demeure toutefois bien entendu qu'une telle analyse de la vie, quelque indispensable qu'elle soit à la connaissance positive de ses lois générales, doit toujours être conçue en vue d'une recomposition ultérieure, propre à faire convenablement ressortir cet intime consensus universel qui caractérise si profondément le sujet permanent de la science physiologique.

Avant de considérer directement l'étude générale de la vie végétative, il faut nécessairement signaler ici, d'une manière distincte quoique très sommaire, une théorie préliminaire fort importante, dont le besoin a déjà été indiqué dans la quarantième leçon, la théorie fondamentale des *milieux* organiques, sans laquelle l'analyse des phénomènes vitaux ne saurait comporter aucune véritable rationnalité.

La mémorable controverse soulevée, au commencement de ce siècle, par l'illustre Lamarck, sur la variation des espèces animales en vertu de l'influence prolongée des diverses circonstances extérieures, doit être réellement envisagée, d'après la leçon précédente, comme le premier grand travail qui ait irrévocablement introduit dans la philosophie biologique ce nouvel aspect élémentaire, jusqu'alors essentiellement négligé ou mal apprécié. Peut-être même l'exagération, d'ailleurs inévitable, de la doctrine de Lamarck à ce sujet, était-elle indispensable pour transporter avec efficacité notre faible intelligence à ce nouveau point de vue ; car l'histoire de l'esprit humain me paraît manifester toujours un semblable phénomène logique en toute occasion analogue. Aujourd'hui que la biologie tend à s'affranchir entièrement d'une telle exagération, cette impulsion énergique ne laissera bientôt d'autre résultat permanent que le nouvel ordre d'études fondamentales dont la science s'est ainsi à jamais enrichie. Quoi qu'il en soit, nous devons ici soigneusement éliminer, à cet égard, tout ce qui ne saurait concerner la physiologie proprement dite, réduite à la théorie abstraite de l'organisme vivant. Or, la question, telle que Lamarck l'avait posée, se rapportait surtout à la biologie concrète, c'est-à-dire à l'histoire naturelle des races vivantes ; ou, du moins, elle n'intéressait, en biologie abstraite, que la seule philosophie zootaxique, comme je l'ai précédemment expliqué : puisqu'il s'agissait essentiellement d'apprécier la puissance totale de l'ensemble des circonstances extérieures pour modifier le développement graduel de chaque espèce. L'esprit éminemment analytique qui, dans le système des études biologiques, doit spécialement distinguer la physiologie pure, me semble exiger qu'un tel examen préliminaire y soit désormais institué d'une tout autre manière, qui consiste, en approfondissant davantage ce sujet capital, à considérer séparément chacune des influences fondamentales sous lesquelles s'accomplit toujours le phénomène général de la vie. Nous avons, en effet, suffisamment reconnu que l'état vital suppose, par sa nature, le concours nécessaire et permanent, avec l'action propre de l'organisme, d'un certain ensemble d'actions extérieures convenablement modérées, sans lesquelles il ne saurait être conçu. C'est l'analyse exacte de ces diverses conditions essentielles de l'existence générale des corps vivans, qui constitue le véritable objet précis de cette théorie préliminaire des *milieux* organiques, en attribuant à ce terme toute l'extension philosophique que je lui ai accordée dans la quarantième leçon. Il serait superflu de faire expressément ressortir ici la haute importance d'une théorie ainsi caractérisée, puisque elle est directement relative à l'un des élémens nécessaires du dualisme vital, et que, à ce titre, elle doit être aussi indispensable à la vraie physiologie, que l'étude statique de l'organisme. Nous devons seulement signaler, à ce sujet, la subordination profonde et générale qui s'établit par là avec tant d'évidence de la philosophie organique à la philosophie inorganique ; car l'influence réelle du milieu sur l'organisme ne saurait être rationnellement étudiée, tant que la constitution propre de ce milieu n'est point d'abord, en elle-même, exactement connue.

Ces conditions extérieures de l'existence fondamentale des corps vivans doivent être préalablement distinguées en deux grandes classes, suivant leur nature ou physique ou chimique, c'est-à-dire, en d'autres termes, ou mécanique ou moléculaire. Quoique les unes et les autres soient, sans doute, également indispensables, les premières peuvent néanmoins, en vertu de leur permanence plus rigoureuse et plus sensible, être réellement envisagées comme plus générales, sinon quant aux divers organismes, du moins quant à la durée continue de chacun d'eux.

Parmi les influences purement physiques, il faut placer, au premier rang dans l'ordre de la généralité, l'action de la pesanteur, dont la puissance physiologique ne saurait être ni contestée ni négligée. Malgré l'ascendant trop prolongé qu'exerce encore sur la plupart des physiologistes une vaine philosophie métaphysique, qui représente abstraitement les corps vivans comme soustraits, par leur nature, à l'empire des lois physiques, les esprits les plus chimériques n'ont jamais pu être assez conséquens pour oser directement admettre aucune suspension réelle de la pesanteur dans l'état vital. Quel que fût l'entraînement des préoccupations spéculatives, le bon sens universel aurait bientôt rectifié une aberration aussi prononcée, en rappelant que, conformément à la théorie fondamentale de l'équilibre et du mouvement, le plus entier développement de l'activité vitale ne saurait un seul instant empêcher l'homme lui-même d'obéir strictement, en tant que poids ou projectile, aux mêmes lois mécaniques que toute autre masse équivalente ; ce qui a d'ailleurs été pleinement confirmé par les expériences directes les plus exactes. Aussi la biologie est-elle désormais heureusement dispensée d'examiner spécialement ce principe incontestable de la rigoureuse universalité de la pesanteur, dont la démonstration formelle doit surtout appartenir aux géomètres et aux physiciens. Mais, à raison même de cette universalité nécessaire, il est impossible que l'influence continue de la pesanteur ne participe point, d'une manière notable, à la production générale des phénomènes vitaux, auxquels elle doit être tantôt favorable, tantôt contraire, et presque jamais indifférente ; c'est la juste appréciation de cette coopération inévitable qui seule constitue un important sujet de recherches biologiques, jusqu'ici à peine ébauché. L'exécution précise d'une telle analyse présente malheureusement, par sa nature, de très grandes difficultés, puisque, dans la plupart des cas, une semblable influence ne peut être ni complétement suspendue ni notablement modifiée. Toutefois, l'examen attentif des phénomènes a déjà mis en pleine évidence, sous divers rapports importans, l'influence positive de la pesanteur sur l'accomplissement réel des phénomènes physiologiques, soit à l'état normal, soit à l'état pathologique. A cet égard, les différens degrés principaux de la hiérarchie biologique présentent chacun des avantages propres. Dans la partie inférieure de l'échelle, et surtout dans l'organisme végétal, l'action physiologique de la pesanteur est beaucoup moins variée, mais aussi bien plus prépondérante et plus sensible, vu la moindre complication de l'état vital, alors aussi rapproché que possible de l'état inorganique. Les lois ordinaires et les limites générales de l'accroissement des végétaux paraissent essentiellement dépendre de cette influence, comme l'ont si clairement vérifié les ingénieuses expériences de M. Knight, sur la germination modifiée par un mouvement de rotation plus ou moins rapide. Des organismes bien plus élevés sont même assujétis à des conditions analogues, sans lesquelles on ne saurait expliquer, par exemple, pourquoi les plus grandes masses animales vivent constamment dans un fluide assez dense pour supporter presque tout leur poids, et souvent pour le soulever spontanément. Cependant, la partie supérieure de la série animale est nécessairement moins propre à l'exacte appréciation de l'influence physiologique de la pesanteur, qui concourt alors avec un trop grand nombre d'actions hétérogènes. Mais cette influence, quoique moins dominante et plus cachée, peut y être étudiée sous un autre aspect, en vertu de l'extrême variété des actes vitaux auxquels elle doit participer; car, il n'est presqu'aucune fonction, soit organique, soit animale, et même intellectuelle, où l'on ne puisse signaler avec certitude une indispensable intervention générale de la pesanteur, qui se manifeste spécialement en tout ce qui concerne la stagnation ou le mouvement des fluides. Il est donc très regrettable qu'un sujet aussi étendu et aussi important n'ait point encore donné lieu à des recherches directes vraiment rationnelles, largement conçues et méthodiquement poursuivies dans l'ensemble de la hiérarchie biologique.

Après cette étude physiologique de la pesanteur, on doit naturellement placer, comme une sorte de complément nécessaire, l'examen des autres conditions purement mécaniques de l'existence fondamentale des corps vivans. La principale d'entre elles se rapporte à la pression générale qu'exerce sur l'organisme le milieu proprement dit, soit gazeux, soit liquide; pression qui n'est qu'une suite indirecte de la pesanteur, envisagée toutefois dans ce milieu et non plus dans l'organisme. Quoique cette seconde influence soit aussi très imparfaitement analysée encore, la facilité avec laquelle elle peut être modifiée par diverses circonstances, naturelles ou artificielles, a déjà permis d'obtenir, sous ce rapport, quelques résultats scientifiques moins insuffisans. L'existence générale de tout animal atmosphérique, sans en excepter l'homme, est nécessairement renfermée entre certaines limites plus ou moins écartées de l'échelle barométrique, hors desquelles on ne saurait la concevoir. Nous ne pouvons vérifier aussi directement une telle loi chez les animaux aquatiques, sans que néanmoins il y ait lieu d'élever à ce sujet aucun doute raisonnable; il est même évident que, vu la densité supérieure du milieu, les limites verticales ainsi assignables au séjour de chaque espèce doivent être certainement beaucoup plus rapprochées. Il faut cependant convenir que, pour l'un ou pour l'autre milieu, nous n'avons jusqu'ici aucune notion vraiment scientifique de l'exacte relation générale entre l'intervalle de ces limites et le degré d'organisation, nos idées à cet égard étant même tout-à-fait confuses quant aux organismes inférieurs, et surtout à l'organisme végétal. On s'est d'ailleurs presque exclusivement occupé des effets physiologiques dus à des changemens brusques de pression; l'influence plus intéressante, et peut-être fort distincte, des variations graduelles a été à peine examinée. Enfin, dans le cas atmosphérique, seul susceptible d'une exploration très étendue, il est très difficile, et néanmoins indispensable, en altérant la pression extérieure, de dégager soigneusement, de la perturbation vitale due à cette cause mécanique, la modification toujours simultanée que ce nouvel état du milieu doit imprimer à l'ensemble des fonctions nutritives par suite de la raréfaction ou de la condensation du milieu, qui peut être souvent le vrai motif principal des phénomènes observés. Mais, quoique, par ces diverses complications, la science soit encore, sous ce rapport, à l'état naissant, plusieurs recherches déjà ébauchées, comme les tentatives de quelques physiologistes pour constater l'influence de la pression atmosphérique sur la circulation veineuse, les ingénieuses indications récemment signalées au sujet de sa coopération directe au mécanisme général de la station et même de la locomotion, etc., témoignent évidemment, chez les biologistes actuels, une heureuse tendance à étudier rationnellement cet ordre important de questions préliminaires.

Outre ces deux conditions fondamentales de pesanteur et de pression, une analyse exacte et complète de l'ensemble des influences mécaniques indispensables à l'état vital, exigerait aussi l'appréciation directe, et même préalable, de l'action physiologique générale du mouvement et du repos, considérés soit dans la masse vivante, soit dans ses divers organes essentiels. Quoique jusqu'ici à peine ébauchée, cette étude présente néanmoins une incontestable importance; puisque le mouvement contribue souvent d'une manière capitale au mécanisme des principales fonctions. C'est ainsi, par exemple, que les physiologistes les plus positifs expliquent aujourd'hui, par la subite immobilité de l'estomac, la perturbation profonde qu'éprouve la digestion aussitôt après la section ou la compression des nerfs gastriques, comme quand le défaut d'agitation du récipient fait cesser une action chimique. Malgré la confusion et l'obscurité qui subsistent encore sur de tels sujets, il y a déjà, ce me semble, tout lieu de penser, en principe, qu'aucun organisme, même parmi les plus simples, ne saurait vivre dans un état de complète immobilité. Le double mouvement de la terre, et surtout sa rotation, n'étaient peut-être pas moins directement nécessaires pour y permettre le développement de la vie, que par leur influence indispensable sur la répartition périodique de la chaleur et de la lumière. Il est, du reste, évident que si, comme il arrive le plus souvent, le mouvement est produit par l'organisme lui-même, on devra soigneusement éviter de confondre l'influence de cette opération vitale avec les effets directement propres à ce mouvement. C'est pourquoi, afin d'éluder cette distinction difficile, l'exploration du mouvement communiqué sera presque toujours préférable, dans l'élaboration judicieuse d'une telle doctrine, à l'analyse du mouvement spontané. D'après les lois fondamentales de la mécanique universelle, c'est surtout du mouvement de rotation qu'il importe de déterminer exactement l'influence physiologique, puisque, par sa nature, toute rotation tend directement à désorganiser un système quelconque, et, à plus forte raison, à troubler ses phénomènes intérieurs. Il serait donc d'un haut intérêt, pour la biologie positive, de poursuivre, dans l'ensemble de la hiérarchie organique, et spécialement dans sa partie supérieure, une étude comparative des modifications que peuvent éprouver les principales fonctions en imprimant à l'organisme une rotation graduellement variée, entre les limites de vitesse compatibles avec l'état normal, et qui devraient être préalablement déterminées. Or, cette étude n'a été jusqu'ici le sujet de quelques tentatives vraiment scientifiques, qu'à l'égard des seuls végétaux, dans les expériences ci-dessus signalées, qui avaient même pour principal objet l'influence de la pesanteur. Le cas des animaux, et surtout de l'homme, qui présente, à cet égard, une importance bien supérieure, soit par la délicatesse de l'organisme, soit par la variété de ses phénomènes, n'offre encore, sous ce rapport, que quelques observations incomplètes et incohérentes, qui vont à peine au-delà des notions les plus vulgaires (1).

Parmi les conditions purement physiques de l'existence des corps vivans, dont le caractère n'est point simplement mécanique, en ce qu'elles tendent directement à modifier la structure intime, la plus fondamentale est sans doute l'action thermologique du milieu ambiant. C'est aussi la

(1) Le simple mouvement, indépendamment de tout changement de lieu, a été quelquefois employé, avec beaucoup de succès, comme moyen thérapeutique, non-seulement dans les maladies de la vie animale, mais dans celles même qui se rapportent essentiellement à la vie organique, et surtout dans les hydropisies adominales, ce qui vérifie clairement la haute importance réelle d'une telle influence physiologique.

mieux connue, ou plutôt celle dont l'analyse générale présente aujourd'hui le moins d'imperfections capitales. Rien de plus manifeste, en effet, que cette irrésistible nécessité qui, dans l'ensemble de la hiérarchie organique, restreint le développement de la vie entre certaines limites déterminées de l'échelle thermométrique extérieure, et qui resserre spécialement ces limites à l'égard de chaque famille et même de chaque race vivante; quoique, d'ailleurs, toute idée de nombres précis et constans soit ici aussi déplacée que dans aucun autre genre de considérations biologiques. Les variations thermométriques compatibles avec l'état vital paraissent même encore moins étendues que les variations barométriques. C'est d'un tel ordre de conditions que dépend surtout, en histoire naturelle, la répartition permanente des divers organismes sur la surface de notre planète, selon des zones assez spécialement définies pour fournir quelquefois, aux physiciens, de véritables indications thermométriques, certaines quoique grossières. Mais, malgré la multitude de faits recueillis maintenant à cet égard, ce sujet fondamental n'est réellement qu'à peine ébauché jusqu'ici, aux yeux de tous ceux qui s'attachent principalement à la coordination de ces phénomènes en une doctrine générale et rationnelle. Presque tous les points essentiels d'une telle doctrine sont encore obscurs et incertains. La science manque même aujourd'hui d'une série suffisante de bonnes observations comparatives sur les divers intervalles thermométriques correspondans aux différens états organiques, et, à plus forte raison, d'une loi quelconque relative à cette harmonie, qui n'a jamais été vraiment rattachée à aucun autre caractère biologique essentiel. Cette immense lacune n'existe pas seulement pour l'échelle générale des espèces vivantes, mais aussi pour les états successifs de chaque organisme considéré à ses différens âges. Sous l'un et l'autre aspect, ce sont surtout les moindres degrés d'organisation dont l'étude, à cet égard, exige le plus une révision complète et systématique : car, à l'état d'œuf, ou dans les organismes très inférieurs, les limites thermométriques de la vie paraissent devenir beaucoup plus écartées, quelque obscurité que présente encore un tel sujet; plusieurs biologistes philosophes ont même pensé que la vie avait peut-être été toujours possible, à un certain degré, sur notre planète, malgré les divers systèmes de température par lesquels sa surface a dû successivement passer. On peut dire, à la vérité, que l'ensemble des documens analysés jusqu'ici converge vers cette loi générale : l'état vital est tellement subordonné, par sa nature, à un intervalle thermométrique déterminé, que cet intervalle décroît sans cesse à mesure que la vie se prononce davantage, soit en remontant la hiérarchie biologique, soit en considérant chaque développement individuel. Mais, quelque plausible que doive déjà paraître une telle loi, il s'en faut encore de beaucoup que nous puissions la regarder aujourd'hui comme scientifiquement établie, les nombreuses anomalies qu'elle présente n'étant point jusqu'ici résolues d'une manière vraiment satisfaisante. Une semblable imperfection dans l'étude fondamentale des limites thermométriques propres à chaque état vital, doit faire aisément présumer une plus profonde ignorance quant à l'analyse plus délicate des modifications produites dans l'organisme par les variations de la chaleur extérieure, lorsque ces changemens sont renfermés entre des limites pleinement compatibles avec le mode d'existence correspondant. Dans le petit nombre d'observations systématiques que la science possède à cet égard, on a même confondu presque toujours l'influence des changemens brusques avec celle très différente qui résulte des variations graduelles; quoique, indépendamment de la saine philosophie biologique, d'irrécusables expériences directes des physiologistes anglais aient constaté depuis long-temps; dans l'espèce humaine, l'aptitude à supporter impunément, pendant un certain temps, par suite d'habitudes graduellement contractées, des accroissemens de température extérieure très supérieurs à ceux que semblait seule permettre la considération des perturbations violentes. Enfin, ce qui montre le plus clairement combien l'ensemble de ce sujet a été jusqu'ici mal étudié, c'est que nous pouvons, sans aucune exagération, regarder la question comme n'ayant pas même été nettement posée, attendu la confusion vicieuse qui a toujours plus ou moins dominé dans ces recherches, entre l'influence physiologique de la chaleur extérieure et la production organique de la chaleur vitale. Ces deux ordres d'études, que la notion commune de chaleur peut seule vaguement rapprocher, constituent évidemment, par leur nature, deux branches radicalement distinctes de la théorie biologique, puisque l'un se rapporte aux principes mêmes de la vie, tandis que l'autre est relatif, au contraire, à ses résultats généraux. Des recherches assez irrationnellement instituées pour avoir constamment mêlé deux problèmes aussi différens, pouvaient-elles, aux yeux de tout philosophe, comporter aucune véritable efficacité scientifique?

Les mêmes remarques philosophiques s'appliquent, avec plus de force encore, à l'étude des autres conditions physiques extérieures de la vie générale, telles que la lumière, et surtout l'électricité, soit statique, soit dynamique. Sous ces deux rapports, encore plus que sous le précédent, la plupart des travaux entrepris jusqu'ici ne peuvent réellement être envisagés, dans la construction rationnelle de la doctrine physiologique, que comme ayant irrécusablement constaté l'indispensable nécessité scientifique d'une telle étude préliminaire, en mettant hors de doute le besoin fondamental d'une certaine influence permanente, lumineuse et électrique, du milieu ambiant pour la production et l'entretien de la vie, dans tous les modes et à tous les degrés qu'elle comporte. Mais, à cela près, nos connaissances réelles à ce sujet sont certainement plus imparfaites aujourd'hui que relativement à la chaleur elle-même, les observations élémentaires y étant à la fois beaucoup plus rares et plus grossières, en sorte que ces deux théories ne présentent encore aucun aspect qui ne paraisse très vague et très obscur, quelque incontestable que soit néanmoins la réalité d'une pareille étude. Sous le point de vue électrique essentiellement, la confusion fondamentale que je viens de signaler pour la chaleur, se reproduit, d'une manière plus prononcée encore, entre l'influence physiologique de l'électrisation extérieure, et l'électrisation spontanée produite par l'ensemble des actes vitaux, c'est-à-dire toujours entre les principes et les résultats; d'où provient également la stérilité nécessaire de recherches ainsi dirigées, fussent-elles même beaucoup plus étendues. Mais il faut remarquer, en outre, conformément à l'esprit des règles générales de hiérarchie scientifique établies dans ce Traité, que cette partie de la théorie préliminaire des milieux organiques, se rapportant à une branche de la physique bien plus imparfaite, par sa nature, que ne l'est la barologie et même la thermologie, elle doit nécessairement être spécialement affectée par cette plus grande infériorité de la doctrine qui lui sert de base indispensable. Tout philosophe peut, en effet, reconnaître aisément, dans l'ébauche actuelle d'une telle portion de la physiologie positive, l'influence désastreuse qu'exercent si profondément les vaines hypothèses anti-scientifiques qui vicient encore aujourd'hui la plupart des recherches d'optique et d'électrologie, comme je l'ai soigneusement établi en considérant la physique. Ces conceptions chimériques sur les fluides ou les éthers, lumineux et électriques, que les physiciens les moins arriérés n'osent plus préconiser qu'à titre de simple artifice logique, sont, au contraire, habituellement envisagées, en physiologie, comme caractérisant les principes réels de deux ordres d'actions extérieures indispensables à l'état vital. Dans l'étude de l'influence électrique, cette mauvaise manière de philosopher se fait plus spécialement ressentir, à cause de l'espèce de solidarité que la plupart des biologistes ont naturellement imaginée entre les prétendus fluides électriques et les prétendus fluides nerveux ou vitaux, en vertu de laquelle ces deux classes d'hypothèses illusoires s'y fortifient mutuellement. Tout ce système de spéculations physiologiques ne consiste le plus souvent aujourd'hui qu'à se représenter, plus ou moins confusément, le jeu fantastique de ces êtres imaginaires, auxquels l'organisme ne sert guère que de théâtre, et dont l'inintelligible contemplation absorbe nécessairement la considération, dès-lors très secondaire, du petit nombre de phénomènes réels qui constituaient primitivement le vrai sujet des recherches scientifiques. A cette cause essentielle d'une stérilité plus spéciale, il n'est peut-être pas inutile d'ajouter ici, comme obstacle accessoire mais général, suivant une remarque déjà signalée à l'égard de la philosophie chimique, la subtilité exagérée que la plupart des électriciens actuels ont introduite dans l'analyse des moindres sources d'électrisation, et qui les a fréquemment conduits à attribuer une influence évidemment démesurée à des phénomènes presque imperceptibles. C'est ainsi, par exemple, que souvent on explique, par de très faibles variations de l'électricité atmosphérique, des phénomènes pathologiques très considérables, sans être aucunement arrêté par l'absurde disproportion entre l'intensité des résultats effectifs et celle des principes prétendus. Toutefois, il faut reconnaître qu'une telle cause d'aberrations affecte bien plus aujourd'hui la théorie du développement spontané de l'électrisation animale que celle relative à l'influence physiologique des électrisations extérieures. Sous l'un et l'autre aspect, ce sont d'aussi vicieuses exagérations qui fournissent un fondement spécieux à l'argumentation sophistique des physiologistes métaphysiciens contre toute action électrique dans l'organisme.

Telles sont les diverses lacunes fondamentales, que présente la biologie actuelle relativement aux différentes conditions purement physiques indispensables au développement des phénomènes physiologiques, considérées surtout en ce qu'elles ont de commun à l'ensemble total des corps vivans, et étudiées suivant l'ordre hiérarchique établi, dans cet ouvrage, entre les principales branches de la physique générale. Mais l'analyse exacte des conditions d'existence qui offrent les caractères chimiques constitue, en outre, dans la théorie préliminaire des *milieux* organiques, une seconde division essentielle, dont l'importance n'est certainement pas moindre, et dont les progrès ne sont jusqu'ici guère plus satisfaisans.

Réduite à ce qui est strictement général, cette dernière étude a pour objet propre la détermination rationnelle de l'influence physiologique fondamentale exercée par l'air et par l'eau, dont le mélange, à divers degrés, compose directement le *milieu* commun nécessaire à tous les êtres vivans, en prenant ce terme dans son acception habituelle la plus circonscrite. Les philosophes allemands qui, de nos jours, ont érigé ce milieu en une sorte de règne intermédiaire entre les deux mondes inorganique et organique, comme je l'ai déjà indiqué en traitant de la philosophie chimique, n'ont fait que rendre, sous une forme vicieuse, un sentiment aussi juste que profond de la haute importance physiologique d'une telle notion.

La première considération scientifique à ce sujet consiste à reconnaître, d'après le lumineux aperçu de M. de Blainville, que l'air et l'eau ne doivent point, sous ce rapport, être étudiés séparément, à la manière des physiciens et des chimistes, mais que leur intime mélange, dont les proportions seules varient, est constamment indispensable à tout état vital. Il serait naturel de le penser, en se bornant même à envisager la composition chimique des corps vivans, dont les divers élémens essentiels ne peuvent se retrouver que dans l'ensemble de ces deux fluides. Mais ce principe devient surtout directement sensible sous le point de vue physiologique; puisque, en discutant avec soin les différentes observations, il est maintenant facile de constater que l'air dépourvu de toute humidité et l'eau nullement aérée sont également contraires à l'existence des êtres vivans, sans aucune distinction d'espèces. A cet égard, entre les êtres atmosphériques et les êtres aquatiques, animaux ou végétaux, les mieux caractérisés, il n'existe d'autre différence réelle que l'inégale proportion des deux fluides, soit que, chez les uns, l'air, devenu prépondérant, serve de véhicule à l'eau vaporisée, ou que l'eau, dominant à son tour, apporte aux autres l'air liquéfié. Dans les deux cas, l'eau fournit toujours la première base indispensable de tous les liquides organiques, et l'air les élémens essentiels de la nutrition fondamentale. On sait aujourd'hui que les mammifères les plus élevés, et l'homme lui-même, périssent nécessairement par la seule influence d'un desséchement convenable de l'air ambiant, aussi bien que les poissons placés dans une eau que la distillation a suffisamment privée d'air. Entre ces deux termes extrêmes, l'ensemble de la hiérarchie biologique, analysée sous le rapport du séjour, présente sans doute une multitude d'intermédiaires, dont les plus tranchés sont seuls un peu connus, où l'air devenu de plus en plus humide et l'eau de plus en plus aérée constituent une suite presque graduelle de milieux physiologiques, dont chacun correspond à un organisme déterminé. La seule considération des divers états d'un organisme unique confirme même, par d'irrécusables indications, l'harmonie générale que dévoile directement, à cet égard, la comparaison de l'ensemble des organismes; puisque, chez l'homme par exemple, les simples variations hygrométriques de l'atmosphère suffisent pour modifier notablement la marche des phénomènes physiologiques, sans dépasser la partie de l'échelle hygrométrique compatible avec l'état vital.

Mais, si un judicieux examen sommaire d'un tel sujet a rendu désormais incontestable la réalité et l'importance de cette étude fondamentale, il est malheureusement trop facile de reconnaître, quand on veut entreprendre une analyse vraiment scientifique, que la biologie est aujourd'hui, à cet égard comme sous les rapports précédemment signalés, dans une véritable enfance, puisque la question peut tout au plus être ainsi regardée comme posée ; et encore ne l'est-elle habituellement que d'une manière vague et obscure. Outre que les limites physiologiques des variations relatives à la proportion des deux fluides sont jusqu'ici très mal déterminées pour la plupart des cas, nous n'avons encore que des notions extrêmement confuses sur le mode de participation de chaque fluide à l'entretien de la vie générale. Un mélange aussi peu intime que celui des élémens de l'air, doit sans doute produire surtout de véritables effets chimiques ; mais l'oxigène est le seul de ces élémens dont l'influence physiologique ait été jusqu'ici scientifiquement étudiée, quoique d'une manière finalement peu satisfaisante ; quant aux autres, et principalement quant à l'azote, des physiologistes également compétens continuent à s'en former les idées les plus contradictoires. A l'égard de l'eau, l'obscurité et l'incertitude sont nécessairement encore plus grandes, vu l'extrême difficulté qu'on éprouve à concevoir qu'un appareil chimique aussi peu énergique que l'est tout corps vivant puisse réellement décomposer une substance aussi complétement neutre, comme le supposent cependant aujourd'hui tant de physiologistes. Toutefois l'importante théorie des hydrates, si heureusement introduite par les progrès récens de la chimie, doit sans doute fournir, à ce sujet, de lumineuses indications, en agrandissant nos idées fondamentales sur les divers genres d'action chimique dont l'eau est susceptible; mais jusqu'à présent cette théorie n'a pas été prise en sérieuse considération dans les spéculations biologiques, quoique on commence à y avoir égard sous le point de vue purement anatomique. Ainsi, la notion positive de l'influence physiologique du milieu général demeure encore profondément indéterminée. On ne saurait donc être surpris, à plus forte raison, qu'il n'existe jusqu'à présent aucune loi scientifique sur l'appréciation comparative, nécessairement bien plus délicate, des divers modes et degrés de cette influence dans les principales divisions de la hiérarchie biologique, où nous ne voyons pas même nettement si une telle condition d'existence devient plus ou moins inévitable à mesure que l'organisme s'élève.

Quoique la théorie fondamentale des milieux organiques ne doive sans doute strictement comprendre que les agens extérieurs dont l'action physiologique est rigoureusement générale, et par suite seule indispensable, cependant, pour compléter cette théorie, et même pour l'éclaircir, on sera naturellement conduit, ce me semble, à y incorporer bientôt, du moins à titre d'appendice essentiel, l'analyse rationnelle des modifications spéciales les plus prononcées qu'impriment à certains organismes certaines substances correspondantes; car un tel sujet rentre nécessairement aussi dans la grande étude de l'harmonie primordiale entre le monde organique et le monde inorganique. Une meilleure philosophie médicale tend fort heureusement de nos jours à diminuer de plus en plus le nombre des *spécifiques* proprement dits, si abusivement multipliés par l'empirisme métaphysique des temps antérieurs. Mais ce serait tomber dans une exagération non moins irrationnelle et non moins nuisible, que de méconnaître, au contraire, en principe, l'incontestable influence exercée par plusieurs substances spéciales sur divers organismes déterminés, et même sur divers tissus élémentaires. Il serait évidemment absurde de concevoir qu'une spécialité aussi caractérisée dans l'état normal, comme on le voit à l'égard des alimens et des poisons, cessât brusquement dans l'état pathologique à l'égard des médicamens, puisque ces deux ordres de substances extérieures ne diffèrent pas plus radicalement l'un de l'autre que ces deux états de l'organisme. Aussi le dogmatiste le plus préoccupé ne niera-t-il jamais sérieusement l'action spécifique de l'alcool, de l'opium, etc., soit au degré physiologique, soit au degré pathologique. Or, la réalité d'un tel genre d'effets étant une fois mise hors de toute discussion, il importe beaucoup, non-seulement pour les progrès de la saine thérapeutique, mais aussi pour le perfectionnement de la simple biologie abstraite, qui doit seule ici nous intéresser, de les soumettre systématiquement à de véritables études scientifiques, à cause de la lumière générale qui doit nécessairement en rejaillir sur l'analyse des conditions plus fondamentales de l'existence des corps vivans. Par cela même que de semblables actions sont spéciales et discontinues, et par suite non indispensables, la méthode expérimentale peut s'appliquer, d'une manière bien plus certaine et mieux circonscrite, en même temps que plus variée, à leur exacte exploration. Leur étude doit donc rationnellement compléter la doctrine biologique préliminaire que j'ai qualifiée de théorie des milieux organiques, à laquelle elle fournit, par sa nature, des ressources essentielles qui lui sont propres et qui ne sauraient résulter d'aucune autre voie. Malheureusement ce complément nécessaire est aujourd'hui encore moins avancé que le sujet principal, malgré la multitude d'observations, incohérentes ou même inachevées, déjà recueillies à cet égard.

L'imperfection fondamentale que nous venons de constater, sous tous les rapports importans, dans cette partie préliminaire de la physiologie positive, à peine ébauchée jusqu'ici, et qui constitue cependant une introduction aussi évidemment indispensable à l'étude rationnelle des lois réelles de la vie, suffit pour faire aisément concevoir *à priori* combien cette étude, que nous avons désormais à considérer directement, doit être aujourd'hui dans l'enfance, non-seulement comme peu avancée encore, mais même comme instituée d'une manière insuffisante. Quiconque, en effet, appréciera judicieusement l'ensemble des spéculations actuelles sur ce grand sujet, sans se laisser éblouir par l'imposant appareil de la multitude de matériaux particuliers dont la science est maintenant enrichie, et, à beaucoup d'égards, encombrée, reconnaîtra clairement que la physiologie proprement dite n'a commencé que de nos jours, et seulement encore chez un petit nombre d'intelligences d'élite, à atteindre son véritable état positif; et que, chez la plupart de ceux qui la cultivent, elle n'est point sortie aujourd'hui, sous divers aspects essentiels, de l'état métaphysique : comme l'expliquera d'ailleurs très bien l'histoire générale de l'esprit humain dans le volume suivant.

Cet état présent de la science ne peut être nettement conçu que d'après la considération philosophique de ses antécédens les plus immédiats depuis environ un siècle. Le mouvement fondamental imprimé par notre grand Descartes à l'ensemble de la raison humaine, et tendant à positiver directement toutes nos spéculations essentielles, a produit, en physiologie, l'illustre école de Boerrhaave, qui, entreprenant une opération philosophique alors prématurée, fut entraîné par un sentiment exagéré et même vicieux de la subordination nécessaire de la biologie envers les parties antérieures et plus simples de la philosophie naturelle, à ne concevoir d'autre moyen de rendre enfin positive l'étude de la vie que par sa fusion, à titre de simple appendice, dans le système général de la physique inorganique. Une inévitable réaction, déterminée par les conséquences absurdes auxquelles devait nécessairement conduire le développement effectif d'une telle aberration philosophique, aboutit à la théorie de Stahl, qu'on peut regarder comme la formule la plus scientifique de l'état métaphysique de la physiologie. Depuis cette époque, il n'y a eu réellement, et il n'y a encore chez le vulgaire des biologistes, de lutte directe et ostensible qu'entre ces deux écoles antagonistes, qui, en France, se trouvent, en quelque sorte, personnifiées par les deux célèbres Facultés de Paris et de Montpellier. En considérant avec attention l'histoire générale de cette grande lutte, on reconnaît aisément que le caractère organique y a toujours essentiellement appartenu à l'école métaphysique, qui remplissait au moins la principale condition de concevoir la physiologie comme science distincte : l'école physico-chimique n'a eu d'efficacité réelle que par une action purement critique, de plus en plus secondée par les progrès effectifs de la science, qui dévoilaient, avec une évidence croissante, la dépendance fondamentale des lois organiques à l'égard des lois inorganiques. Cette action a produit, dans les conceptions essentielles de la physiologie métaphysique, des modifications graduelles, tendant continuellement à les rapprocher davantage de l'état positif, et dont il suffit ici de signaler les deux principales, formulées l'une par la théorie de Barthez, et l'autre par celle de Bichat, comparées toutes deux à la théorie primitive de Stahl.

La conception de Barthez ne semble d'abord différer de celle de Stahl que dans l'expression seulement, en ce qu'il nomme *principe vital* la même entité métaphysique que son illustre prédécesseur avait appelée *ame*, et Van-Helmont *archée*. Mais, pour un ordre d'idées aussi chimérique, un tel changement d'énoncé indique toujours nécessairement une modification effective de la pensée principale. Aussi peut-on affirmer, sans hésitation, que la formule de Barthez représente un état métaphysique de la physiologie plus éloigné de l'état théologique que ne le supposait la formule employée par Stahl, de même que celle-ci avait, à son tour, une supériorité exactement analogue envers la formule de Van-Helmont. Il suffirait, pour s'en convaincre, de considérer l'admirable discours préliminaire dans lequel Barthez établit, d'une manière si nette et si ferme, les caractères essentiels de la saine méthode philosophique, après avoir si victorieusement démontré l'inanité nécessaire de toute tentative sur les causes primordiales et la nature intime des phénomènes d'un ordre quelconque, et réduit hautement toute science réelle à la découverte de leurs *lois* effectives. On ne saurait donc douter que l'intention dominante de Barthez ne fût de dégager enfin irrévocablement la science biologique de la vaine tutelle métaphysique dans laquelle il la trouvait si profondément entravée; et telle n'était point évidemment la tendance de Stahl, qui, ainsi que je l'ai ci-dessus caractérisée, ne constituait en effet qu'une énergique réaction contre les exagérations

physico-chimiques de Boerrhaave. Mais, comme
je l'ai déjà indiqué au volume précédent, faute
d'avoir étudié la méthode positive à sa véritable
source, le système des sciences mathématiques,
Barthez ne la connaissait point d'une manière assez
complète ni assez familière pour que la grande
réforme qu'il avait si bien projetée n'avortât point
nécesairement et radicalement dans l'exécution
d'une entreprise que l'état de l'esprit humain ren-
dait certainement prématurée. C'est ainsi que,
entraîné à son insu par la tendance même qu'il
combattait, après avoir d'abord introduit son principe vital à titre de simple formule scientifique,
uniquement consacrée à désigner abstraitement la
cause inconnue des phénomènes vitaux, il fut
inévitablement conduit à investir ensuite ce prétendu principe d'une existence réelle et très compliquée, quoique profondément inintelligible, que
son école a, de nos jours, si amplement développée. Mais, quelle qu'ait dû être l'inefficacité
d'une entreprise aussi mal préparée, on ne saurait
méconnaître l'intention évidemment progressive
qui en avait dicté la pensée première.

Cet esprit progressif est beaucoup plus prononcé
dans la théorie physiologique de Bichat, aujour-
d'hui généralement admise, quoiqu'elle présente
aussi, en réalité, le caractère essentiel des con-

ceptions métaphysiques, c'est-à-dire l'emploi des entités. La nature de ces entités s'y trouve, en effet, notablement perfectionnée, et tend bien davantage à rapprocher la science de l'état pleinement positif, puisqu'un siége déterminé et visible leur est nécessairement imposé, au lieu du siége éminemment vague et mystérieux des entités imaginées par Stahl et même par Barthez. Mais, quelque réel et important que soit un tel progrès pour accélérer la transition finale de la biologie dynamique vers son entière positivité, on ne peut véritablement y voir qu'une dernière transformation de la physiologie métaphysique, telle que Stahl l'avait formulée. Car, en examinant le rôle que Bichat prescrit à ses diverses forces vitales, il est clair qu'elles interviennent dans les phénomènes à la manière des anciennes entités spécifiques introduites en physique et en chimie, pendant la période métaphysique de ces deux sciences fondamentales, sous le nom de facultés ou vertus occultes, que Descartes a si énergiquement poursuivies, et que Molière a si heureusement ridiculisées. Un tel caractère est surtout irrécusable à l'égard de cette prétendue *sensibilité organique*, vraiment réduite, par sa définition inintelligible et contradictoire, à une simple existence nominale, et dont les affections diverses paraissent néanmoins suffire à Bichat pour *expliquer* les phénomènes physiologiques, tandis qu'on ne fait ainsi que reproduire leur énoncé sous une forme abusivement abstraite : comme, par exemple, quand Bichat croit avoir rendu raison du passage successif de divers liquides dans un même canal excréteur, en se bornant à dire que la sensibilité organique de ce conduit est successivement en harmonie avec chacun d'eux et antipathique à tous les autres.

On peut néanmoins conjecturer, d'une manière très plausible, que si une mort, à jamais déplorable, n'avait point brusquement tranché le développement original de la théorie de Bichat, cet admirable génie, qui naissait en un temps suffisamment opportun, serait parvenu, par ses efforts spontanés, à rompre entièrement les entraves métaphysiques que son éducation lui imposait, et dont il venait déjà d'atténuer aussi utilement la prépondérance. Chacun reconnaîtra aisément, en effet, que, sous cet aspect fondamental, le grand Traité de l'*Anatomie générale,* quoique postérieur de bien peu d'années, est en progrès notable sur le Traité *de la vie et de la mort.* Dans la construction même de sa théorie métaphysique des forces vitales, Bichat a certainement introduit, le premier, sous le titre de *propriétés de tissu,* une considération capitale, évidemment destinée, par son extension graduelle, à absorber inévitablement toutes les conceptions ontologiques, et à préparer ainsi l'entière positivité des principales notions élémentaires de la physiologie. Car, l'opération philosophique se réduit ici essentiellement à substituer aux anciennes idées de *forces* de simples idées de *propriétés*, en consacrant ce terme à la seule acception positive de désigner les actes les plus généraux dans lesquels puissent être décomposés les divers phénomènes biologiques. Or, la création de Bichat sur les propriétés de tissu remplissait cette condition fondamentale envers une classe d'effets très étendue quoique partielle. C'est ainsi que la théorie de Bichat, en même temps qu'elle amendait très heureusement la doctrine métaphysique de Stahl et de Barthez, préparait d'ailleurs les voies directes de son entière réformation, en présentant le germe immédiat et même l'exemple caractéristique de conceptions purement positives. Tel est l'état précis dans lequel se trouve encore aujourd'hui la philosophie physiologique chez la plupart des esprits qui s'y livrent. La lutte générale entre la tendance métaphysique et la tendance physico-chimique, entre l'école de Stahl et celle de Boerrhave, en est essentiellement demeurée au point où la grande impulsion de Bichat l'avait amenée.

Il est cependant sensible que le progrès ultérieur de la science ne saurait être, sans de graves dangers, indéfiniment abandonné aux oscillations désordonnées qui résultent du simple antagonisme spontané de ces deux mouvemens contraires, dont chacun, à sa manière, présente un caractère radicalement vicieux, puisque, s'ils ne se contenaient point mutuellement, le premier déterminerait directement une véritable rétrogradation vers l'état théologique, et le second une sorte de dissolution anarchique de toute doctrine physiologique proprement dite ; à peu près comme les deux grandes tendances politiques, l'une rétrograde, l'autre révolutionnaire, qui se disputent si déplorablement aujourd'hui la suprême direction sociale, et avec lesquelles en effet nos deux tendances physiologiques ont une affinité incontestable, quoique méconnue du vulgaire des observateurs. Qu'une telle pondération ait été, et soit même encore, provisoirement indispensable à la conservation et au développement de la science, aucun bon esprit ne peut en douter. Mais les prétendus éclectiques qui conçoivent cet état transitoire comme un ordre définitif, méconnaissent certainement, d'une étrange manière, et les vrais besoins fondamentaux de l'esprit humain et la marche générale de son développement historique, ainsi que le témoigne clairement la situation actuelle des parties les plus avancées de la philosophie naturelle, dont chacune jadis a aussi passé par une phase analogue. La science physiologique n'aura donc atteint sa véritable maturité, son progrès ne deviendra direct et rationnel, que lorsque l'universelle prépondérance de conceptions élémentaires purement positives, appropriées à la nature effective des phénomènes biologiques, aura enfin irrévocablement relégué, dans le simple domaine de l'histoire, ce déplorable conflit entre deux impulsions à peu près également nuisibles, quoiqu'à des titres très différens. Or, tous les symptômes essentiels d'une issue philosophique aussi désirable me paraissent réalisés aujourd'hui; les deux écoles se sont mutuellement assez discréditées pour s'annuller réciproquement; et, en même temps, le développement naturel de la science a fourni, ce me semble, tous les moyens indispensables pour commencer directement à procéder à son institution définitive. Telle est, à mes yeux, la tâche caractéristique de la génération scientifique actuelle, qui n'a essentiellement besoin que de s'en rendre plus digne par une éducation mieux dirigée, dont j'ai suffisamment déterminé, dans les leçons précédentes, et surtout dans la quarantième, le véritable esprit général (1).

Le vrai caractère philosophique de la physiologie positive consistant, comme je l'ai établi, à instituer partout une exacte et constante harmonie entre le point de vue statique et le point de vue dynamique, entre les idées d'organisation et les idées de vie, entre la notion de l'agent et celle

(1) Si, par la complication supérieure des phénomènes, la formation de la physiologie devait être nécessairement postérieure à celle des autres branches fondamentales de la philosophie naturelle, selon les principes établis dans ce Traité, on a droit d'espérer au moins, que, par une sorte de compensation de ce retard inévitable, le développement ultérieur de cette science pourra suivre une marche plus rationnelle et plus rapide, en profitant de l'expérience philosophique que présentent les sciences antécédentes, pour ne point s'arrêter à certaines phases transitoires qui n'étaient pas absolument indispensables, et qui tenaient seulement à la nouveauté de la situation de l'esprit humain quand il passait, dans ses premiers élans scientifiques, de l'état métaphysique à l'état vraiment positif. C'est ainsi que, relativement à la physique surtout, nous avons reconnu, entre ces deux états, une transition intermédiaire, encore pendante de nos jours à plusieurs égards, et caractérisée par le règne des fluides et des éthers fantastiques, substitués aux entités comme celles-ci jadis aux dieux et aux génies. La physiologie peut certainement éviter aujourd'hui, par une heureuse direction philosophique, devenue désormais possible, de subir une semblable préparation, qui, dans ce cas, serait presque sans excuses. Comme les biologistes sont, par la nature de leurs études, les plus disposés, parmi les savans actuels, à prendre convenablement en considération la marche générale de l'esprit humain, il faut espérer qu'ils sauront épargner à leur science cette halte inutile et honteuse. Mais leur éducation ordinaire est encore tellement vicieuse, qu'on peut, à cet égard, conserver quelques doutes très légitimes, en les voyant, dans la physique actuelle, porter précisément leur principale attention sur ces chimères quasi-métaphysiques.

de l'acte, il en résulte évidemment, dans le sujet fondamental qui nous occupe, la stricte obligation de réduire toutes les conceptions abstraites de *propriétés* physiologiques à la seule considération de phénomènes élémentaires et généraux, dont chacun rappelle nécessairement à notre intelligence l'inséparable pensée d'un siége plus ou moins circonscrit mais toujours déterminé. On peut dire, en un mot, sous une forme plus précise, que la réduction des diverses *fonctions* aux *propriétés* correspondantes doit toujours être envisagée comme la simple suite de la décomposition habituelle de la vie générale elle-même dans les différentes fonctions, en écartant toute vaine prétention à rechercher les *causes* des phénomènes, et ne se proposant que la découverte de leurs *lois*. Sans cette indispensable condition fondamentale, les idées de propriétés reprendraient nécessairement, en physiologie, leur ancienne nature d'entités purement métaphysiques. Conformément aux indications précédentes, la conception vraiment originale, et trop peu appréciée, de Bichat sur les propriétés de tissu, contient, en effet, le premier germe direct de cette rénovation capitale. Mais ce grand travail ne peut réellement servir qu'à bien caractériser la véritable nature de cette opération philosophique, et ne contient nullement d'ailleurs la solution, même ébauchée, du problème. Outre la confusion secondaire entre les propriétés de tissu et de simples propriétés physiques, comme à l'égard de la *contractilité par défaut d'extension* de Bichat, qui, évidemment, n'est autre chose que l'élasticité, la conception générale se trouve directement faussée, dans son principe même, par l'irrationnelle distinction entre les propriétés de tissu et les propriétés vitales. Car, une propriété quelconque ne saurait être admise, en physiologie, sans que, de toute nécessité, elle soit à la fois vitale et de tissu ; vitale, en tant que particulière à l'état de vie, et de tissu en tant que toujours manifestée par un tissu déterminé. Telle est l'origine logique du caractère essentiellement métaphysique que Bichat a conservé, tout en l'améliorant, à ses diverses propriétés *vitales*.

En s'efforçant d'accorder, autant que possible, les différens degrés généraux de l'analyse physiologique avec ceux de l'analyse anatomique, on peut poser, à ce sujet, comme principe philosophique, que l'idée de *propriété*, qui indique le dernier terme de l'une, doit nécessairement correspondre à l'idée de *tissu*, terme extrême de l'autre; tandis que l'idée de *fonction* correspond, au contraire, à celle d'*organe* : de telle sorte que les notions successives de fonction et de propriété présentent entre elles une gradation intellectuelle parfaitement semblable à celle qui existe entre les notions d'organe et de tissu, avec la seule différence fondamentale de l'acte à l'agent. D'après cette relation générale, qui me semble constituer, en philosophie biologique, une règle incontestable et importante, on peut, je crois, établir déjà, d'une manière rigoureuse, une première division principale entre les diverses propriétés physiologiques. Nous avons reconnu, en effet, dans la quarante-unième leçon, que les différens élémens anatomiques doivent être d'abord distingués en un tissu fondamental et générateur (le tissu cellulaire), et divers tissus secondaires et spéciaux qui résultent de l'intime combinaison anatomique de certaines substances caractéristiques avec cette trame primordiale et commune. Les propriétés physiologiques doivent donc aussi être nécessairement divisées en deux groupes essentiels, comprenant l'un les propriétés générales qui appartiennent à tous les tissus et qui constituent la vie propre du tissu cellulaire fondamental, et l'autre les propriétés spéciales qui caractérisent physiologiquement ses modifications les plus tranchées, c'est-à-dire, le tissu musculaire et le tissu nerveux.

Cette première division, ainsi indiquée par l'anatomie, me semble d'autant plus rationnelle qu'elle concourt spontanément, d'une manière vraiment frappante, avec la grande distinction physiologique, si bien établie par Bichat, entre la vie organique ou plutôt végétative, et la vie animale proprement dite; puisque le premier ordre de propriétés doit nécessairement constituer, par sa nature, le fond essentiel de la vie générale commune à tous les êtres organisés et à laquelle se réduit l'existence végétale; tandis que le second se rapporte exclusivement, au contraire, à la vie spéciale des êtres animés. Une telle correspondance est éminemment propre à faciliter l'application de cette règle élémentaire, aussi bien qu'à rendre le principe plus irrécusable.

Si nous considérons maintenant à quel point est déjà parvenue, chez les esprits les plus avancés, la construction effective de cette théorie physiologique fondamentale, nous reconnaîtrons que l'opération peut être envisagée comme suffisamment accomplie à l'égard des propriétés spéciales, relatives aux deux grands tissus secondaires essentiellement animaux : en sorte que, suivant la marche naturelle de notre intelligence, le cas le plus tranché est aussi le mieux apprécié. Tous les phénomènes généraux de la vie animale sont aujourd'hui assez unanimement rattachés à l'irritabilité et à la sensibilité, considérées chacune comme l'attribut caractéristique d'un tissu nettement défini, au moins dans les degrés supérieurs de l'échelle zoologique. Mais il règne encore une extrême confusion et une profonde divergence à l'égard des propriétés vraiment générales, qui correspondent à la vie universelle ou végétative. Néanmoins, l'exacte analyse fondamentale de cette première classe de propriétés est évidemment encore plus indispensable que celle de l'autre à la constitution rationnelle et définitive de la physiologie positive, non-seulement à cause de leur généralité supérieure, mais surtout aussi parce que, la vie végétative étant la base nécessaire de la vie animale, le vague et l'obscurité qui subsistent encore sur les notions élémentaires de la première doivent inévitablement empêcher toute conception complète et satisfaisante de la seconde. La science est donc certainement aujourd'hui, sous ce rapport capital, dans un état purement provisoire; puisque cette grande opération philosophique a été jusqu'ici conduite suivant un ordre entièrement inverse de celui qu'exige sa nature.

De tous les biologistes actuels, M. de Blainville me paraît être, sans aucun doute, celui qui a le mieux compris, à cet égard, les vrais besoins essentiels de la physiologie positive; en même temps qu'il a plus profondément senti qu'aucun autre le véritable esprit philosophique d'une telle théorie, comme l'indique le mémorable cours de physiologie comparée auquel j'ai fait si fréquemment allusion dans ce volume. Néanmoins, outre que cet illustre biologiste ne me semble pas avoir lui-même assez nettement établi, tout en s'y conformant, la division primitive que je viens de signaler, son analyse fondamentale des propriétés générales, quoique incomparablement supérieure à toutes les tentatives précédentes, n'est peut-être point suffisante pour servir désormais de base effective au développement rationnel de la science vitale. Cette analyse consiste à reconnaître, dans la vie végétative commune à tous les êtres organisés, trois propriétés essentielles, l'hygrométricité, la capillarité et la rétractilité (1), attributs caractéristiques du tissu primordial. Or, en exceptant cette dernière propriété, qui remplit évidemment toutes les conditions convenables, et qui ne peut plus être le sujet d'aucun dissentiment capital, il

(1) Cette dénomination, qui correspond à la fois à la *contractilité de tissu* et à la *contractilité organique insensible* de Bichat, a été très heureusement introduite pour éviter l'équivoque si profondément inhérente aujourd'hui au mot de *contractilité*, depuis l'emploi irrationnel et abusif qu'on a fait d'un terme aussi clair par lui-même. Elle est exclusivement destinée, chez M. de Blainville, à désigner la tendance directe et constante de tous les tissus, et surtout du tissu générateur, à se resserrer spontanément et graduellement sous l'influence

est peut-être incertain qu'une telle analyse corresponde suffisamment à la nature de l'opération proposée. Les propriétés purement physiques ou chimiques des tissus vivans doivent être, sans doute, nettement séparées des propriétés vraiment organiques, sauf à les étudier préalablement avec beaucoup de soin, et d'une manière plus satisfaisante qu'on ne l'a fait encore. Il semble donc que les deux premières propriétés générales admises par M. de Blainville, n'ont pas assez profondément le véritable caractère physiologique, quoique leur réalité et leur importance soient d'ailleurs incontestables. Ces deux propriétés ne sont peut-être point aussi assez distinctes l'une de l'autre, puisque la faculté hygrométrique des tissus paraît fréquemment tenir à une simple action capillaire. Enfin, on peut surtout craindre que l'ensemble de ces trois propriétés ne suffise pas à représenter exactement tous les phénomènes organiques dont elles sont regardées comme caractérisant les actes les plus élémentaires. Une dis-

---

d'un stimulant quelconque, comme l'action d'un alcali, la chaleur, etc, tandis que le nom d'*irritabilité*, qui représente en même temps la *contractilité organique sensible* et la *contractilité animale* de Bichat, indique, depuis Haller, la faculté de contraction rapide, sensible, et intermittente que peut seule développer, dans le tissu musculaire, l'action nerveuse, momentanément remplacée quelquefois par l'électrisation galvanique.

cussion ultérieure, convenablement fondée sur l'usage effectif d'une telle théorie dans les diverses spéculations biologiques, pourra seule, à cet égard, dissiper tous les doutes, et déterminer, s'il y a lieu, l'assentiment universel des physiologistes rationnels. Il suffisait, suivant l'esprit de ce traité, de constater clairement ici l'incertitude et l'obscurité qui subsistent encore habituellement sur les notions rudimentaires de la physiologie positive, dont la constitution systématique manque ainsi essentiellement d'un premier principe indispensable. Tel est le motif évident de l'importance que j'ai dû attacher à caractériser avec soin cette situation provisoire et précaire de la doctrine physiologique.

Une telle imperfection fondamentale dans les rudimens généraux des conceptions physiologiques, fait assez présumer combien doit être encore arriérée l'étude directe, à la fois positive et rationnelle, de la vie végétative ou organique elle-même, base nécessaire des phénomènes plus spéciaux et plus élevés qui constituent l'animalité. Non-seulement la coordination des divers phénomènes essentiels, et par suite leur explication, restent aujourd'hui à peine ébauchées; mais leur simple analyse préliminaire demeure même jusqu'ici fort incomplète et très peu satisfaisante. On ne peut maintenant regarder comme suffisamment arrêté, et exclusivement chez les biologistes les plus avancés, que le plan général d'une semblable étude, résultant d'une première appréciation philosophique de l'ensemble des phénomènes vitaux. Je ne connais, à ce sujet, rien d'aussi rationnel que le beau travail de M. de Blainville dans la conception de son cours de physiologie (1), qui me paraît remplir déjà, sauf divers perfectionnemens secondaires, toutes les grandes conditions d'un programme convenablement systématique, destiné à diriger, avec une pleine efficacité, la suite des recherches ultérieures qu'exige désormais la construction directe de la saine doctrine bionomique, en considérant tous les divers essais antérieurs comme n'ayant pu fournir que de simples matériaux, susceptibles, le plus souvent, d'une indispensable révision.

Quoique la discussion formelle de ce plan fût ici déplacée, je dois néanmoins y signaler un très heureux perfectionnement dans la division la plus

(1) Pour suppléer, autant que possible, à l'entière publication, si désirable à tant de titres, du système physiologique de M. de Blainville, tous les esprits philosophiques, pourvu que la considération positive d'un tel sujet leur soit déjà suffisamment familière, pourront aujourd'hui fort utilement consulter le tableau synoptique éminemment remarquable que ce grand biologiste en a composé, et qui indique, d'une manière très lumineuse, les vrais caractères d'une coordination pleinement rationnelle de l'ensemble des phénomènes vitaux.

générale des phénomènes physiologiques. Il consiste à distinguer soigneusement d'avec les *fonctions* proprement dites, toujours réduites désormais à l'action d'un organe ou, tout au plus, d'un appareil bien déterminé, les phénomènes plus composés et très différens, qu'on leur avait vaguement assimilés jusqu'alors, et qui résultent, d'une manière plus ou moins nécessaire, de l'ensemble des diverses fonctions essentielles, comme, par exemple, la production de la chaleur vitale, dont Chaussier était allé jusqu'à faire, non-seulement une fonction, mais même une vraie propriété directe, sous le nom métaphysique de *caloricité*. Sans cette indispensable division, il est évidemment impossible de se former aucune notion claire et rigoureuse de ce que les biologistes doivent entendre, en général, par une *fonction*. Mais, ainsi conçue, l'analyse physiologique présentera toujours, dans la succession nécessaire de ses divers degrés principaux, une marche rationnellement conforme à celle qui caractérise l'analyse anatomique, suivant la loi ci-dessus indiquée. L'idée fondamentale de *propriété* correspondra désormais à la notion élémentaire de *tissu*, l'idée de *fonction* à celle d'*organe*, et la notion définitive de *résultat* à la considération finale de l'ensemble de l'*organisme* : la gradation étant essentiellement analogue dans les deux ordres de conceptions, et la comparaison d'un ordre à l'autre rappelant sans cesse à notre esprit l'indispensable relation de l'acte à l'agent, qui constitue, par sa nature, le fond général de toute la philosophie biologique.

Les fonctions proprement dites qui appartiennent à la vie végétative, envisagée dans l'ensemble total de la hiérarchie biologique, se réduisent, par leur nature, à deux vraiment fondamentales, dont l'antagonisme continu correspond à la définition même de la vie : 1° l'*absorption* intérieure des matériaux nutritifs puisés dans le système ambiant, d'où résulte inévitablement, d'après leur assimilation graduelle, la nutrition finale; 2° l'*exhalation* à l'extérieur des molécules, dès lors étrangères, qui se désassimilent nécessairement à mesure que cette nutrition s'accomplit. Aucune autre notion primordiale ne saurait entrer dans la conception générale et abstraite de la vie organique, quand on en écarte, avec une rigueur vraiment scientifique, toute idée relative à la vie animale, dont l'influence ne peut d'ailleurs consister, à cet égard, qu'à perfectionner cette double opération élémentaire, à mesure que ses différens actes se spécialisent davantage par la complication croissante de l'organisme. D'un autre côté, on ne peut supprimer, par la pensée, aucun des trois élémens essentiels qui viennent d'être indiqués, sans détruire aussitôt la vraie notion générale de ce grand mouvement vital; chez les êtres même les plus simples, soit qu'il s'agisse de l'une ou de l'autre des deux fonctions caractéristiques. Dans aucun organisme en effet, les matières assimilables ne peuvent être directement incorporées ni au lieu même où s'est opérée leur absorption, ni sous leur forme primitive : leur assimilation réelle exige toujours un certain déplacement, et une préparation quelconque qui s'accomplit pendant ce trajet. Il en est de même, en sens inverse, pour l'exhalation, qui suppose constamment que les particules, devenues étrangères à une portion quelconque de l'organisme, ont été finalement exhalées en un autre point, après avoir éprouvé, dans ce transport nécessaire, d'indispensables modifications. Sous ce point de vue fondamental, comme sous tant d'autres, on a, ce me semble, fort exagéré la véritable distinction entre l'organisme animal et l'organisme végétal, surtout lorsqu'on a voulu ériger la *digestion* en un caractère essentiel de l'animalité. Car, en se formant de la digestion la notion la plus générale, qui doit s'étendre à toute préparation des alimens indispensable à leur assimilation effective, il est clair qu'une telle préparation existe nécessairement dans les végétaux aussi bien que chez les animaux, quoiqu'elle y soit, sans doute, moins profonde et moins variée, par suite de la simplification simultanée des alimens et de l'organisme. Une remarque analogue peut également s'appliquer au mouvement des fluides, soit récrémentitiels, soit excrémentitiels. Sans doute, chez les animaux seuls, et même uniquement à un certain degré d'élévation dans l'échelle zoologique, ce mouvement fondamental donne lieu à une véritable circulation, qui suppose toujours un organe central d'impulsion, nécessairement emprunté à la vie animale proprement dite. Mais il serait néanmoins évidemment impossible de concevoir le moindre organisme sans le mouvement continuel d'un fluide général tenant en suspension ou en dissolution les matières absorbées ou les matières désagrégées pour les transporter, par endosmose et exosmose au moins, au lieu de leur incorporation ou de leur exhalation définitive : cette perpétuelle oscillation, qui ne suppose nullement un ordre spécial de vaisseaux, et qui peut directement s'opérer à travers la trame celluleuse primordiale, est également indispensable aux végétaux et aux animaux ; tout comme la préparation correspondante des matériaux ou des résidus, dont elle est nécessairement toujours accompagnée. Tels demeurent donc les trois élémens généraux de chacune des deux grandes fonctions végétatives, réduites même à ce qu'elles ont de strictement commun à l'ensemble de la hiérarchie organique.

Une telle analyse montre clairement que les actes essentiels dont se compose la vie végétative sont, par leur nature, de simples phénomènes physico-chimiques, comme je l'ai indiqué dans la quarantième leçon : physiques, quant au mouvement des molécules assimilables ou exhalables; chimiques, en ce qui concerne les modifications successives de ces diverses substances. Sous le premier aspect, ils dépendent des propriétés hygrométrique, capillaire, et rétractile du tissu fondamental; sous le second, beaucoup plus obscur jusqu'ici, ils se rapportent à l'action moléculaire que comporte sa composition caractéristique. C'est dans un tel esprit qu'il faut concevoir l'explication des phénomènes purement organiques, et que leur analyse positive doit être instituée; tandis qu'une tout autre manière de voir doit présider à l'étude des phénomènes essentiellement animaux, comme la leçon suivante l'indiquera spécialement.

L'étude fondamentale de la vie générale, ainsi caractérisée, ne peut pas même être aujourd'hui regardée comme organisée d'une manière convenablement rationnelle. Car, d'après la leçon précédente, nous avons reconnu que la biotaxie, bien plus avancée que la physiologie proprement dite, ne voit désormais, dans l'organisme végétal, que le dernier degré d'une hiérarchie nécessairement unique, dont les divers rangs principaux diffèrent ordinairement davantage les uns des autres qu'aucun d'eux de ce terme extrême. Il est indispensable qu'une semblable conception dirige habituellement aussi les spéculations physiologiques relatives aux fonctions organiques ou végétatives, uniformément analysées pour l'ensemble des êtres vivans, ce qui, on peut l'affirmer, n'a jamais été tenté jusqu'ici. Tant que cette grande condition philosophique demeure inaccomplie, les études restent nécessairement incomplètes, avec quelque sagesse qu'elles soient d'ailleurs entreprises, et ne peuvent nullement établir aucun point essentiel d'une doctrine physiologique vraiment définitive. On conçoit, en effet, que l'organisme végétal présentant, dans toute leur simplicité, les fonctions dont il s'agit de découvrir les lois fondamentales, dégagées des diverses influences plus ou moins accessoires qui les compliquent toujours, à un degré quelconque, chez les animaux, ce cas doit être, par sa nature, le plus directement propre à nous dévoiler nettement la partie vraiment primordiale de ce sujet difficile. Mais, d'une autre part, la considération immédiate et isolée de ce cas extrême et exceptionnel, ne peut guère apporter une véritable lumière dans la théorie générale d'un tel ordre de phénomènes, qui n'auraient point été d'abord graduellement analysés suivant la série des cas intermédiaires tendant de plus en plus vers cette limite finale. Il serait évidemment encore plus impossible sous le point de vue physiologique que sous le simple aspect anatomique, de passer ainsi brusquement de l'organisme humain, qui, de toute nécessité, constitue toujours le point de départ des diverses spéculations biologiques, à l'organisme végétal qui en caractérise le dernier terme, ou réciproquement. Si donc l'étude hiérarchique des divers degrés intermédiaires est aujourd'hui généralement reconnue comme indispensable pour établir une liaison réelle entre les deux cas statiques extrêmes, comment pourrait-on espérer de s'en dispenser à l'égard des études, bien plus difficiles, relatives aux considérations dynamiques? Tel est, sans doute, le principal motif de la stérilité vraiment remarquable des études directes, d'ailleurs utiles et souvent sagement conduites dans les détails, entreprises jusqu'ici sur la vie des végétaux, et qui n'ont encore contribué réellement à éclaircir aucun point capital de physiologie générale ; ce qui doit sembler, du reste, d'autant plus facile à expliquer, que, par une suite naturelle de cet irrationnel isolement du cas végétal, les chimistes et les physiciens se sont presque toujours emparés spontanément de recherches qui devaient nécessairement appartenir aux seuls biologistes. Il est même incontestable que des études ainsi instituées ne peuvent être que très médiocrement utiles au sujet trop exclusif qu'on y a voulu considérer, comme l'expérience l'a, ce me semble, clairement vérifié ici. Car, la comparaison rationnelle des divers cas biologiques, suivant leur véritable ordre hiérarchique, est nécessairement aussi instructive et aussi indispensable en sens inverse qu'en sens direct, en vertu de la solidarité fondamentale de ces diverses parties d'une doctrine véritablement unique par sa nature (1). Ainsi, la méthode com-

(1) A cette critique générale, malheureusement trop fondée, de l'esprit irrationnel qui dirige encore essentiellement les études de physiologie végétale, je suis heureux de pouvoir opposer déjà une notable exception, qui me paraît hautement caractériser l'ensemble des travaux de M. Turpin. Ce judicieux biologiste est, en effet, le seul aujourd'hui, du moins en France, qui ait conçu et étudié l'organisme végétal comme offrant l'extrême modification de la vie fondamentale des organismes animaux. Les zoologistes se refusant jusqu'ici à prolonger leurs théories jusqu'à la considération de ce cas final, M. Turpin s'est efforcé d'exécuter, autant que possible, l'opération inverse, et les

parative, qui, d'après la quarantième leçon, constitue la principale ressource caractéristique de toute la philosophie biologique, n'a pas encore été convenablement introduite dans l'étude générale de la vie organique, quoiqu'elle y soit à la fois encore plus indispensable et susceptible d'une application plus complète qu'à l'égard même de la vie animale. Les plus hautes intelligences ne sont donc pas jusqu'ici habituellement parvenues, en physiologie, à cet état de pleine maturité, où notre esprit développe librement, dans toute leur étendue, l'ensemble de ses divers moyens essentiels. Dans le système physiologique de M. de Blainville lui-même, malgré sa rationalité supérieure, la comparaison biologique n'a pas été poussée jusqu'à son véritable terme scientifique, par l'introduction régulière de l'économie végétale, envisagée comme l'extrême simplification de la vie générale.

D'après une telle institution de la physiologie

succès incontestables qu'il a obtenus suffiraient à vérifier combien cette marche rationnelle deviendrait désormais immédiatement utile aux progrès essentiels de la philosophie botanique, qui, depuis Linné et les Jussieu, semble presque stationnaire. On doit donc regretter que M. Turpin n'ait point encore exposé, d'une manière directe et méthodique, l'ensemble de sa doctrine phytologique, dont la propagation exercerait sans doute une très heureuse influence sur la direction habituelle des travaux de ce genre, et pourrait même efficacement réagir sur le perfectionnement général de la philosophie biologique.

organique, ce serait s'engager ici dans une discussion spéciale contraire à la nature de cet ouvrage que d'y constater en détail les nombreuses imperfections que doit nécessairement présenter la simple analyse fondamentale des phénomènes essentiels, préliminaire indispensable à toute tentative d'explication réelle. Au point de vue graduellement déterminé par l'ensemble des considérations précédentes, aucun bon esprit ne saurait envisager l'état actuel de la science sans être aussitôt choqué des lacunes capitales qu'il présente, sous ce rapport, presque à chaque pas, même à l'égard des plus simples phénomènes. C'est ainsi, par exemple, que nous ignorons encore, malgré les nombreuses explorations particulières qui ont été déjà entreprises, en quoi consiste exactement le fait chimique général de la digestion proprement dite; c'est-à-dire, quels changemens essentiels y éprouvent réellement, dans les principaux organismes, les divers matériaux alibiles : les uns posent en principe l'unité fondamentale du chyle, au moins pour chaque espèce, malgré la diversité quelconque des alimens; tandis que d'autres, se fondant en apparence sur des motifs également plausibles, établissent la variation nécessaire du chyle d'après celle des substances assimilables : sans que jusqu'à présent des recherches vraiment décisives aient irrévocablement fixé ce point important de doctrine physiologique préliminaire, quelque simple que doive paraître une telle discussion. La même imperfection primitive se manifeste, d'une manière encore plus sensible peut-être, à l'égard de la digestion gazeuse, ou respiration ; puisque, par les contradictions radicales que présentent entre elles de nombreuses analyses, assez bien exécutées d'ailleurs pour devoir sembler exactement comparables, on ne sait plus nettement aujourd'hui quelles sont, en réalité, les différences générales entre l'air inspiré et l'air expiré, même chez les animaux les plus élevés. Quant à l'azote surtout, toutes les opinions sont encore soutenues avec une égale apparence de validité ; pour certains physiologistes, l'acte de la respiration en augmente finalement la quantité, tandis que d'autres la regardent comme certainement diminuée, et que, aux yeux de plusieurs enfin, elle ne souffre ainsi aucune altération appréciable. De telles divergences sur les plus simples phénomènes préliminaires de la vie végétative, font assez comprendre combien serait aujourd'hui prématurée toute recherche directe relativement aux phénomènes essentiels de l'assimilation, ou, en sens inverse, de la désassimilation par les diverses sécrétions.

Il serait évidemment superflu d'insister davantage ici sur un état d'imperfection aussi prononcé, et dont les causes nécessaires ont d'ailleurs été ci-dessus suffisamment examinées.

Si, de la considération générale des *fonctions* proprement dites relatives à la vie organique, nous passons maintenant à l'examen des phénomènes plus composés que nous avons ci-dessus reconnu devoir en être soigneusement distingués sous le nom de *résultats* de l'action simultanée de tous les organes principaux, il est évident que cet ordre final d'études physiologiques, bien plus difficile par sa nature, et d'ailleurs fondé sur le précédent, doit nécessairement être aujourd'hui dans une situation encore moins satisfaisante. Il suffira de l'indiquer ici à l'égard de chacun des divers aspects essentiels propres à ce dernier degré de la doctrine physiologique fondamentale.

Le résultat le plus immédiat et le plus nécessaire de l'ensemble des fonctions organiques, consiste dans l'état continu de composition et de décomposition simultanées qui caractérise finalement la vie végétative. Or, comment ce double mouvement pourrait-il être rationnellement analysé, lorsque, d'une part, l'assimilation, d'une autre part, les sécrétions, qui le déterminent directement sous les deux rapports, sont elles-mêmes aussi imparfaitement étudiées? Aussi les questions les plus simples et les plus naturelles sont-elles, à cet égard, à peine ébauchées jusqu'ici, ni même, le plus souvent, convenablement posées. C'est ainsi, par exemple, qu'on n'a pas seulement imaginé d'instituer, dans la série des degrés principaux de l'échelle organique, une exacte comparaison chimique entre la composition totale de chaque organisme et le système correspondant d'alimentation; ni, sous le point de vue inverse, entre les produits exhalés et l'ensemble des agens qui les avaient primitivement fournis ou successivement modifiés, en sorte que nous ne pouvons pas même spécifier aujourd'hui, avec une précision vraiment scientifique, en quoi consiste le phénomène général de la composition et de la décomposition perpétuelle de tout organisme par une suite nécessaire du concours des diverses fonctions essentielles. La science ne possède encore, à ce sujet, que des documens particuliers fort incohérens, et le plus souvent très incomplets, qui n'ont jamais été ramenés à aucun fait général.

On peut regarder l'action spontanée des corps vivans, pour entretenir, entre certaines limites, leur température à un degré déterminé, malgré les variations thermométriques du milieu ambiant, comme un second résultat fondamental de l'ensemble des fonctions végétatives, qui coexiste presque toujours avec le précédent. Ce grand caractère, qui n'avait d'abord frappé les observateurs que dans les cas les plus prononcés, que présente seulement la partie supérieure de la hiérarchie biologique, est, en effet, unanimement reconnu aujourd'hui pour appartenir indistinctement, quoique d'une manière très inégale, à tous les organismes quelconques, sans en excepter l'organisme végétal. Mais cette étude capitale est encore évidemment très peu avancée, et même fort mal conçue. Nous avons déjà remarqué, au commencement de ce chapitre, la confusion profondément vicieuse qui existe le plus souvent, à cet égard, entre l'analyse de la chaleur vitale, et celle de l'influence thermologique extérieure, qui constituent, néanmoins, avec tant d'évidence, deux sujets parfaitement distincts. Je crois devoir, en outre, noter ici que, dans le petit nombre de recherches directes entreprises jusqu'à présent sur la chaleur vitale, le caractère fondamental du phénomène me paraît avoir toujours été radicalement méconnu. Quoique l'on ait rectifié désormais la conception trop étroite qui faisait jadis d'un tel résultat un attribut exclusif de l'animalité, cette opinion primitive a conservé néanmoins une grande prépondérance indirecte, en disposant encore les physiologistes à rattacher surtout ce phénomène aux fonctions de la vie animale, ce qui, dès le principe, devait imprimer à la suite des recherches une direction nécessairement irrationnelle, en accordant une vicieuse suprématie à des conditions qui, malgré leur extrême importance, ne sauraient être que purement accessoires. Dans cet ordre de résultats, comme envers tout autre également fondamental, les fonctions animales proprement dites ne peuvent influer que sur l'intensité et l'activité de phénomènes, qui, par leur nature, appartiennent essentiellement à la vie organique. Considérées en effet sous leur aspect le plus général, la production et la conservation continues de la chaleur vitale, résultent primitivement de l'ensemble des actes physico-chimiques qui caractérisent la vie fondamentale et universelle; de telle sorte que tout corps vivant représente, à cet égard, un véritable foyer chimique plus ou moins durable, susceptible de maintenir spontanément sa température entre certaines limites, par une suite nécessaire des phénomènes de composition et de décomposition qui s'y passent, malgré les influences extérieures. Tel est le point de vue qui doit, sans doute, devenir prépondérant dans l'étude positive de la chaleur vitale;

et c'est seulement après que ce grand phénomène aura été ainsi convenablement analysé à sa véritable origine, que l'on pourra tenter utilement de déterminer avec exactitude les diverses modifications dont il est susceptible par l'intervention des fonctions animales. Le renversement habituel de cet ordre nécessaire ne peut certainement conduire qu'à des notions purement provisoires, si ce n'est fautives, en plaçant l'accessoire avant le principal. Il faut reconnaître toutefois que, dans les travaux les plus récens sur ce sujet capital, on commence à considérer beaucoup plus soigneusement les fonctions organiques, comme on le voit surtout par l'intéressante série d'observations de M. Collard (de Martigny), qui représentent, à cet égard, l'état le moins imparfait de la science actuelle. Cette étude ne saurait néanmoins être regardée encore comme convenablement instituée, puisque l'organisme végétal, dont l'examen devrait cependant y constituer un élément indispensable, n'y a pas même été jusqu'ici régulièrement introduit.

De semblables remarques philosophiques s'appliquent, avec plus de force et d'évidence, à l'étude électrique des corps vivans. Ici, la confusion générale entre l'action organique et l'influence extérieure devient certainement beaucoup plus prononcée, ainsi que je l'ai déjà signalé, indépendamment des aberrations quasi-métaphysiques qui proviennent des chimériques conceptions de la physique actuelle sur les éthers et les fluides électriques. L'erreur fondamentale sur l'origine physiologique du phénomène conserve aussi bien plus d'ascendant que dans le cas précédent, quoiqu'elle soit d'ailleurs analogue. On y exagère tellement l'influence des fonctions animales, que les esprits les plus avancés peuvent à peine concevoir aujourd'hui que cet ordre de résultats doive être primitivement rapporté à la vie organique. Néanmoins, dans l'état présent de l'électrologie générale, et surtout de l'électro-chimie, il est, *à priori,* presque aussi évident pour l'électricité que pour la chaleur, que la suite des actes de composition et de décomposition qui constituent la vie végétative doit nécessairement produire et entretenir une électrisation permanente et plus ou moins fixe dans l'organisme où ils s'accomplissent, malgré les variations électriques du système ambiant. Les actes essentiellement animaux ne peuvent exercer, sur cet ordre de résultats organiques comme sur tout autre, qu'une influence purement modificatrice, consistant à augmenter et à accélérer plus ou moins le phénomène fondamental. Mais l'analyse électrique de l'organisme est évidemment encore bien plus loin aujourd'hui que l'analyse thermologique d'être conçue et poursuivie sous l'aspect rationnel que je viens de caractériser, et dont la justesse sera probablement très contestée (1).

En considérant enfin les phénomènes organiques généraux qui résultent, d'une manière à la fois plus indirecte et moins nécessaire, de l'ensemble des fonctions végétatives, il nous reste à apprécier l'esprit qui dirige habituellement la grande et difficile étude de la génération et du développement des corps vivans.

Malgré les nombreux travaux entrepris sur ce sujet fondamental depuis les belles séries de recherches originales de Harvey et de Haller à l'égard des animaux les plus élevés, cette étude peut, encore moins que toutes les précédentes, à cause de sa complication supérieure, être regardée aujourd'hui comme rationnellement instituée dans la direction vraiment positive qui lui est propre. L'influence très prononcée de la philosophie métaphysique ne s'y fait pas seulement sentir sous la forme directe et grossière manifestée par les phy-

---

(1) Diverses tentatives partielles tendent cependant aujourd'hui à nous rapprocher évidemment d'une telle disposition d'esprit; entre autres les recherches intéressantes ébauchées par M. Donné sur l'état électrique comparatif des deux parties générales, extérieure et intérieure, de l'enveloppe animale, qui paraît présenter, sous ce rapport, entre la peau et la membrane muqueuse, une remarquable opposition.

siologistes arriérés qui en sont restés aux forces plastiques. Ceux même que domine réellement une intention beaucoup plus positive, subissent encore, à leur insu, d'une manière indirecte et spécieuse, ce ténébreux ascendant, lorsque, dans un ordre de phénomènes aussi profondément compliqué, ils entreprennent aujourd'hui, par des recherches nécessairement stériles sur les générations spontanées, cette vaine détermination des causes essentielles, à laquelle les physiciens ont unanimement renoncé désormais envers les plus simples effets naturels. Aussi, quoique les observations convenablement suivies manquent jusqu'ici à l'égard de presque toutes les parties de ce grand problème, on peut dire que l'immense obscurité qui enveloppe maintenant un tel sujet tient surtout à ce qu'on y cherche ce qui, en réalité, n'est nullement susceptible d'être trouvé. Les physiologistes ont ici besoin de remonter aux notions les plus élémentaires de la philosophie positive, devenues si heureusement vulgaires à l'égard des phénomènes inorganiques et même des plus simples phénomènes biologiques, afin de renoncer franchement à toute enquête insoluble des *causes* de la génération et du développement, pour réduire la science effective à en déterminer les *lois*, dont l'étude, à peine ébauchée, comporte un si utile succès. Or, il faut convenir, au contraire, que les plus belles questions positives, celles qui, par leur nature, présentent même le plus haut intérêt pratique, comme pouvant conduire à l'amélioration systématique des diverses races vivantes, y compris la race humaine, n'ont encore attiré qu'indirectement l'attention des physiologistes, et seulement à raison des argumens plus ou moins spécieux qu'ils espéraient en induire pour ou contre l'une des vaines hypothèses quasi-métaphysiques dont ils étaient surtout préoccupés. Cependant, les travaux des anatomistes sur l'appareil génital, et les comparaisons exactes établies par les zoologistes pour déduire d'une telle considération des moyens généraux de classification, ont évidemment préparé les voies à une étude plus rationnelle. Il est même digne de remarque aujourd'hui, dans les diverses parties du monde savant, que ceux qui d'abord n'avaient en vue que d'absurdes chimères sur les causes premières de la génération, ont été graduellement entraînés, par la prépondérance croissante et universelle de l'esprit positif, à faire involontairement dégénérer leurs efforts en de simples recherches d'ovologie et d'embryologie, qui prennent chaque jour un caractère plus scientifique. Mais, malgré tous ces symptômes irrécusables d'une prochaine amélioration radicale, il demeure néanmoins certain que la principale condition préliminaire pour la formation d'une doctrine vraiment positive sur ce grand sujet, c'est-à-dire simplement l'exacte analyse générale du phénomène fondamental, n'a pas même encore été convenablement remplie; ce qui rendrait nécessairement prématurée aujourd'hui toute tentative directe quant aux lois positives de la génération et du développement. Il doit être toutefois bien entendu que nous ne considérons point ici les derniers degrés de la hiérarchie organique, où il n'existe pas, à vrai dire, de génération proprement dite, la multiplication s'y opérant par un simple prolongement direct de la masse vivante, qui peut s'effectuer en un point quelconque de cette masse, dès-lors presque homogène; car, dans ce cas extrême, le phénomène est essentiellement analogue à toute autre sorte de reproduction du tissu cellulaire primordial. Nous ne pouvons avoir en vue que les organismes assez élevés pour ne pouvoir se reproduire sans le concours préalable et déterminé de deux appareils plus ou moins spéciaux, appartenant d'ailleurs à deux individus distincts ou à un seul individu, et chez lesquels l'appareil mâle est toujours conçu comme venant opérer, par une première nourriture vivifiante, une sorte d'éveil indispensable, dans le germe que contient l'appareil femelle. Or, l'analyse générale de ce phénomène élémentaire est, sans doute, aujourd'hui extrêmement imparfaite, puisqu'on ne sait pas même en quoi consiste la différence exacte et caractéristique entre les deux états de l'ovule, immédiatement avant et après l'acte de la fécondation. Notre ignorance est jusqu'ici tellement profonde à cet égard, que, dans les cas les mieux caractérisés, nous ne pouvons nullement concevoir la nécessité des plus évidentes conditions du phénomène, dont l'expérience seule nous dévoile empiriquement l'indispensable concours. C'est ainsi, par exemple, que, en considérant, d'une part, quelle minime quantité de fluide séminal peut suffire à la fécondation ; et, d'une autre part, combien la disposition anatomique rend difficile son introduction jusqu'au germe, on serait presque nécessairement entraîné à prononcer, *à priori*, que leur conflit ne constitue point une condition essentielle du phénomène, si l'observation la plus vulgaire ne venait point aussitôt rectifier, d'une manière hautement irrécusable, cette fausse indication de notre vaine science. Une étude où l'on doit aussi peu s'écarter de la stricte observation immédiate, où les plus simples prévisions sont aussi radicalement incertaines et même erronées, est certainement encore dans un état de véritable enfance, malgré l'imposante apparence de la masse des travaux déjà accumulés à cet égard.

Il en est essentiellement de même pour la doctrine générale du développement organique, suite inséparable de la théorie de la génération. On doit, en outre, reconnaître, sans se laisser éblouir par de récens et incontestables progrès, que cette étude est encore plus imparfaitement conçue aujourd'hui que celle de la reproduction, puisque la méthode comparative y a été appliquée d'une manière bien moins complète ; la question fondamentale n'y a jamais été posée sous une forme commune à tous les organismes, y compris nécessairement l'organisme végétal. Une grave aberration philosophique me semble même dominer aujourd'hui la plupart des recherches qui se poursuivent à ce sujet. Quoique, de l'aveu unanime des biologistes, la vie végétative soit la base indispensable de toute vie animale, c'est sur les appareils et les fonctions relatives à cette dernière que les essais embryologiques sont maintenant surtout dirigés, au point de représenter le système le plus éminemment animal, le système nerveux, comme apparaissant le premier dans le développement des organismes supérieurs. Cette manière de voir, qui paraît aussi contraire qu'il soit possible de l'imaginer à l'établissement ultérieur de toute conception vraiment générale sur la théorie fondamentale du développement, se trouve d'ailleurs en opposition directe avec une des lois les plus constantes que présente la philosophie biologique, l'harmonie universelle et nécessaire entre les principales phases de l'évolution individuelle et les degrés successifs les mieux caractérisés de la grande hiérarchie organique; puisque, sous ce dernier aspect, le tissu nerveux ne se manifeste que comme la plus extrême et la plus spéciale transformation du tissu primordial. L'analyse préliminaire du développement organique est donc encore bien loin d'avoir été conçue dans un esprit suffisamment rationnel, toujours dominé par la haute intention philosophique de tendre à concilier, autant que possible, les divers aspects essentiels de la science des corps vivans.

Pour être vraiment complète, cette analyse doit évidemment être suivie de l'étude inverse, et néanmoins corélative, à laquelle donne lieu le décroissement fatal de l'organisme, à partir de sa pleine maturité, dans sa marche graduelle vers la mort. Cette théorie générale de la mort est certainement très peu avancée, puisque les recherches physiologiques les mieux instituées à ce sujet n'ont presque jamais porté que sur les morts violentes ou accidentelles, considérées même exclusivement dans les organismes les plus élevés, et affectant surtout les fonctions et les appareils de nature essentiellement animale, comme l'indiquent les beaux travaux de Bichat. Quant à la dégradation nécessaire de l'existence organique fondamentale, nous sommes aujourd'hui bornés à un premier aperçu philosophique, qui la représente comme une suite inévitable de la vie elle-même, par la prédominance croissante du mouvement d'exhalation sur le mouvement d'absorption, d'où résulte graduellement une consolidation exagérée de l'organisme primitivement presque fluide, ce qui, à défaut d'influences plus rapides, tend à produire un état de dessiccation incompatible avec tout phénomène vital. Mais, quelque précieuse que soit une telle vue sommaire, elle ne peut servir qu'à bien caractériser la vraie nature de la question, en indiquant la direction générale des recherches qu'elle exige. Les considérations importantes relatives à la vie animale ne sauraient être rationnellement introduites dans un tel sujet, que lorsque cette doctrine préliminaire aura d'abord été convenablement établie, comme à l'égard de tous les autres points de vue précédemment examinés.

Telles sont les principales réflexions philosophiques que doit naturellement inspirer l'exacte appréciation de l'état actuel de la physiologie organique ou végétative, envisagé dans son ensemble. Cet examen, quoique sans doute extrêmement sommaire, peut conduire à constater, d'une manière irrécusable, que, comme nous l'avions aisément prévu dès l'origine, c'est à l'éducation radicalement vicieuse de presque tous les physiologistes, et à l'irrationnelle institution de leurs travaux habituels, qu'il faut surtout attribuer l'excessive imperfection d'une étude aussi fondamentale, qui, malgré sa haute difficulté caractéristique et sa positivité toute récente, est certainement bien plus arriérée aujourd'hui que ne l'exigent la nature plus compliquée de ses phénomènes et son développement moins ancien. La circulation du sang, premier fait général qui ait donné l'éveil à la physiologie positive, et les lois de la chute des corps, première acquisition de la saine physique, sont des découvertes presque absolument contemporaines; et, néanmoins, quelle immense inégalité entre les progrès des deux sciences à partir de cette commune évolution! Une telle différence ne saurait uniquement tenir à la complication supérieure des phénomènes physiologiques, et a dû beaucoup dépendre aussi de l'esprit scientifique qui a dirigé leur étude générale, au niveau de laquelle la plupart de ceux qui la cultivent n'ont pas su convenablement s'élever.

Par leur nature évidemment physico-chimique, les phénomènes fondamentaux de la vie végétative exigent directement, soit dans leur analyse, soit dans leur explication, l'intime combinaison permanente des principales notions de la philosophie inorganique avec les considérations physiologiques immédiates préparées par une profonde habitude des lois préliminaires relatives à la structure et à la classification des corps vivans. Or, chacune de ces conditions inséparables n'est aujourd'hui suffisamment remplie que par un ordre particulier de savans positifs. De là sont résultées, d'un côté, la prétendue chimie organique, étude radicalement bâtarde, qui n'est qu'une grossière ébauche de la physiologie végétative, machinalement entreprise par des esprits qui ne comprenaient, en aucune manière, le vrai sujet de leurs travaux; d'un autre côté, les doctrines vagues, incohérentes, et quasi-métaphysiques, dont cette physiologie a été essentiellement composée par des intelligences mal préparées et presque entièrement dépourvues des notions préliminaires les plus indispensables. La stérile anarchie qui est la suite nécessaire d'une aussi vicieuse organisation du travail scientifique, suffirait seule à témoigner irrécusablement de l'utilité réelle et directe du point de vue général, et néanmoins positif, qui caractérise ce Traité.

# QUARANTE-QUATRIÈME LEÇON.

Considérations philosophiques sur l'étude générale de la vie *animale* proprement dite.

Quoique, par une invincible nécessité générale, la vie organique constitue évidemment le fondement indispensable et continu de la vie animale, il est néanmoins très digne de remarque que l'étude de ce dernier genre de fonctions soit réellement à la fois mieux conçue et plus avancée que celle qui, suivant l'ordre rationnel, devait certainement lui servir de préliminaire inévitable. Non-seulement les notions élémentaires de *propriétés* physiologiques sont ici, comme nous l'a fait voir la leçon précédente, beaucoup plus nettes et mieux circonscrites : mais, en outre, la méthode comparative, principal caractère logique de toute spéculation vraiment scientifique sur les corps vivans, y est appliquée d'une manière bien moins incomplète en même temps que plus judicieuse; ou, pour mieux dire, c'est seulement dans l'exploration de ces phénomènes qu'elle a été jusqu'ici régulièrement introduite. Aussi, ce que la physiologie organique présente aujourd'hui de moins imparfait se réduit essentiellement à l'étude des phénomènes supplémentaires qui, en réalité, sont empruntés à la vie animale, comme le mécanisme de la circulation proprement dite, celui de la respiration, etc., en sorte que les conditions accessoires y ont été beaucoup mieux examinées que les principales.

Cette sorte d'anomalie philosophique est cependant très facile à expliquer, en considérant que les cas les plus tranchés devaient nécessairement comporter plus aisément une exploration vraiment positive. L'étude des phénomènes purement animaux devait tendre, par sa nature, à constituer, avec une spontanéité plus prononcée, une science nettement distincte, en s'affranchissant plutôt des aberrations physico-chimiques, qui ont tant entravé le progrès réel de la saine physiologie, et qui toutefois ne pouvaient jamais entièrement voiler des différences fondamentales aussi saillantes que celles de l'animalité à la simple existence inorganique. En même temps que la comparaison biologique devenait ici plus facile par la similitude beaucoup plus évidente des divers organismes, elle était aussi plus habituellement applicable par la multiplicité beaucoup moindre des cas essentiellement comparables. Nous avons précédemment reconnu que, dans l'étude de la vie organique, la méthode comparative devait nécessairement, sous peine de stérilité radicale, être étendue jusqu'à son extrême limite, caractérisée par l'organisme végétal, le seul où les fonctions fondamentales fussent nettement dégagées de toute influence accessoire. Or, on conçoit aisément que l'esprit humain n'ait pu s'élever que très lentement et avec beaucoup d'efforts à cet état permanent d'abstraction et de généralité physiologiques, où, en parlant de l'homme, seul et inévitable type primordial de la hiérarchie biologique, il embrasse graduellement, sous un commun aspect, l'ensemble des divers modes de vitalité, y compris même l'économie végétale, sans tomber néanmoins, par une synthèse exagérée, dans ces vagues et abusives considérations qui, rapprochant indistinctement tous les êtres naturels, détruisent directement toute base réelle de comparaisons positives. Un point de vue aussi difficile et aussi nouveau n'a pu être convenablement établi que de nos jours, et uniquement jusqu'ici, chez les esprits même les plus avancés, à l'égard des plus simples aspects généraux de la biologie, c'est-à-dire dans la seule étude statique de l'organisme, ainsi que je l'ai expliqué. On ne saurait donc être étonné que la comparaison physiologique se soit d'abord développée surtout à l'égard des fonctions animales proprement dites, qui devaient naturellement en faire sentir, d'une manière beaucoup plus spontanée, à la fois l'importance et la possibilité, quoique l'étude rationnelle de la vie organique exige réellement et en même temps permette une plus large et plus indispensable application de la méthode comparative. Ce mode effectif de formation doit sembler d'autant plus inévitable pour la physiologie, qu'il a été essentiellement le même pour l'anatomie et pour la taxonomie, malgré leur moindre complication.

Toutefois, en considérant, avec plus de précision, cette évidente supériorité actuelle, qui n'est paradoxale qu'en apparence, de la physiologie animale sur la physiologie organique, il importe maintenant de bien distinguer, à cet égard, entre les deux aspects élémentaires de toute étude positive, la simple *analyse* préliminaire des phénomènes, et leur véritable *explication* définitive. C'est uniquement, en effet, sous le premier point de vue que la vie animale a été réellement mieux explorée jusqu'ici que la vie végétative, par suite de la facilité beaucoup plus grande que devait naturellement offrir l'examen direct de phénomènes dont l'observateur portait spontanément en lui-même le type le plus parfait. Mais, au contraire, il n'en a pas été et ne pouvait en être nullement ainsi sous le second aspect fondamental. Il deviendrait effectivement impossible de comprendre comment l'explication des phénomènes les plus spéciaux et les plus compliqués pourrait aujourd'hui être mieux conçue et plus avancée que celle des phénomènes plus simples et plus généraux qui leur servent de base indispensable : un tel état de la science serait en opposition directe avec les lois les moins contestables de l'esprit humain. Telle n'est point aussi sa vraie situation présente, comme il n'est que trop aisé de le constater.

Quelque imparfaite que soit évidemment jusqu'ici, d'après la leçon précédente, la théorie générale des phénomènes organiques fondamentaux, on doit néanmoins reconnaître qu'elle est aujourd'hui conçue dans un esprit beaucoup plus scientifique (ou, si l'on veut, moins arriéré) que celui qui préside habituellement aux principales explications de la physiologie animale. Car, les phénomènes végétatifs, considérés d'une manière rigoureusement isolée et strictement universelle, ne constituent, en réalité, par leur nature, qu'un ordre spécial et déterminé d'actes continus de composition et de décomposition : ils sont dont radicalement assimilables, sous leurs aspects les plus essentiels, aux simples phénomènes inorganiques. Bien loin qu'il soit irrationnel de les en rapprocher, comme on s'efforce de le faire aujourd'hui, c'est au contraire une telle subordination qui caractérise surtout leur explication réelle, conformément à l'esprit fondamental de toute philosophie positive, qui prescrit de lier, autant que possible, les phénomènes les plus particuliers aux plus généraux, ainsi que j'ai eu tant d'occasions de l'établir dans cet ouvrage. Sous ce rapport, l'école physico-chimique de Boerrhaave n'a réellement péché que par exagération, faute de données suffisantes et de réflexions assez approfondies. C'est par là que doit s'introduire spontanément, ainsi que je l'ai expliqué dans les leçons précédentes et surtout dans la dernière, le lien fondamental entre la philosophie inorganique et la philosophie biologique, qui peut faire désormais concevoir l'ensemble de la philosophie naturelle comme formant, en réalité, un système homogène et continu, abstraction faite des vains rapprochemens métaphysiques enfantés chaque jour par des imaginations anti-scientifiques.

Mais, par une suite nécessaire des mêmes principes philosophiques, un tout autre esprit doit essentiellement dominer les théories vraiment rationnelles relatives à la vie animale proprement dite, c'est-à-dire aux phénomènes élémentaires d'irritabilité et de sensibilité. Ici, en effet, il n'y a plus aucune base possible d'analogie pour permettre d'instituer quelques comparaisons réelles avec les phénomènes inorganiques, qui ne peuvent jamais nous présenter rien de semblable. On ne saurait méconnaître un tel axiome à l'égard de la sensibilité. Tout au plus pourrait-on, quant à l'irritabilité, en ne considérant que le simple fait de la contraction envisagée en elle-même, espérer de découvrir quelques phénomènes vraiment analogues dans le monde inorganique, en examinant sous cet aspect avec plus d'attention certains mouvemens suscités par la chaleur et surtout par l'électricité. Mais, quelque intérêt réel que puissent jamais offrir de semblables rapprochemens, ils deviendraient certainement illusoires, et par cela même, directement nuisibles à la science, si l'on prétendait en induire aucune explication quelconque de l'irritabilité. Car, ce n'est point l'effet contractile, isolément considéré, qui caractérise, en réalité, la fibre irritable ; c'est essentiellement la production d'un tel effet à la suite d'une indispensable innervation, surtout quand cette stimulation devient volontaire. En n'écartant ainsi, de la notion fondamentale du phénomène, aucun de ses élémens nécessaires, on reconnaît aisément que l'irritabilité est aussi radicalement étrangère au monde inorganique que la sensibilité elle-même, dont elle est d'ailleurs rigoureusement inséparable.

Cette double propriété vitale doit donc être conçue comme strictement primordiale chez les êtres, ou plutôt dans les tissus, qui en sont susceptibles, et, par suite, comme absolument inexplicable, au même degré, et par les mêmes motifs philosophiques, que la pesanteur, la chaleur, etc., ou toute autre propriété physique fondamentale, c'est-à-dire, en vertu d'une impossibilité aussi prononcée de la rattacher rationnellement à aucune autre catégorie quelconque de phénomènes élémentaires. Elle ne présente, sous ce rapport, de différence logique vraiment essentielle que sa spécialité nécessaire, comparée à la généralité plus ou moins évidente de ces propriétés physiques, ce qui ne saurait influer sur la possibilité d'explication, puisqu'une telle spécialité se trouve toujours en harmonie exacte avec celle non moins tranchée de la structure correspondante. C'est à ce titre fondamental que l'on doit justement regarder l'école physico-chimique comme ayant directement tendu à engager la science physiologique dans une voie d'aberration radicale, qui a profondément entravé ses véritables progrès, quoiqu'elle ait été et soit peut-être encore provisoirement utile par son antagonisme naturel avec la direction métaphysique, dont la prépondérance eût été, sans un tel obstacle, encore plus nuisible. Il est déplorable, en effet, que, faute d'une direction philosophique assez fortement arrêtée, tant de hautes intelligences modernes se soient long-temps consumées en efforts nécessairement illusoires, pour imaginer d'incompréhensibles explications de l'irritabilité et de la sensibilité, où des fluides fantastiques analogues à ceux de nos physiciens ont rempli naturellement un office indispensable. Aucun cas de ce genre ne m'a jamais semblé plus regrettable, que celui de l'illustre Lamarck, employant, avec l'admirable naïveté qui le caractérisait toujours, son beau génie zoologique à forger de vaines hypothèses physiques pour expliquer la sensibilité, sans jamais s'apercevoir que, à quelque degré de complication qu'il élevât graduellement ses suppositions gratuites, il parvenait tout au plus à représenter vaguement la transmission mécanique des impressions produites sur les extrémités nerveuses, mais nullement à rendre raison de l'acte de la perception, qui demeurait ainsi constamment intact, quoiqu'il constitue évidemment l'élément le plus essentiel de tout phénomène de sensibilité. Et cependant, presque tous les physiologistes qui n'appartiennent point à l'école métaphysique se livrent aujourd'hui, d'une manière plus ou moins prononcée, à ces vaines et stériles spéculations! Sans méconnaître l'évidente inefficacité des tentatives antérieures, on espère toujours que des efforts plus heureux, fondés sur quelque découverte imprévue, finiront par dévoiler un jour le mystère de la sensibilité et de l'irritabilité, quoique les physiciens, dans un ordre d'études infiniment plus simple, aient depuis longtemps renoncé à pénétrer jamais le mystère de la pesanteur! Rien ne caractérise peut-être avec plus d'énergie l'état actuel d'enfance de la physiologie, que l'obligation incontestable où nous sommes placés de regarder aujourd'hui des esprits, dominés par une disposition aussi profondément irrationnelle, comme constituant néanmoins, par comparaison, les précurseurs les plus immédiats de la véritable école positive, en ce que leurs aberrations tendent du moins à exciter le développement des explorations directes, quoiqu'ils les fassent souvent dévier; tandis que les doctrines métaphysiques, qui, par le jeu commode et universel de leurs entités, fournissent aussitôt, à tous les phénomènes possibles, des explications encore bien plus creuses et plus stériles, tendent ainsi désormais à comprimer inévitablement tout élan progressif du génie observateur, qui jadis fut, au contraire, puissamment secondé par elles, lorsqu'il s'efforçait de se dégager des entraves de la philosophie théologique.

Malgré l'éminent service général que l'école physico-chimique rend encore ainsi indirectement au progrès de la science physiologique, en opposant un obstacle insurmontable à la prépondérance rétrograde de l'école métaphysique, on doit reconnaître, d'un autre côté, que ses vaines tentatives anti-scientifiques sur l'explication fondamentale des phénomènes élémentaires de la vie animale, conservent seules aujourd'hui quelque importance à cette dernière école, en lui constituant aussi un office essentiel, qui consiste à maintenir l'intégrité du caractère original de la physiologie comme science distincte, en empêchant son absorption destructive par la philosophie inorganique : en sorte que la principale utilité des deux écoles se réduit aujourd'hui à se contenir, ou plutôt à s'annuller, réciproquement, ainsi que je l'ai déjà signalé dans le chapitre précédent. Quoi qu'il en soit, il demeure certain, d'après les considérations ci-dessus indiquées, que la lutte entre ces deux tendances n'est plus aujourd'hui radicalement engagée que sur l'étude de la vie animale; l'école physico-chimique pouvant désormais être regardée comme étant en pleine et irrévocable possession du domaine de la physiologie purement organique, qui, par la nature de ses phénomènes, devait, en effet, lui appartenir nécessairement tôt ou tard, quand elle aurait rempli les conditions préliminaires indispensables. Mais, en ce qui concerne la vie animale, les prétentions de cette école sont certainement inadmissibles, par son étroite et irrationnelle obstination à y transporter indûment l'esprit général qui convient exclusivement à la physiologie végétative. Toutefois, une telle école étant de nature éminemment perfectible, et l'absence même de conceptions bien arrêtées devant faciliter encore davantage son indispensable transformation, il y a tout lieu d'espérer aujourd'hui que, du sein de sa génération actuelle, sortira prochainement une école vraiment positive, qui, proclamant une judicieuse séparation irrévocable entre la philosophie biologique et la philosophie inorganique, sans méconnaître leur véritable subordination fondamentale, et concevant l'étude de la première avec le système des divers moyens rationnels convenables à son caractère essentiel, ralliera sans doute spontanément tous les bons esprits qui, le plus souvent à leur insu, ne tiennent réellement encore à la physiologie métaphysique qu'afin d'empêcher l'absorption totale du domaine de la biologie par les physiciens et les chimistes proprement dits. Quant à présent, quelque fondé que doive sembler un pareil espoir, il reste néanmoins incontestable que, chez les biologistes les plus avancés, les théories de physiologie organique commencent déjà à être essentiellement conçues d'après le véritable esprit général qui doit finalement les caractériser, tandis qu'il n'en est nullement ainsi pour la physiologie animale, toujours ballottée entre deux tendances contradictoires, radicalement nuisibles l'une et l'autre, quoique très inégalement, à ses progrès réels, sans avoir pu parvenir jusqu'ici à la vraie situation normale qui lui est propre. C'est pourquoi, malgré l'irrécusable supériorité qui, d'après les motifs ci-dessus expliqués, distingue maintenant la physiologie animale relativement à l'analyse préliminaire de ses principaux phénomènes, elle doit être envisagée comme réellement moins rapprochée aujourd'hui que la physiologie organique de sa véritable constitution scientifique. Un tel jugement paraîtrait encore moins douteux, si, suivant la stricte rigueur logique, on ne séparait point de la vie animale l'ensemble des phénomènes intellectuels et moraux, qui en sont effectivement le complément nécessaire, et dont l'étude générale est bien plus imparfaitement conçue, ainsi que nous le reconnaîtrons directement dans la leçon prochaine.

Ces aperçus préliminaires tendent à caractériser le véritable esprit philosophique qui doit présider à la formation ultérieure de la théorie positive de l'animalité, essentiellement fondée sur la co-relation des deux notions élémentaires de l'irritabilité et de la sensibilité, profondément distinguées de toute propriété physique. Écartant à jamais toute vaine recherche sur les causes de ce double principe animal, cette théorie consistera uniquement à comparer entre eux tous les divers phénomènes généraux qui s'y rattachent, d'après leur exacte analyse préalable, afin de découvrir leurs *lois* effectives; c'est-à-dire, comme à l'égard des autres phénomènes naturels, leurs vraies relations constantes soit de succession, soit de similitude. A l'imitation de toute autre théorie positive, elle sera directement destinée à faire prévoir rationnellement le mode d'action d'un organisme animal donné, placé dans des circonstances déterminées, ou réciproquement quelle disposition animale peut être induite de tel acte accompli d'animalité, suivant la formule scientifique fondamentale que j'ai établie en commençant ce traité sommaire de philosophie biologique (voyez la quarantième leçon). Les fausses tentatives actuelles pour expliquer l'irritabilité et la sensibilité tendent certainement à nous éloigner d'un tel but final, bien loin de pouvoir nous en rapprocher, en faisant inévitablement négliger la recherche directe des lois réelles de l'animalité, quoique la prévision des phénomènes soit aujourd'hui unanimement regardée, en principe, comme constituant à la fois le principal caractère de toute doctrine vraiment scientifique, et la mesure la moins équivoque de son degré général de perfection.

Afin de prévenir, autant que possible, toute vicieuse interprétation, il convient de remarquer ici qu'une semblable constitution de la physiologie animale, tout en la séparant désormais profondément de la philosophie inorganique, lui conserve nécessairement avec elle de larges relations fondamentales, qui suffisent à maintenir la rigoureuse continuité du système toujours unique de la philosophie positive. Comme je l'ai déjà indiqué ci-dessus, c'est surtout par la physiologie végétative que s'établit ce contact général.

Il ne faut jamais perdre de vue, en effet, la double liaison intime de la vie animale avec la vie organique, qui lui fournit constamment une base préliminaire indispensable, et qui, en même temps, lui constitue un but général non moins nécessaire. On n'a plus besoin aujourd'hui d'insister sur le premier point, qui a été mis en pleine évidence par de saines analyses physiologiques : il est bien reconnu maintenant que, pour se mouvoir et pour sentir, l'animal doit d'abord vivre, dans la plus simple acception du terme, c'est-à-dire végéter ; et qu'aucune suspension complète de cette vie végétative ne saurait, en aucun cas, être conçue sans entraîner, de toute nécessité, la cessation simultanée de la vie animale. Quant au second aspect, jusqu'ici beaucoup moins éclairci, chacun peut aisément reconnaître, soit pour les phénomènes d'irritabilité ou pour ceux de sensibilité, qu'ils sont essentiellement dirigés, à un dégré quelconque de l'échelle animale, par les besoins généraux de la vie organique, dont ils perfectionnent le mode fondamental, soit en lui procurant de meilleurs matériaux, soit en prévenant ou écartant les influences défavorables : les fonctions intellectuelles et morales n'ont point elles-mêmes ordinairement d'autre office primitif. Sans une telle destination générale, l'irritabilité dégénérerait nécessairement en une agitation désordonnée, et la sensibilité en une vague contemplation ; dès-lors, ou l'une et l'autre détruiraient bientôt l'organisme par une exercice immodéré, ou elles s'atrophieraient spontanément, faute de stimulation convenable. C'est seulement dans l'espèce humaine, et parvenue même à un haut degré de civilisation, ainsi que je l'ai déjà indiqué ailleurs, qu'il est possible de concevoir une sorte d'inversion de cet ordre fondamental, en se représentant, au contraire, la vie végétative comme essentiellement subordonnée à la vie animale, dont elle est seulement destinée à permettre le développement, ce qui constitue, ce me semble, la plus noble notion scientifique qu'on puisse se former de l'humanité proprement dite, distincte de l'animalité : encore une telle transformation ne devient-elle possible, sous peine de tomber dans un mysticisme très dangereux, qu'autant que, par une heureuse abstraction fondamentale, on transporte à l'espèce entière, ou du moins à la société, le but primitif qui, pour les animaux, est borné à l'individu, ou s'étend tout au plus momentanément à la famille, ainsi que je l'expliquerai directement dans le volume suivant (1). Une exception aussi spéciale et purement artifi-

(1) Un philosophe de l'école métaphysico-théologique, qui fut d'ailleurs un penseur énergique, a, de nos jours, prétendu caractériser l'homme par cette formule retentissante : *une intelligence servie par des organes*. Si cette phrase a un sens positif, il rentre sans doute dans celui que je viens d'expliquer. Mais la définition inverse serait évidemment beaucoup plus vraie, surtout pour l'homme primitif, non perfectionné par un état social très développé, comme cet auteur le supposait principalement. A quelque degré que puisse parvenir la ci-

cielle, d'ailleurs si facile à expliquer, ne saurait aucunement altérer l'universalité d'une considération que vérifie, d'une manière si prononcée, l'ensemble du règne animal, où la vie animale se montre toujours destinée à perfectionner la vie organique. C'est donc uniquement par une abstraction scientifique, dont la nécessité est, du reste, aujourd'hui hors de toute contestation, que nous pouvons provisoirement concevoir la première isolée de la seconde, qui en est, en réalité, strictement inséparable, sous le double aspect fondamental que je viens de signaler. Ainsi la théorie positive de l'animalité devant continuellement reposer sur celle de la vitalité générale, elle se trouve par là combinée, d'une manière intime et indissoluble, avec l'ensemble de la philosophie inorganique, qui fournit directement à la physiologie végétative, comme nous l'avons reconnu, ses bases rationnelles indispensables.

Mais, en outre, indépendamment de cette relation universelle et nécessaire, il en existe évi-

---

vilisation, ce ne sera jamais que chez un petit nombre d'hommes d'élite que l'intelligence pourra acquérir, dans l'ensemble de l'organisme, une prépondérance assez prononcée pour devenir réellement le but essentiel de toute existence humaine, au lieu d'être seulement employée, à titre de simple instrument, comme moyen fondamental de procurer une plus parfaite satisfaction des principaux besoins organiques; ce qui, abstraction faite de toute vaine déclamation, caractérise cer tainement le cas le plus ordinaire.

demment de plus directes quoique secondaires, dans le développement même des phénomènes purement animaux, surtout en ce qui concerne l'irritabilité, dont les actes définitifs sont certainement subordonnés aux lois les plus générales de la physique inorganique. Nous avons, en effet, bien reconnu, en traitant de la philosophie mathématique, que les lois fondamentales de l'équilibre et du mouvement, par cela même qu'elles ont été établies en faisant toujours abstraction complète de l'origine effective des mouvements et des efforts, doivent nécessairement se vérifier à l'égard de tous les ordres quelconques de phénomènes, sans aucune exception qui puisse être propre aux phénomènes physiologiques. Ainsi, aussitôt que, par l'irritabilité primordiale de la fibre musculaire, la contraction réelle a été produite, tous les nombreux phénomènes de mécanique animale qui peuvent en résulter, soit pour la station, soit pour la locomotion, sont inévitablement sous la dépendance des lois générales de la mécanique, pourvu que, dans la judicieuse application de ces lois, on y ait toujours, bien entendu, convenablement égard, de même qu'en tout autre cas, aux conditions caractéristiques de l'appareil, que les physiologistes peuvent seuls suffisamment connaître. Tel est le mode spécial d'introduction directe et nécessaire de la philosophie inorganique dans l'étude précise du premier ordre des fonctions animales proprement dites. Il en est de même, quoique en sens inverse, envers les fonctions relatives à la sensibilité, où cette philosophie doit inévitablement intervenir en ce qui concerne la première des trois parties essentielles du phénomène fondamental, c'est-à-dire, l'impression primitive sur les extrémités sentantes, soigneusement distinguée de sa transmission par le filet nerveux, et de sa perception par l'organe cérébral. Cette impression s'opère toujours, en effet, par l'intermédiaire indispensable d'un véritable appareil physique correspondant, soit lumineux, soit acoustique, etc., sans lequel l'existence du monde extérieur ne pourrait être que vaguement sentie par l'organisme, et dont l'étude propre, suivant les lois physiques convenables, doit nécessairement constituer un élément capital de l'analyse positive du phénomène. Non-seulement les notions acquises dans les principales branches actuelles de la physique doivent ainsi être rationnellement appliquées à la physiologie animale: chacun peut aussi constater aisément aujourd'hui qu'une telle application exigerait souvent, dans ces diverses doctrines, des progrès qui ne sont pas encore accomplis, et même, à certains égards, la création de quelques doctrines nouvelles, comme la théorie des saveurs, et surtout celle des odeurs, où il y a, sans doute, plusieurs lois générales et purement inorganiques à établir sur leur mode fondamental de propagation, dont l'étude est entièrement négligée par nos physiciens, quoiqu'elle ait été jadis le sujet de diverses tentatives grossières. Tels sont, en aperçu, les différens points de vue généraux d'après lesquels il doit ici rester incontestable que la philosophie positive, tout en consacrant irrévocablement l'individualité nécessaire de la science biologique, la subordonne néanmoins, par d'indissolubles relations, à l'ensemble des études inorganiques. On peut ainsi vérifier clairement, à cet égard, que, comme je l'ai déjà indiqué dans la quarantième leçon, c'est surtout la chimie qui s'applique spontanément à la physiologie végétative, et principalement la physique à la physiologie animale, quoique les deux ordres de fonctions exigent, sans doute, l'emploi combiné des deux sections fondamentales de la philosophie inorganique. Il serait désormais inutile d'insister davantage ici sur ces relations scientifiques, dont le principe et le caractère sont maintenant assez nettement établis.

Abstraction faite dorénavant de toute vaine tentative d'explication de la double propriété fondamentale qui distingue la vie animale, il reste néanmoins certain que les notions élémentaires que l'on se forme habituellement aujourd'hui de l'irritabilité et de la sensibilité n'ont point encore acquis le véritable caractère scientifique qui doit finalement convenir à leur nature, surtout en ce que chacun de ces deux attributs de l'animalité n'est pas rattaché, d'une manière assez énergiquement arrêtée, à la considération exclusive d'un tissu correspondant. Cette indispensable condition, dont je dois signaler ici l'extrême importance philosophique, n'a été jusqu'à présent rigoureusement remplie, à ma connaissance, que dans le système physiologique de M. de Blainville.

La doctrine de Bichat, encore prépondérante aujourd'hui, est, à cet égard, radicalement vicieuse, puisqu'elle représente l'irritabilité, et la sensibilité elle-même, comme plus ou moins inhérentes à tous les tissus quelconques, sans aucune distinction d'organiques et animaux. Quelques éclectiques ont cru, il est vrai, pouvoir conserver essentiellement cette doctrine, en se bornant à la purger de sa notion la plus évidemment erronée, celle qui se rapporte à la prétendue *sensibilité organique*, c'est-à-dire, à la sensibilité sans conscience, dont la seule définition est directement contradictoire. Mais, en procédant ainsi, on n'a pas suffisamment compris que la théorie métaphysique de Bichat sur les forces vitales constitue, par sa nature, un tout indivisible, qui ne saurait être admis ou rejeté par fragmens, et dont un des élémens les plus indispensables consiste précisément dans cette même sensibilité organique, quelque absurde qu'en soit la notion. Car, suivant la pensée de Bichat, la sensibilité organique est le germe nécessaire de la vraie sensibilité animale, qui n'en différerait que par un plus haut degré d'exaltation. Il en est à peu près ainsi de même, sous le point de vue qui nous occupe, de la contractilité organique, surtout de celle que Bichat distingue par la qualification de *sensible*, comparée à la contractilité animale proprement dite. On ne saurait nier que Bichat conçoit tous les tissus comme étant nécessairement sensibles et irritables, avec de simples différences de degré : une telle théorie ne peut d'ailleurs comporter aucun amendement.

D'après les principes établis ci-dessus, il est aisé, ce me semble, de reconnaître que toute conception de ce genre s'oppose, de la manière la plus directe, à la constitution vraiment rationnelle de la science physiologique sur les bases positives qui lui sont propres; en sorte qu'un tel examen concerne l'un des points les plus fondamentaux de la philosophie biologique. Si, en effet, les deux propriétés caractéristiques de l'animalité pouvaient appartenir indistinctement à tous les tissus, et que, par conséquent, il n'existât point, à proprement parler, de tissus vraiment animaux, toute différence scientifique fondamentale entre la physiologie animale et la simple physiologie organique disparaîtrait nécessairement par cela seul. Dès-lors, attendu qu'il est impossible de méconnaître aujourd'hui que les phénomènes de la vie végétative sont, par leur nature, sous la dépendance directe et générale des lois universelles du monde inorganique, on ne saurait comprendre pourquoi il cesserait d'en être ainsi à l'égard de la vie animale, qui, dans une semblable hypothèse, n'offrirait plus, en réalité, qu'un développement supérieur des mêmes propriétés élémentaires. Les plus vicieuses prétentions de l'école physico-chimique, se trouveraient ainsi justifiées aussitôt, du moins en principe, sans qu'on pût contester logiquement avec elle autrement que sur l'application actuelle; puisque tous les effets physiologiques se réduiraient alors, par cette identité fondamentale des deux vies, à un ordre spécial d'actes chimiques et physiques, comme ils le sont certainement dans la simple vie organique. Il faut s'être bien familiarisé, par l'étude historique de l'esprit humain, avec le triste spectacle des inconséquences capitales auxquelles est assujettie notre faible intelligence, même chez les plus éminens génies, pour ne point s'étonner que Bichat, qui avait si profondément senti l'indispensable nécessité de maintenir à la physiologie un caractère scientifique pleinement original, ait néanmoins établi, avec une prédilection marquée, une théorie qui tendrait nécessairement à autoriser l'usurpation totale du domaine de la physiologie par le système des sciences inorganiques. Les biologistes n'auraient plus alors d'autre moyen de conserver leur indépendance intellectuelle, que de nier directement la nature physico-chimique des phénomènes mêmes de la vie végétative : or, une telle manière de voir, excusable sans doute au temps de Bichat, ne saurait être soutenue aujourd'hui par aucun esprit vraiment au niveau du progrès général de la science physiologique dans le siècle actuel. D'ailleurs, il est évident que si, par cette issue, on pouvait échapper aux envahissemens de l'école physico-chimique, ce ne serait que pour retomber, par une nécessité directe, sous la domination exclusive de l'école métaphysique, puisque l'on aurait ainsi rétabli, dans la physiologie végétative au moins, le pur régime des entités. Une telle théorie tend donc à perpétuer la déplorable situation oscillatoire de la science physiologique entre ces deux impulsions contrairement vicieuses, et ne saurait, par conséquent, convenir au véritable état normal : ce qui doit faire nettement ressortir la haute importance de cette discussion.

Ces considérations sommaires suffisent pour indiquer ici combien il est indispensable à la biologie rationnelle de concevoir toujours l'irritabilité et la sensibilité comme nécessairement inhérentes à deux tissus déterminés, modifications profondes et nettement tranchées du tissu cellulaire primordial, afin que la spécialité des notions anatomiques se trouve exactement en harmonie avec celle que l'on veut, à si juste titre, maintenir aux idées physiologiques ; ou, en un mot, que les pensées élémentaires de tissu et de propriété ne cessent jamais de se correspondre parfaitement. Le caractère scientifique de la physiologie actuelle, qui en est à peu près restée, à cet égard, à la doctrine de Bichat, est donc encore, sous ce nouvel aspect fondamental, essentiellement défectueux, chez la plupart des biologistes.

On doit, toutefois, reconnaître que, pour Bichat, cette erreur capitale était presque inévitable, vu l'extrême imperfection, à cette époque, de l'analyse anatomique des tissus, dont Bichat lui-même, il ne faut jamais l'oublier, fut l'immortel créateur. Des observations mal faites ou mal discutées pouvaient permettre alors de croire à l'existence effective de la sensibilité dans des parties réellement dépourvues de nerfs ; ce qui devait, aux yeux de Bichat, constituer autant de preuves de sa théorie, comme il l'a si fréquemment remarqué, surtout quant à la sensibilité qui, suivant lui, se développerait avec beaucoup d'énergie dans les ligamens à la suite de leur torsion, bien qu'elle dût rester inaperçue par tout autre mode de stimulation. Mais une meilleure exploration a depuis clairement démontré, envers presque tous les cas de ce genre, ou que les symptômes de sensibilité avaient été abusivement attribués à tel organe privé de nerfs au lieu d'être rapportés à la lésion simultanée de quelques nerfs voisins, ou que le tissu nerveux existait effectivement, quoique difficile à apercevoir. Si, en quelques rares occasions, une semblable rectification n'a pu encore être catégoriquement opérée, à cause de la difficulté supérieure des circonstances ou de l'insuffisance des observateurs, il serait certainement absurde, d'après les plus simples principes de la philosophie positive, de vouloir, par ce seul motif, repousser ou même ajourner l'usage d'une conception aussi évidemment indispensable à la physiologie rationnelle, et déjà fondée sur tant de cas irrécusables, bien plus nombreux et surtout plus décisifs que ceux qui continuent à paraître exceptionnels. Cette considération doit s'appliquer à la comparaison des divers organismes, comme à celle des différens tissus de l'organisme humain. Les prétendus animaux sans nerfs, sur lesquels l'école métaphysique a tant insisté, disparaissent graduellement à mesure que les progrès, intellectuels et matériels, de l'anatomie comparée disposent les observateurs à mieux généraliser la notion du système nerveux et à le reconnaître avec plus d'exactitude dans les organismes inférieurs : c'est ainsi, par exemple, qu'on l'a récemment découvert chez plusieurs animaux rayonnés. Il est donc temps d'ériger en axiome philosophique l'indispensable nécessité des nerfs pour un degré quelconque de sensibilité, sauf à traiter les exceptions apparentes comme autant d'anomalies à résoudre par les perfectionnements ultérieurs de l'analyse anatomique.

On doit faire subir une transformation analogue aux notions ordinaires relatives à l'irritabilité, qui sont encore essentiellement dominées par la théorie de Bichat. Ce grand physiologiste pouvait concevoir, par exemple, les contractions du cœur comme directement déterminées, indépendamment de toute action nerveuse, par la stimulation immédiate résultante de l'afflux du sang. Mais il est aujourd'hui bien reconnu, surtout depuis les importantes expériences de Legallois, que l'innervation est tout aussi indispensable à l'irritabilité de ce muscle qu'à celle d'aucun autre; et, en général, que la distinction fondamantale de Bichat, entre la contractilité organique et la contractilité animale, doit être entièrement abandonnée. Toute irritabilité est donc nécessairement animale, c'est-à-dire qu'elle exige une innervation correspondante, de quelque centre immédiat que procède d'ailleurs l'action nerveuse. Ce sujet attend néanmoins encore plusieurs éclaircissemens essentiels qui, s'ils ne sont point indispensables à la certitude logique d'un principe désormais hors de toute atteinte directe, doivent toutefois influer beaucoup sur son usage scientifique effectif. Je ne fais pas seulement allusion à la distinction proposée par divers physiologistes contemporains entre les nerfs sensitifs et les nerfs moteurs, quoiqu'une telle question soit bien loin d'être sans importance philosophique. Mais j'ai surtout en vue une considération plus directe et plus capitale, dont l'incertitude et l'obscurité actuelles présentent de bien plus graves inconvéniens, qu'on chercherait vainement à dissimuler.

Il s'agit de la vraie distinction scientifique que la théorie positive de l'irritabilité doit finalement maintenir entre les mouvemens volontaires et les mouvemens involontaires.

La doctrine de Bichat avait au moins cet avantage évident qu'elle représentait, d'une manière directe et, en apparence, très satisfaisante, cette incontestable différence : on voit même que cette considération lui a fourni ses principaux argumens. Au contraire, en ne reconnaissant plus qu'une irritabilité unique, toujours uniformément liée à l'innervation, comme le prescrit certainement l'état présent de la science, on constitue une difficulté fondamentale très délicate, et dont la solution est néanmoins strictement indispensable, pour comprendre de quelle manière tous les mouvemens ne deviendraient point dèslors indistinctement volontaires. La haute insuffisance des explications actuelles à cet égard ne saurait, sans doute, réagir logiquement contre le principe lui-même, puisqu'on peut toujours vaguement attribuer au mode d'innervation la différence musculaire dont il s'agit ici. Mais cet expédient provisoire ne saurait long-temps suffire aux besoins réels de la doctrine physiologique, à laquelle il importe beaucoup de déterminer avec précision les conditions spéciales d'innervation qui rendent volontaire ou involontaire tel mouvement effectif. Il faut, sans doute, que, dans cet ordre de considérations comme dans tout autre, des différences anatomiques vraiment appréciables soient exactement coordonnées à d'incontestables différences physiologiques, ce qui certainement est fort loin d'exister aujourd'hui. On ne saurait confondre un tel ordre de recherches avec la vaine enquête métaphysique des causes de la volonté, puisqu'il s'agit seulement ici de découvrir les conditions organiques qui doivent nécessairement exister pour rendre volontaires, par exemple, les mouvemens des muscles locomoteurs, tandis que ceux du muscle cardiaque sont si profondément involontaires. Un phénomène aussi caractérisé comporte sans doute une exacte analyse générale, quoiqu'elle doive être fort difficile. La science présente donc aujourd'hui, sous ce rapport, une incontestable lacune fondamentale, qui obscurcit beaucoup la théorie positive de l'irritabilité, dont le principe seul peut être maintenant regardé comme établi ; puisque, dans la plupart des cas, le plus habile anatomiste n'oserait encore décider, autrement que par le fait même, si tel mouvement bien défini doit être volontaire ou involontaire, ce qui constate nettement l'absence de toute loi réelle à cet égard.

Au reste, quelques difficultés que présente, par sa nature, la question ainsi posée, on a droit d'espérer qu'elle comporte une solution vraiment satisfaisante, puisqu'on peut, ce me semble, apercevoir déjà la voie qui doit y conduire. Elle consiste, en effet, dans une judicieuse analyse des mouvemens en quelque sorte intermédiaires, c'est-à-dire, qui, primitivement involontaires, finissent par devenir volontaires, ou réciproquement. Ces cas, que l'organisme présente très fréquemment sous l'un et l'autre aspect, me paraissent éminemment propres à vérifier que la distinction incontestable des mouvemens en volontaires et involontaires ne tient nullement à une différence radicale de l'irritabilité musculaire, mais seulement au mode et peut-être même au degré de l'innervation, modifiée surtout par une longue habitude. On ne saurait, par exemple, concevoir autrement que les mouvemens excréteurs de l'urine, qui, dans le jeune âge, ou dans un grand nombre de maladies, sont si évidemment involontaires, puissent prendre, par la seule influence suffisamment habituelle d'une énergique résolution, le caractère volontaire qu'ils acquièrent ordinairement chez les animaux supérieurs. Pour que ce germe d'explication puisse réellement suffire ultérieurement à résoudre la difficulté proposée, il faudrait concevoir que les mouvemens les plus involontaires, qui, suivant la juste remarque de Bichat, sont toujours en effet les plus indispensables à la vie générale, eussent été susceptibles de suspension volontaire, sans excepter les mouvemens du cœur, si leur rigoureuse nécessité continue n'eût point empêché de contracter à leur égard des habitudes convenables. Quoiqu'il devienne ainsi très probable que la nature volontaire ou involontaire des divers mouvemens animaux, loin de provenir d'aucune différence directe dans l'irritabilité fondamentale, est seulement un résultat indirect et très composé du genre d'action exercé par l'ensemble du système nerveux sur le système musculaire, on comprend néanmoins combien ce sujet exige un nouvel examen approfondi, dont les considérations précédentes ne peuvent qu'indiquer la direction générale.

Tels sont les principaux aperçus philosophiques propres à mettre en pleine évidence l'extrême imperfection générale de l'étude actuelle de l'animalité, en ce qui concerne l'explication, même la plus élémentaire, des phénomènes essentiels. En nous bornant désormais à considérer la physiologie animale sous le seul aspect beaucoup plus simple d'une exacte analyse préliminaire de ses divers phénomènes généraux, il ne sera que trop aisé de reconnaître combien cette analyse, qui, au commencement de ce chapitre, devait nous paraître très satisfaisante, par comparaison à l'analyse si mal instituée de la vie organique, est réellement, au contraire, profondément éloignée aujourd'hui de ce qu'exigent les vrais besoins de la science pour permettre de s'élever plus tard à quelques lois positives.

Quant aux fonctions directement relatives à l'irritabilité, on peut dire, sans la moindre exagération, que le mécanisme d'aucun mouvement animal n'a été jusqu'ici analysé d'une manière vraiment satisfaisante, puisque tous les cas principaux sont encore le sujet de controverses fondamentales entre des physiologistes également recommandables. On conserve même habituellement entre ces divers mouvemens, une distinction vicieuse, qui doit s'opposer à toute saine appréciation mécanique, lorsqu'on les sépare en mouvemens généraux qui produisent le déplacement total de la masse animale, et mouvemens partiels qui servent surtout à la vie organique, soit pour l'introduction des divers alimens, ou l'expulsion des résidus, soit pour la circulation des fluides. Les premiers mouvemens sont, néanmoins, tout aussi réellement partiels, quoique leur objet soit différent ; car, sous le point de vue mécanique, l'organisme n'en saurait spontanément comporter d'autres. D'après les lois fondamentales du mouvement, l'animal ne peut jamais, par aucune action intérieure, déplacer directement son centre de gravité, sans une certaine coopération étrangère; pas davantage qu'un chariot à vapeur qui fonctionnerait, sans aucun frottement, sur un plan tout-à-fait horizontal, et dont la stérile activité se réduirait dès-lors nécessairement à la simple rotation de ses roues. J'ai déjà indiqué cette remarque, dans le premier volume, comme conséquence de la loi dynamique générale du centre de gravité. Les mouvemens qui produisent la locomotion proprement dite ne sont donc pas d'une autre nature mécanique que ceux, par exemple, qui transportent le bol alimentaire le long du canal digestif; leur résultat n'est différent qu'en vertu de la diversité des appareils, caractérisés alors par des appendices extérieurs disposés de manière à déterminer, dans le système ambiant, une indispensable réaction, qui produit le déplacement de la masse animée. On pourrait aisément concevoir une constitution mécanique assez parfaite pour qu'un moteur unique, le cœur ou tout autre muscle, présidât à la fois, à l'aide d'appareils convenables, à tous les divers mouvemens organiques et animaux, comme notre industrie le produit si souvent dans les mécanismes bien organisés. Sans aller jusqu'à cette idéale simplification du système, on voit, en effet, chez certains mollusques, la locomotion proprement dite s'opérer au moyen des contractions du muscle cardiaque ou des muscles intestinaux, ce qui vérifie clairement la réalité de la considération précédente, et, par suite, la futilité des distinctions ordinairement admises à cet égard par les physiologistes actuels.

Les plus simples notions de la mécanique animale étant ainsi obscurcies et même viciées dès leur première origine, on ne saurait être surpris que les physiologistes disputent encore sur le vrai mécanisme de la circulation, et sur celui de la plupart des modes de locomotion extérieure, tels que le saut, le vol surtout, la natation, etc. D'après la manière dont ils procèdent, ils ne sont pas près de s'entendre, et les opinions les plus opposées trouveraient encore long-temps des moyens d'argumentation également plausibles. Ce qu'il y a de plus étrange, du moins en apparence, quoique la saine philosophie l'explique aisément, c'est la disposition presque universelle des physiologistes, sous ce rapport, à tirer, de leur ignorance même, autant de motifs d'admirer la profonde sagesse d'un mécanisme qu'ils déclarent préalablement ne pouvoir comprendre. Une telle tendance est un reste évident de l'influence théologique qui préside encore essentiellement à notre première éducation. Quoique l'étude positive de ce sujet soit, comme on voit, tout entière à refondre, une première vue mathématique de l'ensemble de la question montre clairement, ce me semble, que le caractère le plus prononcé du mécanisme général des mouvemens animaux consiste, au contraire, dans l'excessive complication des appareils ordinaires. Les géomètres et les physiciens, en les supposant placés au point de vue convenable et d'ailleurs suffisamment préparés, imagineraient sans doute aisément une constitution beaucoup meilleure, s'ils osaient aujourd'hui prendre pour sujet d'exercice intellectuel la conception directe d'un nouveau mécanisme animal, ce qui ne serait peut-être point sans une véritable utilité, ne fût-ce qu'afin de mieux caractériser l'esprit philosophique qui doit présider aux études effectives. Dans cet ordre de fonctions animales aussi bien que dans tout autre, et plus clairement qu'envers aucun autre, l'organisme ne saurait manquer de nous offrir un mode quelconque de production capable de déterminer les actes que nous voyons effectivement se produire; mais le mode réel est presque toujours très inférieur au type idéal que notre faible intelligence pourrait créer, même d'après nos connaissances actuelles, avec la liberté convenable. Au fond, cette réflexion revient à dire ici que le monde inorganique est, par sa nature, beaucoup mieux réglé que le monde organique; ce qui, je crois, ne saurait être sérieusement contesté aujourd'hui par aucun esprit judicieux.

Un examen attentif de l'ensemble des études entreprises jusqu'ici sur la mécanique animale, fera, ce me semble, reconnaître, sans la moindre incertitude, que la principale cause de leur extrême imperfection résulte de l'éducation insuffisante et même vicieuse de la plupart des physiologistes, qui demeurent ordinairement beaucoup trop étrangers aux connaissances préalables qu'exigerait naturellement un tel sujet sur les diverses parties de la philosophie inorganique, sans en excepter le système, vraiment fondamental, des sciences mathématiques. Le simple bon sens indique néanmoins, avec une irrésistible évidence, que la mécanique animale, comme la mécanique céleste, la mécanique industrielle, ou toute autre quelconque, est d'abord de la mécanique, et doit être, par conséquent, à ce titre, nécessairement subordonnée aux lois générales que la mécanique rationnelle impose à tous les mouvemens possibles, abstraction faite de la nature des moteurs, et en ayant seulement égard à la structure des appareils. Sans doute, l'extrême complication des appareils animaux, même indépendamment de l'impossibilité manifeste de soumettre les moteurs primitifs à aucune théorie mathématique, ne saurait jamais réellement comporter, à cet égard, la moindre application numérique, déjà si souvent illusoire envers des appareils beaucoup plus simples mus par des forces inorganiques. Mais la considération générale de ces lois n'y est pas moins strictement indispensable, sous peine de ne pouvoir se former que d'inintelligibles notions fondamentales du mécanisme de la locomotion, et même de la station, comme on le voit aujourd'hui où, dans la plupart des cas, la science serait impuissante à décider quel mouvement va résulter de l'action d'un appareil donné, d'après la seule analyse anatomique du système, indépendamment de toute expérience directe, réduite ainsi, contre sa destination fondamentale, à ne pouvoir prédire que des événemens accomplis. Aussi des physiologistes moins irrationnels à cet égard ont-ils déjà reconnu imparfaitement cette nécessité logique, en déclinant toutefois la difficulté, et se bornant à renvoyer un tel travail aux géomètres et aux physiciens. Ceux-ci, de leur côté, quand ils ont accepté une tâche qui devait leur rester étrangère, y ont porté involontairement, outre leur ignorance naturelle et fort excusable de la constitution anatomique du système, des habitudes de précision numérique profondément incompatibles avec l'esprit du sujet, et sont ainsi parvenus le plus souvent à des résultats dont l'absurdité évidente suffit, aux yeux de juges irréfléchis, pour discréditer d'avance toute application mieux conçue de la mécanique générale à la mécanique animale. Rien n'autorisait cependant une conclusion aussi vicieuse : il fallait seulement reconnaître que cette indispensable application doit être essentiellement opérée par les physiologistes eux-mêmes, qui peuvent seuls en bien comprendre la nature et l'objet. Il en est ici à peu près comme pour l'usage de l'analyse mathématique dans les principales branches de la physique, ordinairement si mal conçu aujourd'hui par les géomètres, parce qu'il doit être dirigé par les physiciens, suivant les remarques indiquées au second volume de cet ouvrage. L'application de tout instrument logique devant évidemment appartenir, non à ceux qui l'ont construit, mais à ceux qui s'occupent du sujet propre auquel il est destiné, les physiologistes vraiment positifs ne sauraient aucunement éluder désormais l'obligation rigoureuse de se rendre aptes, par une plus forte éducation préalable, à introduire convenablement, dans l'étude rationnelle de la mécanique animale, les indispensables notions fondamentales empruntées à l'ensemble de la philosophie inorganique, et d'abord à la philosophie mathématique. Cette obligation générale se formulera ensuite en prescriptions plus précises, à mesure que les divers mouvemens spéciaux viendront à l'exiger. Ainsi, par exemple, l'étude, aujourd'hui si imparfaite, de la phonation, suppose nécessairement que l'analyse des mouvemens de l'appareil vocal soit particulièrement dirigée d'après les indications fondamentales qui résultent des connaissances acquises par les physiciens sur la théorie du son. Il serait impossible sans cela de parvenir jamais à comprendre la production générale de la voix, et, à plus forte raison, les modifications si prononcées et si importantes qu'elle présente chez les divers animaux susceptibles d'une véritable phonation. Quoique la parole proprement dite soit principalement, sans doute, un résultat de la supériorité intellectuelle particulière à notre espèce, comme le montre l'exemple des idiots et de divers animaux chez lesquels il n'existe point de vrai langage malgré que la phonation y soit pleinement suffisante, il faut bien cependant que la structure de notre appareil vocal offre certains caractères spécifiques en harmonie avec cette admirable faculté. Or, la judicieuse application des lois générales de l'acoustique est certainement indispensable pour conduire à découvrir ultérieurement en quoi consistent ces particularités nécessaires. Il serait aisé de faire une semblable vérification spéciale envers tous les autres cas essentiels de la mécanique animale. Sans doute, en plusieurs occasions, et notamment dans celle que je viens de signaler, il arrivera que la branche correspondante de la philosophie inorganique ne sera point elle-même assez avancée pour fournir à la physiologie toutes les indications préliminaires qui lui seraient indispensables. Mais les physiologistes auront au moins tenté tous les progrès que comporte, à chaque époque, l'état général de la philosophie naturelle, et ils auront d'ailleurs nettement signalé aux divers physiciens spéciaux autant de sujets déterminés d'importantes recherches, ce qui serait déjà, en soi-même, d'un haut intérêt direct. On doit espérer que la considération spéciale et fréquente de telles relations positives entre les sciences fondamentales les plus indépendantes en apparence, ouvrira enfin les yeux des savans actuels sur les inconvéniens réels et immédiats que présente, en général, le système irrationnel de morcellement anarchique qui préside aujourd'hui à l'étude de la philosophie naturelle. Les physiologistes doivent nécessairement comprendre à cet égard, avant tous les autres, les vrais besoins de l'esprit humain, en vertu de la subordination fondamentale et directe, à la fois générale et spéciale, qui rattache, d'une manière si prononcée et si variée, leur science à toutes les précédentes, comme nous venons d'en acquérir une nouvelle preuve irrécusable.

L'étude préliminaire du second ordre principal des fonctions animales, ou l'analyse rationnelle des divers phénomènes essentiels de la sensibilité, ne présente pas certainement aujourd'hui un caractère scientifique plus satisfaisant que celui de la mécanique animale, même abstraction faite de ce qui concerne la sensibilité intérieure proprement dite, c'est-à-dire les fonctions intellectuelles et morales, que nous avons déjà reconnues devoir être, dans la leçon suivante, le sujet d'un examen nécessairement séparé. Cette seconde analyse sera jugée, en réalité, encore moins avancée que la première, si l'on ne se laisse point éblouir par l'imposant spectacle des notions anatomiques très avancées que nous possédons déjà sur les organes correspondants, et qu'on s'attache exclusivement, comme nous le devons évidemment ici, aux connaissances purement physiologiques.

En considérant la partie la moins imparfaite de cette étude, relative aux simples sensations extérieures, il est clair que le premier des trois élémens indispensables dont se compose toujours le phénomène de la sensation, c'est-à-dire, l'impression directe de l'agent externe sur les extrémités nerveuses à l'aide d'un appareil physique plus ou moins spécial, donne lieu à des remarques philosophiques essentiellement analogues à celles qui viennent d'être indiquées à l'égard des mouvemens. Sous ce rapport, en effet, la théorie des sensations est nécessairement subordonnée aux lois physiques correspondantes, comme cela est surtout manifeste pour les théories de la vision et de l'audition, comparées à l'optique et à l'acoustique, en ce qui concerne le vrai mode général d'action propre à l'appareil oculaire ou auditif. Or, l'intime combinaison rationnelle qu'une telle étude exigerait entre les considérations physiques et les considérations physiologiques existe, sans doute, encore moins aujourd'hui qu'à l'égard de la mécanique animale. Ces importantes théories ont été plus formellement livrées par les physiologistes aux seuls physiciens, évidemment incompétens pour un tel sujet, comme je l'ai déjà indiqué dans le second volume : il serait superflu d'insister davantage ici sur une organisation aussi hautement vicieuse de travail scientifique, ce cas étant, sous ce point de vue, tout-à-fait analogue au précédent. Il n'y a entre eux aucune autre différence philosophique essentielle que la déplorable influence exercée encore, dans cette partie de la physiologie animale, par les métaphysiciens, auxquels, jusqu'à ces derniers temps pour ainsi dire, la théorie des sensations avait été essentiellement abandonnée : c'est seulement depuis la mémorable impulsion donnée par Gall, que les physiologistes ont commencé à s'emparer définitivement de cette importante partie de leur domaine. Ainsi, la théorie positive des sensations est moins bien conçue, et plus récemment instituée, que celle même des mouvemens; en sorte qu'il serait étrange qu'elle ne fût pas encore moins avancée, si l'on a d'ailleurs égard à sa difficulté supérieure, et à la moindre perfection des parties de la philosophie inorganique dont elle dépend. Les plus simples modifications du phénomène fondamental de la vision ou de l'audition ne peuvent point jusqu'ici être rapportées avec certitude à des conditions organiques déterminées ; comme, par exemple, l'ajustement de l'œil pour voir distinctement à des distances très variées, faculté que les physiologistes ont laissé successivement attribuer par les physiciens à diverses circonstances de structure, toujours illusoires ou insuffisantes, en se réservant seulement une critique très facile, au lieu de se saisir d'une recherche qui leur appartient exclusivement. On peut même dire que les limites directes de la fonction sont presque toujours très vaguement définies, c'est-à-dire qu'on n'a point nettement circonscrit le genre de notions extérieures immédiatement fourni par chaque sens, abstraction faite de toute réflexion intellectuelle proprement dite (1). A plus forte

---

(1) Les attributions immédiates de chaque sens sont, sans doute, éminemment spéciales. Mais il en est tout autrement de la plupart des notions extérieures que l'intelligence déduit, d'une manière plus ou moins indirecte, des divers ordres de sensations, susceptibles, à cet égard, de se suppléer mutuellement, comme nous le montrent clairement le cas des sourds, celui des aveugles, etc. On oublie trop souvent cette importante considération, surtout envers les animaux, que l'on suppose très gratuitement privés de telle classe d'idées, par cela seul que l'appareil sensitif auquel nous en devons ordinairement l'origine n'est pas chez eux suffisamment développé, sans examiner si quelque autre sens n'a pas pu le remplacer. C'est ainsi, par exemple, que l'odorat a été conçu, en général, comme un sens fort peu intellectuel, à cause de son imperfection dans notre espèce, où il est, en effet, la source de bien peu d'idées, quoique, dans un grand nombre d'espèces animales, il doive en faire naître beaucoup et de très importantes. Il est donc évident que ce sujet exige une entière révision élémentaire, qui doit commencer par fixer, avec une précision scientifique, les limites générales et nécessaires de l'action intellectuelle directement propre à chaque sens, et pour laquelle aucun autre ne saurait le suppléer, en séparant soigneusement cette action fondamentale de toutes les notions consécutives que la réflexion peut en déduire.

raison n'est-il pas étonnant que la plupart des lois positives de la vision ou de l'audition, et même de l'odoration ou de la gustation, soient encore essentiellement ignorées.

Le seul point général de doctrine, ou plutôt de méthode, que l'on puisse aujourd'hui regarder comme arrêté d'une manière vraiment scientifique, c'est l'ordre fondamental, nullement indifférent, suivant lequel les diverses espèces de sensations doivent être étudiées, et cette notion a été réellement fournie par l'anatomie comparée bien plus que par la physiologie. Elle consiste à classer les sens suivant leur spécialité croissante, en commençant par le sens universel du contact, et considérant ensuite graduellement les quatre sens spéciaux, le goût, l'odorat, la vue et enfin l'ouïe. Cet ordre est rationnellement déterminé par l'analyse de la série animale, puisque les sens doivent être réputés plus spéciaux et plus élevés à mesure qu'ils disparaissent à des degrés moins inférieurs de l'échelle zoologique. Il est remarquable que cette gradation coïncide exactement avec le rang d'importance de la sensation, sinon pour l'intelligence, du moins pour la sociabilité. Malheureusement elle mesure d'une manière encore plus évidente l'imperfection croissante de la théorie. On doit aussi noter, quoique plus secondaire, la distinction lumineuse introduite par Gall, entre l'état passif et l'état actif de chaque sens spécial. Une considération analogue, mais plus fondamentale, consisterait, ce me semble, à distinguer les divers sens eux-mêmes en actifs et passifs, selon que leur action est, par sa nature, essentiellement volontaire ou involontaire. Cette distinction me paraît très marquée entre la vision et l'audition, celle-ci s'effectuant toujours, même malgré nous et à notre insu, tandis que l'autre exige, à un degré quelconque, notre libre participation. L'influence plus vague, mais plus profonde, qu'exerce sur nous la musique comparée à la peinture, me semble provenir, en grande partie, d'une telle diversité. Il existe une différence analogue, mais moins prononcée, entre le goût et l'odorat.

Depuis Cabanis, et surtout depuis Gall, tous les physiologistes ont plus ou moins senti la nécessité de compléter l'analyse des sensations proprement dites par l'étude d'une seconde classe fondamentale de sensations, encore plus indispensables que les premières au perfectionnement de la vie organique, et qui, sans procurer aucun notion directe sur le monde extérieur, modifient néanmoins profondément, par leur action intense et presque continue, la marche générale des opérations intellectuelles, qui, chez la plupart des animaux, doit leur être essentiellement subordonnée. Ce sont les sensations intérieures qui se rapportent à la satisfaction des divers besoins essentiels soit de nutrition, soit de reproduction, et auxquelles il faut joindre, dans l'état pathologique, les différentes douleurs produites par une altération quelconque. Un tel ordre constitue la transition naturelle entre l'étude des sensations et celles des fonctions affectives ou intellectuelles, exclusivement relatives à la sensibilité intérieure. Mais cette partie de la grande théorie des sensations est encore moins avancée et plus obscure que la précédente. La seule notion positive qui soit aujourd'hui incontestable à cet égard, consiste dans l'indispensable nécessité du système nerveux, commune aux deux genres de sensibilité. Je dois cependant signaler ici une heureuse remarque de M. de Blainville sur le siége de l'impression : outre l'affection directe de l'organe principal de la satisfaction du besoin considéré, il y a toujours une affection sympathique à l'orifice du canal qui doit introduire l'agent destiné à cette satisfaction, soit qu'il s'agisse de l'incrétion d'alimens solides, liquides, ou gazeux : il en est de même, en sens inverse, pour les divers besoins d'excrétion, toujours ressentis sympathiquement à l'extrémité du canal excréteur. Mais on ignore d'ailleurs si, comme dans le cas des sensations purement externes, les nerfs par lesquels s'opère la transmission de cette impression primitive présentent quelques caractères déterminés et spéciaux, et surtout à quels ganglions cérébraux il faut en rapporter la perception.

Il est donc incontestable que la théorie positive des sensations, considérée successivement dans chacune de ses deux parties générales, est encore moins ébauchée et constituée d'une manière moins scientifique que celle même des mouvemens. On voit aussi que l'imperfection de la doctrine tient surtout à celle de la méthode habituelle, par suite de l'insuffisante préparation des esprits qui ont abordé jusqu'ici cette étude difficile, depuis qu'elle a été irrévocablement soustraite à la stérile domination des métaphysiciens. Toutefois, cette heureuse émancipation n'en a pas moins écarté, de nos jours, l'obstacle fondamental qui arrêtait le plus les progrès réels de cette belle partie de la physiologie animale, dont la nature si clairement caractérisée ne saurait manquer de faire prochainement ressortir, chez tous les bons esprits, les conditions préliminaires indispensables à sa culture rationnelle. Quelques travaux déjà ébauchés indiquent, avec évidence, dans la génération scientifique actuelle, une tendance progressive à organiser désormais les recherches d'après le véritable esprit d'une telle étude. Ce caractère philosophique est surtout prononcé, comme on pouvait aisément le prévoir, à l'égard des sens les plus simples et les moins spéciaux, et particulièrement pour la gustation. Je dois signaler, à ce sujet, les judicieuses expériences commencées avec une ingénieuse sagacité par MM. Pinel-Grandchamp et Foville, sur l'exacte détermination du siége distinct des diverses saveurs principales dans des parties correspondantes de l'organe du goût; car un tel exemple est très propre à faire ici nettement comprendre en quoi doit surtout consister le perfectionnement positif de l'étude préliminaire des sensations, qui se réduit en effet principalement à développer, avec une précision toujours croissante, l'harmonie fondamentale entre l'analyse anatomique et l'analyse physiologique.

Après l'étude rationnelle de chacun des deux ordres généraux de fonctions animales, il nous reste maintenant à considérer, sous le même aspect, comme un indispensable complément de la théorie élémentaire de l'animalité, les notions essentielles relatives au mode d'action, qui sont communes aux phénomènes de l'irritabilité et à ceux de la sensibilité proprement dite. Quoique, par leur nature, ces notions appartiennent aussi aux phénomènes intellectuels et moraux, nous devons nécessairement les examiner ici, pour y avoir suffisamment caractérisé les différens points de vue principaux que comporte l'étude positive de la vie animale, réduite même à sa moindre intensité, sauf à en reproduire, s'il y a lieu, dans la leçon suivante, l'indication formelle, à l'égard de la vie affective et intellectuelle.

Ces considérations fondamentales sur le mode d'action commun à l'irritabilité et à la sensibilité, doivent être distinguées en deux classes, suivant qu'elles se rapportent à chaque fonction de mouvement ou de sensation envisagée en elle-même, ou à l'association, plus ou moins étendue et plus ou moins nécessaire, de ces diverses fonctions. Enfin, les premières peuvent avoir pour objet ou le mode ou le degré du phénomène animal. Tel est l'ordre d'après lequel nous devons ici signaler sommairement les parties correspondantes de la science physiologique, en examinant d'abord la théorie de l'intermittence d'action, et, par suite, celle de l'habitude, qui en est la conséquence nécessaire.

Bichat doit être, ce me semble, regardé comme le principal fondateur de cette importante partie complémentaire de la physiologie, en ce qu'il a, le premier, fait convenablement ressortir le caractère d'intermittence propre à toute faculté animale, opposé à l'indispensable continuité des phénomènes purement végétatifs, ainsi que le prouve l'admirable chapitre qu'il a consacré à ce beau sujet dans le *Traité de la Vie et de la Mort*. Le double mouvement fondamental, de composition après absorption, et d'exhalation du produit de la décomposition, qui constitue la vie générale, ne peut, en effet, être un seul instant suspendu, sans déterminer aussitôt la tendance directe à la désorganisation. Mais, au contraire, tout acte d'irritabilité ou de sensibilité est, par sa nature, nécessairement intermittent, puisque aucune contraction ni aucune sensation ne saurait être conçue comme indéfiniment prolongée; en sorte que la continuité impliquerait tout aussi bien contradiction dans la vie animale, que la discontinuité dans la vie organique. Cette théorie de l'intermittence, dont Bichat est le vrai créateur, est aujourd'hui essentiellement perfectionnée, surtout dans le système biologique de M. de Blainville, par suite des progrès généraux de l'anatomie physiologique dans le siècle actuel. En effet, d'après la manière vicieuse dont il concevait l'irritabilité et la sensibilité, suivant les explications ci-dessus indiquées, Bichat faisait de vains efforts pour écarter l'objection fondamentale tirée de phénomènes qu'il rapportait à la vie organique, et qui néanmoins sont évidemment tout aussi intermittens que les phénomènes d'animalité les moins équivoques. Cela est incontestable à l'égard des muscles intestinaux, par exemple, et même à l'égard du cœur, dont chaque fibre irritable présente, certainement, en un temps donné, une somme d'instans de repos au moins égale à celle des instans d'activité, si l'on a convenablement égard à la comparaison entre la systole et la diastole; toute la différence réelle se réduisant alors à la plus grande multiplicité des intervalles. Une objection analogue et également invincible aurait pu être faite quant à la sensibilité; puisque, suivant la doctrine de Bichat, la sensibilité animale proprement dite et la prétendue sensibilité organique ne différant essentiellement que par le degré normal, il devenait dès-lors impossible de concilier l'intermittence de la première avec la continuité de la seconde. La difficulté se trouve spontanément résolue, dans les deux cas généraux, de la manière la plus satisfaisante, par la théorie positive de l'irritabilité et de la sensibilité, dont ce n'est pas sans doute l'un des moindres avantages; car cette théorie attachant, de toute nécessité, chacune de ces deux propriétés animales à un tissu correspondant bien caractérisé, l'intermittence devient un attribut commun et exclusif des organes principalement composés de ces deux tissus, quelle que soit d'ailleurs leur destination immédiate pour l'ensemble de l'économie. C'est ainsi que tous les divers aspects généraux de la saine physiologie nous offrent toujours une solidarité mutuelle, symptôme philosophique ordinaire de la vérité scientifique.

La théorie de l'intermittence, surtout conçue avec cette pleine rationnalité, s'applique immédiatement à une classe très étendue et très importante de phénomènes animaux, c'est-à-dire à ceux que présentent les divers degrés de sommeil, comme Bichat l'a si heureusement expliqué. Car l'état de sommeil consiste ainsi dans la suspension simultanée, pendant un certain temps, des principaux actes d'irritabilité et de sensibilité : il est aussi complet que puisse le permettre l'organisme des animaux supérieurs, quand il n'offre d'exception que pour les mouvemens et les sensations directement indispensables à la vie organique, et dont l'activité, d'ailleurs, est alors notablement diminuée; le phénomène comporte, du reste, des degrés très variés, depuis la simple somnolence jusqu'à la torpeur presque complète des animaux hibernans. Mais cette théorie du sommeil, si bien instituée par Bichat, n'est réellement encore qu'ébauchée, et présente aujourd'hui plusieurs difficultés fondamentales, quand on considère les principales modifications d'un tel état, dont les conditions organiques essentielles sont même très imparfaitement connues, sauf la stagnation du sang veineux dans l'encéphale, qui paraît constituer, en général, un indispensable préliminaire de tout engourdissement étendu et durable. Quoiqu'il soit aisé de concevoir, en principe, que l'activité prolongée des fonctions animales pendant l'état de veille doive déterminer, en vertu de la loi d'intermittence, une suspension proportionnelle, on conçoit néanmoins difficilement comment cette suspension peut être totale, lorsque cette activité n'a été que partielle; comme l'expérience le montre si clairement, par exemple, pour le profond sommeil, à la fois intellectuel et musculaire, provoqué par la seule fatigue des muscles, chez des hommes qui ont très peu excité, pendant la veille, le développement des divers phénomènes de la sensibilité, soit interne, soit même externe. L'étude du sommeil incomplet est moins avancée encore, surtout quand une partie seulement des organes intellectuels et affectifs ou de l'appareil locomoteur est engourdie, ce qui produit les songes et les divers genres de somnambulisme. Et, cependant, un tel état a nécessairement des lois générales qui lui sont propres, tout aussi bien que l'état parfait de veille. Diverses expériences trop négligées autorisent peut-être à penser que, chez les animaux, où la vie cérébrale est beaucoup moins variée, la nature des songes devient, jusqu'à un certain point, susceptible d'être dirigée au gré de l'observateur, à l'aide d'impressions extérieures convenablement produites, pendant le sommeil, sur les sens dont l'action est involontaire, et notamment sur l'odorat. Chez l'homme même, il n'y a pas de médecin sensé qui, en plusieurs cas, ne prenne en sérieuse considération le caractère habituel des songes, afin de perfectionner le diagnostic des maladies où le système nerveux est surtout intéressé : ce qui suppose que cet état est assujéti à des lois déterminées, quoique inconnues. Mais, quelque imparfaite que soit réellement aujourd'hui, à ces divers égards essentiels, la théorie générale du sommeil, elle n'en demeure pas moins constituée déjà, depuis l'heureuse inspiration de Bichat, sur les bases positives qui lui sont propres, puisque le phénomène, à ne l'envisager que dans son ensemble, est ainsi *expliqué*, suivant la juste acception scientifique de ce terme, par son assimilation fondamentale aux divers phénomènes de repos.

partiel que présentent tous les actes élémentaires de la vie animale proprement dite. Dans le perfectionnement ultérieur de la théorie de l'intermittence, on devra, ce me semble, ne pas négliger l'important aperçu général d'après lequel Gall a proposé de la rattacher à la symétrie qui caractérise tous les organes de la vie animale, en regardant chacune des deux parties de l'appareil symétrique comme alternativement active et passive, en sorte que leur fonction ne soit jamais simultanée, aussi bien pour les sens extérieurs que pour les organes intellectuels; ce qui, toutefois, mérite un nouvel examen approfondi.

On passe naturellement de la théorie de l'intermittence à celle de l'habitude, qui en est une sorte d'appendice nécessaire, dont l'institution est aussi due essentiellement à Bichat. Un phénomène continu serait, en effet, susceptible de persistance, en vertu de la loi d'inertie; mais des phénomènes intermittens peuvent seuls donner lieu à des habitudes proprement dites, c'est-à-dire tendre à se reproduire spontanément par l'influence d'une répétition préalable, suffisamment prolongée à des intervalles convenables. L'importance de cette propriété animale n'a plus besoin désormais d'être expressément signalée, puisqu'il est unanimement reconnu aujourd'hui, chez tous les bons esprits, qu'on doit y voir une des principales bases de la perfectibilité graduelle des animaux, et surtout de l'homme. C'est ainsi que les phénomènes vitaux peuvent, en quelque sorte, participer à l'admirable régularité de ceux du monde inorganique, en devenant, comme eux, essentiellement périodiques, malgré leur complication supérieure. De là résulte, en outre, comme je l'ai précédemment indiqué, la transformation fondamentale, facultative à un certain degré d'intensité de l'habitude, et inévitable au-delà, des actes volontaires en tendances involontaires. Mais cette étude est réellement aussi peu avancée que celle de l'intermittence, soit relativement même à la simple analyse fondamentale de l'habitude, envisagée successivement quant à chacune des conditions indispensables, soit surtout en ce qui concerne ses lois principales, l'aptitude plus ou moins grande des divers organes animaux sous ce rapport, etc. En un mot, on a jusqu'ici beaucoup plus examiné l'influence des habitudes une fois contractées que leur mode primitif d'établissement, à l'égard duquel il n'existe presque aucune doctrine vraiment scientifique; ce devrait être cependant le principal sujet d'étude en biologie abstraite, le reste se rapportant bien plutôt à l'histoire naturelle proprement dite. Peut-être même y aurait-il lieu à revenir, jusqu'à un certain point, sur la notion philosophique fondamentale, qui me semble faire, d'une telle propriété, un attribut trop exclusif de l'organisme animal, lequel, dans toute hypothèse, en demeurerait néanmoins plus éminemment susceptible, en vertu de sa beaucoup plus grande souplesse. En effet, il n'y a pas jusqu'aux appareils purement inorganiques, comme j'ai déjà eu occasion de l'indiquer au volume précédent, à l'égard des phénomènes du son, qui ne comportent spontanément une plus facile reproduction des mêmes actes, d'après une réitération convenablement prolongée et suffisamment régulière; ce qui est bien le caractère essentiel de l'habitude animale, surtout quand on se borne à l'envisager dans les fonctions qui dépendent de l'irritabilité. D'après cet aperçu, que je livre à la méditation des biologistes, et qui, s'il est admis, constituerait le point de vue le plus général à ce sujet, la loi de l'habitude pourrait être, en principe, scientifiquement rattachée à la loi universelle de l'inertie, telle que l'entendent les géomètres dans la théorie positive du mouvement et de l'équilibre.

En considérant maintenant les phénomènes communs à l'irritabilité et à la sensibilité sous le second aspect fondamental ci-dessus indiqué, c'est-à-dire, quant à leur degré d'activité, les physiologistes ont à examiner les deux termes extrêmes d'une action exagérée et d'une action insuffisante, après lesquels vient se placer l'état normal intermédiaire, d'une action convenablement modérée. Un tel ordre est déterminé par cette évidente prescription de la logique positive, qui, dans un sujet quelconque, interdit tout espoir d'entreprendre avec succès l'étude rationnelle des cas intermédiaires, tant que les cas extrêmes qui les comprennent n'ont pas été d'abord bien examinés.

Le besoin d'exercer les facultés est certainement le plus général et le plus important de tous ceux qui appartiennent à la vie animale proprement dite. On peut même dire strictement qu'il les comprend tous, si l'on écarte rigoureusement ce qui n'est relatif qu'à la vie organique, soit pour la nutrition ou pour la reproduction : la seule existence d'un organe animal suffit à faire naître aussitôt une telle sollicitation. Nous verrons, dans le volume suivant, que cette considération constitue directement l'une des bases principales que la physique sociale doive emprunter à la physiologie individuelle. Malheureusement, cette étude positive est jusqu'ici très imparfaite, envers la plupart des fonctions animales et relativement à chacun des trois degrés généraux d'activité qu'il faut y distinguer. C'est à elle que se rapporte surtout l'analyse exacte des phénomènes si variés du plaisir et de la douleur, soit au physique ou au moral. Le cas du défaut a été encore moins bien étudié que celui de l'excès; et, cependant, son examen scientifique n'a pas, sans doute, une moindre importance, à cause de la théorie de l'ennui, dont la considération est si capitale, en physique sociale, non-seulement pour un état de civilisation très perfectionné, mais même aux époques les plus grossières, où l'ennui constitue certainement, suivant la remarque très judicieuse, quoiqu'en apparence paradoxale, de l'ingénieux Georges Leroy, l'un des premiers mobiles de l'évolution sociale, comme je l'expliquerai plus tard. Quant au degré intermédiaire, qui caractérise la santé, le bien-être, et finalement le bonheur, il ne saurait être convenablement traité, tant que l'analyse des deux précédens demeurera aussi imparfaite. La physiologie actuelle ne présente, à cet égard, d'autre point de doctrine nettement établi que le principe général, déjà très lumineux en lui-même, qui prescrit de ne point envisager ce degré normal d'une manière absolue, mais en le subordonnant toujours à l'énergie intrinsèque des facultés correspondantes ; comme la raison vulgaire l'avait d'avance suffisamment reconnu, quelque difficulté que les hommes éprouvent d'ailleurs à se conformer, dans la pratique sociale, à ce précepte évident, par la tendance irréfléchie de chacun à ériger sa propre individualité en type nécessaire de l'espèce entière.

Il ne nous reste plus qu'à signaler sommairement le troisième ordre de considérations fondamentales communes aux divers phénomènes élémentaires d'irritabilité et de sensibilité, c'est-à-dire, l'étude générale de l'association des fonctions animales.

Ce sujet capital doit d'abord être décomposé en deux parties essentielles, d'après une distinction très importante, primitivement introduite par Barthez, quoique avec un caractère trop vague, entre les *sympathies* proprement dites, sur lesquelles Bichat a suffisamment attiré l'attention des physiologistes, et ce que Barthez a très bien caractérisé sous le nom de *synergies*, dont la considération est aujourd'hui beaucoup trop négligée. La différence fondamentale entre ces deux sortes d'association vitale correspond essentiellement à celle de l'état normal à l'état pathologique ; car, il y a synergie toutes les fois que deux organes concourent simultanément à l'accomplissement régulier d'une fonction quelconque, tandis que toute sympathie suppose, au contraire, une certaine perturbation, momentanée ou persistante, partielle ou plus ou moins générale, qu'il s'agit de faire cesser par l'intervention d'un organe non affecté primitivement. Ces deux modes d'association physiologique sont, aussi évidemment l'un que l'autre, exclusivement propres, par leur nature, à la vie animale, c'est-à-dire, aux phénomènes d'irritabilité et à ceux de sensibilité. S'ils paraissent, en certains cas, pouvoir également appartenir à la vie organique, une analyse plus approfondie montrera toujours que c'est uniquement à cause de l'influence fondamentale des actes animaux sur les actes organiques : l'économie végétale ne comporte certainement ni synergies, ni sympathies, puisqu'elle présente, à vrai dire, les phases consécutives d'une fonction nécessairement unique, au lieu du concours simultané, accidentel ou régulier, de fonctions vraiment distinctes. Malgré l'éminent service rendu par Bichat en introduisant irrévocablement, dans le système habituel des spéculations biologiques, l'étude générale des sympathies, jusqu'alors attribuée aux seuls médecins, il faut reconnaître, sous ce rapport, que sa vicieuse théorie des forces vitales a exercé une très fâcheuse influence sur les notions fondamentales de ces importans phénomènes. Néanmoins, on peut regarder cette étude comme étant déjà essentiellement instituée sur ses véritables bases rationnelles, puisque les physiologistes paraissent aujourd'hui s'accorder unanimement, en principe, à voir, dans le système nerveux, l'agent nécessaire de toute sympathie; ce qui doit constituer le premier fondement d'une théorie positive sur ce sujet, qui commence à sortir ainsi du vague effrayant où il était jusqu'alors enveloppé. Quant à la formation effective de cette théorie difficile, elle est évidemment à peine ébauchée, malgré les faits nombreux, mais incohérens, que la science possède à cet égard. L'étude des synergies, qui, par sa nature, est beaucoup plus simple et surtout bien mieux circonscrite, ne présente pas réellement encore un caractère scientifique plus satisfaisant, soit qu'il s'agisse de l'association mutuelle des divers mouvemens, ou de celle des différens modes de sensibilité, ou enfin de l'association plus générale et plus complexe entre les phénomènes de sensibilité et les phénomènes d'irritabilité. Et cependant, ce beau sujet, en lui attribuant toute son extension philosophique, conduit sans doute directement à la théorie la plus capitale que puisse finalement présenter la physiologie positive, celle de l'unité fondamentale de l'organisme animal, résultat nécessaire d'une exacte harmonie entre les diverses fonctions principales, du moins si l'on combine, d'une manière convenable, avec cette notion d'équilibre mutuel, celle, ci-dessus indiquée, du degré normal de chaque faculté élémentaire. C'est là qu'il faut exclusivement chercher la saine théorie du moi, si absurdement dénaturée aujourd'hui par les vaines rêveries des métaphysiciens ; puisque le sentiment général du moi est certainement déterminé par un tel équilibre, dont les perturbations, au-delà des limites normales, l'altèrent si profondément dans un grand nombre de maladies.

Telles sont les principales considérations philosophiques que je devais ici présenter sommairement, pour caractériser, d'une manière conforme à l'esprit de ce traité, l'état général de la physiologie animale proprement dite, réduite à ses élémens les plus essentiels. Afin de compléter maintenant cet examen fondamental de la philosophie biologique, il nous reste enfin à envisager, dans la leçon suivante, la partie de la science physiologique, beaucoup plus imparfaite encore, mais offrant néanmoins déjà un incontestable commencement de positivité, qui concerne l'étude directe des fonctions affectives et intellectuelles ; d'où résulte la transition nécessaire et immédiate de la physiologie individuelle à la physique sociale, comme la physiologie purement végétative constitue, d'après la leçon précédente, le lien général entre la philosophie inorganique et la philosophie organique : conformément au double principe d'unité de méthode et d'homogène continuité de doctrine, que je m'efforce d'établir dans cet ouvrage, et qui permettra désormais d'envisager, sous un point de vue vraiment systématique et à la fois pleinement positif, l'ensemble de la philosophie naturelle tout entière, depuis les plus simples notions mathématiques jusqu'aux plus hautes spéculations sociales.

# QUARANTE-CINQUIÈME LEÇON.

Considérations générales sur l'étude positive des fonctions intellectuelles et morales, ou cérébrales.

Sans remonter, dans l'histoire générale de l'esprit humain, au-delà de la grande époque de Descartes, si hautement caractérisée par la première tentative directe pour la formation d'un système complet de philosophie positive, on doit remarquer que ce puissant rénovateur, quelle que fût son audacieuse énergie, n'avait pu lui-même s'élever assez au-dessus de son siècle pour concevoir sa méthode fondamentale dans son entière extension logique, en osant y assujétir aussi, du moins en principe, la partie de la physiologie qui se rapporte aux phénomènes intellectuels et moraux. En analysant le développement graduel de ses principales conceptions philosophiques, d'après la hiérarchie rationnelle que j'ai établie entre les diverses classes essentielles des phénomènes naturels, il est aisé de reconnaître, en effet, que telle fut, en général, la véritable barrière devant laquelle vint s'éteindre l'essor incomplet de sa réformation projetée. Après avoir, comme il le devait, institué d'abord une vaste hypothèse mécanique sur la théorie fondamentale des phénomènes les plus simples et les plus universels, il étendit successivement le même esprit philosophique aux différentes notions élémentaires relatives au monde inorganique, et y subordonna finalement aussi l'étude des principales fonctions physiques de l'organisme animal. Mais son impulsion réformatrice s'arrêta brusquement en arrivant aux fonctions affectives et intellectuelles, dont il constitua formellement l'étude spéciale en apanage exclusif de la philosophie métaphysico-théologique, à laquelle il s'efforça vainement de donner, sous ce rapport, une sorte de vie nouvelle, quoique, par une action plus efficace, parce qu'elle était progressive, il en eût déjà sapé, d'une manière irrévocable, les premiers fondemens scientifiques (1). Le grand ouvrage de Mallebranche,

(1) Rien ne caractérise mieux peut-être la pénible situation fondamentale de l'esprit de Descartes, c'est-à-dire la lutte continue entre la tendance positive qui lui était si éminemment propre et les entraves théologico-métaphysiques imposées par son époque, que la conception paradoxale à laquelle il fut, selon moi, très naturellement conduit, sur l'intelligence et l'instinct des animaux. Voulant restreindre, autant qu'il le croyait possible, l'empire de l'ancienne philosophie, et ne pouvant concevoir cependant l'extension de sa méthode fondamentale à un tel ordre de phénomènes, il prit l'audacieux parti d'en nier systématiquement l'existence, par sa célèbre hypothèse de l'*automatisme* animal. Une fois arrivé à l'homme, l'évidente impossibilité d'y appliquer le même expédient philosophique, le força de capituler, en

qui fut, sous ce rapport, le principal interprète de Descartes, peut nous donner aujourd'hui une exacte représentation de cette première constitution radicalement contradictoire de la philosophie moderne, continuant d'appliquer, aux parties les plus compliquées du système intellectuel, des méthodes dont elle proclame l'inanité nécessaire à l'égard des sujets les plus simples.

Il était indispensable ici de caractériser sommairement cette situation primitive, parce qu'elle est essentiellement restée la même pendant le cours des deux derniers siècles, malgré les immenses progrès des diverses études positives, qui ne faisaient qu'en préparer graduellement l'inévitable transformation générale. L'école de Boërrhaave, à laquelle, comme je l'ai expliqué, devait

quelque sorte, avec la métaphysique et la théologie, en leur abandonnant, ou plutôt en leur maintenant, par une espèce de traité formel, cette dernière partie de leurs attributions primitives. On concevrait difficilement comment, à une telle époque, il eût été possible de procéder autrement. Quels qu'aient été les graves inconvéniens réels de cette singulière théorie automatique, il importe de noter que c'est précisément pour la réfuter que les physiologistes, et surtout les naturalistes du siècle dernier, furent graduellement conduits à détruire directement la vaine séparation fondamentale que Descartes avait ainsi tenté d'établir entre l'étude de l'homme et celle des animaux, ce qui a finalement amené, de nos jours, l'entière et irrévocable élimination de toute philosophie théologique ou métaphysique chez les intelligences les plus avancées. Ainsi, cette étrange conception n'a été, comme on voit, nullement inutile, en réalité, au progrès général de l'esprit humain dans les derniers temps.

échoir, en physiologie, le développement spécial de la pensée de Descartes, respecta toujours, dans son entière plénitude, cette vaine séparation fondamentale, telle que Descartes l'avait établie. On peut ainsi concevoir sans peine comment l'étude des phénomènes intellectuels et moraux, systématiquement abandonnée, dès l'origine immédiate de la philosophie moderne, à la méthode métaphysique, a dû rester, jusqu'à notre siècle, tout-à-fait en dehors du grand mouvement scientifique, qui a toujours été essentiellement dominé, sous le point de vue philosophique, par la puissante impulsion primitive que Descartes avait imprimée à l'ensemble de l'esprit humain. Pendant tout cet intervalle, l'action croissante de l'esprit positif, d'après le développement graduel de la saine biologie, n'a été, sous ce rapport, que simplement critique ; soit par des attaques directes sur l'évidente inefficacité des études métaphysiques, soit surtout par le contraste décisif que devait spontanément offrir l'unanime conciliation des naturalistes sur des points de doctrine réelle, chaque jour plus étendus et plus essentiels, opposée aux vaines contentions perpétuelles des divers métaphysiciens, argumentant encore, depuis Platon, sur les premiers élémens de leur prétendue science. Quelque indispensable qu'ait été cette réaction préliminaire, il importe de ne point méconnaître son vrai caractère, et de ne pas oublier que la critique s'exerça toujours sur les résultats seulement, sans jamais cesser d'admettre, en principe, la légitime suprématie de la philosophie métaphysique dans l'étude de l'homme intellectuel et moral, conformément au partage institué par Descartes : on peut le vérifier jusque chez Cabanis, malgré son émancipation plus avancée. C'est uniquement de nos jours que la science moderne, par l'organe de l'illustre Gall, osant enfin, pour la première fois, contester directement à cette philosophie sa compétence réelle dans ce dernier reste de son ancien domaine, s'est sentie assez préparée pour passer, à cet égard, comme elle l'avait déjà fait à tous les autres plus simples, de l'état critique à l'état organique, en s'efforçant, à son tour, de traiter à sa manière la théorie générale des plus hautes fonctions vitales.

Quelque imparfaite qu'ait dû être cette première tentative fondamentale du génie positif, dans un sujet aussi profondément difficile, il est aujourd'hui incontestable qu'elle a mis définitivement la physiologie en pleine possession de cet indispensable complément de ses attributions nécessaires. Soumise déjà, depuis un tiers de siècle, aux épreuves les plus décisives, cette doctrine nouvelle a manifesté, de la manière la moins équivoque, tous les symptômes réels qui peuvent garantir l'indestructible vitalité des conceptions scientifiques. Ni les vains efforts d'un despotisme énergique, secondés par la honteuse condescendance de quelques savans fort accrédités (1), ni les sarcasmes éphémères de l'esprit littéraire et métaphysique, ni même la frivole irrationalité de la plupart des essais tentés par les imitateurs de Gall, n'ont pu empêcher, pendant les trente dernières années, l'accroissement rapide et continu, dans toutes les parties du monde savant, du nouveau système d'études de l'homme intellectuel et moral. A quels autres signes voudrait-on reconnaître le succès progressif d'une heureuse révolution philosophique?

La théorie positive des fonctions affectives et intellectuelles est donc irrévocablement conçue comme devant désormais consister dans l'étude, à la fois expérimentale et rationnelle, des divers phénomènes de sensibilité intérieure propres aux ganglions cérébraux dépourvus de tout appareil

(1) En sa qualité de législateur rétrograde, Bonaparte devait naturellement s'opposer, comme il le fit, au développement naissant d'une doctrine aussi profondément constituée en hostilité directe avec la philosophie théologique, dont il entreprenait la vaine restauration politique. Son caractère éminemment théâtral pouvait d'ailleurs lui inspirer spontanément une répugnance personnelle contre tout ce qui tend à perfectionner, au profit du public, l'art difficile de juger les hommes d'après des signes irrécusables.

extérieur immédiat, ce qui ne constitue qu'un simple prolongement général de la physiologie animale proprement dite, ainsi étendue jusqu'à ses dernières attributions fondamentales. Suivant nos principes de hiérarchie scientifique, nous pouvons aisément concevoir pourquoi cette dernière partie essentielle de la science physiologique n'a dû nécessairement qu'après toutes les autres commencer à passer à l'état positif, puisqu'elle se rapporte évidemment aux phénomènes les plus compliqués et les plus spéciaux de l'économie animale, outre leur relation plus directe avec les considérations sociales, qui devait aussi entraver particulièrement leur étude. Elle ne pouvait être abordée, avec quelque espoir d'un succès vraiment capital, que lorsque les principales conceptions scientifiques relatives à la vie organique, et ensuite les notions les plus élémentaires de la vie animale, auraient d'abord été au moins ébauchées : en sorte que Gall ne pouvait venir qu'après Bichat ; et l'on devrait bien plutôt s'étonner qu'il l'ait suivi d'aussi près, si la maturité d'une telle opération philosophique ne l'expliquait suffisamment. Les différences capitales d'un tel ordre de phénomènes physiologiques avec les précédens, leur importance plus directe et plus frappante, et surtout l'imperfection beaucoup plus grande de leur étude actuelle, me paraissent constituer un ensemble de motifs assez prononcé pour autoriser, du moins provisoirement, à ériger ce nouveau corps de doctrine en une troisième partie générale de la physiologie, jusqu'à ce qu'une étude mieux caractérisée de la physiologie organique, et une conception plus philosophique du système de la physiologie animale, permettent de placer enfin ce genre de recherches dans sa véritable position encyclopédique, c'est-à-dire, comme une simple subdivision de la physiologie animale. Mais, tout en le concevant ainsi distinctement, afin d'en faciliter aujourd'hui le développement (1), il ne faut jamais perdre de vue l'intime subordination fondamentale de cette troisième sorte de physio-

---

(1) Je ne crois pas devoir me refuser à employer ici le nom, déjà usité, de *phrénologie*, introduit dans la science par Spurzheim, quoique Gall s'en soit sagement abstenu, même après l'avoir vu admettre. Mais je ne m'en servirai jamais qu'à ces deux indispensables conditions, trop méconnues aujourd'hui du vulgaire des phrénologistes : 1° qu'on n'entendra point désigner ainsi une science faite, mais une science entièrement à faire, dont les principes philosophiques ont été jusqu'ici seuls convenablement établis par Gall ; 2° qu'on ne prétendra point cultiver cette étude isolément du reste de la physiologie animale. Sans de telles précautions, scrupuleusement maintenues, l'étude positive de l'homme intellectuel et moral s'écarterait bientôt de l'esprit éminemment philosophique qui a présidé à sa première institution dans le génie de son illustre fondateur. C'est pourquoi je préférerai souvent la dénomination, moins rapide sans doute, mais, à mon gré, beaucoup plus rationnelle, de *physiologie phrénologique*, à laquelle je me suis ainsi trouvé spontanément conduit.

logie à la physiologie animale proprement dite, dont, par sa nature, elle diffère nécessairement beaucoup moins que celle-ci ne diffère de la simple physiologie organique ou végétative.

Dans l'état présent de l'esprit humain, il devient heureusement superflu de discuter ici, d'une manière spéciale, l'impuissance nécessaire de la méthode métaphysique pour l'étude réelle des phénomènes intellectuels et moraux, et l'indispensable obligation d'y transporter convenablement la méthode positive. Outre que cette critique préliminaire a été faite par Gall avec une force et une netteté vraiment admirables, il ne peut jamais s'établir, à proprement parler, de controverse directe entre deux méthodes radicalement opposées, puisque toute véritable discussion suppose indispensablement des principes communs. Une méthode ne fait en réalité que se substituer graduellement à une autre, sans aucune discussion formelle, par suite de leur libre concurrence effective, assez prononcée pour avoir permis à l'esprit humain de manifester une irrévocable préférence en faveur de celle qui aura finalement le mieux dirigé les recherches correspondantes. Cette transformation est aujourd'hui essentiellement opérée dans le sujet que nous considérons, chez tous les penseurs vraiment au niveau de leur siècle. Nous sommes donc dispensés de nous arrêter ici à aucun parallèle spécial entre la phrénologie et la psychologie. Ce grand procès philosophique est désormais irrévocablement jugé, et les métaphysiciens ont passé de l'état de domination au simple état de protestation, du moins dans le monde savant, qui n'aurait point à s'inquiéter de cette impuissante opposition, signe infaillible de leur décrépitude, si elle n'entravait beaucoup le développement actuel de la raison publique. L'analyse historique indiquée au commencement de ce chapitre suffirait seule d'ailleurs, auprès des bons esprits, à dissiper toute incertitude, s'il pouvait en exister encore, sur le caractère définitif du triomphe de l'école positive. Car, la répartition primitive du système intellectuel entre la méthode positive et la méthode métaphysique, telle que Descartes l'avait instituée, et qui sert aujourd'hui de base principale aux prétentions de nos psychologues, n'est certainement qu'une indispensable concession que ce grand rénovateur ne put, à son insu, s'abstenir de faire à l'esprit général de son siècle, et à l'irrésistible influence de sa propre éducation. Un tel antagonisme radical ne saurait, évidemment, constituer l'état normal de la raison humaine; comme l'a très bien senti, à sa manière, le plus profond penseur de l'école métaphysico-théologique, l'illustre de Maistre, le seul philosophe rétrograde qui, de nos jours, ait osé placer l'ensemble de la question fondamentale sur son véritable terrain, en ne craignant point de nier directement toute suprématie réelle de la méthode positive dans les sujets même où elle domine le plus librement depuis long-temps; et qu'il voulait remettre sous l'antique prépondérance de la philosophie théologique, sans s'arrêter seulement à la métaphysique, dont il avait bien compris le caractère purement transitoire. C'est jusque là, en effet, que devraient reculer les psychologues, si leur nature équivoque ne leur ôtait point la faculté d'être pleinement conséquents dans le développement de leurs vaines prétentions. L'évidente absurdité d'une telle issue, montre clairement que le fameux partage opéré par Descartes n'a pu avoir d'autre efficacité essentielle que de procurer à la méthode positive la liberté nécessaire à sa formation graduelle, jusqu'à ce que sa constitution fût devenue assez complète pour lui permettre de s'emparer enfin du seul sujet qui lui eût d'abord été interdit, ce qui n'est devenu possible que dans notre siècle, comme je viens de l'expliquer. Mais depuis que la philosophie moderne a ainsi commencé à conquérir les études morales et intellectuelles, rien ne saurait certainement l'y faire renoncer, pas même l'abdication volontaire de ceux qui la cultivent; car, il serait sans doute hors de leur pouvoir de recommencer, en sens inverse, la série des principales transformations successivement accomplies dans l'esprit humain pendant le cours des deux derniers siècles. Ainsi, le triomphe, désormais irrévocable, de la méthode positive, doit aujourd'hui dispenser essentiellement de toute démonstration directe, si ce n'est à titre d'enseignement, de sa supériorité nécessaire sur la méthode métaphysique à l'égard d'un tel sujet. Toutefois, afin de mieux caractériser, par un lumineux contraste, le véritable esprit général de la physiologie phrénologique, il ne sera pas inutile ici d'analyser très sommairement les vices fondamentaux de la prétendue méthode psychologique, mais envisagée seulement en ce qu'elle a de commun aux principales écoles actuelles, c'est-à-dire à ce qu'on nomme l'école française, l'école allemande, et enfin, la moins consistante et aussi la moins absurde de toutes, l'école écossaise; en tant du moins qu'on peut concevoir aucune véritable école dans une philosophie qui, par sa nature, doit engendrer autant d'opinions inconciliables qu'elle rencontre d'adeptes doués de quelque imagination. On peut d'ailleurs s'en rapporter pleinement à ces diverses sectes pour la mutuelle réfutation de leurs différences les plus profondes.

Quant à leur vain principe fondamental de l'*observation intérieure*, considéré en lui-même, il serait certainement superflu de rien ajouter ici à ce que j'ai déjà suffisamment indiqué, au commencement de ce traité, pour faire directement ressortir la profonde absurdité que présente la seule supposition, si évidemment contradictoire, de l'homme se regardant penser. Dans un ouvrage qui exerça, il y a quelques années, une heureuse réaction contre la déplorable manie psychologique qu'un fameux sophiste avait momentanément réussi à inspirer à la jeunesse française, M. Broussais a d'ailleurs très judicieusement remarqué, à ce sujet, qu'une telle méthode, en la supposant possible, devait tendre à rétrécir extrêmement l'étude de l'intelligence, en la limitant, de toute nécessité, au seul cas de l'homme adulte et sain, sans aucun espoir d'éclairer jamais une doctrine aussi difficile par la comparaison des différens âges, ni par la considération des divers états pathologiques, unanimement reconnues néanmoins l'une et l'autre comme d'indispensables auxiliaires des plus simples recherches sur l'homme. Mais, en prolongeant la même réflexion, on doit être surtout frappé de l'interdiction absolue qui se trouve ainsi inévitablement jetée sur toute étude intellectuelle ou morale relative aux animaux, de la part desquels les psychologues n'attendent sans doute aucune *observation intérieure*. Ne semble-t-il pas étrange que des philosophes qui ont laborieusement amoindri, d'une manière aussi prononcée, cet immense sujet, se montrent si disposés à reprocher sans cesse à l'esprit de leurs adversaires le défaut d'étendue et d'élévation? Le cas des animaux a toujours constitué le principal écueil devant lequel toutes les théories psychologiques sont venues successivement témoigner, d'une manière irrécusable, leur impuissance radicale, depuis que les naturalistes ont forcé les métaphysiciens à renoncer enfin au singulier expédient imaginé par Descartes, et à reconnaître, plus ou moins explicitement, que les animaux, du moins dans la partie supérieure de l'échelle zoologique, manifestent, en réalité, la plupart de nos facultés affectives et même intellectuelles, avec de simples différences de degré; ce que personne aujourd'hui n'oserait plus nier, et ce qui suffirait, abstraction faite de toute autre considération, à démontrer pleinement l'absurdité nécessaire de ces vaines conceptions.

En revenant aux premières notions du bon sens philosophique, il est d'abord évident qu'aucune fonction ne saurait être étudiée que relativement à l'organe qui l'accomplit, ou quant aux phénomènes de son accomplissement; et, en second lieu, que les fonctions affectives, et surtout les fonctions intellectuelles, présentent, par leur nature, sous ce dernier rapport, ce caractère particulier, de ne pouvoir pas être directement observées pendant leur accomplissement même, mais seulement dans ses résultats plus ou moins prochains et plus ou moins durables. Il n'y a donc que deux manières distinctes de considérer réellement un tel ordre de fonctions : ou en déterminant, avec toute la précision possible, les diverses conditions organiques dont elles dépendent, ce qui constitue le principal objet de la physiologie phrénologique; ou en observant directement la suite effective des actes intellectuels et moraux, ce qui appartient plutôt à l'histoire naturelle proprement dite, telle que je l'ai caractérisée dans la quarantième leçon : ces deux faces inséparables d'un sujet unique étant d'ailleurs toujours conçues de façon à s'éclairer mutuellement. Ainsi envisagée, cette grande étude se trouve indissolublement liée, d'une part, à l'ensemble des parties antérieures de la philosophie naturelle, et plus spécialement aux doctrines biologiques fondamentales, d'une autre part, à l'ensemble de l'histoire réelle, tant des animaux que de l'homme et même de l'humanité. Mais, lorsque, au contraire, on écarte radicalement du sujet, par la prétendue méthode psychologique, et la considération de l'agent, et celle de l'acte, quel aliment pourrait-il rester à l'esprit, sinon une inintelligible logomachie, où des entités purement nominales se substituent sans cesse aux phénomènes réels, suivant le caractère fondamental de toute conception métaphysique? L'étude la plus difficile se trouve être ainsi directement constituée en état d'isolement profond, sans aucun point d'appui possible dans les sciences plus simples et plus parfaites, sur lesquelles on prétend, au contraire, la faire majestueusement régner. Malgré leurs extrêmes divergences, tous les psychologues s'accordent sous ce double rapport. Rien ne saurait, à mon gré, mieux caractériser, à cet égard, la spontanéité de leur tendance inévitable, que l'analyse judicieuse des travaux de Tracy, qui, de tous les métaphysiciens, fut néanmoins incontestablement le plus rapproché jusqu'ici de l'état positif, et qui d'ailleurs manifesta toujours une disposition éminemment progressive et une admirable candeur philosophique, trop rares l'une et l'autre aujourd'hui chez de tels esprits. Après avoir proclamé, en commençant son ouvrage, et probablement sous l'influence indirecte du milieu intellectuel où il vivait, que *l'idéologie est une partie de la zoologie*, sa nature métaphysique reprend bientôt le dessus, et le conduit à annuller immédiatement ce lumineux principe, qu'il n'aurait pu suivre, en se hâtant d'établir aussitôt, comme maxime fondamentale, que cette idéologie constitue une science primitive, indépendante de toutes les autres, et destinée même à les diriger, ce qui la fait nécessairement rentrer dans les voies ordinaires de l'aberration métaphysique; au point de recommander hautement l'enseignement de l'idéologie, dès la première adolescence, comme la base indispensable de toute éducation rationnelle : en sorte que, contre son intention, il rétrogradait ainsi réellement en-deçà de l'ancienne discipline scolastique, qui, dans la construction générale du cours officiel de *philosophie*, avait au moins placé, depuis long-temps, quelques études mathématiques et physiques avant les études métaphysiques proprement dites. Cependant la bonne foi et la clarté parfaites qui distinguent le traité de Tracy, rendront toujours son ouvrage très précieux sous le point de vue historique, et lui assurent même, par comparaison, une véritable utilité actuelle, en ce qu'il présente, plus à nu qu'aucun autre, soit pour la science ou pour l'art logique, l'évidente inanité nécessaire de la prétendue méthode psychologique ou idéologique. La métaphysique s'y trouve radicalement discréditée par un métaphysicien, qui a cru en être sorti, parce qu'il avait eu cette ferme intention, dont toute l'efficacité réelle a été essentiellement bornée à un simple changement de dénomination.

La psychologie ou idéologie, considérée maintenant, non plus quant à la méthode, désormais assez examinée, mais directement quant à la seule doctrine, nous présente d'abord une aberration fondamentale, essentiellement commune à toutes les sectes, par une fausse appréciation des rapports généraux entre les facultés affectives et les facultés intellectuelles. Quoique la prépondérance de ces dernières ait été conçue, sans doute, d'après des théories fort divergentes, tous les différens métaphysiciens se sont néanmoins accordés à la proclamer comme leur point de départ principal. *L'esprit* est devenu le sujet à peu près exclusif de leurs spéculations, et les diverses facultés affectives y ont été presque entièrement négligées, et toujours subordonnées d'ailleurs à l'intelligence. Or, une telle conception représente précisément l'inverse de la réalité, non-seulement pour les animaux, mais aussi pour l'homme. Car l'expérience journalière montre, au contraire, de la manière la moins équivoque, que les affections, les penchans, les passions (1), constituent les principaux mobiles de la vie humaine; et que, loin de résulter de l'intelligence, leur impulsion spontanée et indépendante est indispensable au premier éveil et au développement continu des diverses facultés intellectuelles, en leur assignant un but permanent, sans lequel, outre le vague nécessaire de leur direction générale, elles resteraient essentiellement engourdies chez la plupart des hommes. Il n'est même que trop certain que les penchans les moins nobles, les plus animaux, sont habituellement les plus énergiques, et, par suite, les plus influens. L'ensemble de la nature humaine est donc très infidèlement retracé par ces

(1) Le nom de *passion*, si judicieusement synonyme de *souffrance*, ne désigne, par lui-même, que le plus haut degré normal de toute tendance morale, l'état le plus rapproché de la manie proprement dite, où la faculté acquerrait assez de prépondérance pour déterminer cette irrésistibilité qui caractérise l'état anormal. Cette qualification générale pourrait donc convenir aussi bien aux facultés intellectuelles qu'aux facultés affectives. Mais le peu d'activité intrinsèque des premières, chez la plupart des hommes, ne permettant presque jamais l'existence de véritables passions intellectuelles, l'usage a dû s'introduire de n'appliquer ce terme qu'aux facultés affectives, seules susceptibles le plus souvent d'une telle exaltation. Néanmoins il importe peut-être à la précision du langage scientifique d'éviter désormais, autant que possible, cette dégénération naturelle d'une expression quelquefois indispensable à employer dans son entière acception fondamentale.

vains systèmes, qui, lorsqu'ils ont eu quelque égard aux facultés affectives, les ont vaguement rattachées à un principe unique, la sympathie, et surtout l'égoïsme, toujours supposé dirigé par l'intelligence. C'est ainsi que l'homme a été représenté, contre l'évidence, comme un être essentiellement raisonneur, exécutant continuellement, à son insu, une multitude de calculs imperceptibles, sans presque aucune spontanéité d'action, même dès la plus tendre enfance. Un motif très respectable a beaucoup contribué, sans doute, au maintien de cette fausse notion, d'après la considération incontestable que c'est surtout par l'intelligence que l'homme peut être modifié et perfectionné. Mais la science exige, avant tout, la réalité des conceptions, abstraction faite de leur convenance : et c'est toujours même cette réalité, qui devient la base nécessaire de leur utilité effective. Toutefois, sans méconnaître l'influence secondaire d'une telle intention, on peut aisément constater que deux causes purement philosophiques, indépendantes d'aucune vue d'application, et directement inhérentes à la nature de la méthode, ont essentiellement conduit les divers métaphysiciens à cette hypothétique suprématie de l'intelligence. La première consiste dans la vaine démarcation fondamentale que les métaphysiciens ont été, comme nous l'avons vu, forcés d'établir entre les animaux et l'homme, et qui n'eût pu certainement subsister en reconnaissant la prépondérance réelle des facultés affectives sur les facultés intellectuelles, ce qui eût aussitôt éliminé la différence idéale que l'on supposait exister entre la nature animale et la nature humaine. En second lieu, une cause plus directe, plus intime, et plus générale de cette grande aberration est résultée de la stricte obligation où devaient être les métaphysiciens de conserver, par un principe unique ou du moins souverain, ce qu'ils ont appelé l'unité du *moi*, afin de correspondre à la rigoureuse unité de l'*âme*, qui leur était nécessairement imposée par la philosophie théologique, dont il ne faut jamais oublier que la métaphysique n'est qu'une simple transformation finale, si l'on veut réellement comprendre la marche historique de l'esprit humain. Mais, les savans positifs, qui ne s'assujétissent d'avance à aucune autre obligation intellectuelle que de voir, sans aucune entrave, le véritable état des choses, et de le reproduire, avec une scrupuleuse exactitude, dans leurs théories, ont reconnu, au contraire, d'après l'expérience universelle, que, loin d'être unique, la nature humaine est, en réalité, éminemment multiple, c'est-à-dire sollicitée presque toujours en divers sens par plusieurs puissances très distinctes et pleinement indépendantes, entre lesquelles l'équilibre s'établit fort péniblement lorsque, comme chez la plupart des hommes civilisés, aucune d'elles n'est, en elle-même, assez prononcée pour acquérir spontanément une haute prépondérance sur toutes les autres. Ainsi, la fameuse théorie du *moi* est essentiellement sans objet scientifique, puisqu'elle n'est destinée qu'à représenter un état purement fictif. Il n'y a, sous ce rapport, comme je l'ai déjà indiqué à la fin de la leçon précédente, d'autre véritable sujet de recherches positives que l'étude finale de cet équilibre général des diverses fonctions animales, tant d'irritabilité que de sensibilité, qui caractérise l'état pleinement normal, où chacune d'elles, convenablement tempérée, est en association régulière et permanente avec l'ensemble des autres, suivant les lois fondamentales des sympathies et surtout des synergies proprement dites. C'est du sentiment continu d'une telle harmonie, fréquemment troublée dans les maladies, que résulte nécessairement la notion, très abstraite et très indirecte, du *moi*, c'est-à-dire du consensus universel de l'ensemble de l'organisme. Les psychologues ont vainement voulu faire de cette idée, ou plutôt de ce

sentiment, un attribut exclusif de l'humanité :
il est évidemment la suite nécessaire de toute vie
animale proprement dite; et, par conséquent, il
appartient tout aussi bien aux animaux, quoiqu'ils n'en puissent disserter : sans doute, un chat
ou tout autre vertébré, sans savoir dire *je*, ne se
prend pas habituellement pour un autre que lui-
même. Peut-être, d'ailleurs, chez les animaux
supérieurs, le sentiment de la personnalité est-
il encore plus prononcé que chez l'homme, à
cause de leur vie plus isolée : si cependant on des-
cendait trop loin dans la série zoologique, on finirait par atteindre les organismes où la dégradation continue du système nerveux atténue
nécessairement ce sentiment composé, comme
les divers sentimens simples dont il dépend.

Quoique, par les motifs précédemment indiqués, les diverses écoles psychologiques ou
idéologiques aient dû s'accorder à négliger essentiellement l'étude intellectuelle et morale des
animaux, heureusement abandonnée, dès l'origine immédiate de la philosophie moderne, aux
seuls naturalistes, il importe de signaler ici l'influence funeste que les conceptions métaphysiques ont néanmoins exercée aussi, sous ce
rapport, d'une manière indirecte, par leur vague
et obscure distinction entre l'intelligence et

l'instinct, établissant, de la nature humaine à la nature animale, une idéale séparation, dont les zoologistes ne se sont point encore, même aujourd'hui, suffisamment affranchis. Le mot *instinct* n'a, en lui-même, d'autre acception fondamentale que de désigner toute impulsion spontanée vers une direction déterminée, indépendamment d'aucune influence étrangère: dans ce sens primitif, ce terme s'applique évidemment à l'activité propre et directe d'une faculté quelconque, aussi bien des facultés intellectuelles que des facultés affectives; il ne contraste alors nullement avec le nom d'*intelligence*, ainsi qu'on le voit si souvent lorsqu'on parle de ceux qui, sans aucune éducation, manifestent un talent prononcé pour la musique, pour la peinture, pour les mathématiques, etc. Sous ce point de vue, il y a certainement de l'instinct, ou plutôt des instincts, tout autant et même davantage chez l'homme que chez les animaux. En caractérisant, d'une autre part, l'*intelligence* d'après l'aptitude à modifier sa conduite conformément aux circonstances de chaque cas, ce qui constitue, en effet, le principal attribut pratique de la *raison* proprement dite, il est encore évident que, sous ce rapport, pas plus que sous le précédent, il n'y a lieu d'établir réellement, entre l'humanité et l'animalité, aucune autre différence essentielle que celle du degré plus ou moins prononcé que peut comporter le développement d'une faculté, nécessairement commune, par sa nature, à toute vie animale, et sans laquelle on ne saurait même en concevoir l'existence : en sorte que la fameuse définition scolastique de l'homme comme *animal raisonnable* présente un véritable non-sens, puisque aucun animal, surtout dans la partie supérieure de l'échelle zoologique, ne pourrait vivre sans être, jusqu'à un certain point, raisonnable, proportionnellement à la complication effective de son organisme. Quoique la nature morale des animaux ait été jusqu'ici bien peu et bien mal explorée, on peut néanmoins reconnaître, sans la moindre incertitude, principalement chez ceux qui vivent avec nous en état de familiarité plus ou moins complète, et par les mêmes moyens généraux d'observation qu'on emploierait à l'égard d'hommes dont la langue et les mœurs nous seraient préalablement inconnues, que non-seulement ils appliquent, essentiellement de la même manière que l'homme, leur intelligence à la satisfaction de leurs divers besoins organiques, en s'aidant aussi, lorsque le cas l'exige, d'un certain degré de langage correspondant à la nature et à l'étendue de leurs relations ; mais, en outre, qu'ils sont pareillement susceptibles d'un ordre de besoins plus désintéressé, consistant dans l'exercice direct des facultés animales, par cela seul qu'elles existent, et pour l'unique plaisir de les exercer ; ce qui les conduit souvent, comme les enfans ou les sauvages, à inventer de nouveaux jeux; et ce qui, en même temps, les rend, mais à un degré beaucoup moindre, sujets à *l'ennui* proprement dit; cet état, érigé mal à propos en privilége spécial de la nature humaine, est quelquefois même assez prononcé, chez certains animaux, pour les pousser au suicide, par suite d'une captivité devenue intolérable. Je ne saurais trop recommander, à cet égard, la lecture approfondie de l'intéressant ouvrage de Georges Leroy, celui de tous les vrais observateurs de l'animalité qui me paraît avoir le mieux compris la nature morale et intellectuelle des animaux, considérés en général, sans préjudice de quelques bonnes monographies, malheureusement trop rares, limitées à l'étude spéciale de certains genres. On a donc introduit une vaine distinction métaphysique, désavouée par l'examen attentif du monde réel, lorsque, dénaturant le sens primordial du mot *instinct*, on a désigné ainsi la prétendue tendance fatale des animaux à l'exécution machinale d'*actes* uniformément déterminés, sans aucune modification possible d'après les circonstances correspondantes, et n'exigeant ni même ne comportant aucune éducation proprement dite. Cette supposition gratuite est un reste évident de la fameuse hypothèse automatique de Descartes, dont j'ai expliqué ci-dessus la véritable filiation philosophique. G. Leroy a très judicieusement démontré que, chez les mammifères et les oiseaux, cette idéale fixité dans la construction des habitations, dans le système de chasse, dans le mode de migration, etc., n'existait que pour les naturalistes de cabinet, ou pour les observateurs inattentifs. On doit néanmoins concevoir, mais alors sous un point de vue nécessairement commun à l'homme et aux animaux, que lorsque, par une suffisante uniformité de circonstances, une pratique quelconque, ayant acquis tout le développement que comporte l'organisme correspondant, a pu devenir assez profondément habituelle à l'individu, et même à la race, elle tend, par cela même, à se reproduire spontanément, sans aucune stimulation extérieure ; sauf à se modifier ultérieurement, avec plus ou moins de facilité, si la situation vient à éprouver un changement inaccoutumé. C'est dans ce sens, mais dans ce sens seulement, que l'on peut admettre, à mon gré, la formule remarquable de M. de Blainville, qui me paraît offrir une plus exacte représentation de la réalité qu'aucune de celles successivement proposées jusqu'ici à ce sujet : *l'instinct est la raison fixée ; la raison est l'instinct mobile.* Entendu d'aucune autre manière, cet aphorisme ne me semblerait pouvoir conduire, contre l'intention évidente de son illustre auteur, qu'à une fausse appréciation de la seule différence qui puisse réellement exister entre la nature phrénologique des animaux et celle de l'homme, et qui, sous cet aspect physiologique comme sous tout autre, se réduit nécessairement à la simple plénitude du développement des facultés, du moins tant qu'on ne sort point de l'ordre général des ostéozoaires.

Après avoir ainsi suffisamment caractérisé le vice le plus fondamental commun à toutes les diverses doctrines des psychologues ou des idéologues, je croirais m'engager dans des détails contraires à l'esprit de cet ouvrage, si j'entreprenais ici d'expliquer, même d'une manière générale, comment les métaphysiciens, toujours dominés par leur vaine tendance à l'unité, dans leur étude presque exclusive de l'intelligence, ont, en outre, manqué radicalement la vraie notion essentielle des facultés intellectuelles elles-mêmes, auxquelles ils avaient si vicieusement subordonné les facultés affectives. C'est seulement en examinant la marche historique du développement de l'esprit humain, qu'il conviendra d'expliquer, dans le volume suivant, comment l'école française, qui, malgré les apparences, fut certainement la mieux systématique de toutes, éprouvant surtout, suivant le génie national, le besoin de la clarté, s'attacha au seul principe évident qu'elle pût apercevoir en un tel sujet, c'est-à-dire, à l'axiome d'Aristote, mais sans admettre l'indispensable restriction si bien formulée par Leïbnitz : d'où toutes les rêveries puériles de Condillac et de ses successeurs sur la *sensation transformée*, pour représenter les différens actes intellectuels comme finalement identiques; conceptions fantastiques, qui écartaient complétement toutes les dispositions primordiales par lesquelles, non-seulement les divers organismes animaux, mais les divers individus de notre espèce se distinguent si énergiquement les uns des autres, et qui d'ailleurs donnaient même les plus fausses idées de la simple théorie préliminaire des sensations externes. Sous le point de vue dogmatique propre à la leçon actuelle, je dois me borner, à cet égard, à renvoyer le lecteur à la lumineuse réfutation par laquelle Gall et Spurzheim préparèrent si bien leurs travaux, et qui n'exigerait ici aucune nouvelle considération principale : on y devra surtout remarquer cette belle démonstration philosophique, si pleinement satisfaisante, d'où ils ont conclu que la sensation, la mémoire, l'imagination, et même le jugement, enfin toutes les facultés scolastiques, ne sont pas, en réalité, des facultés fondamentales et abstraites, mais constituent seulement, d'une manière directe, les divers degrés ou modes consécutifs d'un même phénomène, propre à chacune des véritables fonctions phrénologiques élémentaires, et nécessairement variable de l'une à l'autre, avec une activité proportionnelle. Cette admirable analyse, en renversant simultanément toutes les diverses théories métaphysiques, leur a même ôté ce qui seul leur conservait encore quelque crédit, c'est-à-dire, leur critique mutuelle, faite ainsi désormais avec beaucoup plus de justesse et d'énergie à la fois qu'elle n'avait pu l'être jusqu'alors par aucune des écoles antagonistes. L'école allemande surtout, qui, par le vague absolu de ses inintelligibles doctrines, n'avait dû son ascendant momentané qu'à son imparfaite réfutation des aberrations fondamentales de l'école française, a été dès-lors radicalement privée de toute destination réelle, et s'est effectivement consumée depuis en vains efforts pour arrêter sa désorganisation croissante, même chez la nation la plus favorablement disposée à sa conservation.

Quoique ce soit assurément un procédé très peu philosophique que d'entreprendre de juger une doctrine quelconque d'après la seule considération, quelque réelle qu'elle puisse être, des résultats auxquels doit conduire son application, au lieu de l'apprécier directement en elle-même; néanmoins, quand une fois cet examen fondamental, dont rien ne saurait dispenser, a été convenablement effectué, il est évidemment très légitime, et ordinairement fort utile, afin d'en mieux faire ressortir les conclusions principales, de signaler les conséquences générales de la doctrine proposée, pourvu qu'on en ait d'abord soigneusement écarté tout ce qui ne présenterait réellement qu'un caractère fortuit. Or, une telle épreuve indirecte serait, sans doute, bien désavantageuse aux diverses théories psychologiques ou idéologiques, dont la profonde inanité spéculative se transformerait malheureusement, dans la pratique, en la plus déplorable efficacité, d'après leur universelle prétention à la souveraine direction morale de l'humanité. Rien n'est plus facile à vérifier, par exemple, pour ce qu'on appelle l'école française, celle de toutes qui, comme je viens de l'indiquer, présente réellement les doctrines les plus liées. Car, le célèbre traité d'Helvétius contient certainement l'application la plus complète et la plus rigoureuse de l'ensemble d'une telle philosophie, quelques vains efforts qu'on ait souvent tentés pour déguiser cette évidente filiation, en présentant cet ouvrage comme une sorte de production anomale et fortuite. Le double paradoxe de cet ingénieux philosophe, sur l'égalité fondamentale de toutes les intelligences humaines, en tant que pourvues des mêmes sens extérieurs, et sur l'égoïsme érigé en principe nécessairement unique de toute nature morale proprement dite, dont il serait superflu de signaler ici l'immense danger, présente deux conséquences générales, logiquement incontestables, et d'ailleurs co-relatives, de la manière profondément vicieuse dont cette métaphysique concevait, d'une part, les facultés intellectuelles, d'une autre part les facultés affectives. Bien loin que ces absurdes hypothèses constituent des aberrations isolées et momentanées d'un esprit excentrique, nous aurons occasion de reconnaître, dans le volume suivant, la pernicieuse influence qu'elles ont exercée, et qu'elles continuent encore d'exercer à certains égards, sous le rapport politique et même sous le rapport social, sur les deux générations qui ont suivi l'époque de leur développement : de tels ravages ne sauraient appartenir à des erreurs purement accidentelles. Mais, l'école allemande, qui a tant insisté, et l'on peut même dire, à très juste titre, tant déclamé à ce sujet, ne comporte pas, à son tour, sous un semblable point de vue, une appréciation plus favorable. L'ensemble de ses doctrines psychologiques, qui, au fond, n'est certes pas moins erroné, n'est pas surtout moins nuisible, quoique d'une autre manière, au perfectionnement réel de l'humanité. Dans l'ordre purement intellectuel, l'idéologie française conduit aux plus absurdes exagérations sur la puissance illimitée de l'éducation, ce qui a d'ailleurs contribué à diriger davantage l'attention générale vers ce principal moyen de perfectionnement; la psychologie allemande représente son *moi* comme essentiellement ingouvernable, en vertu de la liberté vagabonde qui en constitue le caractère fondamental, et qui ne permet de le concevoir assujéti à aucune véritable loi. Sous le point de vue moral principalement, tandis que les uns tendent involontairement à réduire toutes les relations sociales à d'ignobles coalitions d'intérêts privés, les autres sont entraînés, à leur insu, à organiser une sorte de mystification universelle, où la prétendue disposition permanente de chacun à diriger exclusivement sa conduite d'après l'idée abstraite du devoir, aboutirait finalement à l'exploitation de l'espèce par un petit nombre d'habiles charlatans. A cet égard, l'école écossaise, qui admettait la sympathie en même temps que l'égoïsme, était sans doute beaucoup plus rapprochée de la réalité, quoique le vague de ce qu'elle a ambitieusement nommé ses doctrines, et surtout leur défaut plus prononcé de liaison, ne lui aient jamais permis d'exercer une aussi grande influence (1).

L'ancien système d'études des phénomènes intellectuels et moraux étant ainsi suffisamment apprécié désormais, tant dans sa méthode caractéristique, que dans ses principales théories, de manière à faire mieux ressortir le véritable état général de la question, nous devons maintenant diriger notre attention exclusive sur l'examen philosophique de la grande tentative de Gall, directement envisagée, afin de bien saisir ce qui manque essentiellement aujourd'hui à la physiologie phrénologique pour avoir atteint la vraie constitution scientifique qui lui est propre, et dont elle est nécessairement encore plus éloignée que la phy-

(1) Les travaux philosophiques de Hume, d'Adam Smith, et de Fergusson, manifestent spécialement une tendance beaucoup plus prononcée vers le véritable état positif, et leur ensemble présente les élémens d'une théorie de l'homme bien moins erronée que celles de toutes les autres écoles métaphysiques. On y remarquera toujours avec intérêt la meilleure réfutation qu'il fût possible d'effectuer, avant la fondation de la physiologie cérébrale, des principales aberrations de l'école française sur la nature morale de l'homme.

siologie organique et même la physiologie animale proprement dite.

Deux principes philosophiques, qui n'ont plus besoin d'aucune discussion, servent de base inébranlable à l'ensemble de la doctrine de Gall, savoir: l'innéité des diverses dispositions fondamentales, soit affectives, soit intellectuelles; la pluralité des facultés essentiellement distinctes et radicalement indépendantes les unes des autres, quoique les actes effectifs exigent ordinairement leur concours plus ou moins complexe. Sans sortir de l'espèce humaine, tous les cas de talens ou de caractères prononcés, en bien ou en mal, prouvent, avec une irrésistible évidence, la réalité du premier principe; la diversité même de ces cas bien tranchés, la plupart des états pathologiques, surtout de ceux où le système nerveux est directement affecté, démontrent, d'une manière non moins irrécusable, la profonde justesse du second. L'observation comparative des principales natures animales, ne laisserait d'ailleurs, sous l'un et l'autre aspect, aucun doute à cet égard, s'il pouvait en exister encore. Enfin, ces deux principes, faces évidemment co-relatives et mutuellement solidaires d'une même conception fondamentale, ne constituent, en réalité, que la formulation scientifique des résultats généraux de l'expérience universelle sur la véritable constitution intellectuelle et morale de l'homme, dans tous les temps et dans tous les lieux ; symptôme indispensable de la vérité, à l'égard de toutes les idées-mères, qui doivent toujours être primitivement rattachées aux indications spontanées de la raison publique, comme je l'ai souvent montré envers les principales notions de la philosophie naturelle. Ainsi, outre la puissante analogie tirée de l'examen préalable des facultés élémentaires de la vie animale proprement dite, on voit que tous les divers moyens généraux d'exploration qui conviennent aux recherches physiologiques, l'observation directe, l'expérimentation, l'analyse pathologique, la méthode comparative, viennent exactement converger vers ce double principe, confirmé d'ailleurs par la sanction implicite du bon sens vulgaire, dont la compétence est irrécusable à l'égard de phénomènes continuellement soumis, par leur nature, à son attentive investigation. Un tel ensemble de preuves assure nécessairement, à cette grande notion primordiale, une indestructible consistance, pleinement à l'abri de toutes les transformations plus ou moins profondes que devra subir ultérieurement la doctrine phrénologique (1). Dans l'ordre ana-

(1) Ceux de mes lecteurs qui ne considéreraient cette théorie qu'à sa source la plus pure, c'est-à-dire dans le grand ouvrage de Gall, ne

tomique, cette conception physiologique correspond à la division nécessaire du cerveau en un certain nombre d'organes partiels, symétriques comme tous ceux de la vie animale, et qui, quoique plus contigus et plus semblables qu'en aucun autre système, par conséquent plus sympathiques et même plus synergiques, sont néanmoins essentiellement distincts et indépendans les uns des autres, ainsi qu'on le savait déjà pour les ganglions respectivement affectés aux divers sens extérieurs. En un mot, le cerveau n'est plus, à proprement parler, un *organe :* il devient un véritable *appareil,* plus ou moins complexe suivant le degré

doivent pas négliger un indispensable perfectionnement général que Spurzheim y a introduit, bien que, si l'on pénètre au fond de la pensée de Gall, on doive trouver peut-être qu'un tel progrès porte plutôt sur les simples dénominations que sur les idées elles-mêmes. Quoi qu'il en soit, cette amélioration consiste à reconnaître que les diverses facultés fondamentales ne conduisent pas à des actes, et surtout à des modes et degrés d'action, nécessairement déterminés, comme Gall semblait d'abord l'établir ; mais que les actes effectifs dépendent, en général, de l'association de certaines facultés, et de l'ensemble des circonstances correspondantes. C'est ainsi qu'il ne saurait exister, à proprement parler, aucun organe du vol, puisqu'un tel acte n'est qu'une aberration du sentiment de la propriété, quand son exagération n'est pas suffisamment contenue par la morale et par la réflexion : il en est de même pour le prétendu organe du meurtre, comparé à l'instinct général de la destruction. La même considération s'applique, à plus forte raison, aux facultés intellectuelles, qui, par elles-mêmes, ne déterminent jamais que des tendances, et nullement des résultats accomplis.

d'animalité. L'objet propre et élémentaire de la physiologie phrénologique consiste dès-lors, suivant la formule fondamentale que j'ai établie pour la position générale de toutes les questions essentielles de physiologie positive, à déterminer, avec toute l'exactitude possible, l'organe cérébral particulier à chaque disposition, affective ou intellectuelle, nettement prononcée, et bien reconnue préalablement comme étant à la fois simple et nouvelle; ou, réciproquement, ce qui est encore plus difficile, à quelle fonction préside telle partie de la masse encéphalique qui présente les vraies conditions anatomiques d'un organe distinct : afin de développer toujours cette harmonie nécessaire entre l'analyse physiologique et l'analyse anatomique, qui constitue essentiellement, à tous égards, la véritable science des corps vivans. Ainsi conçue, cette dernière partie de la physiologie générale se propose le même but rationnel que la physiologie organique et la physiologie animale ordinaires : elle étudie, dans une vue analogue, des phénomènes plus élevés. Malheureusement, l'institution des moyens est fort loin de correspondre jusqu'ici, d'une manière convenable, à la difficulté supérieure du sujet.

Le vrai principe scientifique de cette double décomposition nécessaire de la nature phrénologique en diverses facultés fondamentales et de l'appareil cérébral en différens organes correspondans, consiste essentiellement à regarder, en général, les fonctions, soit affectives, soit intellectuelles, comme plus élevées, ou, si l'on veut, plus humaines, et en même temps aussi moins énergiques, à mesure qu'elles deviennent plus spécialement exclusives à la partie supérieure de la série zoologique, et à concevoir simultanément leurs siéges comme situés dans des portions de la masse encéphalique de moins en moins étendues et de plus en plus éloignées de son origine immédiate, en considérant le crâne, suivant la saine théorie anatomique, comme un simple prolongement de la colonne vertébrale, centre primitif de l'ensemble du système nerveux : en sorte que la partie la moins développée et la plus antérieure du cerveau se trouve toujours affectée aux facultés les plus caractéristiques de l'humanité, et la plus volumineuse et la plus postérieure à celles qui constituent surtout la base commune de toute animalité. Il importe de remarquer ici, à cet égard, qu'une telle classification est pleinement conforme à la théorie philosophique que j'ai établie, le premier, dans ce traité, et qui, après nous avoir d'abord conduits à découvrir la véritable série hiérarchique des diverses branches fondamentales de la philosophie naturelle, nous a essentiellement dirigés jusqu'ici pour la distribution rationnelle des différentes parties de chaque science, et nous fournira enfin, dans le volume suivant, la meilleure coordination possible des principales notions sociales : on voit, en effet, qu'il faut constamment procéder d'après la considération uniforme de la généralité graduellement décroissante des sujets successifs à examiner, ce qui constitue, à mon avis, la première loi relative à la marche dogmatique de l'esprit positif. Tant de vérifications capitales, spontanément issues d'une exacte analyse philosophique de toutes les diverses sciences fondamentales, feront sentir, j'espère, à tous les penseurs, l'importance et la réalité d'une semblable théorie, et empêcheront peut-être de la confondre avec les vagues et éphémères rapprochemens systématiques qui résultent des vaines tentatives journellement entreprises par des esprits incomplets ou mal préparés.

Si, maintenant, nous considérons, mais seulement dans son ensemble, la doctrine générale que Gall a déduite de la méthode ainsi caractérisée, il sera facile de constater qu'elle représente, avec une admirable fidélité, la vraie nature morale et intellectuelle de l'homme et des animaux. La première division fondamentale des facultés phrénologiques en affectives et intellectuelles, dont les unes correspondent à toute la partie postérieure et moyenne de l'appareil cérébral, tandis que sa partie antérieure est seule affectée aux autres, qui, dans les cas les plus extrêmes, occupent à peine ainsi le quart ou le sixième de la masse encéphalique, rétablit, tout d'un coup, sur une base scientifique inébranlable, la prééminence nécessaire des facultés affectives, si vicieusement méconnue par toutes les sectes psychologiques ou idéologiques, et néanmoins si hautement manifestée par l'observation directe de tous les phénomènes moraux, soit animaux, soit même humains. Gall et Spurzheim n'ont eu réellement, sous ce rapport, à écarter aucune autre objection importante que l'ancienne opinion physiologique, renouvelée par Cabanis et surtout par Bichat, qui, reconnaissant néanmoins et même exagérant la séparation indispensable entre les facultés affectives et les facultés intellectuelles, et s'obstinant d'ailleurs à ne concevoir anatomiquement le cerveau que comme un organe unique, affectait exclusivement cet organe aux phénomènes intellectuels, et répartissait les diverses passions proprement dites dans les principaux organes essentiellement relatifs à la vie végétative, tels que le cœur, le foie, etc. Il est heureusement inutile désormais de revenir sur la réfutation spéciale d'une doctrine aussi évidemment vicieuse, si judicieusement appréciée par Gall et Spurzheim, qui ont montré que ni l'observation directe, ni l'analyse pathologique, ni surtout la méthode comparative ne permettaient de maintenir un seul instant cette irrationnelle conception, appartenant à la première enfance de la physiologie. On peut seulement ajouter à cet examen décisif que l'argument symptomatique, tant invoqué par Bichat, outre qu'il serait, par sa nature, certainement insuffisant pour constituer seul une notion scientifique d'une telle importance, n'a pas même, en réalité, la fixité rigoureuse qui pourrait lui donner quelque véritable valeur logique. Si, en effet, comme le dit Bichat, toute émotion, toute passion, est surtout ressentie dans les organes de la vie végétative, chacun peut aisément reconnaître, non-seulement sur les divers animaux, mais directement sur les différens états d'une même économie humaine, que le siége de cette impression, purement sympathique et consécutive, se trouve tantôt dans l'estomac, tantôt dans le foie, puis dans le cœur ou dans le poumon, suivant celui d'entre eux que sa susceptibilité native ou sa perturbation accidentelle disposent à éprouver principalement une telle réaction, qui ne saurait ainsi fournir, par elle même, aucune indication certaine sur le lieu de l'action primitive. Il résulte seulement, d'un tel ordre de considérations, l'obligation incontestable d'avoir beaucoup égard, dans la conception définitive de l'ensemble de l'économie, à la grande influence que l'état du cerveau doit exercer sur les nerfs qui se distribuent à tous les appareils de la vie organique.

En passant enfin aux notions d'un degré de généralité immédiatement inférieur, on ne peut, ce me semble, contester davantage la profonde justesse de la principale subdivision établie par Gall et Spurzheim dans chacun des deux ordres essentiels de facultés et d'organes phrénologiques : c'est-à-dire la distinction des facultés affectives en penchans et sentimens ou affections, dont les premiers résident dans la partie postérieure et fondamentale de l'appareil cérébral, tandis que sa partie moyenne est essentiellement affectée aux autres; et pareillement, la distinction des facultés intellectuelles en diverses facultés perceptives proprement dites, dont l'ensemble constitue l'esprit d'observation, et un petit nombre de facultés éminemment réflectives, les plus élevées de toutes, composant l'esprit de combinaison, soit qu'il compare ou qu'il coordonne; la partie antéro-supérieure de la région frontale étant le siége exclusif de ces dernières, principal attribut caractéristique de la nature humaine. Si nous considérons surtout la première subdivision, qui est la plus importante et la mieux établie, nous reconnaîtrons aisément qu'elle complète, d'une manière très satisfaisante, l'esquisse générale de la vraie nature morale, déjà ébauchée par la division fondamentale. C'est ainsi que se trouve confirmée et expliquée la distinction incontestable, vaguement établie de tout temps par le bon sens vulgaire, entre ce qu'on nomme le cœur, le caractère, et l'esprit, distinction que les théories scientifiques représenteront désormais avec exactitude, d'après les groupes de facultés qui correspondent respectivement aux parties postérieure, moyenne, et antérieure, de l'appareil cérébral. A la vérité, la définition comparative des penchans et des sentimens semble d'abord manquer de netteté et de précision ; mais, au fond, cet inconvénient, qu'il ne faut pas dissimuler, et que la science doit s'attacher à dissiper, tient beaucoup moins à la pensée elle-même, dont la justesse est irrécusable, qu'à l'extrême imperfection du langage philosophique actuel, formé à une époque où toutes les notions morales et même intellectuelles étaient enveloppées dans une vague et mystérieuse unité métaphysique, et qui n'a pu encore être convenablement rectifié par l'usage rationnel d'expressions mieux choisies, dont l'introduction graduelle doit se faire avec une grande réserve systématique. Car, à prendre les diverses dénominations usitées dans la stricte rigueur de leur sens littéral, on irait ainsi jusqu'à méconnaître la distinction fondamentale entre les facultés affectives, soit penchans, soit sentimens, et les facultés intellectuelles proprement dites. Quand celles-ci, en effet, sont très prononcées, elles produisent, sans aucun doute, de véritables inclinations ou penchans, que leur moindre énergie distingue seule ordinairement des passions inférieures. On ne peut nier davantage que leur action ne donne lieu aussi à de véritables émotions ou sentimens, les plus rares, les plus purs, et les plus sublimes de tous, et qui, quoique les moins vifs, peuvent cependant aller quelquefois jusqu'aux larmes; comme le témoignent tant d'admirables ravissemens excités par la simple satisfaction directe qu'inspire la seule découverte de la vérité, dans les éminens génies qui ont le plus honoré l'espèce humaine, les Archimède, les Descartes, les Képler, les Newton, etc. Aucun bon esprit penserait-il à s'autoriser de semblables rapprochemens pour nier toute distinction réelle entre les facultés intellectuelles et les facultés affectives? Il n'y a évidemment d'autre conclusion à en déduire que l'incontestable nécessité de réformer convenablement le langage philosophique, pour l'élever enfin, par une précision rigoureuse, à la dignité sévère du langage scientifique. Or, on en peut dire autant de la subdivision des facultés affectives elles-mêmes en ce qu'on nomme, faute d'expressions mieux caractéristiques, les *penchans* et les *sentimens*, dont la distinction n'est pas, au fond, moins réelle, quoiqu'elle doive être beaucoup moins tranchée, et, par cela même, plus difficile à bien apprécier. En écartant désormais, à cet égard, toute vaine discussion de nomenclature, on peut dire néanmoins que la vraie différence générale entre ces deux sortes de facultés affectives n'a pas encore été assez nettement saisie. Pour lui donner un véritable aspect scientifique, il suffirait, ce me semble, de reconnaître que le premier genre, le plus fondamental, se rapporte simplement à l'individu isolé, ou, tout au plus, à la seule famille, successivement envisagée dans ses principaux besoins de conservation, tels que la reproduction, l'éducation des petits, le mode d'alimentation, de séjour, d'habitation, etc.; tandis que le second genre, plus spécial, suppose plus ou moins l'existence de quelques rapports sociaux, soit entre des individus d'espèce différente, soit surtout entre des individus de la même espèce, abstraction faite du sexe, et détermine le caractère que les tendances de l'animal doivent imprimer à chacune de ces relations, passagères ou permanentes d'ailleurs. Le sentiment de la propriété, c'est-à-dire la disposition de l'animal à s'approprier, d'une manière exclusive, tous les objets convenables, constitue la vraie transition naturelle entre les deux genres, étant à la fois social en lui-même et individuel par sa destination directe. Pourvu que la comparaison de ces deux ordres de facultés affectives soit toujours exactement subordonnée à cette considération fondamentale, il importera peu d'ailleurs de quels termes on se servira pour les désigner, une fois du moins que ces expressions quelconques auront acquis, par un usage rationnel, toute la fixité nécessaire.

Tels sont les grands résultats philosophiques que consacre à jamais la doctrine générale de Gall, quand on l'envisage, comme je viens de le faire, en écartant soigneusement toute vaine tentative, mal conçue ou anticipée, de localisation spéciale des diverses fonctions cérébrales ou phrénologiques. Quels que soient les graves et nombreux inconvéniens que présente évidemment aujourd'hui une telle localisation, d'ailleurs inévitablement imposée à Gall, ainsi que je vais l'expliquer, par la nécessité même de sa glorieuse mission, tout esprit juste et impartial reconnaîtra néanmoins, après un examen approfondi de l'ensemble de cette doctrine, que, malgré ce vice fondamental, elle formule, dès à présent, une connaissance réelle de la nature humaine, et des autres natures animales, extrêmement supérieure à tout ce qui avait jamais été tenté jusqu'alors (1).

Parmi les innombrables objections qui ont été successivement élevées contre cette belle doctrine, considérée toujours uniquement dans ses dispositions fondamentales, et en continuant à éliminer toute spécialisation, la seule qui mérite ici d'être signalée, tant par sa haute importance, que par le nouveau jour que son entière résolution a fait rejaillir sur l'esprit de la théorie, consiste dans la prétendue irrésistibilité que des juges irréfléchis ont cru devoir ainsi être attribuée aux actions humaines, et qu'il est nécessaire d'examiner sommairement du point de vue général propre à la philosophie positive.

Une profonde ignorance du véritable esprit de

---

(1) L'équitable postérité n'oubliera point de noter que l'homme de génie, auteur d'une aussi importante révolution philosophique, qui ouvre à l'esprit scientifique une nouvelle et immense carrière, fut toujours obstinément repoussé de cette même Académie des Sciences, qui avait déjà laissé échapper l'occasion, hélas! trop fugitive, d'honorer son histoire du glorieux nom de Bichat.

la philosophie naturelle, pourrait seule faire confondre, en principe, la subordination d'événemens quelconques à des lois invariables, avec leur irrésistible accomplissement nécessaire. Dans l'ensemble du monde réel, organique ou inorganique, il est évident, comme je l'ai déjà établi, que les phénomènes des divers ordres sont d'autant moins modifiables, et déterminent des tendances d'autant plus irrésistibles, qu'il sont à la fois plus simples et plus généraux. Sous cet aspect, les actes de pesanteur, en tant que relatifs à la plus générale et à la plus simple de toutes les lois naturelles, sont les seuls que nous puissions concevoir comme pleinement et nécessairement irrésistibles, puisqu'ils ne sauraient jamais être entièrement suspendus; ils se font toujours sentir, d'une manière quelconque, soit par un mouvement, soit par une pression. Mais à mesure que les phénomènes se compliquent, leur production exigeant le concours indispensable d'un nombre toujours croissant d'influences distinctes et indépendantes, ils deviennent, par cela seul, de plus en plus modifiables, ou, en d'autres termes, leur accomplissement devient de moins en moins irrésistible, par les combinaisons de plus en plus variées que comportent les diverses conditions nécessaires, dont chacune continue néanmoins à être isolément assujettie à ses lois fondamentales, sans lesquelles la conception générale de la nature resterait dans cet état arbitraire et désordonné que la philosophie théologique est directement destinée à représenter. C'est ainsi que les phénomènes physiques, et surtout les phénomènes chimiques, comportent des modifications continuellement plus profondes, et présentent, par conséquent, une irrésistibilité toujours moindre, ainsi que j'ai eu soin de l'expliquer. Nous avons également remarqué que, en vertu de leur complication et de leur spécialité supérieures, les phénomènes physiologiques sont les plus modifiables et les moins irrésistibles de tous, quoique toujours soumis, dans leur accomplissement, à des lois naturelles invariables. Par une suite évidente de la même notion philosophique, il est clair que les phénomènes de la vie animale, à raison de leur moindre indispensabilité et de leur inévitable intermittence, doivent réellement être envisagés comme plus modifiables et moins irrésistibles encore que ceux de la vie organique proprement dite. Enfin, les phénomènes intellectuels et moraux, qui, par leur nature, sont à la fois plus compliqués et plus spéciaux que tous les autres phénomènes précédens, doivent évidemment comporter de plus importantes modifications, et manifester, par suite, une irrésistibilité beaucoup moindre, sans que chacune des nombreuses influences élémentaires qui y concourent cesse pour cela d'obéir, dans son exercice spontané, à des lois rigoureusement invariables, quoique le plus souvent inconnues jusqu'à présent. C'est ce que Gall et Spurzheim ont ici directement vérifié, de la manière la moins indubitable, par une lumineuse argumentation. Il leur a suffi, après avoir rappelé que les actes réels dépendent presque toujours de l'action combinée de plusieurs facultés fondamentales, de remarquer, en premier lieu, que l'exercice peut développer beaucoup chaque faculté quelconque, comme l'inactivité tend à l'atrophier ; et, en second lieu, que les facultés intellectuelles, directement destinées, par leur nature, à modifier la conduite générale de l'animal d'après les exigences variables de sa situation, peuvent altérer beaucoup l'influence pratique de toutes les autres facultés. D'après ce double principe, il ne saurait y avoir de véritable irrésistibilité, et par suite d'irresponsabilité nécessaire, conformément aux indications générales de la raison publique, que dans les cas de manie proprement dite, où la prépondérance exagérée d'une faculté déterminée, tenant à l'inflammation ou à l'hypertrophie de l'organe correspondant, réduit en quelque sorte l'organisme à l'état de simplicité et de fatalité de la nature inerte. C'est donc bien vainement, et avec une légèreté bien superficielle, qu'on a accusé la physiologie cérébrale de méconnaître la haute influence de l'éducation, et de la législation qui en constitue le prolongement nécessaire, parce qu'elle en a judicieusement fixé les véritables limites générales. Pour avoir nié, contre l'idéologie française, la possibilité de convertir, à volonté, par des institutions convenables, tous les hommes en autant de Socrates, d'Homères, ou d'Archimèdes, et, contre la psychologie germanique, l'empire absolu, bien plus absurde encore, que l'énergie du *moi* exercerait pour transformer, à son gré, sa nature morale, la doctrine phrénologique a été représentée comme radicalement destructive de toute liberté raisonnable, et de tout perfectionnement de l'homme à l'aide d'une éducation bien conçue et sagement dirigée! Il est néanmoins évident, par la seule définition générale de l'*éducation*, que cette incontestable perfectibilité suppose nécessairement l'existence fondamentale de prédispositions convenables, et, en outre, que chacune d'elles est soumise à des lois déterminées, sans lesquelles on ne saurait concevoir qu'il devînt possible d'exercer sur leur ensemble aucune influence vraiment systématique : en sorte que c'est précisément, au contraire, à la physiologie cérébrale qu'appartient exclusivement la position rationnelle du problème philosophique de l'éducation. Enfin, suivant une dernière considération plus spéciale, cette physiologie érige en principe incontestable que les hommes sont, pour l'ordinaire, essentiellement médiocres, en bien et en mal, dans leur double nature affective et intellectuelle; c'est-à-dire que, en écartant un très petit nombre d'organisations exceptionnelles, chacun d'eux possède, à un degré peu prononcé, tous les penchans, tous les sentimens, et toutes les aptitudes élémentaires, sans que le plus souvent aucune faculté soit, en elle-même, hautement prépondérante. Il est donc clair que le champ le plus vaste se trouve ainsi directement ouvert à l'éducation pour modifier, presque en tous sens, des organismes aussi flexibles; quoique, quant au degré, leur développement doive toujours rester dans cet état peu tranché qui suffit pleinement à la bonne harmonie sociale, comme je l'expliquerai plus tard.

Les esprits judicieux ont adressé, à l'ensemble de la doctrine de Gall, un reproche beaucoup plus difficile à écarter, lorsqu'ils ont blâmé la localisation effective, évidemment hasardée, et même notoirement erronée à beaucoup d'égards essentiels, que Gall a cru devoir proposer. Toutefois, en examinant, d'une manière plus approfondie, la situation nécessaire de ce grand philosophe, on reconnaîtra, j'espère, que, quels que soient, en réalité, les vices fondamentaux d'une telle tentative, qu'il serait certes bien superflu de soumettre ici au moindre examen spécial, il a fait ainsi un usage, non-seulement très légitime, mais même essentiellement indispensable, du droit général des naturalistes à l'institution des hypothèses scientifiques, en se conformant d'ailleurs à la théorie préliminaire que j'ai établie, à ce sujet, dans le second volume de ce traité. D'abord, les conditions principales imposées par cette théorie logique ont été, en ce cas, parfaitement remplies; puisqu'il ne s'agit point là de fluides ni d'éthers fantastiques, qui échappent à toute discussion réelle, mais bien d'organes très saisissables, dont les attributions hypothétiques comportent, par leur nature, des vérifications pleinement positives. En second lieu, aucun de ceux qui ont fait, de la manière la plus convenable, la facile critique de la localisation supposée par Gall, n'aurait pu, très probablement, en imaginer, à sa place, aucune autre moins imparfaite, ni même aussi heureusement ébauchée. S'abstenir, est, à la vérité, un conseil que la médiocrité prudente peut toujours aisément prescrire au génie : mais on peut, je crois, constater, sans la moindre incertitude, que, dans toute semblable opération philosophique, une telle inaction serait nécessairement impossible et même radicalement vicieuse. Car, l'esprit humain est ordinairement beaucoup trop faible, et surtout trop peu disposé à supporter, d'une manière continue, la pénible contention qu'exige la combinaison d'idées très abstraites, et, par suite, très indéterminées, pour que la création de la doctrine phrénologique, et ensuite sa propagation et son développement, eussent été possibles, sans l'institution préalable d'une hypothèse quelconque sur le siége effectif de chaque faculté fondamentale, sauf la rectification ultérieure de cet indispensable programme, nécessairement hasardé. La même obligation logique s'est reproduite, de nos jours, pour l'illustre rénovateur de la philosophie médicale, et je n'hésite point à affirmer qu'on la vérifiera constamment dans tous les cas analogues. Elle a, sans doute, de très graves inconvéniens, par l'extrême embarras que présentent ensuite l'élimination ou le redressement d'hypothèses auxquelles une science doit son existence, et que les esprits ordinaires ont presque toujours épousées avec une foi bien plus profonde que la confiance hardie de leurs propres inventeurs : mais il n'y a point à délibérer sur ce qui est si évidemment nécessité par l'infirmité radicale de notre intelligence. Que désormais des esprits vigoureux, bien préparés, par une saine éducation scientifique, à raisonner avec aisance sur des notions très générales et peu arrêtées, sans excéder essentiellement les étroites limites de leur positivité actuelle, s'en tiennent habituellement, à l'égard de la doctrine phrénologique, aux seuls principes fondamentaux que j'en ai ci-dessus séparés, et qui en constituent aujourd'hui toute la partie vraiment sérieuse et substantielle, cela est non-seulement devenu possible, mais même éminemment désirable : puisque c'est uniquement d'un tel point de vue qu'on peut nettement apercevoir l'ensemble des vrais besoins principaux de la physiologie cérébrale, et le caractère des moyens philosophiques qui peuvent graduellement conduire à la perfectionner. Il ne faut pas croire d'ailleurs que cette scrupuleuse séparation doive, dans la pratique, priver une telle doctrine de l'efficacité positive inhérente à sa lumineuse représentation générale de la nature intellectuelle et affective de l'homme et des animaux. Rien n'empêche, en raisonnant ici, à la manière des géomètres, sur des siéges indéterminés, ou regardés comme tels, de parvenir à des conclusions effectives, susceptibles d'une utilité très réelle, ainsi que j'espère pouvoir le témoigner, dans le volume suivant, par ma propre expérience ; quoique d'ailleurs il doive être évident que ces conclusions deviendraient certainement plus précises, et, par suite, plus efficaces, si les vrais organes des diverses facultés cérébrales comportaient un jour des déterminations pleinement positives. Mais, outre qu'une telle marche était primitivement impossible, puisque le développement préliminaire de la phrénologie, à l'aide de la localisation hypothétique, a pu seul conduire à en concevoir nettement le caractère et la nécessité, il est incontestable que, si Gall s'en fût scrupuleusement tenu à ces hautes généralités philosophiques, quelque irrécusables qu'elles soient, il n'aurait jamais constitué une science, ni formé une école, et ces vérités si précieuses eussent été inévitablement étouffées dans leur germe par la coalition spontanée des diverses influences antagonistes. Ainsi, l'heureux ébranlement que les immortels travaux de Gall ont irrévocablement imprimé à l'esprit humain, dépendait essentiellement de la marche, en apparence si téméraire, qu'il a dû nécessairement suivre ; sans que ce soit néanmoins un motif de prolonger ce mode originaire au-delà des limites naturelles que lui imposent les lois positives du développement de notre intelligence. Ce cas est fort analogue à celui que nous a déjà présenté la grande hypothèse mécanique de Descartes, qui a rendu, à d'autres égards, les mêmes éminens services philosophiques, et qui a dû subir ensuite une semblable élimination : mais, toutefois, avec cette différence essentielle, tout à l'avantage de l'hypothèse actuelle, que les organes effectifs des diverses facultés cérébrales, quoique n'étant point encore déterminés, sont cependant susceptibles de l'être ultérieurement (1); tandis que le mécanisme primitif des mouvemens célestes ne comportait réellement aucune détermination positive, et constituait une recherche nécessairement inaccessible, à laquelle l'esprit humain a dû finir par renoncer pour jamais, quand son éducation fondamentale a été enfin suffisamment avancée.

Après avoir convenablement apprécié le véritable caractère philosophique de la physiologie cérébrale, il me reste enfin, pour compléter ici

(1) Cette détermination positive peut même être déjà regardée comme accomplie à l'égard de quelques organes très prononcés. Il serait, ce me semble, difficile de résister à l'ensemble de preuves d'après lequel Gall a placé le siége de l'amour maternel dans les lobes postérieurs du cerveau, et surtout celui du penchant à la propagation dans le cervelet; quoique, sous ce dernier rapport, la grave objection présentée par plusieurs zoologistes ne soit pas encore convenablement résolue.

un tel examen, à signaler rapidement les divers perfectionnemens indispensables que sa constitution naissante exige aujourd'hui avec tant d'urgence.

Il faut placer, en première ligne, comme la principale condition scientifique, base nécessaire de tout développement ultérieur, une judicieuse rectification fondamentale des organes et des facultés de tous genres. Sous le point de vue anatomique, qui doit d'abord prédominer désormais, on voit aisément que, après avoir établi, en général, le principe incontestable qui érige le cerveau en un véritable appareil, la répartition effective de cet appareil en ses divers organes constituans n'a plus été essentiellement dirigée que par des analyses purement physiologiques, le plus souvent fort imparfaites et même très superficielles, au lieu d'être directement subordonnée à de vraies déterminations anatomiques. Aussi tous les anatomistes ont-ils, à juste titre, traité une telle distribution comme arbitraire et désordonnée, puisque, n'étant assujétie à aucune notion rigoureuse de philosophie anatomique sur la différence réelle entre un organe et une partie d'organe, elle comporte des subdivisions en quelque sorte indéfinies, que chaque phrénologue semble pouvoir multiplier à son gré. Quoique, en thèse générale, l'analyse des fonctions doive, sans doute, éclairer beaucoup celle des organes, la décomposition fondamentale de l'organisme en appareils, et de ceux-ci en organes, n'en est pas moins, par sa nature, essentiellement indépendante de l'analyse physiologique, à laquelle, au contraire, elle est surtout destinée à fournir une base préliminaire indispensable, comme tous les physiologistes le reconnaissent pleinement aujourd'hui envers tous les autres ordres d'études biologiques : à quel titre les études cérébrales seraient-elles exceptées d'une telle obligation philosophique ? Il n'est point nécessaire, par exemple, de voir fonctionner les divers organes qui composent l'appareil digestif, l'appareil respiratoire, l'appareil locomoteur, etc., pour que l'anatomie puisse nettement les distinguer les uns des autres : pourquoi n'en serait-il pas de même dans l'appareil cérébral ? L'analyse anatomique doit, sans doute, y présenter des difficultés très supérieures, en vertu de la dissemblance beaucoup moindre et de la plus grande proximité des organes correspondans. Mais serait-ce un motif suffisant de renoncer directement à cette indispensable analyse ? S'il en était ainsi, il faudrait certainement cesser de prétendre à donner jamais à la doctrine phrénologique un caractère scientifique vraiment spécial, et l'on devrait s'en tenir toujours aux seules généralités fondamentales que j'en ai ci-dessus détachées. Car, le but philosophique de toute théorie biologique devant être, comme je l'ai établi, de constituer une exacte harmonie entre l'analyse anatomique et l'analyse physiologique, cela suppose évidemment qu'elles n'ont pas d'abord été calquées l'une sur l'autre, et que chacune d'elles a été préalablement opérée d'une manière distincte. Rien ne saurait donc dispenser aujourd'hui les véritables phrénologistes, pour assurer à leur doctrine une consistance durable et un développement rationnel, qui lui garantissent enfin droit de cité dans le monde savant, de la stricte obligation de reprendre, par une série directe de travaux anatomiques, l'analyse fondamentale de l'appareil cérébral, en faisant provisoirement abstraction de toute idée de fonctions, ou, du moins, en ne l'employant qu'à titre de simple auxiliaire de l'exploration anatomique. Ceux d'entre eux qui ont déjà reconnu, quoique d'une manière beaucoup trop vague, l'évidente nécessité, dans la détermination de la prépondérance relative de chaque organe cérébral chez les divers sujets, de ne plus s'en tenir uniquement à la considération grossière du volume ou du poids de l'organe, mais d'avoir égard aussi au degré d'activité, estimé anatomiquement, par exemple, d'après l'énergie de sa circulation partielle, seront probablement disposés à bien comprendre la haute importance d'une telle considération.

A cette analyse anatomique de l'appareil cérébral, il faudra joindre, dans un ordre d'idées entièrement distinct quoique parallèle, l'analyse purement physiologique des diverses facultés élémentaires, qui devra finalement être constituée, autant que possible, en harmonie scientifique avec la première : toute idée anatomique devra, à son tour, être provisoirement écartée dans ce second travail, au lieu de la fusion anticipée qu'on veut habituellement opérer entre les deux points de vue. Sous ce nouvel aspect, et abstraction faite de toute localisation, la situation actuelle de la phrénologie n'est guère plus satisfaisante. Car, la distinction spéciale des diverses facultés fondamentales, soit intellectuelles, soit même affectives, ainsi que leur énumération, y sont encore conçues le plus souvent d'une manière très superficielle, quoiqu'il n'y ait d'ailleurs aucune comparaison à faire, quant à la positivité, avec les vaines analyses métaphysiques. Si les métaphysiciens avaient confondu toutes leurs notions psychologiques et idéologiques dans une vague et absurde unité, il est fort probable que les phrénologistes, au contraire, ont trop multiplié aujourd'hui les fonctions vraiment élémentaires. Gall en avait établi vingt-sept, ce qui, sans doute, était déjà exagéré; Spurzheim en a porté le nombre à trente-cinq, et chaque jour il tend à s'augmenter, faute de principes rationnels d'une circonscription rigoureuse, qui puisse régler la verve facile des explorateurs vulgaires. A moins q... saine... ilosophie n'y mette ordre, tout phré... ogue... éera bientôt une faculté, en même temps qu'un organe, pour peu que le cas lui semble opportun, avec presqu'autant d'aisance que les idéologues ou psychologues construisaient jadis des entités. Quelle que soit l'extrême variété des diverses natures animales, ou même celle des différens types humains, il est néanmoins sensible, puisque les actes réels supposent presque toujours le concours de plusieurs facultés fondamentales, que cette multiplicité effective, fût-elle beaucoup plus grande encore, se trouverait suffisamment représentée d'après un très petit nombre de fonctions élémentaires relatives aux deux genres dans lesquels se subdivisent l'ordre moral et l'ordre intellectuel. Si, par exemple, le nombre total des facultés était réduit à douze ou à quinze très tranchées, leurs combinaisons binaires, ternaires, quaternaires, etc., correspondraient, sans doute, à des types bien plus multipliés qu'il n'en peut réellement exister, en se bornant même à distinguer, d'après le degré normal d'activité de chaque fonction, deux autres degrés nettement caractérisés, l'un supérieur, et l'autre inférieur. Mais l'exhorbitante multiplication des facultés fondamentales n'est pas, en elle-même, aussi choquante que la frivole irrationnalité de la plupart des prétendues analyses qui ont jusqu'ici présidé à leur distinction. Dans l'ordre intellectuel surtout, les aptitudes ont été presque toujours fort mal caractérisées, même abstraction faite des organes. C'est ainsi, pour me borner ici à un seul exemple très prononcé, qu'on a introduit une prétendue aptitude mathématique-fondamentale, d'après des motifs qui auraient dû également conduire à créer autant d'autres aptitudes spéciales à l'égard de la chimie, de l'anatomie, etc., si toute la boîte osseuse n'eût pas été préalablement distribuée en irrévocables compartimens. La caractéristique a même été établie avec une telle légèreté, qu'on a choisi comme principal symptôme d'un semblable talent, l'insignifiante facilité que tant d'esprits médiocres apportent dans la rapide exécution des calculs numériques les plus automatiquement formulés, et qui, d'après le futile emploi qu'elle suppose d'un temps précieux, est, sans doute, beaucoup plus décisive ordinairement contre la capacité réelle de celui qui la présente qu'elle ne peut prouver en sa faveur. Un tel mode d'appréciation témoigne une profonde ignorance de la vraie nature des spéculations mathématiques, qui sont bien loin d'avoir un caractère intellectuel aussi spécial que l'imaginent les esprits disposés à confesser naïvement leur inaptitude à cet égard, sans soupçonner la portée des indications directes qu'ils fournissent ainsi contre eux à tout observateur philosophe. Quoique l'analyse des facultés affectives, nécessairement beaucoup plus tranchées, soit certainement bien moins imparfaite, elle présente néanmoins, dès le premier examen, plusieurs doubles emplois très sensibles. C'est ainsi, par exemple, que, après avoir justement admis la bienveillance et la sympathie comme dispositions élémentaires, Spurzheim a cru devoir ériger la justice en un nouveau sentiment fondamental, quoique ce ne soit évidemment que le résultat de l'usage de ces facultés, éclairé, en chaque cas, par une convenable appréciation intellectuelle des rapports sociaux (1).

(1) Cette erreur est d'autant moins excusable que Gall l'avait déjà soigneusement évitée et même signalée. On pourrait, en sens inverse, reprocher à Gall le prétendu organe de la théosophie, superfétation évidemment absurde, justement écartée par Spurzheim, si une telle notion eût été, dès l'origine, autre chose qu'une simple concession dictée par la prudence, et dont la nécessité réelle était seule très contestable.

Pour perfectionner ou rectifier cette analyse élémentaire des diverses facultés cérébrales, il serait, je crois, fort utile d'ajouter, à l'observation générale et directe de l'homme et de la société, une judicieuse appréciation physiologique des cas individuels les plus prononcés, en considérant surtout le passé. L'ordre intellectuel, qui a le plus besoin de révision, comporterait principalement l'application la plus étendue et la moins équivoque de ce procédé complémentaire. Si, par exemple, de telles monographies avaient été préalablement entreprises à l'égard des principaux géomètres, anciens ou modernes, elles auraient vraisemblablement prévenu l'aberration grossière que je viens de signaler, en montrant, avec la dernière évidence, que ce qu'on nomme l'esprit mathématique, loin de constituer aucune aptitude isolée et spéciale, présente toutes les variétés que peut offrir, en général, l'esprit humain dans tous ses autres exercices quelconques, par les différentes combinaisons des vraies facultés élémentaires. C'est ainsi que tel grand géomètre a surtout brillé par la sagacité de ses inventions, tel autre par la force et l'étendue de ses combinaisons, un troisième par le génie du langage, manifesté dans l'heureux choix de ses notations, et dans la perfection de son style algébrique, etc. On pourrait certainenement découvrir, ou du moins vérifier, toutes les principales facultés vraiment fondamentales de notre intelligence, par cette seule classe de monographies scientifiques, qui comporterait plus de précision qu'aucune autre, si elle était convenablement conçue et judicieusement exécutée par un esprit assez compétent. Il en serait de même, quoiqu'à un bien moindre degré, pour les monographies analogues des plus éminens artistes. Cette considération, généralisée autant que possible, se rattache à l'utilité fondamentale de l'étude philosophique des sciences, tant sous le point de vue historique que sous le rapport dogmatique, pour la découverte des véritables lois logiques, que j'ai établie, au début de ce traité, comme l'une de ses principales applications directes : seulement il s'agit ici de la détermination préalable des diverses facultés élémentaires, et non des lois de leur action effective ; mais les motifs doivent être essentiellement analogues.

L'analyse phrénologique fondamentale est donc entièrement à refaire, suivant l'esprit philosophique que je viens de caractériser, d'abord dans l'ordre anatomique, et ensuite dans l'ordre purement physiologique. Après avoir convenablement opéré ces deux analyses préliminaires, en les distinguant avec beaucoup de soin, et en dirigeant chacune d'elles conformément à sa nature, il faudra finalement établir entre elles une exacte harmonie générale, qui peut seule constituer dignement la physiologie phrénologique sur ses véritables bases rationnelles. Mais ce grand travail, qu'on peut déjà, d'après les deux leçons précédentes, regarder comme essentiellement institué à l'égard de la physiologie végétative et même de la physiologie animale proprement dite, n'est pas seulement conçu jusqu'ici, dans son ensemble, pour la physiologie cérébrale, en vertu de sa complication supérieure et de sa positivité plus récente.

Dans l'exécution difficile de cette grande opération scientifique, les phrénologistes devront certainement s'aider, d'une manière plus complète et mieux entendue qu'ils ne l'ont fait jusqu'ici, des moyens généraux que fournit la philosophie biologique pour perfectionner toutes les études relatives aux corps vivans, c'est-à-dire, de l'analyse pathologique, et surtout de l'analyse comparative proprement dite. L'introduction rationnelle de ces deux puissans auxiliaires n'est aujourd'hui qu'à peine ébauchée en phrénologie : aussi n'en a-t-on tiré encore aucun parti essentiel, si ce n'est pour les généralités préliminaires. Sous le premier point de vue, on n'a point jusqu'ici convenablement appliqué aux phénomènes intellectuels et moraux le lumineux aphorisme fondamental de philosophie médicale, dont l'esprit humain est redevable à M. Broussais, et qui consiste, ainsi que je l'ai indiqué dans la quarantième leçon, à concevoir tous les phénomènes quelconques de l'état pathologique comme ne pouvant constituer jamais qu'un simple prolongement des phénomènes de l'état normal, exagérés ou atténués au-delà de leurs limites ordinaires de variation. Il est néanmoins impossible de rien comprendre aux différens genres de folie, si leur examen scientifique n'est continuellement dirigé par ce grand principe. Or, d'après cette même assimilation nécessaire entre les cas pathologiques et les cas purement physiologiques, rien ne serait plus propre que l'étude judicieuse de l'état de folie à dévoiler ou à confirmer les véritables facultés fondamentales de la nature humaine, que cette triste situation tend à faire si énergiquement ressortir, en manifestant successivement chacune d'elles dans une exaltation prépondérante, qui la sépare nettement de toutes les autres (1). Les médecins,

(1) Il faut signaler, à cet égard, une remarque générale, éminemment judicieuse, faite récemment par M. Broussais, et qui peut éclairer beaucoup le diagnostic de la folie, aussi bien que les vraies indications physiologiques que l'on doit induire d'un tel genre d'observations pathologiques. Elle consiste en ce que, quand l'altération principale porte directement sur les organes intellectuels, ordinairement destinés,

spécialement occupés d'un tel ordre de maladies, et qui, presque toujours, sont, encore moins que la plupart des autres, sous le rapport intellectuel, ou même sous le rapport moral, au niveau de leur importante mission, tendent néanmoins, depuis Pinel, dans l'étude de ce qu'ils ont nommé les *monomanies*, à donner cette direction aux explorations qu'ils se sont trop exclusivement réservées. Mais une appréciation préalable beaucoup trop imparfaite du véritable état normal, et un sentiment trop vague et trop incomplet de son indispensable similitude avec l'état pathologique, ont rendu jusqu'à présent ces travaux à peu près stériles pour l'amélioration de la physiologie cérébrale. Quoique les maladies mentales ne soient plus, sans doute, *sacrées*, comme elles l'étaient pour Hippocrate, leurs monographies n'en consistent pas moins encore, le plus souvent, dans l'inintelligible accumulation de prétendues merveilles, qui éloignent toute idée de rapprochement positif avec l'état normal : ce sont habituellement des travaux plutôt littéraires que vraiment scientifiques. L'extrême difficulté d'un tel genre d'ex-

dans l'état normal, à régler l'équilibre des diverses facultés affectives, la suppression de cette influence régulatrice peut laisser un trop libre développement au penchant ou au sentiment le plus prononcé, ce qui déguise souvent à l'observateur vulgaire le véritable siége de l'aliénation, et pourrait ainsi donner à l'ensemble du traitement une fausse direction.

plorations excuse, jusqu'à un certain point, cette imperfection plus prononcée, qui tient néanmoins surtout à l'insuffisance plus profonde des observateurs, plus occupés, d'ordinaire, à régenter grossièrement leurs malades qu'à en analyser judicieusement les phénomènes. Aussi les divers successeurs de Pinel n'ont-ils réellement ajouté jusqu'ici rien d'essentiel aux améliorations introduites, il y a quarante ans, par cet illustre médecin, soit dans la théorie ou dans le traitement de l'aliénation mentale.

Quoique l'étude des animaux ait été certainement moins stérile au perfectionnement réel de la physiologie intellectuelle et morale, il reste cependant incontestable que ce puissant moyen d'exploration a été jusqu'ici essentiellement vicié par le déplorable ascendant que conservent encore, chez la plupart des naturalistes, les vaines subtilités métaphysiques sur la comparaison entre l'instinct et l'intelligence, comme je l'ai précédemment expliqué. Si la nature animale ne saurait être rationnellement comprise que d'après son assimilation fondamentale à la nature humaine, proportionnellement au degré d'organisation, il est tout aussi indubitable, en sens inverse, pour cet ordre de fonctions comme pour tous les autres, que l'examen judicieux et graduel des

organismes plus ou moins inférieurs doit éclairer
beaucoup la vraie connaissance de l'homme : l'humanité et l'animalité se servent ainsi l'une à l'autre
d'explication mutuelle, suivant l'esprit général de
toute saine explication scientifique. L'ensemble
des facultés cérébrales, intellectuelles ou affectives,
constituant le complément nécessaire de la vie
animale proprement dite, on concevrait difficilement que toutes celles qui sont vraiment fondamentales ne fussent point, par cela même, rigoureusement communes, dans un degré quelconque,
à tous les animaux supérieurs, et peut-être au
groupe entier des ostéozoaires ; car, les différences
d'intensité suffiraient vraisemblablement à rendre
raison des diversités effectives, en ayant égard à
l'association des facultés, et faisant d'ailleurs
provisoirement abstraction, autant que possible,
de tout perfectionnement de l'homme par le développement de l'état social : l'analogie puissante
que fournissent toutes les autres fonctions tend à
confirmer une telle conception. Si quelques facultés appartiennent, d'une manière vraiment exclusive, à la seule nature humaine, ce ne peut être
qu'à l'égard des aptitudes intellectuelles les plus
éminentes, qui doivent correspondre à la partie la
plus antérieure de la région frontale : et encore
cela paraîtra-t-il fort douteux, si l'on compare,

sans prévention, les actes des mammifères les plus élevés à ceux des sauvages les moins développés. Il est, ce me semble, beaucoup plus rationnel de penser que l'esprit d'observation, et même l'esprit de combinaison, existent aussi, mais à un degré radicalement très inférieur, chez les animaux, quoique le défaut d'exercice, résultant surtout de l'état d'isolement, doive tendre à les engourdir, et même à en atrophier les organes. On a vainement argué, contre les animaux, du fait même de notre exclusive perfectibilité sociale, sans réfléchir que notre espèce n'a pu se développer ainsi qu'en comprimant, de toute nécessité, l'essor graduel qu'auraient pu prendre tant d'autres espèces animales susceptibles de sociabilité. Les animaux domestiques, quoique n'étant pas toujours, à beaucoup près, les plus intelligens, pourraient fournir à ce sujet d'importantes lumières, en vertu d'une plus facile exploration, surtout si l'on savait judicieusement comparer leur nature morale actuelle à celle, plus ou moins différente, qui devait correspondre aux époques plus rapprochées de leur domestication primitive; car il serait étrange que les transformations si évidentes qu'ils ont éprouvées sous tant de rapports physiques ne fussent accompagnées d'aucune variation réelle à l'égard des fonctions les plus modifiables de toutes. Mais l'extrême imperfection de l'étude phrénologique des animaux est surtout manifeste dans la dédaigneuse égalité où notre superbe intelligence enveloppe la considération intellectuelle et affective des diverses natures animales, sans avoir même ordinairement égard aux principaux degrés d'organisation. Du haut de sa suprématie, l'homme a jugé les animaux à peu près comme un despote envisage ses sujets, c'est-à-dire, en masse, sans apercevoir entre eux aucune inégalité digne d'être sérieusement notée. Il est néanmoins certain, en considérant l'ensemble de la hiérarchie animale, que, sous le rapport intellectuel et moral, aussi bien que sous tous les autres aspects physiologiques, les principaux ordres de cette hiérarchie diffèrent souvent davantage les uns des autres que les plus élevés d'entre eux ne diffèrent réellement du type humain. L'étude rationnelle des mœurs et de l'esprit des animaux est donc encore essentiellement à faire, la plupart des essais déjà tentés n'ayant pu avoir que la seule efficacité préliminaire de préparer graduellement sa véritable institution scientifique. Elle promet aux naturalistes une ample moisson d'importantes découvertes, directement applicables au progrès général de la vraie connaissance de l'homme, pourvu que, en dirigeant mieux leurs recherches, ils sachent aussi mépriser désormais, avec une fermeté plus énergique, les vaines et inconvenantes déclamations des théologiens et des métaphysiciens sur la prétendue tendance d'une telle doctrine à dégrader la nature humaine, dont elle doit, au contraire, rectifier la notion fondamentale, en fixant, avec une précision rigoureuse, et à l'abri de toute argumentation sophistique, les profondes différences qui nous séparent positivement des animaux les plus voisins.

Dans cette construction philosophique de la physiologie cérébrale, il faudra considérer, plus soigneusement qu'on ne l'a fait jusqu'ici, les deux ordres de notions générales relatives au mode d'action, qui, d'après la leçon précédente, conviennent nécessairement à tous les phénomènes quelconques de la vie animale, et que nous avons déjà examinés à l'égard des phénomènes élémentaires d'irritabilité et de sensibilité. La loi d'intermittence est, en effet, éminemment applicable aux diverses fonctions affectives et intellectuelles, en ayant égard, bien entendu, à la symétrie constante des organes, suivant la judicieuse remarque de Gall, qui devient ici plus spécialement indispensable. Mais ce grand sujet exige toutefois un nouvel examen, surtout envers les facultés mentales, vu la stricte nécessité imposée à la science de concilier leur intermittence évidente avec la parfaite continuité que semble supposer la liaison fondamentale qui unit entre elles toutes nos opérations intellectuelles, depuis la première enfance jusqu'à l'extrême caducité, et que ne peuvent même interrompre les plus profondes perturbations cérébrales, pourvu qu'elles soient passagères. Cette question, dont les théories métaphysiques ne comportaient pas seulement la position, présente certainement de grandes difficultés; mais sa solution positive doit jeter un grand jour sur la marche générale des actes intellectuels. Quant à l'association, soit synergique, soit sympathique, des diverses facultés phrénologiques, les physiologistes commencent à en bien comprendre la haute importance habituelle, quoique jusqu'ici aucune étude vraiment scientifique n'ait été directement instituée pour la recherche des lois générales de ces combinaisons indispensables. Sans une telle considération fondamentale, le nombre des penchans, des sentimens, ou des aptitudes, semblerait presque susceptible d'être indéfiniment augmenté. C'est ainsi, pour n'en citer qu'un seul exemple, tant d'explorateurs de la nature humaine ont cru devoir distinguer plusieurs sortes de courages, sous les noms de militaire, de civil, etc., quoique la disposition primitive à braver un danger quelconque doive néanmoins être toujours uniforme, et qu'elle soit seulement plus ou moins dirigée par l'intelligence. Sans doute, le martyr qui supporte, avec une fermeté inébranlable, les plus horribles supplices pour éviter seulement le désaveu solennel de ses convictions, le savant qui entreprend une expérience périlleuse dont il a bien calculé les chances, etc., pourraient fuir sur un champ de bataille s'ils étaient forcés à combattre pour une cause qui ne leur inspirerait aucun intérêt : mais leur genre de courage n'en est pas moins essentiellement identique au courage spontané et animal qui constitue la bravoure militaire proprement dite ; il n'y a, entre tous ces cas, d'autre différence principale que l'influence supérieure des facultés intellectuelles, sauf toutefois les inégalités ordinaires de degré. En général, sans les diverses synergies cérébrales, ou entre les deux ordres de facultés fondamentales, ou entre les différentes fonctions de chaque ordre, il serait impossible d'analyser judicieusement la plupart des actes réels : et c'est surtout dans l'interprétation positive de chacun d'eux par une telle association, que consistera l'application habituelle de la doctrine phrénologique, quand une fois elle aura été scientifiquement constituée. Mais l'étude directe des lois de cette harmonie, et de l'équilibre moral qui en résulte, serait certainement prématurée, tant que l'analyse phrénologique élémentaire ne sera pas mieux conçue et plus arrêtée, dans son double caractère anatomique et physiologique. Quand l'époque sera venue d'examiner cet ordre important de phénomènes composés, et les déterminations volontaires qui en sont la conséquence finale, il faudra décider alors, par une exploration plus délicate, si, dans chaque véritable organe cérébral, une partie distincte n'est point spécialement affectée à l'établissement de ces diverses synergies et sympathies; comme l'ont déjà soupçonné MM. Pinel-Grandchamp et Foville, d'après quelques observations pathologiques, à l'égard de la substance blanche comparée à la substance grise, celle-ci leur ayant paru plus particulièrement enflammée dans les perturbations cérébrales qui affectaient surtout les phénomènes de la volonté, tandis que l'autre l'était davantage dans celles qui portaient principalement sur les opérations intellectuelles proprement dites.

Si l'on peut ainsi justement reprocher à la phrénologie actuelle de concevoir d'une manière trop isolée chacune des fonctions cérébrales qu'elle considère, on doit, à plus forte raison, la blâmer d'avoir trop séparé le cerveau de l'ensemble du système nerveux, quoique les premières exigences de cette étude naissante excusent, jusqu'à un certain point, une conception aussi imparfaite. Il est néanmoins évident, comme Bichat l'a si fréquemment rappelé, que l'ensemble des phénomènes intellectuels et affectifs, malgré leur extrême importance, ne constitue, dans le système total de l'économie animale, qu'un indispensable intermédiaire entre l'action du monde extérieur sur l'animal à l'aide des impressions sensoriales, et la réaction finale de l'animal par les contractions musculaires. Or, dans l'état présent de la physiologie phrénologique, il n'existe aucune conception positive sur la co-relation générale de la suite des actes intérieurs du cerveau à cette dernière réaction nécessaire, dont on soupçonne seulement que la moelle épinière constitue vaguement l'organe immédiat (1).

(1) C'est à l'étude de cette réaction que se rattache l'importante considération de la traduction extérieure de l'ensemble de la constitution intellectuelle, et surtout morale, par l'état habituel du système musculaire, principalement facial, qui détermine la physionomie proprement dite. Quoique Lavater ait analysé, avec une grande sagacité, ces indications symptomatiques, dont le principe est incontestable, une telle série de recherches ne pourra prendre un caractère rationnel, et comporter une véritable utilité, à l'abri de toute induction erronée ou frivole, que lorsqu'elle pourra être subordonnée, d'après une détermination positive des vraies facultés fondamentales, aux lois générales

En généralisant autant que possible cet ordre de jugemens philosophiques, on doit enfin reconnaître que la physiologie cérébrale, lors même qu'elle envisagerait, d'une manière plus rationnelle, l'ensemble du système nerveux, présenterait aujourd'hui le grave inconvénient de trop isoler ce système du reste de l'économie. Sans doute, elle a dû d'abord écarter soigneusement les erreurs anciennes sur le prétendu siége des passions dans les organes de la vie végétative, qui eussent empêché toute conception scientifique de la nature morale de l'homme et des animaux, comme je l'ai déjà expliqué. Mais elle a depuis beaucoup trop négligé la grande influence qu'exercent sur les principales fonctions intellectuelles et affectives les divers genres des autres phénomènes physiologiques, influence si hautement signalée dans le célèbre ouvrage de Cabanis, qui, malgré

de l'action normale de l'appareil cérébral sur l'appareil musculaire. De tels travaux seraient jusque-là évidemment prématurés : aussi Lavater n'a-t-il pu réellement former une école, faute d'une véritable doctrine, propre à rallier ses esquisses incohérentes.

Gall a très judicieusement remarqué, à ce sujet, que le système habituel des gestes offre un indice plus rationnel et moins équivoque que l'état passif de la physionomie proprement dite. La loi ingénieuse et très plausible qu'il a proposée sur la direction générale de la mimique, conformément à la prépondérance de tel ou tel organe cérébral, me paraît constituer une inspiration fort heureuse, ultérieurement susceptible d'une véritable utilité scientifique, pourvu qu'elle soit convenablement appliquée.

le vague et l'obscurité de ses vues générales, fut néanmoins si utile à la science, en servant de précurseur immédiat à l'heureuse révolution philosophique que nous devons au génie de Gall.

L'ensemble des différentes considérations indiquées dans cette leçon, concourt donc à démontrer que la physiologie intellectuelle et morale est aujourd'hui conçue et cultivée d'une manière à la fois trop irrationnelle et trop étroite, dont l'influence, tant qu'elle subsistera, opposera nécessairement un obstacle insurmontable à tout véritable progrès d'une doctrine qui n'a fait réellement encore aucun pas important depuis sa première fondation. Cette étude, qui, par sa nature, exige, plus qu'aucune autre branche de la physiologie, l'indispensable habitude préliminaire des principales parties de la philosophie naturelle, et qui ne peut fructifier que dans les intelligences les plus vigoureuses et les mieux élevées, tend aujourd'hui, en vertu de son isolement vicieux, à descendre au niveau des esprits les plus superficiels et les moins préparés, qui la feraient bientôt servir de base à un charlatanisme grossier et funeste, dont tous les vrais savans doivent se hâter de prévenir le développement déjà imminent. Mais, quels que soient ces immenses inconvéniens, ils ne doivent point faire méconnaître l'éminent mérite d'une conception destinée, malgré son imperfection actuelle, à constituer directement l'un des principaux élémens par lesquels la philosophie du dix-neuvième siècle se distinguera définitivement de celle du siècle précédent, ce qui a été jusqu'ici si vainement tenté.

Cette dernière leçon, rattachée à l'ensemble des cinq précédentes, complète donc l'appréciation générale que je devais faire, dans la seconde partie de ce volume, du vrai génie philosophique propre à l'étude positive des corps vivans, successivement envisagés sous tous leurs divers aspects principaux. Quoique les différentes parties essentielles de cette grande science soient, sans doute, très inégalement avancées aujourd'hui, et que nous ayons reconnu l'état peu satisfaisant de toutes celles qui se rapportent directement aux idées de vie, même les plus simples, comparées à celles qui se bornent aux seules idées d'organisation, cependant un tel examen nous a montré que les branches les plus imparfaites commencent aussi à prendre un véritable caractère scientifique, à la fois positif et rationnel, plus ou moins ébauché déjà, suivant la complication correspondante des phénomènes.

L'analyse fondamentale du système de la philosophie naturelle se trouve ainsi enfin suffisamment opérée dans ce volume et dans les deux précédens, depuis la philosophie mathématique, qui en constitue la première base générale, jusqu'à la philosophie biologique, qui le termine nécessairement. Malgré l'immense intervalle qui semble séparer ces deux extrémités, nous avons pu passer de l'une à l'autre par des degrés presque insensibles, en disposant convenablement les diverses études naturelles suivant la hiérarchie scientifique établie au début de ce traité. Entre la philosophie mathématique et la physique proprement dite, s'interpose spontanément la philosophie astronomique, participant à la fois de leur double nature. De même, entre l'ensemble de la philosophie inorganique et celui de la philosophie organique, tout en maintenant à chacune son vrai génie scientifique, nous avons reconnu que la philosophie chimique constitue, par le caractère de ses phénomènes, une véritable transition fondamentale, qui n'a rien d'hypothétique, et qui établit à jamais la rigoureuse continuité du système des sciences naturelles.

Mais ce système, quoiqu'il comprenne toutes les sciences existantes, est encore évidemment incomplet, et laisse aujourd'hui une large issue à l'influence rétrograde de la philosophie théologico-métaphysique, à laquelle il réserve ainsi un ordre tout entier d'idées, les plus immédiatement applicables de toutes. Il lui manque absolument l'indispensable complément final qui peut seul assurer, en réalité, sa pleine efficacité, et organiser enfin l'irrévocable prépondérance universelle de la philosophie positive, en assujétissant aussi au même esprit scientifique, tant pour la méthode que pour la doctrine, la théorie fondamentale des phénomènes les plus compliqués et les plus spéciaux, comme je vais oser le tenter, le premier, dans le volume suivant, directement consacré à la science nouvelle que je me suis efforcé de créer sous le nom de *physique sociale*. Cette science vraiment définitive, qui prend nécessairement dans la science biologique proprement dite ses racines immédiates, constituera dès-lors l'ensemble de la philosophie naturelle en un corps de doctrine complet et indivisible, qui permettra désormais à l'esprit humain de procéder toujours d'après des conceptions uniformément positives dans tous les modes quelconques de son activité, en faisant cesser la profonde anarchie intellectuelle qui caractérise notre état présent. Quoique la plupart des sciences antérieures soient encore, comme nous l'avons reconnu, fort imparfaites à beaucoup d'égards essentiels, leur incontestable positivité, plus ou moins développée, suffit pleinement à rendre possible aujourd'hui cette dernière transformation philosophique, de laquelle dépendent surtout désormais leurs plus grands progrès futurs, par une meilleure organisation systématique de l'ensemble des divers travaux scientifiques, abandonnés maintenant au plus irrationnel isolement.

**FIN DU TOME TROISIÈME.**

# TABLE DES MATIÈRES

CONTENUES

## DANS LE TOME TROISIÈME.

---

35ᵉ Leçon. Considérations philosophiques sur l'ensemble de la chimie. .................................................... 7
36ᵉ Leçon. Considérations générales sur la chimie proprement dite ou *inorganique*. ........................... 79
37ᵉ Leçon. Examen philosophique de la doctrine chimique des proportions définies. ......................... 133
38ᵉ Leçon. Examen philosophique de la théorie électro-chimique. ................................................. 179
39ᵉ Leçon. Considérations générales sur la chimie dite *organique*. ............................................. 227
40ᵉ Leçon. Considérations philosophiques sur l'ensemble de la science biologique. ........................ 269
41ᵉ Leçon. Considérations générales sur la philosophie anatomique. ............................................. 487
42ᵉ Leçon. Considérations générales sur la philosophie biotaxique. ............................................... 537
43ᵉ Leçon. Considérations philosophiques sur l'étude générale de la vie végétative ou *organique*. ..... 609
44ᵉ Leçon. Considérations philosophiques sur l'étude générale de la vie *animale* proprement dite. .... 693
45ᵉ Leçon. Considérations générales sur l'étude positive des fonctions intellectuelles et morales, ou cérébrales. ....... 761